Die Endkundenbelieferung mit Energie im sich wandelnden Marktgeschehen

Schriften zum Privat-, Wirtschafts- und Verfahrensrecht

Herausgegeben von Barbara Völzmann-Stickelbrock

BAND 11

Lennart Niehues

Die Endkundenbelieferung mit Energie im sich wandelnden Marktgeschehen

PETER LANG
Berlin · Bruxelles · Chennai · Lausanne · New York · Oxford

Bibliografische Information der Deutschen Nationalbibliothek
Die Deutsche Nationalbibliothek verzeichnet diese Publikation in der Deutschen Nationalbibliografie; detaillierte bibliografische Daten sind im Internet über http://dnb.dnb.de abrufbar.

Zugl.: Hagen, Fernuniv., Diss., 2025

DE-708
ISSN 2193-262X
ISBN 978-3-631-94645-9 (Print)
ISBN 978-3-631-94652-7 (ePDF)
ISBN 978-3-631-94653-4 (ePUB)
DOI 10.3726/b23404

Verlegt durch Peter Lang GmbH, Berlin, Deutschland

info@peterlang.com

www.peterlang.com

Kontakt zur Verordnung über die allgemeine Produktsicherheit (GPSR):
gpsr@peterlang.com

Meinen Eltern

Inhaltsverzeichnis

Vorwort

Die vorliegende Arbeit wurde im Sommersemester 2025 von der Rechtswissenschaftlichen Fakultät der FernUniversität in Hagen als Dissertation angenommen. Die bis einschließlich Mai 2025 erschienene Literatur wurde weitgehend berücksichtigt.

Mein besonderer Dank gilt zunächst meinem Doktorvater, Herrn Professor Dr. Bernhard Kreße, LL.M., Maître en droit, für die hervorragende Betreuung. Seine stets schnelle, konstruktive und verlässliche Unterstützung, sowie seine fachliche Expertise von der Themenfindung bis zur finalen Abgabe haben maßgeblich zum Erfolg meines Promotionsprojektes beigetragen.

Mein weiterer Dank gilt Herrn Professor Dr. Ulrich Wackerbarth für die ausgesprochen schnelle Erstellung des Zweitgutachtens. Ebenso danke ich Frau Professor Dr. Barbara Völzmann-Stickelbrock für die Aufnahme in Ihre Schriftenreihe.

Allen meinen Weggefährtinnen und Weggefährten gilt mein Dank, die mich während dieses Projekts in vielfältiger Weise unterstützt haben. Ob durch fachliche Diskussionen, motivierende Gespräche oder durch das Verständnis für die mit einer Dissertation verbundenen zeitlichen und persönlichen Belastungen, jede Form der Unterstützung hat zum Gelingen dieser Arbeit beigetragen. An wen sich dieser Dank in besonderer Weise richtet, bleibt dem persönlichen Ausdruck vorbehalten.

Von größter Bedeutung ist für mich der Dank an meine Eltern. Ohne ihre bedingungslose und über viele Jahre hinweg währende Unterstützung während meiner schulischen und juristischen Ausbildung wäre dieses Projekt nicht möglich gewesen. Sie haben mich stets ermutigt, meinen Weg zu gehen, und mir den notwendigen Rückhalt gegeben, um Herausforderungen zu bewältigen und Durchhaltevermögen zu entwickeln. Ihnen ist diese Arbeit in tiefer Dankbarkeit gewidmet.

Köln, Dezember 2025
Lennart Niehues

A. Einleitung

I. Relevanz der Thematik

Die gesamte Energiebranche befindet sich in einem stetigen Wandel. Insbesondere die Veränderung der Erzeugungsstruktur zur Abfederung der Auswirkungen des Klimawandels rückt seit längerer Zeit in den gesellschaftlichen und politischen Fokus. Der Kohle- und Atomausstieg sowie die starke Fokussierung auf erneuerbare Energien sind die tragenden Säulen dieser Entwicklung. Die vorhandene Netzinfrastruktur ist jedoch nicht auf eine Einspeisung von vielen kleinen Erzeugungsanlagen, statt großer Kraftwerke, ausgerichtet. Vielmehr sind die Netze darauf ausgerichtet, dass die Einspeisung primär von einzelnen großen Erzeugern in der Höchst- und Hochspannung erfolgt. Für eine erfolgreiche Energiewende sind allein für den Netzausbau Investitionen in Milliardenhöhe notwendig. So werden von den Netzbetreibern Investitionskosten in Höhe von 50 Milliarden Euro bis 2030 in das Elektrizitätsübertragungsnetz prognostiziert.[1] Diese Kosten werden die Energieversorgungsunternehmen[2] im Rahmen der Netzentgelte[3] auf die Letztverbraucher[4] umlegen. Im Gegenzug kann jedoch der Strom aus

---

[1] https://www.bmwk.de/Redaktion/DE/Dossier/netze-und-netzausbau.html (abgerufen am: 27.05.2025).

[2] Energieversorgungsunternehmen im Sinne dieser Arbeit sind solche i. S. d. § 3 Nr. 18 EnWG.

[3] Netzentgelte sind die geldwerte Gegenleistung für die Gewährung des Netzzugangs durch einen einzelnen Netznutzer: *Säcker/Meinzenbach*, Säcker, § 21 EnWG Rn. 193.

[4] Letztverbraucher im Sinne dieser Arbeit sind solche i. S. d. § 3 Nr. 25 EnWG.

erneuerbaren Energien bei passenden Wetterbedingungen für günstige Preise an den Energiemärkten sorgen.

Eine weitere Säule der Energiewende bildet die Abkehr von fossilen Energieträgern, etwa Erdgas, bis 2045.[5] Dies führt dazu, dass die Erdgasinfrastruktur zukünftig nicht mehr in Gänze benötigt wird. Perspektivisch sollen deshalb Teile der Erdgasinfrastruktur für Wasserstoff nutzbar gemacht werden, vgl. §§ 28p Abs. 4, 113b EnWG. Nicht mehr benötigte Erdgasinfrastruktur soll nach Möglichkeit zurückgebaut werden. Die dadurch entstehenden Stilllegungs- und Rückbaukosten werden auf die Letztverbraucher umgelegt.[6]

Doch nicht nur die Energiewende hat einen erheblichen Einfluss auf das Marktgeschehen an den Energiemärkten. Spätestens seit der COVID-19-Pandemie und dem russischen Angriffskrieg auf die Ukraine sind plötzlich massiv steigende Energiekosten in das Bewusstsein von Energieversorgungsunternehmen und Letztverbrauchern gelangt.

Bei Energielieferverträgen handelt es sich zumeist um mittelfristige, teilweise sogar um langfristige Vertragsverhältnisse. Sonderkundenverträge mit Haushaltskunden haben meist eine Mindestlaufzeit von ein bis zwei Jahren.[7] Dabei enthalten die Verträge häufig eine automatische Verlängerung, sofern keine der Vertragsparteien den Vertrag kündigt. Innerhalb der Vertragslaufzeit kann es zu teils gravierenden Änderungen der wirtschaftlichen Rahmenbedingungen kommen.[8]

Diese gravierenden Änderungen können zu einer Steigerung oder Senkung der relevanten Kostenbestandteile führen. Ferner kann auch die Inflation Einfluss auf die Energiepreise nehmen.

Bei Energielieferverträgen als Dauerschuldverhältnissen besteht nicht nur die Gefahr, dass das Energieversorgungsunternehmen bei einer fehlenden Anpassungsmöglichkeit weniger Gewinn erwirtschaftet, wie es etwa bei Mietverträgen der Fall wäre, sondern, dass für das Energieversorgungsunternehmen Kosten für die Versorgung von Letztverbrauchern anfallen.[9] Dies ist insbesondere darauf zurückzuführen, dass es im Rahmen von Mietverträgen

---

[5] Zu den nationalen Klimaschutzzielen: § 3 KSG.

[6] Hierzu: *BMWK*, Green Paper, 14.

[7] Vgl. *BNetzA/BKartA*, Monitoringbericht 2023, 285.

[8] Zu Auslösern von Preisschwankungen: B.IV.

[9] *Kuhnt*, et 6/1990, 446.

lediglich dazu kommen kann, dass der Vermieter mit seiner vorhandenen Ressource weniger erwirtschaftet, als er nach der aktuellen Marktlage erwirtschaften könnte.[10] Bei Energielieferverträgen hingegen können steigende Beschaffungskosten dazu führen, dass das Entgelt des Letztverbrauchers die Beschaffungskosten des Energieversorgungsunternehmens nicht mehr deckt.[11] Angesichts dessen besteht häufig das Bedürfnis, den Preis einseitig neu zu bestimmen.

Andernfalls wäre die eigene Liquidität des Energieversorgungsunternehmens und dem folgend auch die Versorgungssicherheit mit Energie insgesamt gefährdet. Zumeist erfolgt die Weitergabe von Kostensteigerungen auf der Grundlage von in den Energielieferverträgen enthaltenen Preisanpassungsklauseln. Enthalten die Energielieferverträge keine Preisanpassungsklauseln, kommt eine Anpassung des Preises allenfalls auf gesetzlicher Grundlage in Betracht. Eine genaue Betrachtung der Anpassungsmöglichkeiten muss dabei zwingend mit Blick auf die jeweilige Belieferungsart erfolgen.

Preisanpassungen während des laufenden Lieferverhältnisses führen immer wieder zu (juristischen) Auseinandersetzungen zwischen Energieversorgungsunternehmen und Letztverbraucher. Zentrale juristische Fragen werfen dabei die Ausgestaltung der Preisanpassungsklauseln selbst oder die Anforderungen an die Preisanpassung auf.

Bei gesetzlichen Anpassungsmöglichkeiten führt die Frage nach dem Vorliegen der Tatbestandsvoraussetzungen häufig zu Unstimmigkeiten zwischen den Vertragsparteien.

II. Ziel der Arbeit

Die (einseitige) Anpassung von Verträgen und insbesondere die von Energielieferverträgen ist aufgrund der Volatilität der Energiepreise und ihrer längeren Vertragslaufzeit schon seit geraumer Zeit Thema juristischer Abhandlungen und gerichtlicher Auseinandersetzungen. So setzte sich bereits *Baur* im Jahre 1983 mit vertraglichen Anpassungsregelungen am Beispiel langfristiger Energielieferverträge auseinander.[12] Auch der Bundesgerichtshof (BGH)

---

[10] Vgl. *Kuhnt*, et 6/1990, 446.
[11] Vgl. *Kuhnt*, et 6/1990, 446.
[12] *Baur*, Vertragliche Anpassungsregelungen.

musste im Zusammenhang der Ölkrise im Jahre 1978 über die Anwendung der Störung der Geschäftsgrundlage bei einem Liefervertrag über Heizöl entscheiden.[13] Trotz dieses frühen Aufkommens der Problematiken im Kontext der einseitigen Anpassung von Energielieferverträgen sind viele Fragen bis heute ungeklärt.

Diese Arbeit soll zentrale Fragen der einseitigen Preisanpassung in der Grundversorgung, Ersatzversorgung und Versorgung außerhalb der Grundversorgung in der Versorgung mit Elektrizität[14] und Erdgas[15] in den Blick nehmen.

Dabei soll auch die Frage beantwortet werden, welche Auswirkungen der Grundsatz *pacta sunt servanda* auf die einseitige Preisanpassung hat und in welchen Fällen Ausnahmen von diesem möglich sind.

Sonderkundenverträge enthalten häufig sog. Preisanpassungsklauseln. Besondere Probleme bereitet in der Praxis immer wieder die Konformität mit dem AGB-Recht. Die Preisanpassungsklauseln dürfen den Klauselgegner, welcher zumeist der Letztverbraucher ist, weder im Hinblick auf den Inhalt noch auf die Transparenz entgegen dem Gebot von Treu und Glauben unangemessen benachteiligen, vgl. § 307 Abs. 1 BGB. Die Beurteilung der unangemessenen Benachteiligung entgegen dem Gebot von Treu und Glauben bereitet dabei wegen des großen Interpretationsspielraums große Probleme. Diese Arbeit soll dabei Antworten auf die rechtswirksame AGB-rechtliche Ausgestaltung von Preisanpassungsklauseln in Energielieferverträgen geben. Teilweise ist je nach Ausgestaltung der Preisanpassungsklauseln schon die Einordnung der Preisanpassungsklausel als Preishaupt- oder -nebenabrede unklar und damit die Eröffnung der Inhaltskontrolle nach § 307 Abs. 1 S. 1 BGB streitig, sodass auch zu dieser Frage Stellung genommen werden soll.

Neben den inhaltlichen Anforderungen werden durch das Energierecht in § 41 Abs. 5 EnWG dem Energieversorgungsunternehmen unter anderem bei Preisanpassungen Informationspflichten gegenüber dem Letztverbraucher auferlegt. Auch die Anforderungen an die Informationspflicht werden durch das Gesetz nur rudimentär geregelt, weshalb diese Ausarbeitung der

---

[13] *BGH*, Urt. v. 08.02.1978 – VIII ZR 221/76.

[14] Innerhalb der Ausarbeitung auch als „Strom" bezeichnet.

[15] Innerhalb der Ausarbeitung auch als „Gas" bezeichnet.

Informationspflicht feste Konturen verschaffen soll. Neben der Informationspflicht für das Energieversorgungsunternehmen entsteht für den Letztverbraucher grundsätzlich ein Sonderkündigungsrecht. Diese Arbeit soll auch Antworten darauf geben, wann das Sonderkündigungsrecht tatsächlich entsteht. Dasselbe gilt für Informationspflichten und Sonderkündigungsrechte in der Grund- und Ersatzversorgung nach § 5 Abs. 2 und Abs. 3 StromGVV/GasGVV[16].

Jeder Klauseltypus wirft abhängig von seiner Ausgestaltung spezifische Rechtsfragen auf, die individuell beantwortet werden müssen. Angesichts dessen stellt die Arbeit Klauseln dar, die dem Verwender eine einseitige Anpassung ermöglichen, und klärt die daraus entstehenden Rechtsfragen.

Der BGH wendet mit Hilfe der ergänzenden Vertragsauslegung seit Jahren bei unwirksamen Preisanpassungsklauseln die sog. *Dreijahreslösung* an, um den Rückforderungsanspruch des Letztverbrauchers, der eine Preisanpassung tatenlos hinnimmt, zeitlich zu begrenzen.[17] Ob eine solche Lösung mit dem deutschen und europäischen Recht vereinbar ist, soll diese Arbeit beantworten.

Als gesetzliche Anpassungsmöglichkeit kommt insbesondere die Störung der Geschäftsgrundlage nach § 313 BGB in Betracht. Allerdings sind auch die Tatbestandsvoraussetzungen dieser Vorschrift sehr weit formuliert, um einen möglichst weiten Anwendungsbereich zu gewährleisten. Die Kehrseite dieses weiten Anwendungsbereichs ist jedoch, dass häufig unklar ist, welche Fälle der Kostensteigerungen tatsächlich eine Preisanpassung nach § 313 BGB rechtfertigen können. Diese Arbeit soll die weit gefassten Tatbestandsvoraussetzungen präzisieren und aufzeigen, in welchen Fällen eine Preisanpassung nach den Grundsätzen der Störung der Geschäftsgrundlage gerechtfertigt ist. Dabei findet auch eine Unterscheidung zwischen krisenabhängigen und krisenunabhängigen Kostensteigerungen statt.

---

16 StromGVV und GasGVV entsprechen sich in weiten Teilen, weshalb diese zusammen zitiert werden, wenn die Normen in den jeweiligen Versorgungsbedingungen identisch sind.

17 Zur Dreijahreslösung: *BGH*, Urt. v. 14.03.2012 – VIII ZR 113/11, Rn. 21, juris; *BGH*, Urt. v. 15.04.2015 – VIII ZR 59/14, Rn. 25, juris; *BGH*, Urt. v. 05.10.2016 – VIII ZR 241/15, Rn. 12, juris; *BGH*, Urt. v. 06.07.2022 – VIII ZR 155/21, Rn. 32, juris; *BGH*, Urt. v. 18.01.2023 – VIII ZR 357/21, Rn. 33, juris.

Zudem soll analysiert werden, ob auch andere Anspruchsgrundlagen für eine einseitige Preisanpassung in Betracht kommen.

Letztlich soll die Arbeit Antworten auf die gesetzlichen Preisanpassungsmöglichkeiten in der Grund- und Ersatzversorgung geben und die dort offenen Rechtsfragen klären.

III. Gang der Untersuchung

Diese Arbeit untersucht die Möglichkeiten der einseitigen Preisanpassung durch Energieversorgungsunternehmen in den verschiedenen Belieferungsarten. Zur Schaffung eines grundlegenden Verständnisses wird zunächst ein Blick auf die Funktionsweise des Energiehandels geworfen (B.). Dabei wird auch die Zusammensetzung der Energiepreise für Letztverbraucher erläutert, bevor verschiedene krisenbedingte und nicht krisenbedingte Einflussfaktoren auf die Energiepreise analysiert werden. Ziel ist es, die Notwendigkeit von einseitigen Preisanpassungen in verschiedenen Situationen herauszuarbeiten.

In einem nächsten Schritt wird sodann der Energieliefervertrag näher betrachtet (C.). Neben einer energiewirtschaftsrechtlichen und zivilrechtlichen Einordnung steht die Charakterisierung als Dauerschuldverhältnis und als absolutes Fixgeschäft im Fokus.

Die jeweiligen Möglichkeiten für einseitige Preisanpassungen hängen maßgeblich von der jeweiligen Belieferungsart ab. Aus diesem Grund erfolgen in Kapitel (D.) eine Darstellung und Abgrenzung der verschiedenen Belieferungsarten.

Einseitige Vertragsanpassungen stehen in einem Spannungsfeld zum Grundsatz *pacta sunt servanda*, einem Grundprinzip des deutschen Zivilrechts. In Kapitel (E.) wird dieser Grundsatz zunächst dargestellt, bevor seine Vereinbarkeit mit der einseitigen Preisanpassung analysiert wird.

Der Schwerpunkt dieser Arbeit liegt auf der Anpassung von Sonderkundenverträgen (F.). Dabei muss eine Unterscheidung zwischen vertraglich vereinbarten Preisanpassungsklauseln und gesetzlichen Anpassungsmöglichkeiten erfolgen. Im Hinblick auf die vertraglichen Anpassungsmöglichkeiten sind neben dem Preisklauselgesetz (PrkG) auch die energierechtlichen Anforderungen aus dem Energiewirtschaftsgesetz (EnWG) zu beleuchten. Ein besonderes Augenmerk liegt auf den Anforderungen des AGB-Rechts, da Energielieferverträge in der Regel Massengeschäfte darstellen. Bei den gesetzlichen Anpassungsmöglichkeiten wird die Störung der Geschäftsgrundlage (§ 313 BGB) eingehend, einschließlich ihrer Tatbestandsvoraussetzungen im Kontext der Preisanpassung, beleuchtet.

In Kapitel (G.) werden sodann die Preisanpassungsmöglichkeiten in der Grund- und Ersatzversorgung untersucht. Diese müssen von der Preisanpassung bei Sonderkundenverträgen abgegrenzt werden, da die Grund- und Ersatzversorgung den Bestimmungen der StromGVV und GasGVV unterliegen. Die Verträge werden in diesem Bereich nicht frei zwischen den Parteien ausgehandelt, sodass eine Abweichung im Rahmen der Privatautonomie ausgeschlossen ist.

Den Abschluss der Arbeit bildet Kapitel (H.). In diesem sollen die zentralen Ergebnisse der Ausarbeitung in Thesen zusammengefasst werden.

B. Funktionsweise des Energiehandels

Um die Gründe für steigende und sinkende Energiepreise auf den Großhandelsmärkten und damit die sich verändernden Beschaffungskosten für Energieversorgungsunternehmen besser zu verstehen, soll zunächst ein Blick auf die Funktionsweise des Energiehandels im Bereich des Handels mit Elektrizität und Erdgas geworfen werden.

Vor der Liberalisierung der Energiemärkte im Jahr 1998 gab es im Bereich der leitungsgebundenen Energieversorgung keinen Wettbewerb. Vielmehr war das Bundesgebiet in verschiedene Gebietsmonopole aufgeteilt, sodass in Abhängigkeit der Wahl des Wohnortes keine Möglichkeit der Wahl des Energieversorgers für den Letztverbraucher bestand.[18] Die Letztverbraucher wurden zu dieser Zeit durch staatliche Regulierung vor dem Missbrauch der Monopolstellung durch einzelne Energieversorger geschützt.[19] Kleinere Verbraucher (Tarifabnehmer) erhielten ferner Schutz durch die Bundestarifordnung Elektrizität (BTOElt) und die Verordnung über Allgemeine Bedingungen für die Gasversorgung (AVBGasV). Mit der Trennung des Netzbetriebs von der Erzeugung und dem Vertrieb im Rahmen der Liberalisierung der Energiemärkte begann durch das erste Energiebinnenmarktpaket im Jahr 1996[20] eine Abkehr vom monopolistischen Energiemarkt hin zu einem

---

18 *Puffe*, Zenke/Wollschläger/Eder, 2. Kap. Rn. 5.

19 *Puffe*, Zenke/Wollschläger/Eder, 2. Kap. Rn. 5.

20 Elektrizitätsbinnenmarkt-RL 1996 (RL 96/92/EG) und Erdgasbinnenmarkt-RL 1998 (RL 98/30/EG); vertiefend: *Jenn*, BeckOK EnWG, § 6 Rn. 5 ff.

Energiemarkt mit marktwirtschaftlichem Wettbewerb.[21] Wesentliche Voraussetzung hierfür war die Ermöglichung des diskriminierungsfreien Marktzugangs für alle Marktakteure und die Entflechtung von Netzbetrieb und Energievertrieb (sog. Unbundling).[22] Die Entflechtungsvorgaben verpflichten Energieversorgungsunternehmen, die neben den Bereichen der Energieerzeugung oder des Energievertriebs auch im Bereich des Netzbetriebs tätig sind, sog. vertikal integrierte Unternehmen.[23] Man unterscheidet zwischen der buchhalterischen, der informatorischen, der operationellen und der rechtlichen Entflechtung. Die buchhalterische Entflechtung soll die Trennung bestimmter buchhalterischer Bereiche sicherstellen, vgl. § 6b EnWG.[24] Die informatorische Entflechtung, welche derzeit in § 6a EnWG geregelt ist, verpflichtet unter anderem vertikal integrierte Unternehmen zu einer vollständigen Informationstrennung des Netzbetreibers von anderen Tätigkeitsbereichen.[25] Die operationelle Entflechtung gemäß § 7a EnWG umfasst verhaltens- und unternehmensbezogene Vorgaben im Hinblick auf die Organisation, Entscheidungsgewalt und Ausübung des Netzgeschäfts, unter anderem für vertikal integrierte Unternehmen.[26] Die in § 7 EnWG geregelte rechtliche Entflechtung verpflichtet vertikal integrierte Unternehmen zur juristischen Eigenständigkeit der Verteilnetzbetreiber.[27] Den Grundstein der Entflechtungsvorgaben legte die buchhalterische Entflechtung als zunächst einzige Entflechtungsvorgabe des ersten Energiebinnenmarktpakets, Art. 14 RL 96/92/EG und Art. 13 RL 98/30/EG. Folge der Entflechtung war unter anderem, dass Letztverbraucher fortan neben einem Energieliefervertrag auch einen Vertrag über den Netzzugang und die Netznutzung abschließen mussten, einen sog. Netzanschlussvertrag.[28] Für kleine Letztverbraucher wird der Abschluss des Netzanschlussvertrags zumeist durch den Energieversorger übernommen.[29]

---

21 *Puffe*, Zenke/Wollschläger/Eder,2. Kap. Rn. 19.

22 *Hufendiek*, Handbuch Energiehandel, 53 Rn. 108.

23 Vgl. hierzu: § 3 Nr. 38 EnWG.

24 Näheres: *Hampe*, Pritzsche/Vacha, § 15 Rn. 22 ff.

25 Vgl. *Jenn*, BeckOK EnWG, § 6a Rn. 2; *Säcker/Schönborn*, Säcker, § 6a EnWG Rn. 4 ff.

26 *Knauff*, Kment, § 7a Rn. 1.

27 *Knauff*, Kment, § 7 Rn. 1; *Säcker/Schönborn*, Säcker, § 7 EnWG Rn. 21.

28 *Hufendiek*, Handbuch Energiehandel, 54 Rn. 108.

29 *Hufendiek*, Handbuch Energiehandel, 54 Rn. 108.

Infolge der Liberalisierung und der Entflechtung folgt die Preisbildung auf den Energiemärkten mittlerweile dem Grundsatz von Angebot und Nachfrage.[30]

Der Energiehandel bezeichnet dabei den Kauf und Verkauf von Energie auf Ebene der Übertragungsnetze (Strom) oder Fernleitungsnetze (Gas).[31]

Vereinfacht dargestellt funktioniert der Energiehandel durch Bilanzkreisverträge zwischen dem Marktteilnehmer und dem Übertragungsnetzbetreiber bzw. Fernleitungsnetzbetreiber. Der Marktteilnehmer nimmt sodann die Marktrolle des Bilanzkreisverantwortlichen ein. Mit seinem Bilanzkreis kann dieser dann mit anderen Bilanzkreisverantwortlichen die Energie physisch handeln.[32] Unter einem Bilanzkreis versteht man nach der Legaldefinition in § 3 Nr. 10e EnWG die Zusammenfassung von Einspeise- und Entnahmestellen innerhalb einer Regelzone, die dem Zweck dient, Abweichungen zwischen Einspeisungen und Entnahmen durch ihre Durchmischung zu minimieren und die Abwicklung von Handelstransaktionen zu ermöglichen.[33] Handelstransaktionen werden dabei durch die Übertragung von Energiemengen in andere Bilanzkreise ermöglicht.[34]

I. Handel mit Elektrizität

Die im Stromnetz vorhandene Elektrizität wird als Sekundärenergieträger durch Umwandlung von Energie erzeugt. Für die Elektrizitätserzeugung können etwa fossile Brennstoffe, Uran oder erneuerbare Energien eingesetzt werden.[35] Nach § 1a Abs. 1 S. 1 EnWG muss sich der Preis für Elektrizität frei am Markt bilden. Die Höhe der Preise für Elektrizität am Großhandelsmarkt

30 Vertiefend hierzu: *Puffe*, Zenke/Wollschläger/Eder, 1. Kap. Rn. 10 ff., 33 ff.

31 Vgl. *Draxler/Sessel-Zsebik*, Stuhlmacher/Stappert/Schoon/Jansen, Teil 5 Kap. 19 Rn. 3.

32 Vgl. *Draxler/Sessel-Zsebik*, Stuhlmacher/Stappert/Schoon/Jansen, Teil 5 Kap. 19 Rn. 3.

33 Auch wenn die Definition des EnWG nur den Elektrizitätsbereich erfasst, muss Selbiges auch für den Gasbereich gelten, vgl. § 2 Nr. 4 GasNZV.

34 *Pfeiffer*, BeckOK EnWG, § 3 Nr. 10e Rn. 2.

35 *Löschel/Rübbelke/Ströbele/Pfaffenberger/Heuterkes*, Energiewirtschaft, 307; einen Überblick über die in Deutschland eingesetzten Kraftwerke gibt es hier: https://www.bundesnetzagentur.de/DE/Fachthemen/ElektrizitaetundGas/Versorgungssicherheit/Erzeugungskapazitaeten/Kraftwerksliste/start.html (abgerufen am: 27.05.2025).

darf regulatorisch nicht beschränkt werden, § 1a Abs. 1 S. 2 EnWG.[36] Aus § 1a Abs. 1 EnWG ergeben sich allerdings keine unmittelbaren Rechtsfolgen.[37] Vielmehr handelt es sich um gesetzlich verankerte Grundsätze des Strommarktes und der leitungsgebundenen Versorgung mit Elektrizität, die rechtliche Rahmenbedingungen für die Teilnahme am Strommarkt schaffen.[38] Dies steht im Einklang mit Art. 5 Abs. 1 S. 1 RL (EU) 2019/944, wonach es den Versorgern freisteht, den Preis, zu dem sie ihre Kunden beliefern, zu bestimmen.

Der Handel mit der Ware „Strom" unterscheidet sich aufgrund der eingeschränkten Speicherbarkeit, der Notwendigkeit einer stabilen Netzfrequenz, der Leitungsgebundenheit, tageszeitabhängiger Verbrauchsunterschiede und umwelt- und klimapolitischer Herausforderungen stark vom Handel mit anderen Waren.[39] Diese Besonderheiten führen in der Preisbildung dazu, dass Strom, welcher am nächsten Tag geliefert werden soll, eine andere Ware darstellt als Strom mit einem Lieferzeitpunkt im nächsten Jahr.[40] Dabei ist, basierend auf den Grundsätzen von Angebot und Nachfrage, der Strom wegen einer geringeren Nachfrage am Wochenende günstiger als an Werktagen.[41] In der Einsatzentscheidung ist die Erzeugung von Strom aus erneuerbaren Energien günstiger als die Erzeugung aus Gas oder Kohle. So ist wegen einer hohen Produktion von Strom aus erneuerbaren Energien der Strom in windreichen Stunden günstiger als in windarmen Stunden.[42] Preisschwankungen von 100 EUR pro MWh innerhalb einer Stunde sind auf dem Strommarkt keine Seltenheit.[43] Aufgrund der begrenzten Speicherbarkeit von Strom muss

---

36 Auch das Strompreisbremsegesetz hatte hierauf keinen Einfluss, da dies nur die Lieferung an den Letztverbraucher betraf.

37 *Winkler*, BeckOK EnWG, § 1a Rn. 3.

38 BR-Drs. 542/15, 84.

39 Ausführlich hierzu: *Müsgens*, EnWZ 2017, 243 ff.

40 *Müsgens*, EnWZ 2017, 243 (244).

41 *Müsgens*, EnWZ 2017, 243 (244).

42 *Müsgens*, EnWZ 2017, 243 (244).

43 https://www.smard.de/home/marktdaten?marketDataAttributes=%7B%22resolution%22:%22hour%22,%22from%22:1695247200000,%22to%22:1695679199999,%22moduleIds%22:%5B8004169%5D,%22selectedCategory%22:null,%22activeChart%22:true,%22style%22:%22color%22,%22categoriesModuleOrder%22:%7B%228%22:%5B8000256,8004169,8005078,8004996,8000252,8000253,8000254,8004997,8004170,8000257,8000258,8000259,8000261,8000251,8000255,8000260,8000262%5D%7D,%22region%22:%22DE%22%7D (abgerufen am: 27.05.2025).

eine Zeitgleichheit zwischen physischem Angebot und physischer Nachfrage vorhanden sein.[44] Würde diese nicht vorliegen, könnte die Netzstabilität nicht gewährleistet werden und es bestünde die Gefahr, dass das Netz zusammenbricht.[45] Der Ausgleich wird durch Fahrpläne zum Einsatz von Kraftwerken bei der Stromerzeugung und den Einsatz von positiver und negativer Regelenergie bei einer Ungleichheit von Angebot und Nachfrage erreicht.[46] Auch der Einsatz von verschiedenen Kraftwerkstypen in der Erzeugungsstruktur spielt beim Ausgleich von Angebot und Nachfrage und der Schaffung von Flexibilität eine wichtige Rolle.[47] Die konstant benötigte Spannung im Stromnetz, die sog. Grundlast, wird durch Grundlastkraftwerke[48] erzeugt. Grundlastkraftwerke laufen kontinuierlich über das ganze Jahr und zeichnen sich durch hohe Fixkosten und niedrige variable Kosten aus.[49] Verbrauchsspitzen werden durch sog. Spitzenlastkraftwerke[50] abgefedert.[51] Diese können zwar zu geringen Fixkosten gebaut werden, weisen dabei allerdings hohe variable Kosten für den bedarfsgerechten Einsatz auf, was zu höheren Strompreisen in Spitzenzeiten führt.[52]

Der Handel mit Strom kann grundsätzlich börslich[53] oder außerbörslich (OTC[54]) stattfinden.

Börslich kann der Strom kurzfristig am Spotmarkt oder mit einer gewissen Vorlaufzeit am Terminmarkt erworben werden.[55] Die Geschäfte am Spotmarkt beziehen sich dabei auf die Stromlieferung einer Stunde am folgenden Tag (Day-Ahead-Markt) oder sogar stundenweise oder viertel-stundenweise Lieferungen am selben Tag (Intraday-Markt). Die auf dem Intraday-Markt gehandelten Mengen sind meist solche, die wegen kurzfristiger Ereignisse

---

44 *Erdmann/Zweifel*, Energieökonomik, 294.
45 *Haucap/Heimeshoff*, Hoch/Haucap, 1. Kap. Rn. 10.
46 *Haucap/Heimeshoff*, Hoch/Haucap, 1. Kap. Rn. 10.
47 *Ockenfels/Bettzüge*, Baur/Salje/Schmidt-Preuß, 3. Kap. Rn. 7.
48 Dies sind zumeist Kohle- oder Atomkraftwerke.
49 *Ockenfels/Bettzüge*, Baur/Salje/Schmidt-Preuß, 3. Kap. Rn. 7.
50 Gasturbinenkraftwerke oder Pumpspeicherkraftwerke.
51 *Ockenfels/Bettzüge*, Baur/Salje/Schmidt-Preuß, 3. Kap. Rn. 7.
52 *Ockenfels/Bettzüge*, Baur/Salje/Schmidt-Preuß, 3. Kap. Rn. 7.
53 Bspw. an der EXPEX (Paris) oder EEX (Leipzig).
54 over-the-counter.
55 *Krapf*, Stuhlmacher/Stappert/Schoon/Jansen, Teil 5 Kap. 21.A Rn. 6, 7.

oder Vorhersagefehlern zusätzlich nachgefragt oder angeboten werden.[56] Der am Terminmarkt gehandelte Strom bezieht sich auf Lieferungen von einer Woche bis zu mehreren Jahren. Durch die langfristige Beschaffung von Energie am Terminmarkt können sich die Energieversorgungsunternehmen gegen Preisschwankungen absichern.[57]

Die Preisbildung am Spotmarkt der Strombörse findet über ein zweiseitiges Auktionsverfahren im Rahmen von Day-Ahead-Auktionen statt.[58] Alle gehandelten Einheiten werden zu einem Markträumungspreis, der sich aus dem zweiseitigen Auktionsverfahren ergibt, ge- oder verkauft, sog. Einheitspreisauktion.[59] Dazu werden aus den in einer Stunde angebotenen und nachgefragten Strommengen aggregierte Angebotskurven und aggregierte Nachfragekurven gebildet.[60] Jeder Anbieter von Strommengen muss für eine oder mehrere Stunden am Folgetag eine individuelle Angebotsfunktion abgeben, aus welcher dann mit allen anderen Angebotseingängen die aggregierte Angebotskurve gebildet wird.[61] Nach dem gleichen Prinzip wird sodann für die Nachfrageseite eine aggregierte Nachfragekurve gebildet.[62] Diese Kurven zeichnen sich dadurch aus, dass die aggregierte Nachfragekurve mit steigenden Preisen abnimmt, die aggregierte Angebotskurve hingegen gleichzeitig mit den Preisen steigt.[63] Der Schnittpunkt dieser Kurven ist der zuvor genannte Markträumungspreis oder auch Market-Clearing-Price.[64] Zu dem Markträumungspreis ist jeder Anbieter bereit, die ermittelte Menge an Elektrizität anzubieten, und jeder Nachfrager bereit, die Menge zum aufgerufenen Preis nachzufragen.[65] Die Stromvermarktung erfolgt sodann zum Markträumungspreis.[66]

---

56 *Löschel/Rübbelke/Ströbele/Pfaffenberger/Heuterkes*, Energiewirtschaft, 343.
57 *Puffe*, Zenke/Wollschläger/Eder, 2. Kap. Rn. 34.
58 *Puffe*, Zenke/Wollschläger/Eder, 2. Kap. Rn. 36.
59 *Puffe*, Zenke/Wollschläger/Eder, 2. Kap. Rn. 36.
60 *Pilgram/Fischer*, Zenke/Wollschläger/Eder, 4. Kap. Rn. 22.
61 *Puffe*, Zenke/Wollschläger/Eder, 2. Kap. Rn. 36.
62 *Puffe*, Zenke/Wollschläger/Eder, 2. Kap. Rn. 37.
63 *Pilgram/Fischer*, Zenke/Wollschläger/Eder, 4. Kap. Rn. 22.
64 *Pilgram/Fischer*, Zenke/Wollschläger/Eder, 4. Kap. Rn. 22.
65 *Pilgram/Fischer*, Zenke/Wollschläger/Eder, 4. Kap. Rn. 22.
66 *Puffe*, Zenke/Wollschläger/Eder, 2. Kap. Rn. 38.

Nach dem Prinzip der Merit-Order erfolgt die Einspeisung von Strom aus unterschiedlichen Kraftwerkstypen dann, wenn der Marktpreis für Strom die Grenzkosten der Erzeugung inklusive aller Opportunitätskosten, wie Erlösmöglichkeiten auf Regelenergiemärkten und voraussichtlichen An- und Abfahrtskosten des Kraftwerks, übersteigt.[67] Der Marktpreis für den Strom bestimmt damit, welche Kraftwerke profitabel eingesetzt werden können.[68] In der Reihenfolge des Kraftwerkseinsatzes werden zunächst sog. must-run-Kapazitäten eingesetzt.[69] Hierbei handelt es sich um Kapazitäten aus laufenden Kraftwerken, die aufgrund ihrer hohen Anfahrtskosten am Netz bleiben sollen, da andernfalls hohe Kosten allein für das Herauf- und Herunterfahren der Kraftwerke anfallen.[70] Nach diesen Kapazitäten werden aufgrund ihrer niedrigen Grenzkosten erneuerbare Energien eingesetzt, bevor zuletzt wegen der Höhe ihrer Grenzkosten die Kraftwerke, die mit fossilen Energieträgern betrieben werden, eingesetzt werden.[71] Weiter entstehen bei dem Einsatz erneuerbarer Energien keine An- und Abfahrtskosten, da diese unter bestimmten Wetterbedingungen ohnehin Strom produzieren.[72] Der frühe Einsatz erneuerbarer Energien liegt ferner daran, dass die Netzbetreiber nach § 11 Abs. 1 S. 1 EEG 2023 verpflichtet sind, den Strom aus erneuerbaren Energien und Grubengas, der in einer Veräußerungsform nach § 21b Abs. 1 EEG 2023[73] veräußert wird, unverzüglich vorrangig physikalisch abzunehmen, zu übertragen und zu verteilen.

Das Prinzip der Merit-Order führt dazu, dass das Kraftwerk, welches zur Bedarfsdeckung gerade noch gebraucht wird, den Markträumungspreis bestimmt, sog. Grenzkraftwerk.[74] Kann das Grenzkraftwerk bei steigenden Brennstoffkosten oder höheren Kosten für Emissionszertifikate nur zu höheren Kosten betrieben werden, steigt der Strompreis folglich insgesamt. Diese Preissteigerung erfolgt unabhängig davon, ob andere Erzeugungsanlagen

---

67 *Haucap/Heimeshoff*, Hoch/Haucap, 1. Kap. Rn. 19.

68 *Haucap/Heimeshoff*, Hoch/Haucap, 1. Kap. Rn. 20.

69 *Löschel/Rübbelke/Ströbele/Pfaffenberger/Heuterkes*, Energiewirtschaft, 335.

70 *Löschel/Rübbelke/Ströbele/Pfaffenberger/Heuterkes*, Energiewirtschaft, 335.

71 Löschel/Rübbelke/Ströbele/Pfaffenberger/Heuterkes, Energiewirtschaft, 337.

72 Vgl. *Gabler*, Pritzsche/Vacha, § 5 Rn. 161.

73 Erfasst sind danach die Veräußerungsformen: Marktprämie, Einspeisevergütung, Mieterstromzuschlag, sonstige Direktvermarktung.

74 *Puffe*, Zenke/Wollschläger/Eder, 2. Kap. Rn. 39.

den Strom deutlich günstiger produzieren könnten oder sogar produzieren. Ferner kann es zu erheblichen Preissprüngen kommen, wenn einzelne Kraftwerke nicht einsatzfähig sind und deshalb zur Bedarfsdeckung ein Kraftwerk aus der nächsten Stufe eingesetzt werden muss.[75] Andererseits bietet das Prinzip der Merit-Order den Vorteil, dass aufgrund des Einsatzes nach den variablen Kosten die Gesamtkosten am niedrigsten sind.[76]

Die erläuterte Preisbildung bezieht sich zwar lediglich auf den Spotmarkt, hat aber auch Auswirkungen auf Termingeschäfte, da sich diese auf eine Lieferung im Spotmarkt beziehen.[77] Die Preise am Terminmarkt spiegeln nämlich die Preiserwartung für den Spotmarkt zum Zeitpunkt des Termingeschäfts wider.[78]

Auch im Rahmen des OTC-Handels wird Strom als kurzfristiges oder langfristiges Produkt gehandelt. Eine Besonderheit des OTC-Handels ist, dass aufgrund der geringeren Standardisierung ein Fahrplanhandel stattfinden kann.[79] Dies bedeutet, dass Lieferstrukturen gehandelt werden können, in denen sich die vertraglich vereinbarte Leistung viertelstündlich unterscheidet.[80]

Der an der Börse für Strom gezahlte Markträumungspreis hat keinen allgemeinen Geltungsanspruch.[81] Vielmehr existiert neben diesem Börsenmarktpreis ein freier Marktpreis.[82] Der freie Marktpreis spiegelt die sich aus Angebot und Nachfrage ergebende tatsächliche Marktlage wider.[83] Der Unterschied zum Börsenmarktpreis besteht somit darin, dass nicht ein einziger Markträumungspreis gebildet wird, der Angebot und Nachfrage bündelt.[84] Die Bildung eines freien Marktpreises gestaltet sich in der Stromwirtschaft häufig schwierig, sodass auch hier der Börsenpreis meist als Anhaltspunkt genommen wird.[85] Dies ist weiter darauf zurückzuführen, dass weder der

---

75 *Löschel/Rübbelke/Ströbele/Pfaffenberger/Heuterkes*, Energiewirtschaft, 337 f.

76 *Löschel/Rübbelke/Ströbele/Pfaffenberger/Heuterkes*, Energiewirtschaft, 335.

77 *Hufendiek*, Handbuch Energiehandel, 69 Rn. 140.

78 *Hufendiek*, Handbuch Energiehandel, 70 Rn. 140.

79 *Löschel/Rübbelke/Ströbele/Pfaffenberger/Heuterkes*, Energiewirtschaft, 394.

80 *Löschel/Rübbelke/Ströbele/Pfaffenberger/Heuterkes*, Energiewirtschaft, 394.

81 *Lindner*, die juristische Bestimmung des Marktpreises für Strom, 164.

82 *Lindner*, die juristische Bestimmung des Marktpreises für Strom, 164.

83 *Lindner*, die juristische Bestimmung des Marktpreises für Strom, 164.

84 *Lindner*, die juristische Bestimmung des Marktpreises für Strom, 166 f.

85 *Lindner*, die juristische Bestimmung des Marktpreises für Strom, 168.

Stromkäufer noch der Stromverkäufer einen Preis akzeptieren werden, wenn sie davon ausgehen, dass sie an der Strombörse ein ökonomisch besseres Geschäft machen können.[86] Im Ergebnis bestimmen die Parteien im außerbörslichen Handel ihren Preis außerhalb einer standardisierten Ermittlung frei, der Börsenpreis hat hierauf trotzdem einen großen Einfluss.[87]

Da der Kunde dem Strom ohnehin nicht ansehen kann, von wem dieser erzeugt wurde, muss das beliefernde Energieversorgungsunternehmen durchgehend entscheiden, ob es den Strom günstiger selbst erzeugt oder von einem Dritten bezieht.[88]

Weiter lässt sich die elektrische Energie nur sehr schwierig durch andere Energieträger substituieren, was dazu führt, dass es auch bei extremen Preissteigerungen weiter eine Nachfrage nach Elektrizität geben wird. Die Preiselastizität ist auf der Nachfrageseite sehr gering, vielmehr hängt die Nachfrage von der industriellen Produktion, dem Wetter oder den Lebensgewohnheiten der Menschen ab.[89]

II. Handel mit Erdgas

Erdgas ist ein Primärenergieträger und im Vergleich zu Strom leicht speicherbar. Deutschland besitzt kaum eigene Erdgasvorkommen, sondern muss größtenteils auf den Import aus anderen Ländern zurückgreifen. Im Jahr 2021 waren Russland und Norwegen die wichtigsten Importeure für Erdgas.[90] Nachdem Russland die Gasexporte nach Deutschland am 31. August 2022 eingestellt hatte, zählten Norwegen, die Niederlande und Belgien im Jahr 2023 zu den größten Lieferanten.[91] Aufgrund des hohen Importanteils muss der Gasmarkt in Deutschland international betrachtet werden.[92]

---

86 *Ockenfels/Bettzüge*, Baur/Salje/Schmidt-Preuß, 3. Kap. Rn. 64.

87 So auch: *Fried/Voelcker*, Prizsche/Vacha, § 12 Rn. 2.

88 *Machate*, Bartsch/Röhling/Salje/Scholz, 39. Kap. Rn. 10.

89 *Hufendiek*, Handbuch Energiehandel, 68 Rn. 135.

90 *BNetzA/BKartA*, Monitoringbericht 2022, 15.

91 *BNetzA/BKartA*, Monitoringbericht 2024, 5; zum Import von russischem Erdgas: https://de.statista.com/statistik/daten/studie/1310816/umfrage/monatliche-deutsche-gasimporte-aus-russland/ (abgerufen am: 27.05.2025).

92 Vgl. *Knöbel/Barenkamp*, Pritzsche/Vacha, § 16 Rn. 19.

Der Erdgasmarkt lässt sich in zwei Teilmärkte, den Erdgas-Importmarkt und den nationalen Erdgas-Weiterverteiler-Markt, einteilen.[93] Auf den Erdgas-Importmärkten findet ein Handel zwischen den Produktionsgesellschaften und den Import- und Ferngasgesellschaften statt.[94] Auf dem nationalen Erdgas-Weiterverteiler-Markt wird sodann Erdgas zwischen den Import- und Ferngasgesellschaften und den regionalen und lokalen Endkundenversorgern und Großverbrauchern gehandelt.[95] Der Handel von Erdgas findet an sog. physischen oder virtuellen Hubs (Verteilerknotenpunkten) statt. Physische Erdgas-Hubs sind Knotenpunkte, an denen mehrere Pipelines zusammenlaufen.[96] An diesen Stellen kann durch technische Vorrichtungen das Erdgas von einer Leitung in eine andere transferiert werden.[97] Ein solcher physischer Hub ist der Henry Hub in Louisiana, USA. Dort werden derart große Mengen an Erdgas gehandelt, dass hierzu Termingeschäfte an der New York Mercantile Exchange (NYMEX) abgeschlossen werden können.[98]

In Deutschland existieren keine vergleichbaren Knotenpunkte, sodass der Betrieb eines physischen Hubs wenig Sinn ergeben würde.[99] Stattdessen wird hierzulande ein virtueller Hub von der Trading Hub Europe (THE) betrieben. Hier wird das Erdgas nicht physisch gehandelt, sondern nur die Eigentumsrechte an diesem.[100] Das Erdgas wird an Einspeisepunkten von den Anbietern in das Weiterverteilernetz eingespeist und an Weiterverteiler verkauft, welche es sodann an den Ausspeisepunkten an die Endkunden liefern.[101] Nach dem sog.entry-exit-System sind die Fernleitungsnetzbetreiber dabei verpflichtet, die Rechte an den gebuchten Transportkapazitäten so auszugestalten, dass sie den Transportkunden berechtigen, Gas an jedem Einspeisepunkt für die Ausspeisung an jedem Ausspeisepunkt ihres Netzes bereitzustellen, § 20 Abs. 1b S. 10 EnWG. Um sicherzustellen, dass die virtuell gehandelten Mengen auch

---

93 *Erdmann/Zweifel*, Energieökonomik, 234.
94 *Erdmann/Zweifel*, Energieökonomik, 234.
95 *Erdmann/Zweifel*, Energieökonomik, 234.
96 *Erdmann/Zweifel*, Energieökonomik, 238.
97 *Erdmann/Zweifel*, Energieökonomik, 238.
98 *Löschel/Rübbelke/Ströbele/Pfaffenberger/Heuterkes*, Energiewirtschaft, 251.
99 *Löschel/Rübbelke/Ströbele/Pfaffenberger/Heuterkes*, Energiewirtschaft, 250.
100 *Löschel/Rübbelke/Ströbele/Pfaffenberger/Heuterkes*, Energiewirtschaft, 251.
101 *Erdamann/Zweifel*, Energieökonomik, 238 f.

physisch erfüllt werden, werden Ein- und Ausspeiseverträge abgeschlossen.[102] Das Gesetz bezeichnet den Einspeisevertrag in § 20 Abs. 1b S. 2 EnWG als einen Vertrag über Einspeisekapazitäten mit dem Netzbetreiber, in dessen Netz eine Einspeisung von Gas erfolgen soll. Damit soll der Transport von einem festgelegten Einspeisepunkt zum virtuellen Handelspunkt geregelt werden.[103] Als Ausspeisevertrag wird ein Vertrag über Ausspeisekapazitäten mit dem Netzbetreiber, aus dessen Netz die Entnahme von Gas erfolgen soll, bezeichnet, § 20 Abs. 1b S. 3 EnWG. Dieser Vertrag regelt den Transport vom virtuellen Handelspunkt zum Ausspeisepunkt.[104] Eine nähere Ausgestaltung findet sich in der Kooperationsvereinbarung zwischen den in Deutschland gelegenen Betreibern von Gasversorgungsnetzen (Kooperationsvereinbarung Gas XIV[105]). Seit dem 1. Oktober 2021 besteht in Deutschland für den Erdgashandel ein deutschlandweites Marktgebiet unter der Bezeichnung Trading Hub Europe (THE).[106] Ein Marktgebiet ist die Zusammenfassung gleich gelagerter und nachgelagerter Netze, in denen Transportkunden gebuchte Kapazitäten frei zuordnen, Gas an Letztverbraucher ausspeisen und in andere Bilanzkreise übertragen können, § 2 Nr. 10 GasNZV.

Auch Erdgas kann börslich oder außerbörslich gehandelt werden. Am börslichen Spotmarkt kann Erdgas für den aktuellen Liefertag mit einer Vorlaufzeit von drei Stunden (Intraday-Produkt), für den Folgetag / zwei Tage im Voraus (Day-Ahead-Kontrakt) oder für das folgende Wochenende (Weekend-Kontrakt) rund um die Uhr (24/7-Handel) gehandelt werden.[107] Der Vertrag muss dabei mindestens ein Volumen von 1 MW umfassen.[108] Auf dem Terminmarkt können Terminverträge für Monate, Quartale, Jahreszeiten und Jahre gehandelt werden.[109] Der Terminmarkt dient dabei häufig zur Absicherung gegen Preisrisiken oder zur Portfoliooptimierung.[110] Der

---

102 *Löschel/Rübbelke/Ströbele/Pfaffenberger/Heuterkes*, Energiewirtschaft, 251.
103 *Löschel/Rübbelke/Ströbele/Pfaffenberger/Heuterkes*, Energiewirtschaft, 251.
104 *Löschel/Rübbelke/Ströbele/Pfaffenberger/Heuterkes*, Energiewirtschaft, 251.
105 Die aktuelle Fassung trat am 01.10.2024 in Kraft.
106 Zusammenfassung der Marktgebiete NetConnect Germany und Gaspool. Zur Pflicht zur Zusammenfassung vgl. § 21 Abs. 1 GasNZV.
107 *BNetzA/BKartA*, Monitoringbericht 2022, 424.
108 *BNetzA/BKartA*, Monitoringbericht 2022, 424.
109 *BNetzA/BKartA*, Monitoringbericht 2022, 424.
110 *BNetzA/BKartA*, Monitoringbericht 2022, 424.

börsliche Handel für Deutschland wird überwiegend über die PEGAS[111] (Pan European Gas Cooperation) mit Sitz in Paris abgewickelt.[112]

Den Großteil des Erdgashandels macht allerdings der außerbörsliche OTC-Handel aus.[113] Dieser bietet den Vorteil der flexiblen Vertragsgestaltung, da der OTC-Handel nicht so standardisiert ist wie der börsliche Handel.[114]

Die Großhandelspreise für Gas orientierten sich anfangs stark an den Preisen für Öl, sog. Ölpreisbindung, wobei die Ölpreisbindung aufgrund der Beschaffung von Erdgas an der Börse zunehmend an Bedeutung verliert.[115] Der Gaspreis wird heute zumeist rein wettbewerblich gebildet.[116] Inzwischen hat sich der Börsenpreis als Referenzpreis für die Großhandelsmärkte durchgesetzt.[117]

Der Erdgaspreis reagiert weniger stark auf kleinere Wettereinflüsse, wie Wind oder Sonneneinstrahlung im Tagesverlauf, sondern vielmehr auf die Außentemperatur bzw. die Heizperiode, da dort die Nachfrage nach Erdgas deutlich höher ist als beispielsweise im Sommer.[118] Dies führt dazu, dass es auf dem Erdgasmarkt weniger zu tagesabhängigen Preisschwankungen kommt, sondern vielmehr zu saisonalen Schwankungen des Preises.[119] Da der Wärmemarkt der wichtigste Absatzmarkt für Erdgas ist, haben die Temperatur und Witterungsbedingungen den größten Einfluss auf die Nachfrage nach Erdgas.[120] Im Winter erreicht die Erdgasnachfrage ihren Höhepunkt.[121] Damit die Heizperiode innerhalb eines Zeitsystems abgedeckt wird und nicht zwei Kalenderjahre beeinflusst, hat sich in der Gaswirtschaft das sog. Gaswirtschaftsjahr vom 1. Oktober bis zum 1. Oktober des darauffolgenden Jahres entwickelt.[122]

---

111 Zentrale Handelsplattform für Erdgas, welche von der EEX Group betrieben wird.

112 Vgl. *Tüngler*, Pritzsche/Vacha, § 18 Rn. 23 ff.

113 *BNetzA/BKartA*, Monitoringbericht 2022, 425.

114 *BNetzA/BKartA*, Monitoringbericht 2022, 425.

115 *Knöbel/Barenkamp*, Pritzsche/Vacha, § 16 Rn. 18.

116 *Tüngler*, Pritzsche/Vacha, § 18 Rn. 47.

117 *Tüngler*, Pritzsche/Vacha, § 18 Rn. 22.

118 Vgl. *Ockenfels/Bettzüge*, Baur/Salje/Schmidt-Preuß, 3. Kap. Rn. 67.

119 *Ockenfels/Bettzüge*, Baur/Salje/Schmidt-Preuß, 3. Kap. Rn. 67.

120 *Erdmann/Zweifel*, Energieökonomik, 217.

121 *Ockenfels/Bettzüge*, Baur/Salje/Schmidt-Preuß, 3. Kap. Rn. 66 f.

122 *Löschel/Rübbelke/Ströbele/Pfaffenberger/Heuterkes*, Energiewirtschaft, 397; *Knöbel/Barenkamp*, Pritzsche/Vacha, § 16 Rn. 15.

III. Zusammensetzung des Energiepreises für Letztverbraucher

Diese Arbeit beschäftigt sich mit der Versorgung von Letztverbrauchern innerhalb der Vollversorgung. Bei der Vollversorgung bezieht der Kunde seinen gesamten Strom- und/oder Erdgasbedarf von einem Lieferanten. Der Letztverbraucher muss bei dieser Art der Versorgung keine genauen Angaben über den Umfang und zeitlichen Verlauf seiner Energieabnahme machen.[123] Man spricht deshalb von einem sog. „offenen Liefervertrag“.[124] Vollversorgungsverträge weisen meist eine Doppelstruktur hinsichtlich der Preise auf, sodass der Letztverbraucher neben einem festen Grundpreis einen Arbeitspreis für jede verbrauchte Kilowattstunde zahlt.[125] Der Arbeitspreis ist der verbrauchsabhängige Preis je Mengeneinheit, einschließlich der Umsatzsteuer und aller besonderen Verbrauchssteuern für die leitungsgebundene Abgabe von Elektrizität, Gas, Fernwärme oder Wasser, vgl. § 2 Nr. 1 PAngV. Als „spezifische Verbrauchssteuern“ sollen dabei alle öffentlichen Abgaben, die der Verbraucher zu zahlen hat, wie Strom- oder Energiesteuer, Konzessionsabgaben und Umlagen gelten.[126] Die Mengeneinheit für Elektrizität und Gas ist die Kilowattstunde (kWh), § 14 Abs. 4 PAngV. Der Grundpreis ist ein Entgelt, welches unabhängig vom Verbrauch gezahlt werden muss.[127] Der Arbeitspreis multipliziert mit dem Jahresverbrauch, addiert mit dem Grundpreis ergibt sodann den Abrechnungsbetrag auf der Jahresendabrechnung.[128]

Es gilt zu beachten, dass die PAngV nur gegenüber Verbrauchern i. S. d. § 13 BGB verpflichtend Anwendung findet, § 1 Abs. 1 PAngV. Eine Einteilung in Grund- und Arbeitspreis ist allerdings auch im unternehmerischen Rechtsverkehr nicht unüblich. Wobei dort teilweise Netto-Preise angegeben werden.

---

[123] *Theobald/Theobald*, Grundzüge des Energiewirtschaftsrechts, 2. Teil Vollversorgung.

[124] *Kremp/Michels/Fischer*, Zander/Riedel/Kraus, II.3.1.2.1.

[125] *Theobald/Theobald*, Grundzüge des Energiewirtschaftsrechts, 2. Teil Vollversorgung.

[126] *Barth*, BeckOK UWG, § 2 PAngV Rn. 1.

[127] https://www.bundesnetzagentur.de/SharedDocs/A_Z_Glossar/G/Grundpreis.html?nn=265850 (abgerufen am: 27.05.2025).

[128] https://www.bundesnetzagentur.de/SharedDocs/A_Z_Glossar/A/Arbeitspreis.html?nn=265850 (abgerufen am: 27.05.2025).

Im Rahmen von größeren Abnehmern erfolgt häufig eine Einteilung in Grundpreis, Leistungspreis und Arbeitspreis.[129] Hierauf soll allerdings im Rahmen dieser Arbeit nicht weiter eingegangen werden.

1. Einzelheiten Strompreise

Der Strompreis setzt sich für den Letztverbraucher aus einem vom Lieferanten beeinflussbaren Anteil des Strompreises (Energiebeschaffung, Vertrieb und Marge) und einem nicht beeinflussbaren Bestandteil (Abgaben und Steuern) zusammen.[130] Im Einzelnen bestand der Strompreis für Haushaltskunden[131] im Jahr 2024 laut dem Monitoringbericht der Bundesnetzagentur aus folgenden Komponenten: Energiebeschaffung (34 %), Vertrieb und Marge (9,6 %), Nettonetzentgelt (26,9 %), Umsatzsteuer (16 %), Stromsteuer (4,9 %), Konzessionsabgabe (3,9 %), Entgelt für Messung und Messstellenbetrieb (1,0 %), Umlage Offshore-Netz (1,6 %), Umlage nach § 19 StromNEV (1,5 %) und KWKG-Umlage (0,7 %).[132] Der durchschnittliche mengengewichtete Preis pro Kilowattstunde lag für Haushaltskunden zum Preisstand 1. April 2024 bei 41,59 ct/kWh.[133] Dies entspricht einer Senkung um 8 % im Vergleich zum Vorjahr (45,9 ct/kWh), in dem der Strompreis ohnehin durch die Strompreisbremse beeinflusst wurde.[134] Im Vergleich dazu lag der durchschnittliche mengengewichtete Preis pro Kilowattstunde für Haushaltskunden zum Stichtag im Jahr 2022 noch bei 36,06 ct/kWh.[135]

2. Einzelheiten Erdgaspreise

Auch der Gaspreis besteht aus einem vom Lieferanten beeinflussbaren Anteil und einem nicht beeinflussbaren Bestandteil.[136] Der mengengewichtete

---

[129] Vertiefend hierzu: *Schöne/Garbers*, Graf von Westphalen/Thüsing/Pamp, Stromlieferverträge Rn. 247.

[130] *BNetzA/BKartA*, Monitoringbericht 2024, 32.

[131] Haushaltskunden im Sinne dieser Arbeit sind solche i. S. d. § 3 Nr. 22 EnWG.

[132] *BNetzA/BKartA*, Monitoringbericht 2024, 191; die Prozentangaben beziehen sich auf Haushaltskunden für das Abnahmeband ab einschließlich 2.500 bis 5.000 kWh (über alle Vertragskategorien mengengewichteter Mittelwert).

[133] *BNetzA/BKartA*, Monitoringbericht 2024, 6.

[134] *BNetzA/BKartA*, Monitoringbericht 2024, 6.

[135] *BNetzA/BKartA*, Monitoringbericht 2022, 12.

[136] *BNetzA/BKartA*, Monitoringbericht 2024, 51.

Gaspreis für Haushaltskunden über alle Vertragskategorien setzte sich zum Preisstand 1. April 2024 aus den folgenden Komponenten zusammen: Energiebeschaffung (46,7 %), Vertrieb und Marge (10,3 %), Netzentgelt inklusive vorgelagerter Netzkosten (14,7 %), Gassteuer (4,4 %), Umsatzsteuer (15,9 %)[137], Konzessionsabgabe (0,6 %), Entgelt für Messung und Messstellenbetrieb (0,6 %) und CO_2-Abgabe (6,5 %).[138]

Der mengengewichtete durchschnittliche Gaspreis für Haushaltskunden über alle Vertragskategorien lag zum Stichtag 1. April 2024 bei 12,50 ct/kWh.[139] Damit ist dieser im Vergleich zum Vorjahr um 15 % gesunken (14,80 ct/kWh). Im Vergleich zum Jahr 2022 ist jedoch weiter ein erhöhtes Preisniveau festzustellen. Zum Preisstand 1. April 2022 lag der Preis bei durchschnittlich 9,88 ct/kWh.[140]

IV. Preisschwankungen

Die Preise für Energie sind in den vergangenen Jahren kontinuierlich angestiegen. Die Gründe hierfür können im Energiesektor vielfältig sein. Zum einen ist hier die Inflation zu nennen, aber auch unerwartete Ereignisse können Einfluss auf die Energiepreise nehmen. Dazu können weniger gravierende Gründe zählen, wie ein heißer Sommer oder ein unerwartet kalter Winter, aber auch gravierende Gründe innerhalb von Krisen, wie die COVID-19-Pandemie oder der russische Angriffskrieg auf die Ukraine, kommen in Betracht. Trotz der Vielfalt der Einflüsse auf die Energiepreise lassen sich den Preis beeinflussende Trends erkennen. Hierzu zählen etwa steigende CO_2-Preise, Kosten für den Netzausbau oder der Zubau preissenkender erneuerbarer Energien.

Wirft man einen Blick auf die Stromgroßhandelspreise für das Marktgebiet Deutschland/Luxemburg am EPEX-Spotmarkt, fällt bei einem kurzfristigen Vergleich auf, dass am 1. Januar 2019 der Preis für eine Megawattstunde noch bei 37,67 EUR und zum 1. Januar 2022 dieser sodann bei 235,45 EUR pro

---

137 Als Reaktion auf die Energiekrise wurde die Umsatzsteuer vom 01.10.2022 bis 31.03.2024 von 19 % auf 7 % gesenkt.

138 *BNetzA/BKartA*, Monitoringbericht 2022, 462.

139 *BNetzA/BKartA*, Monitoringbericht 2024, 51.

140 *BNetzA/BKartA*, Monitoringbericht 2022, 18.

Megawattstunde lag.[141] Dies ergibt eine Preissteigerung von ca. 525 %. Diese Preissteigerung ist vornehmlich auf die gestiegenen Großhandelspreise für kurzfristig zu beschaffende Strommengen zurückzuführen.[142]

Mit Blick auf die Preise für Erdgas am Spotmarkt in Deutschland lag dieser im Januar 2019 bei 22,30 EUR pro Megawattstunde.[143] Im Januar 2022 stieg der Preis dann auf 86,50 EUR pro Megawattstunde, bis dieser schließlich im August die Spitze von 235,93 EUR/MWh erreichte.[144] Im Vergleich des Januars 2019 mit dem Januar 2022 ergibt sich eine Preissteigerung von ca. 287,9 %. Da Erdgas als Primärenergieträger in Deutschland auch in Gaskraftwerken zur Stromerzeugung genutzt wird, haben der Erdgashandel und der sich hieraus ergebende Preis auch einen Einfluss auf den Strompreis, wenn die Grenzkosten eines Gaskraftwerkes den Markträumungspreis bestimmen. Dies zeigte sich während der durch den russischen Angriffskrieg ausgelösten Energiekrise immer wieder, als Gaskraftwerke in Spitzenlastzeiten preissetzend waren.[145] So wurden im Januar 2022 etwa 5.436 Gigawattstunden Strom durch Erdgas erzeugt.[146] Im Januar 2025 waren es sogar 7.924 Gigawattstunden.[147]

Für die meisten Letztverbraucher ist eine kurzfristige Reaktionsmöglichkeit auf steigende Energiepreise meist nur eine Änderung ihres Verbrauchsverhaltens.[148] Eine mittel- bis langfristige Reaktionsmöglichkeit ist die Anschaffung von energiesparenden Verbrauchseinrichtungen.[149] Allerdings gilt es zu beachten, dass die kurzfristigen Preisschwankungen für kleine Verbraucher (insb. Haushaltskunden) keine großen Auswirkungen haben, da sich der

---

141 Daten zum Strommarkt sind abrufbar unter: www.smard.de (abgerufen am: 27.05.2025).

142 *BNetzA/BKartA*, Monitoringbericht 2023, 12.

143 https://de.statista.com/statistik/daten/studie/1316316/umfrage/erdgas-spotmarkt-preise-in-europa/ (abgerufen am: 27.05.2025).

144 https://de.statista.com/statistik/daten/studie/1316316/umfrage/erdgas-spotmarkt-preise-in-europa/ (abgerufen am: 27.05.2025).

145 *BNetzA/BKartA*, Monitoringbericht 2023, 5, 25.

146 https://de.statista.com/statistik/daten/studie/1327501/umfrage/stromerzeugung-aus-erdgas-in-deutschland/ (abgerufen am: 27.05.2025).

147 https://de.statista.com/statistik/daten/studie/1327501/umfrage/stromerzeugung-aus-erdgas-in-deutschland/ (abgerufen am: 27.05.2025).

148 *Löschel/Rübbelke/Ströbele/Pfaffenberger/Heuterkes*, Energiewirtschaft, 13.

149 *Löschel/Rübbelke/Ströbele/Pfaffenberger/Heuterkes*, Energiewirtschaft, 12.

Preis für diese Kundengruppe häufig an Durchschnittswerten orientiert.[150] Kleinere Letztverbraucher können nur marginal auf schwankende Preise am Strommarkt reagieren.[151] Ihr eingesparter Geldbetrag bleibt, unabhängig davon, ob zum Zeitpunkt von hohen oder niedrigen Preisen Strom eingespart wurde, immer gleich.[152]

Mit Blick auf eine effektive kurzfristige Reaktionsmöglichkeit der Letztverbraucher sollen sog. dynamische Stromtarife näher in den Fokus der Letztverbraucher gerückt werden. Dabei handelt es sich um Stromlieferverträge mit Letztverbrauchern, in denen die Preisschwankungen auf den Spotmärkten, einschließlich der Day-Ahead- und Intraday-Märkte, in Intervallen widergespiegelt werden, die mindestens den Abrechnungsintervallen des Marktes entsprechen, § 3 Nr. 31b EnWG. Zurzeit sind nach § 41a Abs. 2 S. 1 EnWG Stromlieferanten, die zum 31. Dezember eines Jahres mehr als 200.000 Letztverbraucher beliefern, im Folgejahr verpflichtet, den Abschluss eines Stromliefervertrags mit dynamischen Tarifen für diejenigen Letztverbraucher anzubieten, die über ein intelligentes Messsystem im Sinne des Messstellenbetriebsgesetzes[153] verfügen. Die Ausstattung von Letztverbrauchern mit intelligenten Messsystemen kommt in Deutschland allerdings nur sehr schleppend voran. Ob sich dies durch das mit dem am 27. Mai 2023 erlassene Gesetz zum Neustart der Digitalisierung der Energiewende neu anvisierten Smart-Meter-Rollout ändert, bleibt abzuwarten. Ein erster Rollout wurde infolge eines Eilbeschlusses des OVG Münster im Jahr 2021 gestoppt.[154] Der Nutzen von dynamischen Stromtarifen kann, insbesondere im Markthochlauf der Elektromobilität und der steigenden Anzahl von (Heim-) Speichern, eine große Rolle zukommen. Letztverbraucher könnten dadurch dazu angehalten werden, Strom dann aus dem Netz zu beziehen, wenn dieser aufgrund einer hohen Einspeisung von erneuerbaren Energien oder eines insgesamt niedrigen Gesamtverbrauchs – beispielsweise in der Nacht – besonders günstig ist und in Zeiten hoher Strompreise etwa das Laden des Elektroautos zu pausieren oder Strom aus dem Heimspeicher beziehen.

---

150 *Müsgens*, EnWZ 2017, 243 (Fn. 2).
151 *Ockenfels/Bettzüge*, Baur/Salje/Schmidt-Preuß, 3. Kap. Rn. 8.
152 *Ockenfels/Bettzüge*, Baur/Salje/Schmidt-Preuß, 3. Kap. Rn. 8.
153 Der Begriff des intelligenten Messsystems ist in § 2 Nr. 7 MsbG legaldefiniert.
154 *OVG Münster*, Beschl. v. 04.03.2021, 21 B 1162/20.

Dies gilt auch für den derzeit stark in der Diskussion befindlichen Umstieg von Erdgasheizungen auf Wärmepumpen. Gleichzeitig würden durch diesen Effekt die Netze in Zeiten hoher Einspeisung entlastet werden.

1. Preisschwankungen durch Krisen

Um innerhalb dieser Ausarbeitung ein einheitliches Verständnis des Krisenbegriffs zu gewährleisten, soll zunächst die Begriffsbestimmung der „Krise“ erfolgen.

Krisen lassen sich am sinnvollsten als Zeiten, die den Höhe- und Wendepunkt einer als gefährlich oder besonders nachteilhaft wahrgenommenen Entwicklung darstellen, beschreiben.[155] Im Rahmen von Krisen im Energiesektor können verschiedenste Faktoren eine explosionsartige Entwicklung der Preise auslösen. Dabei müssen diese Entwicklungen sich nicht zwingend direkt auf den Energiesektor beziehen, sondern aufgrund der absoluten Abhängigkeit des gesellschaftlichen Zusammenlebens von Strom und Gas können auch Faktoren oder Ereignisse in ganz anderen Bereichen Preissprünge im Energiesektor auslösen. Daher sollte bei Faktoren, die Einfluss auf die Energiepreise nehmen oder eine derartige Entwicklung auslösen können, zwischen unmittelbaren und mittelbaren Faktoren unterschieden werden.

So ist die explosionsartige Entwicklung der Energiepreise im Kontext Ukraine-Kriegs darauf zurückzuführen, dass Russland als größter deutscher Erdgasimporteur[156] die Lieferungen von Erdgas immer weiter gedrosselt und schließlich eingestellt hat. Die Importmenge von russischem Erdgas betrug im Zeitraum von Januar bis Oktober 2022 nur noch 1.161,1 TWh.[157] Im Vorjahreszeitraum lag diese Menge bei 1.213,2 TWh, was einen Rückgang von 52,1 TWh bedeutet.[158] Aufgrund der Leitungsgebundenheit und hohen Investitionskosten sowie der langen Bauzeit von Pipelines kann nicht einfach auf einen anderen Importeur umgeschwenkt werden. Ein kostengünstiger

---

155 Vgl. hierzu: https://www.duden.de/rechtschreibung/Krise (abgerufen am:27.05.2025); vertiefend zum Begriff der „Krise“: *Ludwigs*, NVwZ 2022, 1086 f.

156 65 % des importierten Erdgases stammten im Jahr 2021 aus Russland (https://de.statista.com/statistik/daten/studie/1309007/umfrage/russischer-anteil-an-europaeischen-erdgasimporten/ (abgerufen am: 27.05.2025)).

157 *BNetzA/BKartA*, Monitoringbericht 2022,15.

158 *BNetzA/BKartA*, Monitoringbericht 2022, 15.

Transport von Erdgas ist jedoch nur durch Pipelines möglich.[159] Zwar ist ein Transport auch als LNG[160] per Schiff möglich, der Transport von Erdgas als LNG ist im Vergleich zum Transport via Pipelines aber deutlich kostenintensiver.[161]

Die drastische Angebotsverknappung bei einer nahezu gleichbleibenden Nachfrage und die Verunsicherung der Märkte führten zu explosionsartigen Preisentwicklungen. Die Gasflüsse aus Russland nach Deutschland lagen am 10.05.2022 letztmalig auf dem üblichen Niveau von 1.800 GWh/Tag.[162] Als Reaktion darauf stieg der Erdgaspreis am Spotmarkt von Mai bis August 2022 kontinuierlich an und erreichte im August mit 235,93 EUR/MWh seinen Spitzenwert.[163] Gleichzeitig nahmen die Gasspeicherfüllstände immer weiter zu und erreichten am 16. November 2022 ihren Höchststand mit einem Füllstand von 99,98 %.[164] Das Füllen der Gasspeicher erfolgte aufgrund einer gesetzlichen Verpflichtung, §§ 35a ff. EnWG. Dadurch wurde im Sommer eine noch größere Nachfrage nach Erdgas erzeugt. Nach der Preisspitze am Spotmarkt im August 2022 sanken die Erdgaspreise trotz beginnender Heizperiode.[165]

Durch den Einfluss auf Angebot und Nachfrage eines Primärenergieträgers, welcher nicht nur im Wärmebereich eingesetzt wird, sondern auch in der Stromerzeugung preissetzend sein kann, konnte dieser Faktor unmittelbaren Einfluss auf die gesamten Energiepreise nehmen.

Anders verhält es sich bei einem Blick auf die COVID-19-Pandemie. Hier führten die starken Einschränkungen zunächst zu einer sinkenden Nachfrage nach Energie. Im Jahr 2020 betrug der Primärenergieverbrauch in Deutschland 11,9 Exajoule (entspricht 3.305,556 TWh).[166] Im Jahr 2019

---

159 *Löschel/Rübbelke/Ströbele/Pfaffenberger/Heuterkes*, Energiewirtschaft, 225.

160 Bei LNG (Liquefied Natural Gas) handelt es sich um verflüssigtes Erdgas.

161 *Löschel/Rübbelke/Ströbele/Pfaffenberger/Heuterkes*, Energiewirtschaft, 225.

162 *BNetzA/BKartA*, Monitoringbericht 2022, 15.

163 https://de.statista.com/statistik/daten/studie/1316316/umfrage/erdgas-spotmarkt-preise-in-europa/ (abgerufen am: 27.05.2025).

164 https://de.statista.com/statistik/daten/studie/1294810/umfrage/fuellstand-der-gasspeicher-in-deutschland-auf-tagesbasis/ (abgerufen am: 27.05.2025).

165 https://de.statista.com/statistik/daten/studie/1316316/umfrage/erdgas-spotmarkt-preise-in-europa/ (abgerufen am: 27.05.2025).

166 https://de.statista.com/statistik/daten/studie/153206/umfrage/primaerenergieverbrauch-in-deutschland-seit-1990/ (abgerufen am: 27.05.2025).

lag dieser noch bei 12,8 Exajoule (entspricht 3.555,556 TWh).[167] 2021 lag der Primärenergieverbrauch sodann wieder bei 12,4 Exajoule (entspricht 3.444,444 TWh).[168] Dieser geringere Verbrauch führte zu sinkenden Großhandelspreisen. Während der Preis für Strom pro MWh im Dezember 2019 bei 32 EUR lag, lag dieser im Februar Mai 2020 bei nur noch 18 EUR je MWh.[169] Nach der Lockerung der ersten Einschränkungen im Mai 2020 stieg der Großhandelspreis wieder an. So kostete eine MWh im Juni 2020 26 EUR und stieg danach kontinuierlich auch über das Vorkrisenniveau.[170] Ein ähnlicher Zyklus lässt sich auch bei der Betrachtung der Spotmarktpreise für Erdgas erkennen.[171]

Im Rahmen der Einschränkungen durch die COVID-19-Pandemie kamen weitere kleine Faktoren hinzu. Beispielsweise wurden durch den rapide eingebrochenen Flugverkehr[172] weniger Wetterdaten geliefert, die allerdings eine große Bedeutung für die Vorhersehbarkeit von verbrauchten und insbesondere aus erneuerbaren Energiequellen erzeugten Strommengen haben.[173] Kann ein Energieversorgungsunternehmen die voraussichtliche

---

167 https://de.statista.com/statistik/daten/studie/153206/umfrage/primaerenergieverbrauch-in-deutschland-seit-1990/ (abgerufen am: 27.05.2025).

168 https://de.statista.com/statistik/daten/studie/153206/umfrage/primaerenergieverbrauch-in-deutschland-seit-1990/ (abgerufen am: 27.05.2025).

169 https://www.smard.de/home/marktdaten?marketDataAttributes=%7B%22resolution%22:%22month%22,%22from%22:1570053600000,%22to%22:1589147999999,%22moduleIds%22:%5B8004169%5D,%22selectedCategory%22:null,%22activeChart%22:true,%22style%22:%22color%22,%22categoriesModuleOrder%22:%7B%7D,%22region%22:%22DE%22%7D (abgerufen am: 27.05.2025).

170 https://www.smard.de/home/marktdaten?marketDataAttributes=%7B%22resolution%22:%22month%22,%22from%22:1570053600000,%22to%22:1609455599999,%22moduleIds%22:%5B8004169%5D,%22selectedCategory%22:null,%22activeChart%22:true,%22style%22:%22color%22,%22categoriesModuleOrder%22:%7B%7D,%22region%22:%22DE%22%7D (abgerufen am: 27.05.2025); zur Chronik der COVID-19-Pandemie: https://www.bundesgesundheitsministerium.de/coronavirus/chronik-coronavirus (abgerufen am: 27.05.2025).

171 https://de.statista.com/statistik/daten/studie/1316316/umfrage/erdgas-spotmarkt-preise-in-europa/ (abgerufen am: 27.05.2025).

172 https://www.rnd.de/wissen/kaum-flugverkehr-wettervorhersagen-werden-wegen-corona-krise-unsicherer-NJ6VPZOHBBGJRBRIT3YBUUUY24.html (abgerufen am: 27.05.2025).

173 *Scholz/Tüngler*, EnWZ 2020, 201 (202).

Erzeugung nicht voraussehen, steigt das Risiko der Beschaffung von teurer Ausgleichs- und Regelenergie.[174]

Die COVID-19-Pandemie hatte damit einen mittelbaren Einfluss auf die Energiepreise.

Innerhalb von Krisen kann es zu einer vermehrten Insolvenz von Energieversorgern kommen, was dazu führt, dass die bis dahin vom insolventen Energieversorger belieferten Letztverbraucher plötzlich durch einen anderen Energieversorger, insbesondere den Grundversorger, beliefert werden müssen. Da diese Mengen kurzfristig beschafft werden müssen, führt dies zu steigenden Preisen am Spotmarkt.[175]

2. Preisschwankungen unabhängig von Krisen

Auch außerhalb von Krisen kann es zu Angebotsverknappungen kommen, die zu steigenden Energiepreisen führen. Hierzu zählen etwa eine wetterbedingte geringe Einspeisung aus erneuerbaren Energien, der Ausfall oder die Wartung von größeren Kraftwerken, der Umbau der Erzeugungsstruktur oder sich verringernde Erdgasvorkommen.

Gründe für steigende Preise durch eine erhöhte Nachfrage können etwa ein kalter Winter oder der Markthochlauf von E-Autos und Wärmepumpen sein. Innerhalb eines Tages können die Preise am Spotmarkt für Strom durch Kraftwerksverfügbarkeit, Auslastung, Wetterbedingungen oder Speicherkapazitäten beeinflusst werden.[176] Gerade in Bezug auf den steigenden Ausbau der erneuerbaren Energien werden Wetterbedingungen einen immer größer werdenden Einfluss auf den Strompreis nehmen.[177]

Hinzu kommt, dass Strom als Energieträger nur schwierig zu substituieren ist. Die Nachfrage nach Strom ist folglich grundsätzlich unelastisch.[178] Er wird also auch bei steigenden Preisen weiter nachgefragt, was zu weiter steigenden Preisen oder sogar Preissprüngen führen kann. Durch den steigenden Markthochlauf von Batteriespeichern wird die Nachfrage nach Strom zukünftig

---

174 *Scholz/Tüngler*, EnWZ 2020, 201 (202).

175 *BNetzA/BKartA*, Monitoringbericht 2023, 26.

176 *Puffe*, Zenke/Wollschläger/Eder, 2. Kap. Rn. 41 ff.

177 Vertiefend zum Einfluss der Erneuerbaren Energien auf den Strompreis: *Pilgram*, Handbuch Energiehandel, 367 f., Rn. 87.

178 *Ockenfels*, et 5/2007, 44.

elastischer werden. Auch Erdgas kann gerade in der Wärmeversorgung nicht schnell substituiert werden, sodass auch dort die Nachfrage kurzfristig und unelastisch ist.[179] Die Nachfrage wird von veränderten Preisen wenig beeinflusst. Ein geringeres Angebot oder starke Nachfragespitzen führen so zu einer Erhöhung des Markträumungspreises.[180]

Die Händler müssen das durch die Letztverbraucher vorgegebene Lastprofil abdecken, sodass geringe Veränderungen auf der Angebotsseite große Auswirkungen auf den Preis haben können.[181] Diesen Effekt können sich marktmächtige Erzeuger auf dem Strommarkt durch das Zurückhalten von Kapazitäten zum Vorteil machen, um so höhere Verkaufspreise zu erzielen.[182] Da das Herunter- und Anfahren von Grundlastkraftwerken immense Kosten verursacht, ist es für die Kraftwerksbetreiber meist günstiger, den Strom in Zeiten geringer Nachfrage und hoher Einspeisung aus erneuerbaren Energien zu verschenken.[183] Teilweise bezahlen die Kraftwerksbetreiber sogar Geld dafür, dass sie am Netz bleiben dürfen, was zu negativen Strompreisen führen kann.[184] Durch negative Strompreise wird ferner ermittelt, bei welchem Kraftwerk die geringsten Kosten für ein Herunterfahren entstehen.[185]

Im Hinblick auf die stark wetterabhängige Einspeisung von erneuerbaren Energieanlagen sind immer wieder Maßnahmen zur Erzeugungsanpassung oder zur Vermeidung von Netzengpässen notwendig, sog. Redispatch-Maßnahmen. Die vom Netzbetreiber an den Anlagenbetreiber zu entrichtenden Ausgleichskosten werden über die Netzentgelte auf den Letztverbraucher umgelegt.

Die Kosten für Netzengpassmanagementmaßnahmen lagen, insbesondere aufgrund der hohen Gaspreise, im Jahr 2022 bei rund 4,2 Mrd. Euro.[186] Im Vorjahr betrugen die Kosten noch 2,3 Mrd. Euro.[187]

---

179 *Ockenfels/Bettzüge*, Baur/Salje/Schmidt-Preuß, 3. Kap. Rn. 64.
180 *Puffe*, Zenke/Wollschläger/Eder, 2. Kap. Rn. 41.
181 *Löschel/Rübbelke/Ströbele/Pfaffenberger/Heuterkes*, Energiewirtschaft, 351.
182 Vertiefend: Löschel/Rübbelke/Ströbele/Pfaffenberger/Heuterkes, Energiewirtschaft, 350 ff.
183 *Löschel/Rübbelke/Ströbele/Pfaffenberger/Heuterkes*, Energiewirtschaft, 336.
184 *Löschel/Rübbelke/Ströbele/Pfaffenberger/Heuterkes*, Energiewirtschaft, 336.
185 *Löschel/Rübbelke/Ströbele/Pfaffenberger/Heuterkes*, Energiewirtschaft, 336 f.
186 *BNetzA/BKartA*, Monitoringbericht 2023, 22.
187 *BNetzA/BKartA*, Monitoringbericht 2022, 10.

Die Energiewende führt weiter dazu, dass die Einspeisung von Strom nicht mehr ausschließlich von großen Kraftwerken auf der Ebene der Übertragungsnetze erfolgt und der Strom in den niedrigeren Ebenen verbraucht wird (top-down), sondern durch den Zubau von erneuerbaren Energien erfolgt die Einspeisung schon auf niedrigeren Netzebenen. Dies war bei der ursprünglichen Planung und dem Bau der Netze nicht vorgesehen. Es ist deshalb davon auszugehen, dass die für die Energiewende notwendigen Investitionen zu steigenden Netzentgelten führen werden, welche als Bestandteile des Strompreises auf den Letztverbraucher umgelegt werden.

Die Netzentgelte werden in den nächsten Jahren im Stromsektor voraussichtlich weiter ansteigen.[188] Dies ist unter anderem auf steigende vorgelagerte Netzkosten, Investitionen in die Netze, steigende Personalkosten und steigende Kosten für die Beschaffung von Verlustenergie aufgrund gestiegener Börsenpreise zu erwarten.[189] Die Abkehr von fossilen Energieträgern wird zukünftig einen Rückbau der Erdgasinfrastruktur notwendig werden lassen. Die Kosten hierfür wird der Letztverbraucher zukünftig tragen.

Auch Preise für Emissionshandelszertifikate oder Brennstoffkosten lassen die Preise für Strom schwanken.[190] Die Variabilität des Strompreises ist damit in Teilen von den Preisen für Emissionszertifikate, aber auch von der CO_2-Intensität des Grenzkraftwerks, und im Jahresdurchschnitt von der Kraftwerksstruktur insgesamt abhängig.[191] Diese Kosten werden durch das Energieversorgungsunternehmen auf den Letztverbraucher umgelegt.

Durch den aktuellen Hochlauf von Elektromobilität und Wärmepumpen und der Abkehr von fossilen Energieträgern könnte die Nachfrage an Elektrizität in den kommenden Jahren stetig steigen. Kommt es hier nicht zu einer gleichzeitigen Steigerung auf der Angebotsseite, führt auch dies zu steigenden Energiepreisen.

In Bezug auf Erdgas als speicherbaren Energieträger sind beim Blick auf Preisschwankungen auch die Nutzen von Erdgasspeichern zu Nachfragespitzen in den Blick zu nehmen, da mit diesen Nachfragespitzen bedient werden können und so der zusätzliche Einkauf zu einem Zeitpunkt, an dem

---

188 *BNetzA/BKartA*, Monitoringbericht 2022, 33.
189 *BNetzA/BKartA*, Monitoringbericht 2022, 33.
190 *Ockenfels/Bettzüge*, Baur/Salje/Schmidt-Preuß, 3. Kap. Rn. 9.
191 *Hufendiek*, Handbuch Energiehandel, 73 Rn. 146.

aufgrund hoher Nachfrage der Erdgaspreis hoch ist, teilweise vermieden werden kann.[192] Überdies schließen Gasversorger mit einigen Großkunden sog. unterbrechbare Verträge ab.[193] Diese erlauben es einerseits dem Versorger, die Erdgasversorgungen des Großkunden nach Ankündigen zugunsten der Flexibilität zu unterbrechen und andererseits erhält der Letztverbraucher hierfür einen günstigeren Bezugspreis.[194] Der Großkunde deckt seinen Energiebedarf in der Zwischenzeit beispielsweise mit Heizöl oder Müllverbrennung.[195] Diese Möglichkeit besteht bei Strom wegen der fehlenden Substituierbarkeit nicht.[196]

Aufgrund der geografischen Beschränkung von Erdgasvorkommen kommt auch der Transportinfrastruktur eine entscheidende Bedeutung zu.[197] Sollen neue Vorkommen erschlossen werden, müssen sich die hohen Investitionskosten zumeist durch langfristige Lieferverträge amortisieren.[198]

---

192 *Ockenfels/Bettzüge*, Baur/Salje/Schmidt-Preuß, 3. Kap. Rn. 78.

193 *Löschel/Rübbelke/Ströbele/Pfaffenberger/Heuterkes*, Energiewirtschaft, 237.

194 *Löschel/Rübbelke/Ströbele/Pfaffenberger/Heuterkes*, Energiewirtschaft, 237.

195 *Löschel/Rübbelke/Ströbele/Pfaffenberger/Heuterkes*, Energiewirtschaft, 237.

196 *Ockenfels/Bettzüge*, Baur/Salje/Schmidt-Preuß, 3. Kap. Rn. 68.

197 *Ockenfels/Bettzüge*, Baur/Salje/Schmidt-Preuß, 3. Kap. Rn. 69.

198 Vertiefend: *Ockenfels/Bettzüge*, Baur/Salje/Schmidt-Preuß, 3. Kap. Rn. 70 ff.

C. Vertragstypologische Einordnung von Energielieferverträgen

In diesem Abschnitt soll das Wesen des Energieliefervertrags erläutert werden. Zunächst erfolgt eine energiewirtschaftsrechtliche, dann eine zivilrechtliche Einordnung des Energieliefervertrags. Anschließend wird ein Blick auf den Energieliefervertrag als Dauerschuldverhältnis und absolutes Fixgeschäft geworfen.

I. Energiewirtschaftsrechtliche Einordnung

Der Begriff des Energieliefervertrags selbst wird im Gesetz nicht definiert. Im Kontext der Energielieferung an Letztverbraucher (Teil 4 im EnWG) findet der Begriff regelmäßig Erwähnung. Insbesondere stellt der § 41 EnWG schon seiner Überschrift nach („Energielieferverträge mit Letztverbrauchern") die zentrale Vorschrift für Energielieferverträge dar. Das EnWG definiert in § 3 Nr. 18a EnWG den sog. Energieversorgungsvertrag. Hierbei handelt es sich nach der Legaldefinition um einen Vertrag über die Lieferung von Elektrizität oder Gas, mit Ausnahme von Energiederivaten. Aus der Legaldefinition des § 3 Nr. 15a EnWG ergibt sich, dass Energiederivate reine Finanzinstrumente sind, deren Wert von der Entwicklung der Energiepreise abhängt, aus denen sich aber kein Anspruch auf die Lieferung von Elektrizität oder Gas ergibt.[199] Bei Energiederivaten erfolgt keine tatsächliche Lieferung von Energie. Daraus lässt sich schließen, dass die tatsächliche Lieferung von

[199] *Pfeiffer*, BeckOK EnWG, § 3 Nr. 15a Rn. 1.

Elektrizität oder Gas wesentliches Merkmal eines Energieversorgungsvertrags sein muss.[200] Der Begriff des Energieversorgungsvertrags entstammt Art. 2 Nr. 13 der RL (EU) 2019/944 (Elektrizitäts-Binnenmarkt-Richtlinie) und Art. 3 Nr. 34 RL 2009/73/EG (Erdgas-Binnenmarkt-Richtlinie)[201], welche jeweils den Elektrizitätsversorgungsvertrag und den Gasversorgungsvertrag definieren. Da sich sowohl die deutsche als auch die europäische Regelung zu Energieversorgungsverträgen nicht auf die Lieferung an Letztverbraucher beziehen, sondern vornehmlich die vorherigen Handelsebenen betrachten, und der Energieversorgungsvertrag auch keine unmittelbare Belieferung von Letztverbrauchern voraussetzt, kann der Energieversorgungsvertrag i. S. d. § 3 Nr. 15a EnWG nicht mit dem Energieliefervertrag i. S. d. § 41 EnWG gleichgesetzt werden.[202] Für das Begriffsverständnis bietet sich eine Orientierung an der Legaldefinition des § 3 Nr. 18a EnWG hingegen an.

II. Zivilrechtliche Einordnung

Energielieferverträge unterliegen dem Privatrecht.[203] Dies gilt selbst dann, wenn die Belieferung durch einen kommunalen Eigenbetrieb oder durch ein privatrechtlich organisiertes Energieversorgungsunternehmen, wie die Stadtwerke, erfolgt.[204] Auch dann liegt kein öffentlich-rechtlich ausgestaltetes Versorgungsverhältnis vor.[205]

Auf zivilrechtlicher Ebene handelt es sich bei einem Energieliefervertrag um ein rechtsgeschäftlich begründetes Schuldverhältnis i. S. d. §§ 241, 311 Abs. 1 BGB.[206] Der Energieliefervertrag wird Abschnitt 8 des BGB selbst nicht geregelt. Aus diesem Grund könnte eine Zuordnung zu einem dort definierten

---

200 Vgl. *Tüngler*, BeckOGK BGB, § 433 Rn. 12.

201 Zum 13.06.2024 ersetzt durch RL (EU) 2024/1788.

202 So wohl auch: *Pfeiffer*, BeckOK EnWG, § 3 Nr. 18a Rn. 2; Gleichbedeutung der Begrifflichkeiten von Energielieferverträgen und Energieversorgungsverträgen wohl: *Starke*, Die Preisanpassungsklauseln in Energielieferverträgen, 2.

203 *BGH*, Urt. v. 04.10.1972 – VIII ZR 117/71, Rn. 6, juris; *Tüngler*, BeckOGK BGB (Stand: 01.03.2025), § 433 Rn. 132.

204 *BGH*, Urt. v. 04.10.1972 – VIII ZR 117/71, Rn. 6, juris; *Tüngler*, BeckOGK BGB (Stand: 01.03.2025), § 433 Rn. 132.

205 *Tüngler*, BeckOGK BGB (Stand: 01.03.2025), § 433 Rn. 132.

206 M. w. N.: *Tüngler*, BeckOGK BGB (Stand: 01.03.2025), § 433 Rn. 132.

besonderen Vertragstyp erfolgen, sofern es sich nicht um einen Vertrag sui generis i. S. d. § 311 Abs. 1 BGB handelt. Ein Vertrag sui generis würde etwa vorliegen, wenn der Vertrag sich nicht den gesetzlichen Vertragstypen, einer Kombination gesetzlicher Vertragstypen oder verkehrstypischen Verträgen zuordnen ließe.[207] Charakteristisch für den Energieliefervertrag ist ein Austauschverhältnis. Der Energielieferant erhält für die an den Letztverbraucher gelieferte Energiemenge ein Entgelt. Dabei stehen die Pflichten in einem synallagmatischen Verhältnis zueinander, vgl. §§ 320 ff. BGB.[208] Diese Art von Austauschverhältnis ist typisch für einen Kaufvertrag i. S. d. § 433 BGB. Demzufolge wird der Energieliefervertrag nach ständiger Rechtsprechung und überwiegender Ansicht in der Literatur als Kaufvertrag bzw. als Vertrag über den Kauf von sonstigen Gegenständen (§§ 433 i. V. m. 453 BGB) eingeordnet.[209] Die unterschiedlich zu beurteilende Sacheigenschaft von Elektrizität und Erdgas führt dazu, dass bei der genaueren Einordnung eine Unterscheidung zwischen beiden Energieträgern erfolgen muss. Sofern speziellere Vorschriften des Energierechts Anwendung finden, werden die Regelungen des BGB verdrängt.[210]

1. Elektrizität

Der Vertrag über die Lieferung von Elektrizität muss als Kaufvertrag über den Kauf über sonstige Gegenstände nach §§ 433 i. V. m. 453 BGB eingeordnet werden. Wie der Wortlaut des § 433 BGB zum Ausdruck bringt, können nur Sachen Gegenstand eines Kaufvertrags sein. Nach der Legaldefinition des § 90 BGB handelt es sich bei Sachen um körperliche Gegenstände. Ein körperlicher Gegenstand muss grundsätzlich keine feste Form besitzen, sondern kann auch flüssig oder gasförmig sein.[211] Zwingend ist jedoch, dass die Sache, aufgrund der sachenrechtlichen absoluten Zuordnung einer Sache

---

[207] *Herresthal*, BeckOGK BGB (Stand: 01.03.2025), § 311 Rn. 83; *Stadler*, Jauernig BGB, § 311 Rn. 26.

[208] *de Wyl*, Schneider/Theobald, § 12 Rn. 87.

[209] *BGH*, Urt. v. 19.01.1983 – VIII ZR 81/82, Rn. 8, juris; *BGH*, Urt. v. 29.09.1993 – VIII ZR 107/93, Rn. 7, juris; *OLG Rostock*, Urt. v. 09.12.2008 – 1 U 18/08, Rn. 7, juris; *Tüngler*, BeckOGK BGB (Stand: 01.03.2025), § 433 Rn. 133; *de Wyl*, Schneider/Theobald, § 12 Rn. 2; *Westermann*, MüKo BGB, Vor § 433 Rn. 39.

[210] *Hempel*, Baur/Salje/Schmidt-Preuß, 111. Kap. Rn. 6.

[211] *Stresemann*, MüKo BGB, § 90 Rn. 8.

zu einer Person, tatsächlich abgrenzbar ist.[212] Bei Elektrizität, welche zum Letztverbraucher geleitet wird, fehlt es an dieser Sachqualität, sodass eine sachenrechtliche Beziehung zu ihr nicht möglich ist.[213] Die Annahme einer mangelnden Sacheigenschaft von Elektrizität könnte ferner durch das Strafgesetzbuch gestützt werden, welches bei Elektrizität nicht von einer Sache ausgeht. So wäre etwa der § 248c StGB überflüssig, der – in Ergänzung zum Diebstahl in § 242 StGB – die Entziehung elektrischer Energie in einem eigenen Gesetz bestraft.[214] Wäre der Gesetzgeber davon ausgegangen, dass es sich bei Elektrizität um eine Sache handelt, wäre deren Entziehung bereits nach § 242 StGB strafbar und § 248c StGB wäre nicht notwendig. Hierbei sollte allerdings berücksichtigt werden, dass der strafrechtliche Sachbegriff wesentlich älter als der des BGB ist.[215] Auch bezieht sich die Legaldefinition des § 90 BGB nur auf „Sachen im Sinne des Gesetzes", was weiter dafür spricht, dass die Sachbegriffe aus dem Strafrecht und Zivilrecht nicht gleichzusetzen sind.[216] Überdies geht § 248c StGB schon terminologisch nicht von Elektrizität oder Strom aus, sondern „elektrischer Energie".

Weiter zeigt sich in § 2 ProdHaftG, dass der Gesetzgeber nicht davon ausgeht, dass es sich bei Elektrizität um eine Sache handelt.[217]

Die Monopolkommission führt aus, dass aufgrund der Nichtspeicherbarkeit von Strom nicht der Strom selbst verkauft wird, sondern Strombezugsrechte.[218] Die erworbenen Strombezugsrechte sollen den Inhaber des Rechts berechtigen, über einen bestimmten, in der Zukunft liegenden Zeitraum eine festgelegte Menge an Strom aus dem Netz zu entnehmen.[219] Der Veräußerer ist im Gegenzug verpflichtet, die entsprechende Menge an Strom zur Verfügung zu stellen.[220]

---

212 *Bydlinski*, AcP 198 (1998), 288 (303).

213 *Stieper*, Staudinger, § 90 BGB Rn. 9; *Mössner*, BeckOGK BGB (Stand: 01.03.2025), § 90 Rn. 72; *Georgopoulos*, Die zivilrechtliche Zuordnung elektrischer Energie, 279; *Reinholz*, RdE 1999, 64 (69).

214 Vgl. *Stresemann*, MüKo BGB, § 90 Rn. 24.

215 *Schmitz*, MüKo StGB, § 242 Rn. 26; *Graul*, JuS 2000, 215 (218).

216 *Graul*, JuS 2000, 215 (218).

217 *Klinck*, Soergel, § 90 BGB Rn. 3.

218 *Monopolkommission*, Sondergutachten 49. Strom und Gas 2007, Rn. 117.

219 *Monopolkommission*, Sondergutachten 49. Strom und Gas 2007, Rn. 117.

220 *Monopolkommission*, Sondergutachten 49. Strom und Gas 2007, Rn. 117.

Diese Unterscheidung zwischen einem Sachkauf und dem Kauf von sonstigen Gegenständen ist rein dogmatischer Natur und hat für Energielieferverträge keine rechtlichen Auswirkungen, da nach § 453 Abs. 1 S. 1 2 Alt. BGB die Vorschriften über den Kauf von Sachen auch für den Kauf von sonstigen Gegenständen Anwendung finden. Im Ergebnis ist das Kaufrecht also, abhängig von der Annahme oder Ablehnung der Sacheigenschaft, direkt oder über § 453 Abs. 1 S. 1 2. Alt. BGB anwendbar.

2. Erdgas

Erdgas ist ein beherrschbarer fossiler Brennstoff.[221] Es handelt sich um einen körperlichen Gegenstand im Sinne des § 90 BGB, sodass die Vorschriften über den Kaufvertrag (§ 433 BGB) direkt anwendbar sind.[222]

III. Einordnung als Dauerschuldverhältnis und absolutes Fixgeschäft

Energielieferverträge sind als Sukzessivlieferverträge ausgestaltete Dauerschuldverhältnisse.[223]

Ein absolutes Fixgeschäft liegt dann vor, wenn nach der Art der vereinbarten Leistung eine bestimmte Leistungszeit so wesentlich ist, dass die Leistung nur zum vereinbarten Zeitpunkt erbringbar ist und später nicht nachgeholt werden kann.[224] Der Letztverbraucher wird für gewöhnlich keine Anlage zur Speicherung der gelieferten Energie haben, sodass es sich bei der Belieferung von Energie um ein absolutes Fixgeschäft handelt.[225] Auch, wenn im Laufe der Energiewende in immer mehr Haushalten sog. Heimspeicher verbaut werden, ändert dies nichts an der grundsätzlichen

---

221 *Stieper*, Staudinger, § 90 BGB Rn. 8.

222 *BGH*, Urt. v. 17.05.1972 – VIII ZR 98/71, Rn. 9, juris; *Reinholz*, RdE 1999, 64 (69).

223 *BGH*, Urt. v. 12.12.2005 – II ZR 283/03, Rn. 10, juris; *Reinholz*, RdE 1999, 64 (73) (m. w. N.); *Lorenz*, BeckOK BGB, § 314 Rn. 6; a. A.: Energielieferverträge als Bezugsverträge: *Warg*, Der Grundversorger zwischen Wettbewerb und Gemeinwohl, 52 f.; *Budde/Eckhoff*, Martinek/Semler/Flohr, § 40 Rn. 25; *de Wyl*, Schneider/Theobald, § 12 Rn. 90.

224 *Brox/Walker*, Schuldrecht AT, § 22 Rn. 6.

225 *Riehm*, BeckOGK BGB (Stand: 01.08.2023), § 275 Rn. 106.2; *Lorenz*, BeckOK BGB, § 275 Rn. 37; *Ernst*, MüKo BGB, § 275 Rn. 59; *Rheinholz*, RdE 1999, 64 (74).

Einordnung als absolutes Fixgeschäft. Sinn und Zweck der Heimspeicher ist es nicht, dem Energieversorger eine Flexibilität bei der Belieferung einzuräumen, sondern dem Letztverbraucher die Möglichkeit zu bieten, eigens erzeugten und nicht direkt verbrauchten Strom einzuspeichern oder zu Zeiten günstiger Preise mehr Energie einzukaufen, als verbraucht wird.

D. Möglichkeiten der Belieferung

Dieser Abschnitt der Ausarbeitung thematisiert die Möglichkeiten der Energiebelieferung. Bei der Belieferung von Letztverbrauchern innerhalb der Vollversorgung sind grundsätzlich die Grundversorgung (1.), die Ersatzversorgung (2.) und die Versorgung außerhalb der Grundversorgung (3.) zu unterscheiden. Dabei bezeichnet die Vollversorgung den Fall, dass ein Letztverbraucher seinen gesamten Bedarf des jeweiligen Energieträgers von einem Energielieferanten innerhalb eines sog. offenen Liefervertrags bezieht.[226]

I. Grundversorgung

Eine Möglichkeit der Energiebelieferung bietet die Belieferung in der Grundversorgung. Gesetzlich wird die Grundversorgung in § 36 EnWG geregelt. Im Jahr 2022 wurden in der Stromversorgung 24 % der Haushaltskunden innerhalb der Grundversorgung beliefert.[227] Im Bereich der Gasversorgung waren es 17,8 % der Haushaltskunden.[228]

1. Energiewirtschaftsrechtliche Einordnung

Eine Definition des Begriffs der Grundversorgung findet sich im deutschen Recht nicht. Europarechtlich nimmt Art. 27 Abs. 1 der RL (EU) 2019/944

---

[226] *Theobald/Theobald*, Grundzüge des Energiewirtschaftsrechts, 2. Teil A.III.1.a); im Rahmen der Grundversorgung ist dies nach § 4 S. 1 StromGVV/GasGVV verpflichtend (spiegelbildlich gilt für den Grundversorger hier § 6 Abs. 2 StromGVV/GasGVV).

[227] *BNetzA/BKartA*, Monitoringbericht 2023, 167.

[228] *BNetzA/BKartA*, Monitoringbericht 2023, 261.

(Elektrizitäts-Binnenmarkt-Richtlinie) eine Beschreibung der Grundversorgung vor. Danach handelt es sich bei der Grundversorgung um ein Recht auf Versorgung mit Elektrizität einer bestimmten Qualität zu wettbewerbsfähigen, leicht und eindeutig vergleichbaren, transparenten und diskriminierungsfreien Preisen. Das Bundesministerium für Wirtschaft und Energie als Verordnungsgeber der StromGVV bezeichnet die Grundversorgung als eine Basisversorgung zu weitgehend standardisierten Geschäftsbedingungen und einer im Grundsatz bestehenden Kontrahierungspflicht des zur Grundversorgung verpflichteten Unternehmens.[229]

2. Grundversorgungspflicht

Grundversorger sind grundsätzlich zur Versorgung von Haushaltskunden innerhalb ihres Versorgungsgebietes verpflichtet. § 36 Abs. 1 S. 1 EnWG legt hierzu fest, dass Energieversorgungsunternehmen für Netzgebiete, in denen sie die Grundversorgung von Haushaltskunden durchführen, Allgemeine Bedingungen und Allgemeine Preise für die Versorgung in Niederspannung (Strom) oder Niederdruck (Gas) öffentlich bekannt zu geben und im Internet zu veröffentlichen haben und zu diesen Bedingungen und Preisen jeden Haushaltskunden versorgen müssen. Grundversorger ist grundsätzlich das Energieversorgungsunternehmen, welches die meisten Haushaltskunden in einem Netzgebiet der allgemeinen Versorgung beliefert, § 36 Abs. 2 S. 1 EnWG. Ausnahmen zur Grundversorgungspflicht sind in § 37 EnWG vorgesehen.

Begünstigte der Grundversorgung sind dem klaren Wortlaut nach lediglich Haushaltskunden i. S. d. § 3 Nr. 22 EnWG. Diese hat der Gesetzgeber als besonders schützenswert angesehen, sodass für diese die Belieferung mit Strom und Gas sichergestellt werden soll.[230] Der Sinn und Zweck der Grundversorgung, nämlich das Sicherstellen der durchgängigen Versorgung mit Energie von Haushaltskunden wird ferner daran deutlich, dass der Grundversorger in den europarechtlichen Richtlinien als „Versorger letzter Instanz" bezeichnet wird, vgl. Art. 27 Abs. 1 S. 2 RL (EU) 2019/944, Art. 2 Nr. 30 RL (EU) 2024/1788. Die durch die Grundversorgung begründete Versorgungspflicht und der dadurch bedingte Kontrahierungszwang führen dazu, dass das eigentliche Wettbewerbsprinzip des Energiemarktes im

---

[229] BR-Drs. 402/14, 6.

[230] *Hellermann*, Bourwieg/Hellermann/Hermes, § 36 Rn. 1.

Rahmen der Grundversorgung nicht greift.[231] Der europäische Gesetzgeber hat die Mitgliedsstaaten dazu verpflichtet, Regelungen zur Grundversorgung für bestimmte Letztverbraucher zu schaffen, Art. 27 RL (EU) 2019/944 bzw. RL (EU) 2024/1788.

3. Allgemeine Bedingungen der Grundversorgung

Allgemeine Bedingungen zur Belieferung der Letztverbraucher im Rahmen der Grundversorgung sind in den jeweiligen Verordnungen über die Allgemeinen Bedingungen geregelt. Die Ausgestaltung der Allgemeinen Preise und Allgemeinen Bedingungen obliegt in der Grund- und Ersatzversorgung nach § 39 Abs. 1 und Abs. 2 EnWG dem Bundesministerium für Wirtschaft und Energie, welches im Einvernehmen mit dem Bundesministerium der Justiz und für Verbraucherschutz und Zustimmung des Bundesrates entsprechende Verordnungen erlassen kann. Von der Ermächtigungsgrundlage des § 39 Abs. 2 EnWG wurde im Bereich der Versorgung mit Elektrizität mit der Verordnung über Allgemeine Bedingungen für die Grundversorgung von Haushaltskunden und die Ersatzversorgung mit Elektrizität aus dem Niederspannungsnetz (StromGVV) und im Bereich der Versorgung mit Gas mit der Verordnung über Allgemeine Bedingungen für die Grundversorgung von Haushaltskunden und die Ersatzversorgung mit Gas aus dem Niederdrucknetz (GasGVV) Gebrauch gemacht.

Hintergrund der Allgemeinen Bedingungen ist hierbei, dass die Grundversorgung möglichst effizient erfolgen soll. Das wäre bei nicht standardisierten Preisen und Bedingungen unmöglich.[232]

4. Grundversorgungsvertrag

Beim Grundversorgungsvertrag handelt es sich um ein privatrechtliches, vertragliches Schuldverhältnis.[233]

Die Regelungen aus der StromGVV und GasGVV werden jeweils Bestandteil des Grundversorgungsvertrags, § 1 Abs. 1 S. 2 StromGVV/GasGVV. Für abweichende Allgemeine Geschäftsbedingungen neben den

---

[231] *Hempel*, Hempel/Franke, § 36 Rn. 138; *de Wyl/Eder/Hartmann*, N(D)AV-/GVV-Kommentar, Teil 2 Rn. 5 ff.

[232] *de Wyl/Eder/Hartmann*, N(D)AV-/GVV-Kommentar, Teil 2 Rn. 15.

[233] *de Wyl/Eder/Hartmann*, N(D)AV-/GVV-Kommentar, Teil 2 Rn. 14.

Grundversorgungsverordnungen bleibt dann grundsätzlich kein Platz.[234] Der Grundversorgungsvertrag soll nach § 2 Abs. 1 S. 1 StromGVV/GasGVV in Textform abgeschlossen werden. Aus dem Wortlaut ergibt sich, dass der Abschluss in Textform zwar vom Gesetzgeber präferiert wird, aber keinesfalls verpflichtend ist. Der Grundversorgungsvertrag kann also auch formfrei – etwa konkludent – geschlossen werden. Wird der Grundversorgungsvertrag nicht in Textform geschlossen, muss der Grundversorger dem Kunden den Vertragsschluss unverzüglich in Textform bestätigen, § 2 Abs. 1 S. 2 StromGVV/GasGVV. Der Textform sowie der Bestätigung in Textform kommt eine rein dokumentierende Funktion zu, um den Vertragsschluss nachzuweisen.[235] Die Vorgaben des § 41 EnWG sind auch im Rahmen der Grundversorgung anzuwenden.[236]

II. Ersatzversorgung

Die zweite Möglichkeit der Energiebelieferung stellt die Ersatzversorgung dar. Deren gesetzliche Grundlage findet sich in § 38 EnWG. Ähnlich wie die Grundversorgung dient die Ersatzversorgung der Gewährleistung der jederzeitigen Versorgungssicherheit.[237]

1. Auffangbelieferung

Bei der Ersatzversorgung handelt es sich um eine sog. Auffangbelieferung.[238] Hierzu schreibt § 38 Abs. 1 S. 1 EnWG vor, dass, sofern Letztverbraucher über das Netz der allgemeinen Versorgung in Niederspannung oder Niederdruck Energie beziehen, ohne dass dieser Bezug einer Lieferung oder einem bestimmten Liefervertrag zugeordnet werden kann, die Energie als vom Grundversorger geliefert gilt. Die Zuordnung der Energielieferung zum Grundversorger ist deshalb bedeutsam, da der Netzanschluss des Letztverbrauchers in Niederspannung oder Niederdruck nicht unmittelbar gesperrt

---

[234] BR-Drs. 306/06, 42.

[235] BT-Drs. 306/06, 23.

[236] *Hellermann/Pätzold*, Bourwieg/Hellermann/Hermes, § 41 Rn. 13; *Schnurre*, BeckOK EnWG, § 41 Rn. 4.

[237] *Rasbach*, Kment, § 38 Rn. 1.

[238] *BGH*, Urt. v. 06.06.2011 – VIII ZR 217/20, Rn. 20, juris; *Rasbach*, Kment, § 38 Rn. 1; *Hellermann*, Bourwieg/Hellermann/Hermes, § 38 Rn. 2.

wird, wenn der Letztverbraucher zu keinem Energieversorgungsunternehmen in einem Grundversorgungsverhältnis oder sonstigem vertraglichem Lieferverhältnis steht. Die Entnahme von Energie bleibt stattdessen weiterhin möglich. Die Ersatzversorgung steht allen Letztverbrauchern, die über das Netz der allgemeinen Versorgung in Niederspannung oder Niederdruck Energie beziehen, offen, § 38 Abs. 1 S. 1 EnWG. Sie ist also im Unterschied zur Grundversorgung nicht auf Haushaltskunden beschränkt.

2. Gesetzliches Schuldverhältnis

Durch die Ersatzversorgung wird ein gesetzliches Schuldverhältnis des zuständigen Grundversorgers mit dem jeweiligen Letztverbraucher begründet.[239] Der Austausch etwaiger Willenserklärungen ist nicht notwendig.[240] Die StromGVV und GasGVV finden auf diese gesetzlichen Schuldverhältnisse nach Maßgabe des § 3 Abs. 1 und 2 StromGVV/GasGVV Anwendung.

Das Rechtsverhältnis endet automatisch, wenn der Letztverbraucher über einen Energieliefervertrag beliefert wird, spätestens jedoch drei Monate nach Beginn der Ersatzversorgung, § 38 Abs. 4 S. 1 EnWG. Hat ein Haushaltskunde innerhalb dieser drei Monate noch keinen neuen Energieliefervertrag abgeschlossen, wird wohl anzunehmen sein, dass ein Grundversorgungsverhältnis zustande kommt.[241] Problematischer erscheint die Situation im Hinblick auf Nicht-Haushaltskunden. Bei diesen besteht die Möglichkeit der Grundversorgung nicht. Der weitere Bezug von Energie nach Ablauf der drei Monate wird bei dieser Kundengruppe unterschiedlich beurteilt. Vertreten werden Lösungsansätze über die Geschäftsführung ohne Auftrag oder eine Lösung über das Bereicherungsrecht.[242]

Die Ersatzversorgung kommt beispielsweise in Betracht, wenn es Probleme bei einem Lieferantenwechsel gab, der Letztverbraucher also von der Belieferung eines Dritten ausgeht, der Liefervertrag allerdings nicht wirksam

---

239 BT-Drs. 15/3917, 66.

240 *Schulz-Jander/Twele*, Vertragshandbuch Stromwirtschaft, Kap. 4 Rn. 41.

241 *Busche*, Säcker, § 38 EnWG Rn. 15; *Strohe*, et 9/2006, 62 (64 f.).

242 Differenzierend anhand der Kenntnis des Lieferanten im Hinblick auf die Belieferung, da bei Unkenntnis ohnehin keine Geschäftsbesorgung i. S. d. § 677 BGB vorläge: *Tüngler*, EnWZ 2022, 404 (410); im Ergebnis offenlassend: *BGH*, Urt. v. 10.05.2022 – EnZR 54/21, Rn. 32 f., juris; *Busche*, Säcker, § 38 EnWG Rn. 15; *Hellermann*, Bourwieg/Hellermann/Hermes, § 38, Rn. 28.

zustande gekommen ist oder der Kunde von einer Belieferung im Rahmen des Sonderkundenvertrags ausgeht, infolge einer Insolvenz des Lieferanten allerdings keine Belieferung mehr erfolgt.[243]

3. Abgrenzung zur Grundversorgung

Da bei dem Abschluss eines Grundversorgungsvertrags und zur Begründung des Ersatzversorgungsverhältnisses kein Austausch von ausdrücklichen Willenserklärungen notwendig ist, kann es zu Abgrenzungsschwierigkeiten kommen. Zur Abgrenzung dieser beiden Versorgungsverhältnisse lässt sich zunächst festhalten, dass die Grundversorgung nur Haushaltskunden offensteht, die Ersatzversorgung hingegen allen Kunden, die in Niederspannung und Niederdruck versorgt werden, vgl. §§ 36 Abs. 1 S. 1, 38 Abs. 1 S. 1 EnWG. Bei Nicht-Haushaltskunden ist eine Abgrenzung damit obsolet.

Abgrenzungsschwierigkeiten können sich allerdings ergeben, wenn ein Haushaltskunde ohne ausdrücklichen Abschluss eines Energieliefervertrags Energie aus dem Netz entnimmt.[244] Dann könnte nämlich ein konkludent abgeschlossener Grundversorgungsvertrag oder ein Ersatzversorgungsverhältnis in Betracht kommen. Als Abgrenzungskriterium bietet sich der Erklärungswert des Bezugsverhaltens des Kunden an.[245] Hier kann im Regelfall davon ausgegangen werden, dass der Kunde, der bewusst keinen neuen Energieliefervertrag als Sonderkundenvertrag abschließt, konkludent einen Grundversorgungsvertrag abschließen wollte.[246] Für die Annahme eines konkludent geschlossenen Grundversorgungsvertrags spricht ferner die Ausgestaltung der Ersatzversorgung als „Auffangbelieferung im Ausnahmefall“.[247] Damit dürfte eine Ersatzversorgung bei Haushaltskunden nur in besonderen Einzelfällen in Betracht kommen. Etwa dann, wenn es sich nur um eine Belieferung über einen sehr kurzen Zeitraum handelt und der Grundversorger bereits Kenntnis von einem abgeschlossenen Sonderkundenvertrag des Haushaltskunden hat. Eine weitere Möglichkeit wäre die plötzliche Insolvenz des Energielieferanten, mit dem der Haushaltskunde einen Sondervertrag abgeschlossen hat, aber

---

243 *de Wyl*, Schneider/Theobald, § 15 Rn. 125.
244 *de Wyl/Eder/Hartmann*, N(D)AV-/GVV-Kommentar, Teil 2 Rn. 27.
245 BT-Drs. 306/06,23; *OLG Düsseldorf*, Urt. v. 10.02.2021 – I-27 U 19/19, Rn. 37, juris.
246 BT-Drs. 306/06, 23.
247 *de Wyl/Eder/Hartmann*, N(D)AV-/GVV-Kommentar, Teil 2 Rn. 27.

auf dessen Grundlage nicht mehr beliefert wird.[248] In der Praxis führt die Abgrenzung allerdings zu erheblichen Problemen, da kaum davon auszugehen ist, dass der Grundversorger etwaige Nachforschungen vornehmen wird.[249]

Auf diese Abgrenzungsschwierigkeiten reagierte der Gesetzgeber mit dem Gesetz zur Änderung des Energiewirtschaftsrechts im Kontext des Klimaschutzsofortprogramms und zu Anpassungen im Recht der Endkundenbelieferung[250]. Nun stellt § 36 Abs. 1 S. 5 und 6 EnWG klar, dass die Pflicht zur Grundversorgung und der Anspruch auf Abschluss eines Grundversorgungsvertrags erst nach drei Monaten seit Beginn der Ersatzversorgung bestehen, § 36 Abs. 1 S. 5. Davor besteht lediglich ein Anspruch auf Ersatzversorgung, § 38 Abs. 1 S. 3 EnWG. In diesem Zeitraum von drei Monaten soll der konkludenten Energieentnahme des Haushaltskunden auch nicht der Erklärungswert beigemessen werden, dass dieser einen Grundversorgungsvertrag abschließen möchte, § 36 Abs. 1 S. 6 EnWG. Ein ausdrücklicher Abschluss des Grundversorgungsvertrags soll allerdings weiterhin möglich bleiben.[251] Damit sollen Haushaltskunden, insbesondere in den Fällen der Ersatzversorgung, zugeordnet werden, wenn deren Entnahmestelle aufgrund einer Kündigung des Netznutzungsvertrags oder des Bilanzkreisvertrags gegenüber dem Lieferanten keinem Lieferverhältnis mehr zugeordnet werden kann, § 36 Abs. 1 S. 5 EnWG. Nicht erfasst werden sollen Fälle, in denen der Haushaltskunde neu eingezogen ist oder einen Liefervertrag an der Abnahmestelle anderweitig beenden und kein anschließendes Lieferverhältnis begründet hat.[252] Auch an dieser Stelle erwartet der Gesetzgeber erneut gewisse Nachforschungen des Grundversorgers, sodass auch mit der Neuregelung Abgrenzungsprobleme nicht ausgeschlossen werden können. Der Gesetzgeber verfolgt das Ziel, dass diejenigen Haushaltskunden, die lediglich eine Auffangversorgung für einen kurzen und flexiblen Zeitraum benötigen, in der Ersatzversorgung versorgt werden.[253]

---

248 *de Wyl/Eder/Hartmann*, N(D)AV-/GVV-Kommentar, Teil 2 Rn. 27.
249 *de Wyl/Eder/Hartmann*, N(D)AV-/GVV-Kommentar, Teil 2 Rn. 29.
250 BGBl. I 2022 S. 1214.
251 BT-Drs. 20/1599, 58.
252 BT-Drs. 20/1599, 58.
253 Vgl. BT-Drs. 20/1599, 58.

4. Preisunterschiede in Grund- und Ersatzversorgung

Der Grundversorger ist in der Ersatzversorgung nicht an die Preise der Grundversorgung gebunden. Dabei muss er bei der Belieferung von Haushaltskunden, wenn er in der Ersatzversorgung höhere Preise als in der Grundversorgung ausweist, die Vorgaben aus § 38 Abs. 2 S. 2 und 3 EnWG beachten, § 38 Abs. 2 S. 1 EnWG. In § 38 Abs. 1 S. 3 a. F.[254] war noch vorgesehen, dass die Preise in der Ersatzversorgung für Haushaltskunden die Preise in der Grundversorgung nicht übersteigen dürfen. Mit der Gesetzesänderung reagierte der Gesetzgeber auf die Entwicklungen am Energiemarkt im Jahr 2021 und trug damit dem Ausscheiden einzelner Energieversorger am Markt Rechnung.[255] Durch das Ausscheiden einzelner Energieversorger am Markt mussten Grundversorger teilweise kurzfristig neue Energiemengen beschaffen.[256] Dabei unterscheidet sich die Beschaffungsstrategie für die langfristiger angelegte Grundversorgung zur kurzfristigen Ersatzversorgung.[257] Kurzfristig zu beschaffende Energiemengen sind für den Grundversorger zumeist viel teurer als langfristig beschaffte Energiemengen. Ein großer Kundenzuwachs in der Ersatzversorgung muss jedoch durch kurzfristig zu beschaffende Energiemengen aufgefangen werden.

III. Versorgung außerhalb der Grundversorgung

Letztverbraucher, die nicht innerhalb der Ersatz- oder Grundversorgung beliefert werden können oder wollen, haben die Möglichkeit einen Vertrag mit einem Energieversorger abzuschließen und sich außerhalb der Grundversorgung[258] mit Energie beliefern zu lassen. Für Letztverbraucher, die keine Haushaltskunden sind, ist die Versorgung außerhalb der Grundversorgung der einzig gängige Weg für die Energiebelieferung, da die Grundversorgung auf Haushaltskunden beschränkt ist (§ 36 Abs. 1 S. 1 EnWG) und die Ersatzversorgung nur eine Notversorgung für einen

[254] Fassung galt bis zum 28.07.2022.
[255] BT-Drs. 20/1599, 58.
[256] BT-Drs. 20/1599, 58.
[257] BT-Drs. 20/1599, 58.
[258] Im Folgenden auch als Sonderkunden oder Sondervertragskunden bezeichnet; früher: Tarifkunden.

Zeitraum von drei Monaten darstellt (vgl. § 38 Abs. 4 S. 1 EnWG). Die Möglichkeit des Abschlusses eines Sonderkundenvertrags ist dabei nicht auf diese Kundengruppe beschränkt. Dass eine Belieferung von Haushaltskunden auch außerhalb der Grundversorgung möglich ist, ergibt sich systematisch bereits aus § 41b EnWG, welcher weitere spezielle Regelungen zur Belieferung von Haushaltskunden außerhalb der Grundversorgung enthält. Ferner ist in Art. 4 RL (EU) 2019/944 und Art. 3 Abs. 1 RL (EU) 2024/1788 eine freie Versorgerwahl in den Bereichen Elektrizität und Erdgas vorgegeben. Auch in der Praxis schließen immer mehr Haushaltskunden mit dem Energieversorger einen Vertrag über die Belieferung mit Energie außerhalb der Grundversorgung ab.[259] Dies wird bereits daran deutlich, dass im Jahr2022 in den Bereichen Strom und Gas 24 % bzw. 17,8 % innerhalb der Grundversorgung beliefert wurden.[260] Im Jahr 2017 waren es noch 27,8 % bzw. 19 %.[261]

1. Energiewirtschaftsrechtliche Einordnung

Der Begriff des Sonder(vertrags)kunden ist im EnWG nicht definiert. Aus § 1 Abs. 4 i. V. m. Abs. 3 Konzessionsabgabenverordnung (KAV) ergibt sich, dass im konzessionsrechtlichen Sinne Sondervertragskunde jeder ist, der nicht im Wege der Ersatz- oder Grundversorgung versorgt wird. Diese Definition lässt sich auch auf das Energievertragsrecht übertragen.

2. Vertragliches Schuldverhältnis

Der Sonderkundenvertrag wird zwischen dem Energieversorgungsunternehmen und dem Letztverbraucher im Rahmen der Privatautonomie geschlossen. Die StromGVV und die GasGVV finden im Bereich der Sonderkunden keine Anwendung, vgl. § 1 StromGVV/GasGVV. Auch eine analoge Anwendung kommt mangels planwidriger Regelungslücke nicht in Betracht.[262] Innerhalb der Sonderkundenversorgung sollen die Energieversorgungsunternehmen einem Preis- und Konditionenwettbewerb

[259] *Theobald/Templin*, Theobald/Kühling, § 1 KAV Rn. 177.
[260] *BNetzA/BKartA*, Monitoringbericht 2023, 167, 261.
[261] BNetzA/BKartA, Monitoringbericht 2018, 258, 429.
[262] *BGH*, Urt. v. 25.02.1998 – Rn. 23, juris; *BGH*, Urt. v. 18.07.2012 – VIII ZR 337/11, Rn. 29, juris.

unterliegen.[263] Ihr Angebot erfolgt im Rahmen der allgemeinen Vertragsfreiheit.[264]

Zu Art und Einordnung des Schuldverhältnisses gilt das in Kapitel (C.) Gesagte. Der Inhalt kann generell frei zwischen den Parteien vereinbart werden. Die Privatautonomie wird durch die in § 41 Abs. 1 S. 2 Nr. 1 bis 12 EnWG enthaltenen Vorgaben zum Mindestinhalt des Energieliefervertrags mit Letztverbrauchern beschränkt. Der Vertrag muss ferner einfach und verständlich sein, § 41 Abs. 1 S. 1 EnWG. Die Vorgaben aus dem EnWG stellen eine Ergänzung zum zivilrechtlichen Vertragsrecht dar.[265]

3. Abgrenzung zur Grundversorgung

Teilweise kann es bei der Belieferung von Haushaltskunden zu Abgrenzungsschwierigkeiten bei der Einordnung in die Sonderkundenversorgung oder Grundversorgung kommen. Diese Abgrenzungsschwierigkeiten können sich ergeben, wenn das beliefernde Energieversorgungsunternehmen auch der Grundversorger im Sinne des § 36 Abs. 2 EnWG ist. Keine Schwierigkeiten ergeben sich, wenn der Energieliefervertrag von den Vorgaben der StromGVV/GasGVV abweicht. Dann liegt nämlich immer ein Sonderkundenvertrag vor.[266] Gleiches gilt für den Fall, dass die Angebote eines Energieliefervertrags nur einem begrenzten Personenkreis zur Verfügung stehen, etwa aufgrund der Verpflichtung zur Abnahme erheblicher Energiemengen, auch dann handelt es sich immer um einen Sonderkundenvertrag.[267]

In fraglichen Fällen kommt es für die Einordnung maßgeblich auf die Sicht des objektiven, durchschnittlichen Abnehmers an.[268] Dabei soll entscheidend

---

263 BR-Drs. 402/14, 6.

264 *Tüngler*, BeckOGK BGB (Stand: 01.03.2025), § 433 Rn. 93.

265 BT-Drs. 17/6072, 85; *BGH*, Urt. v. 05.07.2017 – VIII ZR 163/16, Rn. 15, juris; *Schnurre*, BeckOK EnWG, § 41 Rn. 1.

266 *de Wyl/Eder/Hartmann*, N(D)AV-/GVV-Kommentar, Teil 2 Rn. 63.; *Busche*, Säcker, § 36 EnWG Rn. 11; *Büdenbender*, RdE 2011, 201 (207); abweichend hierzu nimmt *BGH*, Urt. v. 06.04.2016 – VIII ZR 236/10, Rn. 31, juris an, dass es sich auch um eine nach § 134 BGB nichtige Regelung im Grundversorgungsvertrag handeln könnte.

267 *de Wyl/Eder/Hartmann*, N(D)AV-/GVV-Kommentar, Teil 2 Rn. 40.

268 *BGH*, Urt. v. 14.07.2010 – VIII ZR 246/08, Rn. 27, juris; *BGH*, Urt. v. 28.10.2015 – VIII ZR 158/11, Rn. 17, juris; *BGH*, Urt. v. 28.10.2015 – VIII ZR 13/12, Rn. 20, juris; *BGH*, Urt. v. 24.02.2016 – VIII ZR 216/12, Rn. 32, juris; *BGH*, Urt. v. 07.03.2017 – EnZR 56/15, Rn. 22, juris; *Busche*, Säcker, § 36 EnWG Rn. 11.

sein, ob dem Haushaltskunden die Versorgung aufgrund einer Versorgungspflicht oder im Rahmen der Privatautonomie angeboten wird.[269] Auch der Bezeichnung des Vertrags seitens des Energieversorgungsunternehmens muss in diesem Zusammenhang eine Bedeutung zukommen.[270] Diese bleibt jedoch nach allgemeinen zivilrechtlichen Grundsätzen untergeordnet, da die Vertragsbezeichnung grundsätzlich nicht entscheidend ist.[271] Aus den Zielen, einen möglichst effektiven Wettbewerb im Rahmen der Energieversorgung zu erreichen, kann abgeleitet werden, dass im Zweifel ein Sonderkundenvertrag anzunehmen ist.[272] Da es sich bei der Energieversorgung um ein Massengeschäft handelt, kann bei der Abgrenzung nicht darauf abgestellt werden, ob der Vertrag individuell ausgehandelt wurde.[273]

Nach § 36 Abs. 1 S. 2 ist es dem Energieversorgungsunternehmen in der Grundversorgung verboten, im Rahmen der Allgemeinen Preise nach dem Zeitpunkt des Zustandekommens des Vertrags zu unterscheiden. Nach dem Willen des Gesetzgebers soll damit allerdings nicht nur eine Differenzierung nach dem Zeitpunkt des Vertragsschlusses ausgeschlossen werden, sondern auch aufgrund anderer Kriterien.[274] Somit können auch verschiedene Preise ein Indiz für eine Abgrenzung darstellen.

---

[269] *BGH*, Urt. v. 14.07.2010 – VIII ZR 246/08, Rn. 27, juris; *BGH*, Urt. v. 11.05.2011 – VIII ZR 42/10, Rn. 32, juris; *BGH*, Urt. v. 28.10.2015 – VIII ZR 158/11, Rn. 17, juris; *BGH*, Urt. v. 28.10.2015 – VIII ZR 13/12, Rn. 20, juris; BGH, Urt. v. 24.02.2016 – VIII ZR 216/12, Rn. 32, juris; *Schnurre*, BeckOK EnWG, § 36 Rn. 17.

[270] *BGH*, Urt. v. 14.07.2010 – VIII ZR 246/08, Rn. 27, juris.

[271] *Busche*, Säcker, § 36 EnWG Rn. 11; vgl. *Büdenbender*, RdE 2011, 201 (206).

[272] *Schnurre*, BeckOK EnWG, § 36 Rn. 18; *Bulla*, N&R 2012, 24 (29 f.).

[273] *Busche*, Säcker, § 36 EnWG Rn. 11; *Hellermann*, Bourwieg/Hellermann/Hermes, § 36 Rn. 30; *Bulla*, N&R 2012, 24 (28).

[274] BT-Drs. 20/1599, 59.

E. Pacta sunt servanda

Das deutsche Vertragsrecht ist durch den Grundsatz *pacta sunt servanda* geprägt. Der Grundsatz, welcher sich mit „Absprachen sind einzuhalten" ins Deutsche übersetzen lässt, gilt seit jeher als eines der Kernelemente des deutschen Vertragsrechts.[275] Der Grundsatz wird auch als Vertragstreue bezeichnet. Um die Konsequenzen für die einseitige Anpassung von Energielieferverträgen zu beurteilen, sollen zunächst die Bedeutung, die gesetzliche Herleitung, die Auswirkungen und mögliche Ausnahmen in den Blick genommen werden.

I. Bedeutung

Die Vertragstreue besagt, dass die Parteien durch den Vertrag gebunden werden, sog. Vertragsbindung.[276] Es kann keine der Parteien – ohne entsprechende Absprache – die Qualität oder Quantität des Leistungsgegenstandes einseitig verändern oder eine Anpassung der Gegenleistung zur Bedingung der Vertragserfüllung machen.[277] Schließen die Vertragsparteien für eine bestimmte Dauer ein Dauerschuldverhältnis, entsteht ein vertraglicher Bestandsschutz.[278] Aus diesem vertraglichen Bestandsschutz ergibt sich ein

---

275 *Möslein*, BeckOGK BGB (01.05.2019), § 145 Rn. 11; *Schiemann*, Staudinger, Eckpfeiler des Zivilrechts Rn. D 63.
276 *Schiemann*, Staudinger, Eckpfeiler des Zivilrechts Rn. D 63.
277 *Hau*, Vertragsanpassung und Anpassungsvertrag, 61.
278 *Bötticher*, FS Molitor, 123.

Vertragsinhaltsschutz, der es den Parteien verbietet, den Vertrag einseitig zu verändern.[279] Die Gestaltung eines Rechtsverhältnisses durch ein Rechtsgeschäft innerhalb der Privatautonomie wäre ohne die Vertragstreue schon im Hinblick auf die notwendige Rechtssicherheit undenkbar.[280]

II. Gesetzliche Herleitung

Die Vertragsbindung ist nicht ausdrücklich innerhalb des BGB geregelt. Eine gesetzliche Regelung zur Bindungswirkung bei Vertragsschlüssen findet sich lediglich in § 145 BGB, der die Bindung an den Antrag auf Abschluss eines Vertrags festschreibt. Nach Ansicht des Bundesarbeitsgerichts kann aus dieser Norm auch die Vertragsbindung abgeleitet werden.[281] Der Bundesgerichtshof hingegen leitet die Vertragsbindung allein aus § 241 BGB ab.[282] Eine weitere Ansicht leitet die Vertragsbindung aus § 311 Abs. 1 BGB i. V. m. § 241 BGB und einem Umkehrschluss aus den als Ausnahmetatbeständen ausgestalteten Vertragsstornierungsgründen ab.[283] Da der Grundsatz der Vertragsbindung allerdings unzweifelhaft besteht, soll die Herleitung in dieser Arbeit nicht weiter thematisiert werden.[284]

III. Auswirkungen

Aus der Vertragsbindung ergibt sich, dass eine einseitige Änderung des Vertrags grundsätzlich nur dann möglich ist, wenn das Gesetz eine solche Möglichkeit vorsieht oder die Parteien ein entsprechendes Recht rechtsgeschäftlich vereinbart haben. Dies wird auch in§ 311 Abs. 1 BGB deutlich, der besagt, dass Verträge nur durch übereinstimmende Willenserklärungen geändert werden können, soweit das Gesetz nicht etwas anderes vorschreibt. Danach ist auch zur Änderung eines Schuldverhältnisses grundsätzlich ein Vertrag

---

[279] *Bötticher*, FS Molitor, 123; zustimmend zum vertraglichen Bestandsschutz: *Hau*, Vertragsanpassung und Anpassungsvertrag, 60.

[280] *Möslein*, BeckOGK BGB (Stand: 01.05.2019), § 145 Rn. 11.

[281] *BAG*, Urt. v. 30.09.1993 – 7 AZR 268/93, (NJW 1994, 1021 (1023).

[282] *BGH*, Urt. v. 22.06.1956 – I ZR 198/54, Rn. 13, juris; *BGH*, Urt. v. 28.11.1963 – II ZR 41/62, Rn. 11, juris.

[283] *Weller*, Vertragstreue, 275.

[284] Vertiefend zur Vertragsbindung: *Weller*, Vertragstreue, 275 ff.

zwischen den Beteiligten erforderlich. Ein Vertrag kann also generell nicht ohne den übereinstimmenden Willen der Vertragspartei geändert werden, was auch als negative Änderungsfreiheit bezeichnet wird.[285]

IV. Ausnahmen

Der Grundsatz von *pacta sunt servanda* kann allerdings nicht unbegrenzt gelten, da andernfalls insbesondere Dauerschuldverhältnisse aufgrund des exorbitanten Risikos wirtschaftlich kaum durchführbar wären. Aus diesem Grund sollen die für diese Arbeit relevanten Ausnahmen des Grundsatzes betrachtet werden. In Betracht kommen neben gesetzlichen auch vertragliche Ausnahmen.

1. Gesetzliche Ausnahmen

Eine gesetzlich anerkannte Ausnahme zur Vertragsbindung stellt die Störung der Geschäftsgrundlage nach § 313 dar.[286] Durch das Rechtsinstitut der Störung der Geschäftsgrundlage soll die Vertragsbindung zur Wahrung der Vertragsgerechtigkeit durchbrochen werden können.[287] Wie sich im Laufe dieser Arbeit zeigen soll, spielt der § 313 BGB auch bei der Anpassung von Energielieferverträgen eine übergeordnete Rolle.

2. Vertragliche Ausnahmen

Weiter kann der Grundsatz *pacta sunt servanda* durch vertragliche Regelungen, etwa Anpassungsklauseln, durchbrochen werden.

Teilweise wird angenommen, dass es sich bei Anpassungsklauseln um keine Durchbrechung der Vertragstreue handle. Die Durchbrechung des Grundsatzes sei nur eine scheinbare Durchbrechung, da die Parteien ursprünglich im Vertrag vereinbart haben, dass einer Partei das Recht zustehen soll, den Inhalt des Vertrags nachträglich abzuändern.[288] Bei einer Ausübung des Änderungsrechts verhalte sich die Partei also so, wie es ursprünglich von den

---

[285] Vertiefend: *Hau*, Vertragsanpassung und Anpassungsvertrag, 59 ff.
[286] *Looschelders*, ZIP 2021, 2461 (2462).
[287] *Stöhr*, AcP 214 (2014), 425 (450).
[288] *Fricke*, VersR 2000, 257.

Vertragsparteien vorgesehen war.[289] Dieser Ansatz verkennt allerdings, dass die Hauptleistungspflichten im Vertrag zu Vertragsbeginn zunächst einmal von den Vertragsparteien in den Hauptleistungsabreden festgelegt werden und für diese verbindlich sind. Durch die Ausübung des Änderungsrechts erfolgt eine Abänderung der Hauptleistungsabrede. Die Bestimmung des Vertragspreises etwa obliegt aufgrund der Privatautonomie zunächst den Parteien und ist somit auch gerichtlich nicht kontrollfähig. Die Änderungsklauseln hingegen sind grundsätzlich als AGB gerichtlich überprüfbar.[290] Sofern das Gericht zu dem Ergebnis kommt, dass die Anpassungsklausel unwirksam ist, bleibt die ursprünglich vereinbarte Leistung bindend. Daher ist die Ansicht, die davon ausgeht, dass es sich nur um eine scheinbare Durchbrechung des Grundsatzes *pacta sunt servanda* handelt, abzulehnen. Vielmehr wird lediglich die notwendige Mitwirkungshandlung der Gegenseite durch die Vertragsanpassungsklausel modifiziert.[291]

Im Ergebnis handelt es sich damit bei einseitigen Vertragsanpassungen von Vertragsklauseln um eine Durchbrechung des Grundsatzes *pacta sunt servanda*, wenn sich der Verwender das Recht vorbehält, bestimmte Vertragsinhalte zu ändern, sog. einseitige Änderungsvorbehalte.[292] Von einer nur scheinbaren Durchbrechung des Grundsatzes kann aufgrund der stetig möglichen Schwankungen lediglich gesprochen werden, wenn von Beginn an ein variabler Preis vereinbart wurde.[293]

3. Zusammenfassung

Eine einseitige Vertragsänderung ist nur möglich, wenn sie vom Gesetz vorgesehen ist oder die Parteien ein entsprechendes Gestaltungsrecht rechtsgeschäftlich vereinbart haben.[294]

Da es sich, wie festgestellt, bei Energielieferverträgen um zivilrechtliche Verträge handelt, kann für diese nichts anderes gelten.

---

[289] *Fricke*, VersR 2000, 257.

[290] Vertiefend: F.I.3.bb).

[291] *Hau*, Vertragsanpassung und Anpassungsvertrag, 60; vgl. *Baur*, Vertragliche Anpassungsregelungen, 78.

[292] So auch: *Baumann/Renzing*, Leuschner AGB-Recht, Leistungsbestimmungsrechte und Änderungsvorbehalte Rn. 2.

[293] So wohl: *BGH*, Urt. v. 16.01.1985 – VIII ZR 153/83, Rn. 14, juris.

[294] *Rasbach*, Kment, § 41 Rn. 20.

F. Die Anpassung von Sonderkundenverträgen

Zum Erhalt des Äquivalenzverhältnisses während der Vertragslaufzeit sind Anpassungen des Vertragspreises bei Sonderkundenverträgen notwendig. Grundlegend kommen zur Preisanpassung bei Sonderkundenverträgen eine Anpassung auf der Grundlage von Vertragsklauseln, die ergänzende Vertragsauslegung und gesetzliche Anpassungsmöglichkeiten in Betracht.

I. Anpassung aufgrund von Vertragsklauseln

Die Volatilität der Energiepreise ist den Energieversorgern bewusst. Angesichts dessen sind Klauseln, die insbesondere die Anpassung des Vertragspreises ermöglichen, in Energielieferverträgen gängige Praxis und in nahezu jedem Sonderkundenvertrag enthalten.[295] Der Abschluss eines Energieliefervertrags ohne die Möglichkeit der Anpassung des Vertragspreises auf der Grundlage von Preisanpassungsklauseln wäre aus wirtschaftlicher Sicht äußerst unvernünftig.[296] Dies hat auch der Gesetzgeber erkannt und in § 41 Abs. 1 S. 2 Nr. 5 2. Var. EnWG festgelegt, dass Energielieferverträge mit Letztverbrauchern verpflichtend Regelungen zur Preisanpassung beinhalten müssen.

Würden die Parteien keine Anpassungsklauseln vereinbaren, müssten nach dem gesetzlichen Regelfall Art und Umfang von Leistung und Gegenleistung zum Zeitpunkt des Vertragsschlusses für die gesamte Vertragslaufzeit

---

295 Vgl. hierzu: *BGH*, Urt. v. 15.07.2009 – VIII ZR 225/07, Rn. 15, juris; *Baur*, FS Steindorff, 509.

296 *Büdenbender*, NJW 2009, 3125.

festgelegt werden.[297] Die Anpassung der Dauerschuldverhältnisse wäre dann nur durch eine Änderungskündigung möglich, was bei Massengeschäften kaum praxistauglich wäre.[298] Im Rahmen dieser Arbeit soll ein Hauptaugenmerk auf Klauseln gelegt werden, die eine Anpassung des Umfangs von Leistung und Gegenleistung, insbesondere des Entgelts, ermöglichen. Diese sog.Preisanpassungsklauseln ermöglichen ein Abweichen vom Grundsatz *pacta sunt servanda*, indem sie eine Anpassung der Höhe des Vertragspreises während der Vertragsdauer anhand bestimmter Kriterien ermöglichen.[299] Energieversorgungsunternehmen können auf diese Weise steigende oder auch sinkende Betriebs- und Gestehungskosten an den Letztverbraucher weitergeben und so das Äquivalenzverhältnis wahren.[300] Hierzu können die Klauseln etwa an einzelne oder mehrere Preisfaktoren oder einen allgemeinen Anstieg der Betriebs- und Gestehungskosten anknüpfen.[301]

Zu ihrer Wirksamkeit müssen die Klauseln verschiedenen gesetzlichen Anforderungen entsprechen. Auch die zunehmende Europäisierung des Zivil- und Energierechts ist zu betrachten, sodass auch Verordnungen oder Richtlinien des europäischen Gesetzgebers eine Bedeutung bei der Wirksamkeit von Anpassungsklauseln haben können. Die Frage nach der rechtswirksamen Ausgestaltung von Preisanpassungsklauseln ist dabei immer wieder Gegenstand der juristischen Literatur und gerichtlicher Auseinandersetzungen.[302]

Auch wenn die Preisanpassungsklauseln in Sonderkundenverträgen auf einer rechtsgeschäftlichen Vereinbarung beruhen, weisen sie grundsätzlich einen hohen Grad an Standardisierung auf.[303]

---

297 *BGH*, Urt. v. 17.02.2004 – XI ZR 140/03, Rn. 15, juris; *BGH*, Urt. v. 18.01.2017 – VIII ZR 263/15, Rn. 26, juris.

298 *BGH*, Urt. v. 11.06.1980 – VIII ZR 174/79, Rn. 25, juris; *KG Berlin*, Urt. v. 15.11.2023 – 23 U 112/22, Rn. 25, juris; *Thomas*, AcP 209 (2009), 84 (85 f.).

299 *Kunth/Tüngler*, RdE 2006, 257 (259).

300 Allgemein: *Thomas*, AcP 209 (2009), 84 (94).

301 Mit Beispielen aus der Rspr.: *Thomas*, AcP 209 (2009), 84 (94).

302 So etwa: *BGH*, Urt. v. 11.06.1980 – VIII ZR 174/79; *BGH*, Urt. v. 31.07.2013 – VIII ZR 162/09; *BGH*, Urt. v. 14.05.2014 – VIII ZR 114/13; *BGH*, Urt. v. 25.11.2015 – VIII ZR 360/14; *Baur*, Vertragliche Anpassungsregelungen, 1 ff.; *Graf von Westphalen*, MDR 2008, 424 ff.; *Thomas*, AcP 209 (2009), 84 (92 ff.); *Stief*, BB 2022, 2443 ff.

303 *Baur*, Vertragliche Anpassungsregelungen, 32.

1. Unterscheidung der Preisanpassungsklauseln

Bei Preisanpassungsklauseln können grundsätzlich zwei Arten von Klauseln nach ihrer Funktionsweise unterschieden werden. Dies sind solche mit einem Preisänderungsvorbehalt und solche mit einer Anpassungsautomatik.[304] Diese Unterscheidung ist teilweise im Rahmen der Anforderungen des EnWG und bei den AGB-rechtlichen Anforderungen von Bedeutung.

a) Klauseln mit Preisänderungsvorbehalt

Zum einen werden Preisanpassungsklauseln mit einem Preisänderungsvorbehalt in Energielieferverträgen verwendet. Bei dieser Art von Klauseln erfolgt keine automatische Anpassung des Vertragspreises. Vielmehr erhält das Energieversorgungsunternehmen das Recht, den Vertragspreis zu einem späteren Zeitpunkt rechtsgeschäftlich neu zu bestimmen.[305] Eine Mitwirkung des Letztverbrauchers oder ein übereinstimmender Wille sind dabei nicht notwendig.[306] Zu diesen Klauseln zählen Leistungsvorbehaltsklauseln.

b) Automatikklauseln

Zum anderen werden in Energielieferverträgen sog. Automatikklauseln verwendet. Bei diesem Klauseltypus erfolgt die Preisanpassung mit Hilfe einer Anpassungsautomatik. Dafür knüpfen die Klauseln den Vertragspreis an bestimmte Bezugsgrößen und deren Veränderung, sodass eine Abhängigkeit von den Bezugsgrößen und dem Vertragspreis entsteht.[307] Die Anpassung erfolgt sodann automatisch und häufig fortlaufend, etwa auf der Grundlage einer (mathematischen) Formel.[308] Erfolgt die Anpassung kontinuierlich, werden die Klauseln auch als Gleitklauseln bezeichnet.[309] Es kann aber auch eine periodische Anpassung zu vertraglich bestimmten Zeitpunkten erfolgen.[310] Automatikklauseln sind häufig starr, sodass Korrekturklauseln

---

[304] Diese Abgrenzung auch vornehmend: *Kunth/Tüngler*, RdE 2006, 257 (259); *Horn*, NJW 1985, 1118 (1119).

[305] *Baur*, Vertragliche Anpassungsregelungen, 47.

[306] *Baur*, Vertragliche Anpassungsregelungen, 47.

[307] *Thomas*, AcP 209 (2009), 84 (88); *Baur*, Vertragliche Anpassungsregelungen, 47.

[308] *Horn*, NJW 1985, 1118 (1119); *Baur*, Vertragliche Anpassungsregelungen, 33.

[309] *BGH*, Urt. v. 06.10.1967 – V ZR 141/64, Rn. 10, juris; *Baur*, Vertragliche Anpassungsregelungen, 46.

[310] *Baur*, Vertragliche Anpassungsregelungen, 46.

notwendig werden können.[311] Die Abgabe etwaiger Willenserklärungen ist nicht notwendig.[312] Zu den Automatikklauseln zählen Spannungsklauseln und Kostenelementklauseln.

Innerhalb der formelbasierten Anpassung kann weiter zwischen multiplikativen und additiven Formeln unterschieden werden.[313]

aa) Multiplikative Formeln

Bei multiplikativen Formeln wird der angepasste Vertragspreis durch die Multiplikation von Vertragsbasispreis mit einem anteiligen Quotienten aus dem Folgewert / den Folgewerten der Bezugsgröße / den Bezugsgrößen und dem Referenzwert / den Referenzwerten der Bezugsgröße(n), häufig zuzüglich eines Festpreisanteils, berechnet.[314]

bb) Additive Formel

Bei der additiven Formel wird zunächst ein absolutes Wertverhältnis, der sog.absolute Faktor, zwischen dem Vertragsbasispreis und der Referenzgröße bestimmt. Der angepasste Vertragspreis resultiert dann aus der Summe des Vertragsbasispreises und dem Produkt des absoluten Faktors mit der Veränderung der Bezugsgröße.[315]

2. Klauselübergreifende Anforderungen

Ungeachtet der unterschiedlichen Erscheinungsformen und Funktionsweisen von Preisanpassungsklauseln in Energielieferverträgen müssen alle Klauseln den Anforderungen des Zivil- und Energierechts genügen. Hierzu zählen besonders die Anforderungen des Preisklauselgesetzes, des EnWG und des BGB. Die Anforderungen dieser Gesetze sollen im folgenden Abschnitt genauer betrachtet werden.

---

311 *Horn*, NJW 1985, 1118 (1119); vertiefend: *Baur*, Vertragliche Anpassungsregelungen, 34 ff., 49 f.

312 *Baur*, Vertragliche Anpassungsregelungen, 46.

313 *Baur*, Vertragliche Anpassungsregelungen, 33.

314 Vertiefend: *Baur*, Vertragliche Anpassungsregelungen, 34; Beispiel aus der Rspr: *BGH*, Urt. v. 14.05.2014 – VIII ZR 114/13.

315 Vertiefend: *Baur*, Vertragliche Anpassungsregelungen, 34; Beispiel aus der Rspr.: *BGH*, Urt. v. 24.03.2010 – VIII ZR 178/08.

a) Anforderungen des Preisklauselgesetzes

Zunächst sollen die Vorgaben des Preisklauselgesetzes (PrKG) eingehend erörtert werden. Im Fokus stehen dabei neben dem Sinn und Zweck des PrKG auch das grundsätzliche Preisklauselverbot sowie dessen Ausnahmen, zulässige Preisklauseln und die Rechtsfolgen bei Verstößen.

aa) Sinn und Zweck des Preisklauselgesetzes

Der Sinn und Zweck des Gesetzes besteht unter anderem darin, der Förderung von inflationären Tendenzen durch die unbeschränkte Verwendung von Preisklauseln entgegenzuwirken.[316] Ferner soll die regulierte Verwendung von Preisklauseln zum Verbraucherschutz beitragen.[317] Ein angemessener Interessenausgleich wird dabei durch Bereichsausnahmen, die das Wertsicherungsinteresse des Geldgläubigers innerhalb des Preisklauselgesetzes berücksichtigen, hergestellt.[318]

bb) Preisklauselverbot

Das PrKG verbietet in § 1 Abs. 1 Klauseln, die den Betrag von Geldschulden unmittelbar und selbstständig durch den Preis oder Wert von anderen Gütern oder Leistungen bestimmen, die mit den vereinbarten Gütern oder Leistungen nicht vergleichbar sind, sog. Indexierungsverbot. Um in den Anwendungsbereich des Absatzes 1 zu fallen, müssen die Klauseln dem Wortlaut nach „unmittelbar und selbsttätig" wirken. Erfasst sind deshalb nur die Preisanpassungsklauseln, die automatisch wirken.[319]

cc) Zulässige Preisklauseln

In § 1 Abs. 2 PrKG werden in den Nummern 1 bis 4 Definitionen von Klauseltypen aufgeführt, die nicht unter das Verbot des Absatzes 1 fallen. Dabei handelt es sich bei Absatz 2 nicht um Ausnahmetatbestände, sondern um eine Aufzählung von typischen Klauseln, die zulässig sind, weil ihnen eines der in Absatz 1

---

[316] BT-Drs. 16/4391, 27.

[317] BT-Drs. 16/4391, 27.

[318] BT-Drs. 16/4391, 27.

[319] *OLG München*, Urt. v. 27.04.2017 – U 3922/15 Kart, Rn. 219, juris; *Leidner*, BeckOGK PreisklG, § 1 Rn. 6; *Toussaint*, jurisPK-BGB, § 1 PrKG Rn. 33; *Omlor*, Staudinger, § 1 PrKG Rn. 8.

genannten Verbotsmerkmale fehlt.[320] Der Gesetzgeber wollte mit dem Absatz 2 zu einem besseren Verständnis des Indexierungsverbots aus Absatz 1 beitragen.[321] Die aufgezählten und definierten Klauseltypen sind namentlich Leistungsvorbehaltsklauseln (Nr. 1), Spannungsklauseln (Nr. 2), Kostenelementklauseln (Nr. 3) und Klauseln, die lediglich zu einer Ermäßigung der Geldschuld führen können (Nr. 4). Die dort aufgeführten Definitionen haben nur innerhalb des Preisklauselgesetzes unmittelbare Bedeutung und Geltung.[322] Um eine einheitliche und verständliche Bezeichnung der in dieser Arbeit verwendeten Begrifflichkeiten zu gewährleisten, werden zu diesem Zwecke die Legaldefinitionen aus dem PrKG zur Bezeichnung der einzelnen Klauseltypen übernommen. Die Einordnung der Klauseltypen innerhalb des Preisklauselgesetzes verdeutlicht nämlich mithin die unterschiedlichen Wirkungsweisen der Klauseln.[323]

dd) Ausnahmen

Die §§ 2 7 PrKG enthalten Bereichsausnahmen für bestimmte Vertragstypen. So sind etwa nach § 3 Abs. 1 S. 1 Nr. 1 lit. d) und S. 2 1. Hs. PrKG Preisklauseln in Verträgen über wiederkehrende Zahlungen, die zu erbringen sind, für die Dauer von mindestens zehn Jahren, gerechnet vom Vertragsabschluss bis zur Fälligkeit der letzten Zahlung zulässig, wenn der geschuldete Betrag durch die Änderung eines von dem Statistischen Bundesamt oder einem Statistischen Landesamt ermittelten Preisindexes für die Gesamtlebenshaltung oder eines vom Statistischen Amt der Europäischen Union[324] ermittelten Verbraucherpreisindexes bestimmt werden soll.

ee) Rechtsfolgen

Klauseln, die in den Anwendungsbereich des § 1 Abs. 1 PrKG fallen und für die keine Ausnahme nach den §§ 2 bis 7 PrKG einschlägig ist, dürfen nicht verwendet werden.[325] Ein Verstoß führt allerdings nicht zur unmittelbaren

---

320 BT-Drs. 16/4391, 27; *Toussaint*, jurisPK-BGB0, § 1 PrKG Rn. 32; a. A.: *Omlor*, Staudinger, § 1 PrKG Rn. 11, der von „nur teilweise konstitutiven Rückausnahmen" spricht.

321 BT-Drs. 16/4391, 27.

322 *Thomas*, AcP 209 (2009), 84 (88).

323 *Thomas*, AcP 209 (2009), 84 (88).

324 Abweichend davon stellt der Wortlaut der Vorschrift noch auf das Statistische Amt der Europäischen Gemeinschaft ab.

325 *Toussaint*, jurisPK-BGB, § 1 PrKG Rn. 51.

Unwirksamkeit der Klausel nach § 134 BGB i. V. m. § 1 Abs. 1 PrKG. Wie sich aus § 8 S. 1 PrKG ergibt, tritt die Unwirksamkeit der Klausel erst zum Zeitpunkt des durch ein Gericht rechtskräftig festgestellten Verstoßes gegen das Preisklauselgesetz mit Wirkung für die Zukunft ein, soweit nicht eine frühere Unwirksamkeit vereinbart ist.[326] § 8 S. 2 PrKG stellt ausdrücklich klar, dass die Rechtswirkungen der Preisklausel bis zum Zeitpunkt der Unwirksamkeit unberührt bleiben.

Eine Vereinbarkeit der Preisanpassungsklausel mit dem Preisklauselgesetz steht einer Prüfung nach dem AGB-Recht nicht entgegen.[327]

ff) Zwischenergebnis

Für Energielieferverträge ist insbesondere das Klauselverbot aus § 1 Abs. 1 PrKG relevant. Eine generelle Aussage kann hierzu allerdings nicht getroffen werden. Vielmehr ist ein mögliches Klauselverbot abhängig vom jeweiligen Klauseltyp und der jeweiligen Ausgestaltung. Eine Auseinandersetzung mit dem Preisklauselgesetz erfolgt daher im Abschnitt zu den einzelnen Klauseltypen.[328]

b) Anforderungen des EnWG

Weiter soll ein Blick auf die energierechtlichen Anforderungen des EnWG an Preisanpassungsklausel und die folgende Preisanpassung geworfen werden. Das EnWG stellt in § 41 Abs. 5 formale Kriterien für die einseitige Anpassung von Energielieferverträgen auf, die unabhängig von einer möglichen AGB-Prüfung beachtet werden müssen.[329] Aufgrund des eigenen Anwendungsbereichs gilt der § 41 Abs. 5 EnWG für alle Preisanpassungsklauseln, unabhängig davon, ob diese im Rahmen von AGB oder individualvertraglich vereinbart wurden. Die Vorschrift dient dabei der Umsetzung von Art. 10 Abs. 4 der RL (EU) 2019/944 und soll zu einem stärkeren Verbraucherschutz führen.[330] Dabei beschränkt sich der Anwendungsbereich der RL (EU) 2019/944 und

---

[326] BT-Drs. 16/4391, 29.

[327] M. w. N.: *BGH*, Urt. v. 24.03.2010 – VIII ZR 178/08, Rn. 24, juris; *Toussaint*, jurisPK-BGB, § 1 PrKG Rn. 5; a. A. wohl: *Schulz-Gardyan*, RdE 2010, 215 (221).

[328] Hierzu: F.I.4.

[329] *Schnurre*, BeckOK EnWG, § 41 Rn. 20.

[330] BT-Drs. 165/21, 145 f.

des § 41 Abs. 5 EnWG nicht auf Verbraucher i. S. d. § 13 BGB, sondern findet Anwendung auf alle Letztverbraucher.[331] Die Einführung des § 41 EnWG im Jahre 2004 diente der Umsetzung der Vorgaben in Art. 3 Abs. 5 i. V. m. Anhang A der Elektrizitätsrichtlinie[332] und Anhang A der Gasrichtlinie[333],[334] sodass Anwendung und Auslegung stets im Lichte des Unionsrechts richtlinienkonform erfolgen müssen.[335]

Aus § 41 Abs. 5 EnWG ergibt sich dabei kein eigenes Preisanpassungsrecht des Energieversorgungsunternehmens, sondern die Vorschrift setzt die Vereinbarung eines solchen voraus. Dies wird bereits am Wortlaut von § 41 Abs. 5 S. 1 EnWG deutlich: „*Energielieferanten, die sich im Vertrag das Recht vorbehalten haben …*". Es wird dort also lediglich auf bereits vereinbarte Anpassungsrechte Bezug genommen.

Die Vorschrift soll dazu beitragen, dass das Interesse des Energieversorgers am Erhalt der Äquivalenz und das des Kunden an der bestmöglichen Beurteilung der Folgen einer Kostensteigerung in einen angemessenen Ausgleich gebracht werden.[336] Beide Interessen sind dabei auch unionsrechtlich anerkannt, was sich bereits daraus ergibt, dass die Vorschrift der Umsetzung von Richtlinienrecht dient.[337]

Für eine wirksame Preisanpassung verpflichtet § 41 Abs. 5 S. 1 EnWG Energielieferanten, die sich im Vertrag vorbehalten haben, die Vertragsbedingungen einseitig zu ändern, den Letztverbraucher rechtzeitig, in jedem Fall vor Ablauf einer Abrechnungsperiode, auf einfache und verständliche Weise über die beabsichtigte Ausübung eines Rechts zur Änderung der Preise oder sonstiger Vertragsbedingungen und seine Rechte als Letztverbraucher zu unterrichten.

---

331 Art. 10 Abs. 4 RL (EU) 2019/944 verwendet das Wort „Kunden". Das sind nach Art. 2 Abs. 1 RL (EU) 2019/944 ein Großhändler bzw. Endkunden, der Elektrizität kauft. Geht damit im Anwendungsbereich noch über Letztverbraucher hinaus.

332 Gemeint war damals die RL 2003/54/EG, welche durch die RL 2009/72/EG aufgehoben wurde, die durch die derzeit gültige RL 2019/944 aufgehoben wurde.

333 Gemeint war hier die RL 98/30/EG, die durch die RL 2009/73/EG aufgehoben wurde. Diese wurde zum 13.06.2024 durch die RL (EU) 2024/1788 ersetzt.

334 BT-Drs. 15/3917, 67.

335 So auch: *BGH*, Urt. v. 05.06.2013 – VIII ZR 131/12, Rn. 12, juris; *BGH*, Urt. v. 21.12.2022 – VIII ZR 199/20, Rn. 25, juris.

336 Vgl. *OLG Düsseldorf*, Urt. v. 21.09.2023 – VI-5 U 4/22, Rn. 56, juris.

337 *OLG Düsseldorf*, Urt. v. 21.09.2023 – VI-5 U 4/22, Rn. 56, juris.

aa) Layout der Unterrichtung

Für eine den Anforderungen entsprechende Unterrichtung kommt es nicht nur auf den Inhalt dieser an, sondern auch auf ihre äußere Aufmachung.[338]

Der Letztverbraucher muss bereits aus dem Betreff der Ankündigung erkennen können, dass es sich um eine Information zur Preisanpassung handelt.[339] Dies ist etwa nicht der Fall, wenn der Letztverbraucher aufgrund des Titels der Unterrichtung nicht davon ausgehen kann, dass es sich um eine Information handelt, die sein konkretes Vertragsverhältnis betrifft, sodass er die Lektüre bereits abbricht, bevor er zur Information über die Preisänderung gelangt.[340] Insoweit erscheint es notwendig, dass eine Änderung der Vertragsbedingungen auch deutlich als eine solche gekennzeichnet wird.[341] In umfangreicheren Unterrichtungen sollten deshalb die relevanten Informationen farblich durch Unterstreichen oder Ähnliches vom sonstigen Text abgehoben dargestellt werden.[342] Dies gilt bei E-Mails bereits für die Betreffzeile, wenn diese auch andere Informationen enthält.[343] So genügt eine E-Mail, die lediglich auf eine Nachricht im Online-Kundenpostfach verweist, welche ihrerseits auf die Preiserhöhung hinweist, den Anforderungen nicht.[344] Für den Letztverbraucher muss erkennbar sein, dass es sich um eine bedeutsame Mitteilung handelt, sodass die äußere Aufmachung nicht wie ein Werbeflyer aussehen darf.[345] Ein solches Verständnis legt auch Erwägungsgrund 48 der Richtlinie (EU) 2019/944 nahe. In diesem werden Endabrechnungen und Abrechnungsinformationen als wichtiges Instrument zum Anbietervergleich für den Endkunden bezeichnet. Zur transparenten und verständlichen Gestaltung soll es dabei auch zählen, einzelne Angaben

---

338 *LG Kleve*, Urt. v. 29.04.2021 – 8 O 52/20, Rn. 54 ff., juris.

339 *OLG Düsseldorf*, Urt. v. 20.10.2016 – I-20 U 37/16, Rn. 24, juris.

340 *OLG Düsseldorf*, Urt. v. 20.10.2016 – I-20 U 37/16, Rn. 24, juris; zum Betreff auch: *LG Hamburg*, Urt. v. 09.01.2020 – 312 O 453/18, Rn. 28, juris (zzt. anhängig am OLG Hamburg unter dem Az. 15 U 78/20).

341 *OLG Düsseldorf*, Urt. v. 20.10.2016 – I-20 U 37/16, Rn. 24, juris; OLG Düsseldorf, Urt. v. 21.09.2023 – VI-5 U 4/22, Rn. 56, juris; *LG Hamburg*, Urt. v. 16.01.2018 – 312 O 514/16, Rn. 47, juris; *LG Hamburg*, Urt. v. 09.01.2020 – 312 O 453/18, Rn. 28, juris; *Schnurre*, BeckOK EnWG, § 41 Rn. 23.

342 *OLG Düsseldorf*, Urt. v. 21.09.2023 – VI-5 U 4/22, Rn. 57, juris.

343 *OLG Düsseldorf*, Urt. v. 21.09.2023 – VI-5 U 4/22, Rn. 57, juris.

344 *OLG Düsseldorf*, Urt. v. 21.09.2023 – VI-5 U 4/22, Rn. 64, juris.

345 *LG Kleve*, Urt. v. 29.04.2021 – 8 O 52/20, Rn. 54 ff., juris.

deutlich hervorzuheben, damit der Endkunde unter anderem Angebote vergleichen kann, um gegebenenfalls den Anbieter zu wechseln.

Da im Rahmen der Transparenzanforderungen in § 41 Abs. 5 EnWG grundsätzlich auf den durchschnittlichen Kunden abgestellt wird, sollte eine Unterscheidung zwischen Verträgen mit Verbrauchern und Unternehmern erfolgen. Es ist hierbei davon auszugehen, dass die Transparenzanforderungen im unternehmerischen Rechtsverkehr in wenig abgeschwächter Form gelten. Im unternehmerischen Verkehr kann von der Gegenseite generell erwartet werden, dass Geschäftsbriefe aufmerksam gelesen werden. Was allerdings nur dann erwartet werden kann, wenn die Unterrichtung auch tatsächlich wie ein Brief im Geschäftsverkehr aussieht. Also sollte auch hier die Aufmachung nicht wie in einem Werbeflyer erfolgen.

bb) Zeitraum der Unterrichtung

Nach § 41 Abs. 5 S. 2 EnWG sind Energielieferanten verpflichtet, über Preisänderungen spätestens zwei Wochen, bei Haushaltskunden spätestens einen Monat, vor Eintritt der beabsichtigten Änderung zu unterrichten. Verstößt das Energieversorgungsunternehmen gegen diese Ankündigungsfrist, führt dies zur Unwirksamkeit der Preiserhöhung.[346] Wird die Frist des § 41 Abs. 5 S. 2 EnWG nämlich unterschritten, besteht die Gefahr, dass das Kündigungsrecht aus § 41 Abs. 5 S. 4 EnWG unterlaufen werden würde.[347] Auch könnte der Letztverbraucher dadurch von einem vorherigen Wechsel zu einem anderen Energieversorger abgehalten werden, was nicht nur die Rechte des Letztverbrauchers, sondern auch den Wettbewerb zwischen den Energieversorgern einschränken würde.[348]

cc) Inhalt der Unterrichtung

Die Unterrichtung muss unmittelbar und auf verständliche und einfache Weise unter Hinweis auf Anlass, Voraussetzungen und Umfang der Preisänderung erfolgen, § 41 Abs. 5 S. 3 EnWG. Diese Verpflichtung besteht nicht nur im Rahmen von Preissteigerungen, sondern auch bei Preissenkungen.[349]

---

[346] *OLG Düsseldorf*, Beschl. v. 09.08.2023 – VI-3 Kart 43/22, Rn. 37, juris.
[347] *OLG Düsseldorf*, Beschl. v. 09.08.2023 – VI-3 Kart 43/22, Rn. 38, juris.
[348] Vgl. *Hellermann/Pätzold*, Bourwieg/Hellermann/Hermes, § 41 Rn. 45.
[349] *BGH*, Urt. v. 21.12.2022 – VIII ZR 199/20, Rn. 39, juris.

Damit sich der Verbraucher ein wahres Bild über die Vertragsanpassung verschaffen kann, ist es notwendig, dass er ein vollständiges Bild erhält, sodass er aufgrund der Informationen einen Marktvergleich durchführen und prüfen kann, ob er von seinem Sonderkündigungsrecht Gebrauch macht.[350] Ein Marktvergleich wird dem Letztverbraucher beispielsweise nicht ermöglicht, wenn der Energielieferant lediglich pauschal auf gestiegene Beschaffungskosten verweist oder eine Preiserhöhung aus „operativen Gründen" vornehmen will.[351] Eine Überlagerung der Unterrichtung mit allgemeinen Informationen sollte dabei vermieden werden.[352] Wie die Unterrichtung im Einzelnen genau zu erfolgen hat, wird im Gesetz nicht geregelt. Dies soll nachfolgend genauer betrachtet werden.

(1) Konkretisierung durch Elektrizitäts-Binnenmarkt-Richtlinie

Das Energierecht und insbesondere der Verbraucherschutz in diesem Bereich beruhen in hohem Maße auf Vorgaben und Erwägungen des europäischen Gesetzgebers. Daher sollte auch etwa die Elektrizitäts-Binnenmarkt-Richtlinie (RL (EU) 2019/944) betrachtet werden. Diese hat unter anderem gemeinsame Vorschriften zur Elektrizitätsversorgung sowie zum Verbraucherschutz zum Gegenstand, Art. 1 Abs. 1 RL (EU) 2019/944. Die Anforderungen an die Unterrichtung in Art. 10 Abs. 4 entsprechen inhaltlich weitestgehend denen des § 41 Abs. 5 S. 3 EnWG, sodass sich hieraus keine konkretisierten Anforderungen ergeben.

Gleichwohl schreibt Art. 10 Abs. 8 RL (EU) 2019/944 vor, dass die Endkunden von den Versorgern Angebote mit fairen und transparenten allgemeinen Vertragsbedingungen erhalten, welche klar und unmissverständlich abgefasst sein müssen und keine außervertraglichen Hindernisse, wie eine übermäßige Zahl an Vertragsunterlagen, enthalten dürfen, durch die die Kunden an der Ausübung ihrer Rechte gehindert werden. Die Kunden müssen vor unfairen oder irreführenden Verkaufsmethoden geschützt sein. Dies spricht ferner für das Verständnis des § 41 Abs. 5 S. 3 EnWG, dass die Unterrichtung nicht mit

---

[350] *BGH*, Urt. v. 21.12.2022 – VIII ZR 199/20, Rn. 14, 24, juris.

[351] *OLG Düsseldorf*, Beschl. v. 20.10.2022 – I-26 W 6/22, Rn. 21, juris (Erhöhung aufgrund gestiegener Beschaffungskosten); *OLG Düsseldorf*, Urt. v. 21.09.2023 – VI-5 U 4/22, Rn. 60, juris (Erhöhung aus optativen Gründen).

[352] *OLG Düsseldorf*, Urt. v. 20.10.2016 – I-20 U 37/16, Rn. 24, juris.

allgemeinen Informationen überlagert werden darf, sondern vielmehr die Preisanpassungsmitteilung primärer Inhalt der Unterrichtung sein muss.

Im Unterschied zu § 41 Abs. 5 S. 3 EnWG spricht der Art. 10 Abs. 4 RL (EU) 2019/944 nicht von der Preisänderung, sondern von einer Änderung des Lieferpreises. Dieser kann allerdings kein anderer sein als die Preisänderung in § 41 Abs. 5 S. 3 EnWG.

(2) Konkretisierung durch Erdgas-Binnenmarkt-Richtlinie

Auch die Erdgas-Binnenmarkt-Richtlinie (RL 2009/73/EG) enthielt in Anhang 1 Vorschriften zum Schutz der Kunden.[353] Nach Anhang 1 Abs. 1 lit. b) RL 2009/73/EG mussten Kunden rechtzeitig über eine beabsichtigte Änderung der Vertragsbedingungen und dabei über ihr Rücktrittsrecht unterrichtet werden. Dazu sollten die Dienstleister ihren Kunden direkt und in transparenter und verständlicher Weise jede Gebührenerhöhung mit angemessener Frist mitteilen, auf jeden Fall jedoch vor Ablauf der normalen Abrechnungsperiode, die auf die Gebührenerhöhung folgte. Die Mitgliedstaaten mussten sicherstellen, dass es den Kunden freisteht, den Vertrag zu lösen, wenn sie die neuen Bedingungen nicht akzeptieren, die ihnen ihr Gasdienstleister mitgeteilt hat.

Konkretere Angaben als in § 41 Abs. 5 S. 3 EnWG fanden sich allerdings auch hier nicht. Mit der seit dem 17. Juni 2024 gültigen RL (EU) 2024/1788 wurden die Vorgaben zur Vertragsänderung aus Anhang 1 Abs. 1 lit. b) RL 2009/73/EG in Art. 11 Abs. 4 RL (EU) 2024/1788 überführt und angepasst. Die Regelung in Art. 11 Abs. 4 RL (EU) 2024/1788 entspricht Art. 10 Abs. 4 RL (EU) 2019/944.

(3) Konkretisierung durch StromGVV/GasGVV

Zur Konkretisierung der Anforderungen an den Inhalt der Unterrichtung wäre ferner ein Rückgriff auf die § 5 Abs. 2 S. 2 2. Hs., § 2 Abs. 3 S. 1 Nr. 5, S. 3 StromGVV/GasGVV denkbar.[354] Diese Vorschrift ist unmittelbar nur auf

---

[353] Die Richtlinie wurde zum 15.07.2024 durch die RL (EU) 2024/1788 ersetzt. Die Verbraucherschützenden Vorschriften in Kapitel III der RL entsprechen nun weitestgehend denen aus der RL (EU) 2019/944.

[354] *BGH*, Urt. v. 21.12.2022 – VIII ZR 199/20, Rn. 24, juris; *BGH*, Urt. v. 21.12.2022 – VIII ZR 200/20, Rn. 25, juris; *LG Hamburg*, Urt. v. 09.01.2020 – 312 O 453/18, Rn. 35 f., juris (zumindest bezüglich des „Wie“ der Aufklärung).

die Preisanpassung in der Grundversorgung anwendbar. Nach diesen Vorschriften hat der Grundversorger bei Änderungen der Allgemeinen Preise den Umfang, den Anlass und die Voraussetzungen der Änderung sowie einen Hinweis auf das Sonderkündigungsrecht, die gesondert auszuweisenden Kalkulationsbestandteile (Stromsteuer, Konzessionsabgabe, Umlagen und Aufschläge für Netzentgelte, Entgelte für Messungen und Messstellenbetrieb) und den auf die Grundversorgung entfallenden Kostenanteil, der sich rechnerisch nach Abzug der Umsatzsteuer und den genannten gesondert auszuweisenden Kalkulationsbestandteilen ergibt, auszuweisen.

Die Offenlegung dieser Kalkulationsbestandteile ermöglicht es dem Kunden nachzuvollziehen, welche Marge dem Energieversorger bleibt.[355] Dieselben verbraucherschützenden Bestrebungen werden auch in den § 41 Abs. 5 S. 3 hineininterpretiert.[356] Dies ist insbesondere darauf zurückzuführen, dass es nicht ersichtlich ist, dass der Gesetzgeber Letztverbraucher in der Grundversorgung intensiver schützen wollte als im Bereich der Sonderkunden.[357] Für den Letztverbraucher ist es im Rahmen einer möglichen Wechselentscheidung von entscheidender Bedeutung, ob die Preiserhöhung aus einem von dem Energieversorger beeinflussbaren Preisbestandteil resultiert.[358] Dies macht es notwendig, dass alle Preisbestandteile aufgeführt werden, sodass es nicht ausreicht, wenn nur einzelne sich ändernde Preisbestandteile aufgeführt werden.[359] Weiter ist es dem Letztverbraucher auch nur durch die Gegenüberstellung aller Kostenbestandteile möglich nachzuvollziehen, dass die Erhöhung einzelner Bestandteile nicht durch eine Senkung anderer Bestandteile ausgeglichen worden ist.[360]

Aus diesen Gründen erscheint ein Rückgriff auf § 5 Abs. 2 S. 2 2. Hs. sowie § 2 Abs. 3 S. 1 Nr. 5, S. 3 StromGVV/GasGVV sinnvoll, da so zum einen sichergestellt werden kann, dass der Letztverbraucher seinen Preisvergleich für eine Wechselentscheidung aufgrund einer ausreichenden Datenlage durchführen kann. Zum anderen wird so das Schutzniveau des § 41 Abs. 5 EnWG

---

355 *Busche*, Säcker, § 2 StromGVV Rn. 6.
356 *BGH*, Urt. v. 21.12.2022 – VIII ZR 200/20, Rn. 25, juris.
357 *LG Hamburg*, Urt. v. 09.01.2020 – 312 O 453/18, Rn. 35, juris.
358 *BGH*, Urt. v. 21.12.2022 – VIII ZR 199/20, Rn. 38, juris.
359 *OLG Düsseldorf*, Beschl. v. 20.10.2022 – I-26 W 6/22, Rn. 21, juris.
360 *OLG Düsseldorf*, Beschl. v. 20.10.2022 – I-26 W 6/22, Rn. 21, juris.

an das der StromGVV bzw. GasGVV angeglichen. Eine andere Beurteilung kann sich auch nicht daraus ergeben, dass der § 41 Abs. 5 EnWG für alle Letztverbraucher, also Unternehmer i. S. d. § 14 BGB und Verbraucher i. S. d. § 13 BGB, gleichermaßen gilt, da auch Unternehmer grundversorgungsberechtigte Haushaltskunden sein können, vgl. § 3 Nr. 22 EnWG.

(4) Gegenüberstellung der Kostenbestandteile

So entspricht es mittlerweile allgemeiner Meinung, dass es, damit der Letztverbraucher die Preisanpassung vollständig überblicken und anschließend einen Marktvergleich durchführen kann, notwendig ist, dass eine Gegenüberstellung der jeweiligen neuen und alten Kostenbestandteile, aus denen sich der zu ändernde Preis zusammensetzt, erfolgt.[361] Es genügt hierbei nicht, lediglich die Endpreise gegenüberzustellen.[362] Für den Letztverbraucher muss sich aus der Information klar ergeben, welche Änderung der jeweiligen Kostenbestandteile für die im Einzelfall angekündigte Preisänderung relevant ist.[363] Dabei muss für den Letztverbraucher auch ersichtlich sein, ob sich vom Energieversorger beeinflussbare oder nicht beeinflussbare Kostenbestandteile geändert haben, denn nur auf dieser Grundlage kann er entscheiden, ob ein Wechsel des Energieversorgers sinnvoll ist.[364] Ändern sich die nicht beeinflussbaren Kostenbestandteile, etwa die Netzentgelte, besteht eine hohe Wahrscheinlichkeit, dass auch andere Versorger ihre Preise für Bestands- und Neukunden anpassen. Eine Offenlegung der eigenen Beschaffungsstrategie ist mit der Informationspflicht nicht verbunden.[365] Die Kenntnis der Beschaffungsstrategie des Energieversorgers ist für den Letztverbraucher bei einem Marktvergleich auch nicht notwendig.[366]

---

[361] *BGH*, Urt. v. 21.12.2022 – VIII ZR 199/20, Rn. 15, juris; *BGH*, Urt. v. 21.12.2022 – VIII ZR 200/20, Rn. 22, juris; *OLG Düsseldorf*, Urt. v. 21.09.2023 – VI-5 U 4/22, Rn. 56, 61, juris; *Schnurre*, BeckOK EnWG, § 41 Rn. 23; *Hellermann/Pätzold*, Bourwieg/Hellermann/Hermes, § 41 Rn. 47.

[362] *LG Hamburg*, Urt. v. 09.01.2020 – 312 O 453/18, Rn. 31, juris; *AG Euskirchen*, Urt. v. 24.02.2023 – 102 C 100/22, Rn. 43, juris.

[363] *OLG Düsseldorf*, Beschl. v. 20.10.2022 – I-26 W 6/22, Rn. 21, juris.

[364] *OLG Düsseldorf*, Urt. v. 21.09.2023 – VI-5 U 4/22, Rn. 61, juris.

[365] *OLG Düsseldorf*, Urt. v. 21.09.2023 – VI-5 U 4/22, Rn. 73, juris.

[366] *OLG Düsseldorf*, Urt. v. 21.09.2023 – VI-5 U 4/22, Rn. 73, juris.

(5) Beurteilung im unternehmerischen Rechtsverkehr

Da der § 41 Abs. 5 EnWG gemeinsame Bestimmungen für alle Letztverbraucher trifft, kann eine Unterscheidung zwischen Verträgen mit Verbrauchern oder Unternehmen nicht gemacht werden, sodass die Ausführungen zum Inhalt der Unterrichtung für alle Verträge anwendbar sind.

(6) Ausweisen des Versorgeranteils bei Haushaltskunden

Nach § 41b Abs. 4 EnWG muss bei einer Unterrichtung nach § 41 Abs. 5 S. 1 im Rahmen von Stromlieferverträgen mit Haushaltskunden außerhalb der Grundversorgung auf die Änderung des Umfangs des Versorgeranteils hingewiesen werden. Der Versorgeranteil ist nach der Legaldefinition aus § 3 Nr. 35b der auf die Energiebelieferung entfallende Preisanteil, der sich rechnerisch nach Abzug der Umsatzsteuer und der Belastungen nach § 40 Abs. 3 ergibt. Vereinfacht gesagt, handelt es sich hierbei um die Beschaffungskosten, Vertriebskosten und die Marge.[367] Nach dem Wortlaut und dem Telos der Vorschrift muss der Hinweis auch dann erfolgen, wenn sich der Versorgeranteil nicht geändert hat.[368] Dabei soll es nach dem Wortlaut der Vorschrift nicht notwendig sein, dass zwischen den Beschaffungskosten und der Marge differenziert wird.[369]

Eine vergleichbare Vorschrift für Gaslieferverträge existiert nicht.

(7) Zwischenergebnis

Es lässt sich also festhalten, dass das Energieversorgungsunternehmen die Kostenbestandteile von Neu- und Altpreis in der Unterrichtung gegenüberstellen muss. Hierfür eignet sich aufgrund der vergleichbaren Interessenlage ein Rückgriff auf § 5 Abs. 2 S. 2 2. Hs. und § 2 Abs. 3 S. 1 Nr. 5, S. 3 StromGVV/GasGVV. Dies gilt gegenüber allen Letztverbrauchern. Dem stehen auch europarechtliche Regelungen nicht entgegen. Vielmehr trägt der Rückgriff auch zu der von den europarechtlichen Regelungen intendierten Stärkung der Verbraucherrechte bei. Bei Stromlieferverträgen mit Haushaltskunden

---

367 *Tüngler*, BeckOGK BGB (Stand: 01.03.2025), § 433 Rn. 268.

368 *Hellermann/Pätzold*, Bourwieg/Hellermann/Hermes, § 41b Rn. 29; *Wagner/Schubert*, Theobald/Kühling, § 41b EnWG Rn. 31.

369 *Schnurre*, BeckOK EnWG, § 41b Rn. 19; *Wagner/Schubert*, Theobald/Kühling, § 41b EnWG Rn. 30.

muss weiter die Ausweisung des Versorgeranteils nach § 41b Abs. 4 EnWG beachtet werden.

In Analogie zu den Transparenzanforderungen im Rahmen des AGB-Rechts sollte bei der Unterrichtung darauf geachtet werden, dass durchschnittliche Letztverbraucher diese einfach und ohne das Zurückbleiben von Zweifeln oder Beurteilungsspielräumen verstehen können.

dd) Verstoß gegen die Informationspflicht

Ein Verstoß des Energieversorgungsunternehmens gegen das Transparenzgebot aus § 41 Abs. 5 S. 3 EnWG soll nicht zur Unwirksamkeit der Preisänderung führen.[370] Dies soll sich im Rahmen der Auslegung ergeben, da die weitreichende Folge einer Unwirksamkeit der Preisanpassung andernfalls ins Gesetz hätte aufgenommen werden müssen.[371] Weiter soll dafür sprechen, dass die Rechtsprechung selbst bei fehlendem Hinweis auf die Kündigungsmöglichkeit des Letztverbrauchers nicht von einer Unwirksamkeit der Preisanpassung ausgeht.[372] Der Kunde könne letztlich noch immer einen Auskunftsanspruch gegenüber dem Energieversorgungsunternehmen geltend machen.[373] Dem ist zuzustimmen. Die Pflicht aus § 41 Abs. 5 S. 3 EnWG wird so auch nicht zu einem stumpfen Schwert des Schutzes des Letztverbrauchers, da die Energieversorgungsunternehmen weiter zur Einhaltung angehalten sind, etwa um Klagen von Verbraucherschützern nach dem UKlaG zu vermeiden.[374] Der Letztverbraucher ist mithin durch die allgemeine Mitteilung nach § 41 Abs. 5 S. 2 EnWG für die Preisanpassung sensibilisiert. Sollte dem Letztverbraucher tatsächlich ein Schaden aus einem Verstoß gegen das Transparenzgebot entstehen, könnte er diesen mit einem Schadenersatzanspruch aus vertraglicher Pflichtverletzung gegen das Energieversorgungsunternehmen geltend machen. In diesem Fall müsste jedoch dem beweisbelasteten Letztverbraucher zunächst der Beweis gelingen, dass sein Schaden auf dem Verstoß gegen das Transparenzgebot beruht.

---

[370] *AG Euskirchen*, Urt. v. 24.02.2023 – 102 C 100/22, Rn. 43, juris.

[371] *AG Euskirchen*, Urt. v. 24.02.2023 – 102 C 100/22, Rn. 48, juris.

[372] *AG Euskirchen*, Urt. v. 24.02.2023 – 102 C 100/22, Rn. 49, juris.

[373] *AG Euskirchen*, Urt. v. 24.02.2023 – 102 C 100/22, Rn. 51, juris.

[374] Vgl. *AG Euskirchen*, Urt. v. 24.02.2023 – 102 C 100/22, Rn. 51, juris.

ee) Kündigungsrecht des Letztverbrauchers

Sofern der Energielieferant ein Recht zur Änderung der Preise oder sonstigen Vertragsbedingungen ausübt, kann der Letztverbraucher nach § 41 Abs. 5 S. 4 EnWG den Vertrag ohne Einhaltung einer Frist zum Zeitpunkt des Wirksamwerdens der Änderung kündigen, ohne dass vom Energielieferanten hierfür ein gesondertes Entgelt verlangt werden darf. Eine Änderung der Vertragsbedingungen liegt auch bei einer Anpassung der vertraglichen Leistung vor, Satz 5. Aus dem Umkehrschluss aus § 41 Abs. 6 EnWG ergibt sich, dass ein Kündigungsrecht des Letztverbrauchers auch dann besteht, wenn sich der Saldo der Kalkulationsbestandteile nach § 40 Abs. 3 Nr. 3 EnWG erhöht.

(1) Kündigungsrecht bei Leistungsvorbehaltsklauseln

Im Rahmen von Leistungsvorbehaltsklauseln beruht die Änderung der Preise auf einer durch Willensentschluss des Energieversorgungsunternehmens durchgeführten Anpassung, sodass hier ein Kündigungsrecht nach § 41 Abs. 5 S. 4 EnWG entsteht.

(2) Kündigungsrecht bei Automatikklauseln

Lange Zeit war fraglich, ob die Informationspflicht des § 41 Abs. 5 S. 1 EnWG und das Kündigungsrecht aus § 41 Abs. 5 S. 4 EnWG auch entstehen, wenn die Preisanpassung auf Grundlage der Klausel automatisch und ohne den Willensentschluss des Energieversorgungsunternehmens erfolgt. Dies wäre nämlich ausgeschlossen, wenn es sich in diesen Fällen nicht um eine einseitige Änderung handelt. Mit der Neufassung der Informationspflichten und des Sonderkündigungsrechts in § 41 Abs. 5 EnWG im Zuge des Gesetzes zur Umsetzung unionsrechtlicher Vorgaben und zur Regelung reiner Wasserstoffnetze im Energiewirtschaftsrecht[375] äußerte sich der Gesetzgeber dahingehend, dass eine einseitige Änderung nicht vorliegen soll, wenn vertraglich eine automatische Änderung von Kostenänderungen vorgesehen ist und der Vertrag insoweit eine Preisgleitklausel enthält.[376]

Die Voraussetzung des „Ausübens" kann in diesem Fall nur bedeuten, es anzuwenden oder wirksam werden zu lassen.[377] Alle Wortbedeutungen setzen

---

[375] BGBl. I 2021, S. 3026.
[376] BT-Drs. 19/27453, 126.
[377] https://www.duden.de/rechtschreibung/ausueben (abgerufen am: 27.05.2025).

dabei ein aktives Tun des Verwenders voraus, was bei Automatikklauseln gerade nicht notwendig ist.[378]

Ferner verdeutlicht auch das fehlende Ermessen, dass eine Informationspflicht und ein Sonderkündigungsrecht bei Automatikklauseln nicht entstehen. Nach den zu der Vertragstreue dargestellten Grundsätzen ist eine einseitige Änderung der Vertragsbedingungen nur möglich, wenn ein entsprechendes Recht von Gesetzes wegen besteht oder die Parteien ein solches Gestaltungsrecht vereinbart haben. Das Gestaltungsrecht gibt dem Verwender hierbei die Macht, selbstständig und ohne Zutun eines Anderen auf das Rechtsgeschäft einzuwirken.[379] Dies wird auch an § 41 Abs. 5 S. 1 EnWG, auf den sich der Satz 4 bezieht, deutlich, denn dieser setzt voraus, dass der Energielieferant sich ein Recht vorbehalten hat, die Vertragsbedingungen einseitig zu ändern. Eine Einwirkung ist aber bei einer Automatikklausel gerade nicht notwendig, da die Parteien sich von Beginn an darauf verständigt haben, dass die Bestandteile der Preisformel Änderungen unterliegen und diese ohne Einwirkung der Parteien an den Kunden weitergegeben werden.[380] Dabei stehen diese Änderungen auch nicht im Ermessen des Energieversorgungsunternehmens, was ebenfalls gegen ein Einwirken spricht.[381] Die „einseitige Vertragsänderung" kann nur so verstanden werden, dass die Änderung der Vertragsbedingungen auf einem willentlichen Entschluss des Lieferanten beruht, dieser sich also bewusst und willentlich für eine Vertragsänderung entschieden haben muss, was bei einer automatischen Kostenweitergabe gerade nicht vorliegt.[382] Überdies ist aufgrund der Anpassungsautomatik auch keine weitere Willensbildung der Parteien notwendig.[383]

Würde § 41 Abs. 5 auch bei Vertragsänderungen ohne Ermessen des Lieferanten greifen, würde dem Wort „einseitig" in § 41 Abs. 5 S. 1 kein

---

378 So auch: So auch: *Eder/Reiter*, EnWZ 2020, 9 (10).

379 *Brox/Walker*, BGB AT, Rn. 629.

380 So auch: *Mühe/Clausen*, IR 2016, 255 (256); *Eder/Reiter*, EnWZ 2020, 9 (10).

381 *Eder/vom Wege*, Preise und Preisgestaltung in der Energiewirtschaft, Kap. 5 Rn. 74; *Mühe/Clausen*, IR 2016, 255 (256).

382 *Eder/vom Wege*, Preise und Preisgestaltung in der Energiewirtschaft, Kap. 5 Rn. 74; *Hellermann/Pätzold*, Bourwieg/Hellermann/Hermes, § 41 Rn. 38; *Mühe/Clausen*, IR 2016, 255 (256).

383 *BGH*, Urt. v. 05.07.2017 – VIII ZR 163/16, Rn. 20, juris; *Mühe/Clausen*, IR 2016, 255 (256).

eigenständiger Sinngehalt zukommen.[384] Bereits dem Wortlaut nach setzt eine einseitige Vertragsänderung voraus, dass zumindest eine der Parteien die Vertragsänderung willentlich herbeigeführt hat.[385] Ähnlich argumentiert auch der Europäische Gerichtshof in einer Entscheidung im Rahmen eines Vorabentscheidungsverfahrens zur Universaldienstrichtlinie (RL 2002/22/EG[386]).[387] Dabei geht der Gerichtshof davon aus, dass es sich bei einer Anpassung aufgrund einer Preisanpassungsklausel, die sich am staatlich ermittelten objektiven Verbraucherpreisindex orientiert, der von einer staatlichen Stelle erstellt wird, keine „Änderung der Vertragsbedingungen" vorliegt.[388] Dies begründet der EuGH unter anderem damit, dass die Anpassung auf Grundlage einer klaren, präzisen und öffentlich zugänglichen Indexierungsmethode beruhe, die sich aus zur staatlichen Sphäre gehörenden Entscheidungen und Mechanismen ergebe.[389] Der Kunde werde dadurch nicht in eine andere vertragliche Situation versetzt, als sich aus dem Vertrag ergebe.[390]

Andererseits lassen sich auch Gründe für die Annahme einer Einwirkung finden. So ließe sich argumentieren, dass die Parteien mit der Aufnahme der Preisanpassungsklausel bereits eine aufschiebend bedingte Verpflichtung zum Abschluss eines Änderungsvertrags im Sinne des § 311 Abs. 1 BGB aufgenommen haben.[391]

Sinn und Zweck des Sonderkündigungsrechts ist es, dass der Letztverbraucher einen Ausgleich dafür erhält, dass der Energieversorger die Vertragsbedingungen ohne oder gegen seinen Willen ändern kann.[392] Ein solcher Ausgleich soll gleichwohl nicht notwendig sein, wenn die Änderung des Ver-

---

384 *Eder/vom Wege*, Preise und Preisgestaltung in der Energiewirtschaft, Kap. 5 Rn. 75.

385 *Eder/vom Wege*, Preise und Preisgestaltung in der Energiewirtschaft, Kap. 5 Rn. 76.

386 Ersetzt und neu gefasst durch RL (EU) 2018/1972.

387 *EuGH*, Urt. v. 26.11.2015 – C-326/14 (Verein für Konsumenteninformation gegen A1 Telekom Austria AG).

388 *EuGH*, Urt. v. 26.11.2015 – C-326/14 (Verein für Konsumenteninformation gegen A1 Telekom Austria AG), Rn. 29, juris.

389 *EuGH*, Urt. v. 26.11.2015 – C-326/14 (Verein für Konsumenteninformation gegen A1 Telekom Austria AG), Rn. 27, juris.

390 *EuGH*, Urt. v. 26.11.2015 – C-326/14 (Verein für Konsumenteninformation gegen A1 Telekom Austria AG), Rn. 27, juris.

391 Vgl. *BGH*, Urt. v. 05.07.2017 – VIII ZR 163/16, Rn. 12, juris; *Feldmann*, Staudinger, § 311 BGB Rn. 66.

392 *Eder/Reiter*, EnWZ 2020, 9 (10); *Eder/Rumpf*, EnWZ 2015, 105 (108).

trags automatisch erfolge und nicht auf einen Willen des Energieversorgers zurückzuführen sei.[393] Dem kann nur bedingt gefolgt werden, denn unabhängig von der Wirkweise der Klausel wird dem Klauselverwender ermöglicht, sein Preisrisiko teilweise auf den Letztverbraucher abzuwälzen. Hierfür sollte der Letztverbraucher einen angemessenen Ausgleich erhalten. So ließe sich vom Schutzzweck der Norm her argumentieren, dass der Letztverbraucher bei jeglichen Änderungen als schutzwürdig angesehen werden muss.

(3) Kündigungsrecht bei der Weitergabe hoheitlicher Belastungen

Weiter ist zu klären, ob auch die Weitergabe von „hoheitlichen Belastungen", etwa durch sog. Steuern- und Abgabenklauseln, zu einer Informationspflicht nach § 41 Abs. 5 S. 2 und einem Sonderkündigungsrecht nach § 41 Abs. 5 S. 4 EnWG führen. Entscheidend ist hierbei, ob es sich bei der Weitergabe von Änderungen von Steuern, Abgaben oder hoheitlichen Belastungen um eine „Preisänderung" im Sinne des § 41 Abs. 5 EnWG handelt.

(a) Sinn und Zweck des Marktvergleichs nicht erreichbar

Gegen eine Anwendung des § 41 Abs. 5 EnWG bei der Änderung von hoheitlichen Belastungen lässt sich anführen, dass Änderungen der Höhe von Steuern und Abgaben außerhalb der Sphäre der Energieversorgers liegen und der Letztverbraucher diese Preisänderung auch bei anderen Versorgern hinnehmen müsste.[394] Der Sinn und Zweck, dass der Letztverbraucher durch ein Sonderkündigungsrecht nach einem Marktvergleich einen Anbieterwechsel vornehmen kann, um bei einem anderen Anbieter nicht von dieser Preiserhöhung betroffen zu sein, kann damit ohnehin nicht erreicht werden.[395]

(b) Weitergabe als Vertragsänderung

Nach Ansicht der Rechtsprechung besteht auch in diesem Fall eine Informationspflicht des Lieferanten bzw.ein Sonderkündigungsrecht des Letztverbrauchers. Das Kündigungsrecht aus § 41 Abs. 5 EnWG soll grundsätzlich auch dann gelten, wenn sich staatlich veranlasste Preiskomponenten ändern, selbst dann, wenn der Energieversorger die Bestandteile von Gesetzeswegen ohnehin

393 Vgl. *Eder/Reiter*, EnWZ 2020, 9 (10).
394 *Schöne/Garbers*, Graf von Westphalen/Thüsing/Pamp, Stromlieferverträge Rn. 297.
395 Vgl. *Eder/Rumpf*, EnWZ 2015, 105 (108).

auf den Kunden umlegen könne.[396] Dies werde insbesondere am Gesetzeswortlaut deutlich, der nicht zwischen Preisänderungen wegen der Veränderung hoheitlicher Belastungen oder aus sonstigen Gründen unterscheide.[397]

Mithin handele es sich bei der Änderung des ursprünglich vereinbarten Entgelts, zu dem auch die Neueinführung, der Wegfall und/oder die Änderung der Steuern, Abgaben und hoheitlichen Belastung zählen sollen, um eine Änderung des Vertrags im Sinne des § 311 Abs. 1 BGB.[398] Eine Änderung der Steuern, Abgaben und hoheitlichen Belastungen führe zumindest bei einem Verbrauchergeschäft zu einer unmittelbaren Änderung der Höhe des Kaufpreises nach § 433 Abs. 2 BGB.[399] Diese Argumentation lässt sich weiter auf § 2 Nr. 1 PAnGV stützen, wonach der Arbeits- oder Mengenpreis bei der leitungsgebundenen Abgabe unter anderem von Elektrizität oder Gas den verbrauchsabhängigen Preis je Mengeneinheit einschließlich der Umsatzsteuer und aller besonderen Verbrauchssteuern umfasst.[400]

(c) Umkehrschluss aus § 41 Abs. 6 EnWG

Eine explizite Regelung zur Weitergabe von bestimmten staatlich veranlassten Preisbestandteilen enthält § 41 Abs. 6 EnWG. So entstehen etwa bei der unveränderten Weitergabe von umsatzsteuerlichen Mehr- oder Minderbelastungen, die sich aus einer gesetzlichen Änderung der geltenden Umsatzsteuersätze ergeben, sowie bei unveränderter Weitergabe von Minderbelastungen aufgrund einer Absenkung des Saldos der Kalkulationsbestandteile nach § 40 Abs. 3 Nr. 3 oder Nr. 5 EnWG keine Informationspflicht nach § 41 Abs. 5 S. 1 und 2 EnWG und kein außerordentliches Kündigungsrecht nach § 41 Abs. 5 S. 4 EnWG.

Aus dem Kontext der Norm wird deutlich, dass es sich bei der Weitergabe der in § 41 Abs. 6 EnWG genannten Preisbestandteile um einen Unterfall der einseitigen Änderung der Vertragsbedingungen nach § 41 Abs. 5 EnWG handelt. Die Informationspflicht und das Sonderkündigungsrecht sollen nur in den dort geregelten Fällen entfallen. Dabei gilt die Vorschrift nicht für alle, sondern

---

396 *OLG Düsseldorf*, Urt. v. 05.07.2016 – I-20 U 11/16, Rn. 25, juris; *OLG Köln*, Urt. v. 07.05.2017 – 6 U 132/16, Rn. 31 f., juris.

397 *OLG Düsseldorf*, Urt. v. 05.07.2016 – I-20 U 11/16, Rn. 28, juris.

398 *BGH*, Urt. v. 05.07.2017 – VIII ZR 163/16, Rn. 12 ff., juris.

399 *BGH*, Urt. v. 05.07.2017 – VIII ZR 163/16, Rn. 13, juris.

400 *BGH*, Urt. v. 05.07.2017 – VIII ZR 163/16, Rn. 14, juris (zu § 1 Abs. 1 S. 1, Abs. 5 Nr. 2 PAngV a. F.).

nur bestimmte staatlich veranlasste Preisbestandteile. Für die Preisbestandteile aus § 40 Abs. 3 Nr. 3 und Nr. 5 EnWG gilt dies sogar nur bei der Weitergabe von Minderbelastungen. Im Umkehrschluss kann daraus entnommen werden, dass für die Weitergabe von Mehrbelastungen dieser Preisbestandteile eine Informationspflicht und ein Sonderkündigungsrecht bestehen. Weiter lässt sich daraus schließen, dass für alle nicht genannten staatlich veranlassten Preisbestandteile keine Sonderregelung gelten soll und bei diesen sowohl bei der Weitergabe von Minderbelastungen als auch von Mehrbelastungen eine Informationspflicht und ein Sonderkündigungsrecht bestehen.

(d) Zwischenergebnis

Es entstehen bei der Weitergabe von hoheitlichen Belastungen außerhalb des Anwendungsbereiches des § 41 Abs. 6 EnWG eine Informationspflicht nach § 41 Abs. 5 S. 2 EnWG und ein Sonderkündigungsrecht nach § 41 Abs. 5 S. 4 EnWG. Dies ergibt sich insbesondere aus dem Zusammenspiel zwischen § 41 Abs. 5 und Abs. 6 EnWG.

ff) Weitergabe von umsatzsteuerlichen Mehr- oder Minderbelastungen

Nach § 41 Abs. 6 EnWG besteht die Pflicht zur Unterrichtung nach Abs. 5 S. 1 und S. 2 nicht, wenn es sich lediglich um eine unveränderte Weitergabe von umsatzsteuerlichen Mehr- oder Minderbelastungen handelt, die sich aus einer gesetzlichen Änderung der geltenden Umsatzsteuersätze ergeben, sowie bei der unveränderten Weitergabe von Minderbelastungen aufgrund einer Absenkung des Saldos der Kalkulationsbestandteile nach § 40 Abs. 3 Nr. 3 EnWG. Es entsteht in diesen Fällen kein außerordentliches Kündigungsrecht nach Absatz 5 Satz 4, § 41 Abs. 6 2. Hs. EnWG. Mit dieser Regelung sollte die Weitergabe der kurzfristigen Umsatzsteuersenkung während der COVID-19-Pandemie vereinfacht werden.[401]

3. Preisanpassungsklauseln als AGB

Bei Energielieferverträgen als Massengeschäft werden die Sonderkundenverträge vollständig vom Energieversorgungsunternehmen gestellt. Die Klauseln stellen somit zumeist AGB dar. An AGB stellt das BGB zum Schutz

[401] BT-Drs. 19/20714, 172.

des Klauselgegners in den §§ 307 ff. BGB besondere Anforderungen. Dieser Abschnitt soll die Einordnung der Preisanpassungsklauseln als AGB, die Besonderheiten der Auslegung von AGB und die AGB-rechtlichen Anforderungen an Preisanpassungsklauseln als AGB in den Blick nehmen.

a) Anpassungsklauseln als AGB

Aufgrund der starken Marktstellung von Energieversorgungsunternehmen werden die Energieversorgungsverträge mit Letztverbrauchern im Regelfall von den Energieversorgungsunternehmen vorgegeben. Demnach handelt es sich bei vertraglichen Anpassungsklauseln zumeist um vorformulierte Vertragsbedingungen, die vom Energieversorgungsunternehmen (Verwender) dem Letztverbraucher (Klauselgegner) gestellt werden, also AGB im Sinne des § 305 Abs. 1 S: 1 BGB. Diese müssen nach § 305 Abs. 2 BGB wirksam in den Energieliefervertrag einbezogen werden. Da sich im Hinblick auf das Vorliegen von AGB und deren Einbeziehung keine Besonderheiten ergeben, soll dies in der Ausarbeitung nicht weiter thematisiert werden.

b) Auslegung von AGB

Zweifel bei der Auslegung von AGB gehen nach § 305c Abs. 2 BGB zulasten des Klauselverwenders. Folglich ist bei Zweifeln im Rahmen der Auslegung diejenige zugrunde zu legen, die zur Unwirksamkeit der Klausel führt (kundenfeindlichste Auslegung).[402] Eine Unwirksamkeit der Klausel im Rahmen der kundenfeindlichsten Auslegung kommt allerdings nur dann in Betracht, wenn nach Ausschöpfung aller in Betracht kommenden Auslegungsmethoden ein unbehebbarer Zweifel verbleibt und mindestens zwei Auslegungsmöglichkeiten rechtlich vertretbar sind, wobei lediglich die Verständnismöglichkeiten außer Betracht bleiben, die zwar theoretisch denkbar, praktisch aber fernliegend sind und für die durchschnittlichen Vertragsparteien des Geschäfts nicht ernsthaft in Betracht kommen.[403]

---

[402] *BGH*, Urt. v. 21.04.2009 – XI ZR 78/08, Rn. 32, juris; *BGH*, Urt. v. 18.07.2012 – VIII ZR 337/11, Rn. 16, juris; *BGH*, Urt. v. 25.11.2015 – VIII ZR 360/14, Rn. 13, juris.

[403] *BGH*, Urt. v. 05.05.2010 – III ZR 209/09, Rn. 14, juris; *BGH*, Urt. v. 14.03.2012 – VIII ZR 202/11, Rn. 22, juris; *BGH*, Urt. v. 18.07.2012 – VIII ZR 337/11, Rn. 16, juris.

c) AGB-rechtliche Anforderungen an Anpassungsklauseln

Preisanpassungsklauseln als AGB müssen den Anforderungen der §§ 307 ff. BGB gerecht werden. Dabei darf insbesondere der Inhalt der Klausel, sofern die Inhaltskontrolle eröffnet ist, den Klauselgegner nicht unangemessen benachteiligen, § 307 Abs. 1 S. 1 und Abs. 2 BGB. Ferner müssen die Klauseln unabhängig von ihrem Inhalt so transparent gestaltet sein, dass der Klauselgegner auch dadurch nicht unangemessen benachteiligt wird, § 307 Abs. 1 S. 2 BGB. Zunächst sollen allgemeine Grundsätze zur Beurteilung der Wirksamkeit von Preisanpassungsklauseln aufgezeigt werden, bevor die Eröffnung der Inhaltskontrolle, die inhaltlichen Anforderungen und die Anforderungen des Transparenzgebots beleuchtet werden.

aa) Allgemeine Grundsätze

Bei den nachfolgenden Erläuterungen sollte beachtet werden, dass je weniger Einflussmöglichkeiten der Klauselgegner auf die Umsetzung der Preisanpassung hat, desto höher die Anforderungen an die inhaltliche Ausgestaltung und die Transparenz im Rahmen der AGB-Kontrolle nach den §§ 307ff. BGB sind.[404]

Teilweise enthält ein Energieliefervertrag verschiedene Anpassungsklauseln. Sofern diese inhaltlich und sprachlich voneinander getrennt sind, führt die Unwirksamkeit einer Klausel nicht automatisch zur Unwirksamkeit der anderen Klauseln.[405] Klauseln sind inhaltlich und sprachlich trennbar, wenn die unzulässige Klausel oder der unzulässige Teil der Klausel gestrichen werden kann und die bestehende Klausel oder der restliche Teil der Klausel weiterhin eine verständliche und inhaltlich selbstständige Regelung darstellt, sog. blue-pencil-Test.[406]

Bei der Beurteilung der Wirksamkeit einer Klausel muss auf die konkrete Klausel und nicht auf den gesamten Vertrag abgestellt werden.[407]

---

[404] *Kunth/Tüngler*, RdE 2006, 257 (259).

[405] *BGH*, Urt. v. 10.02.2010 – VIII ZR 222/09, Rn. 18, juris; *BGH*, Urt. v. 10.10.2013 – III ZR 325/12, Rn. 14, juris; *BGH*, Urt. v. 14.05.2014 – VIII ZR 114/13, Rn. 52, juris.

[406] *BGH*, Urt. v. 15.11.2006 – VIII ZR 3/06, Rn. 21, juris; *BGH*, Urt. v. 18.02.2016 – III ZR 126/15, Rn. 37, juris; *Bonin*, BeckOGK BGB (Stand: 01.04.2025), § 306 Rn. 18; *Fritzsche*, Soergel, § 306 BGB Rn. 13.

[407] *BGH*, Urt. v. 20.05.2014 – VII ZR 248/13, Rn. 27, juris.

bb) Eröffnung der Inhaltskontrolle

Nicht jede Klausel unterliegt der Inhaltskontrolle nach den §§ 307 Abs. 1 S. 1, Abs. 2, 308, 309 BGB. Vielmehr ist die Inhaltskontrolle erst eröffnet, wenn die Voraussetzungen des § 307 Abs. 3 S. 1 BGB vorliegen. Danach ist die Inhaltskontrolle eröffnet, wenn die Bestimmungen in AGB von Rechtsvorschriften abweichende oder diese ergänzende Regelungen enthalten, vgl. § 307 Abs. 3 S. 1 BGB. Rechtsvorschriften in diesem Sinne sind nicht nur Gesetze im materiellen Sinne, sondern auch ungeschriebene Rechtsgrundsätze, Richterrecht, Regelungen auf Grundlage der ergänzenden Vertragsauslegung nach den §§ 133, 157 BGB und die aus der Natur des Schuldverhältnisses zu entnehmenden Rechte und Pflichten.[408]

Bei Preisanpassungsklauseln ist insbesondere die Unterscheidung von nicht kontrollfähigen Preishauptabreden zu kontrollfähigen Preisnebenabreden von hoher Relevanz. Klauseln, für die die Inhaltskontrolle nicht eröffnet ist, unterliegen lediglich dem Transparenzgebot, § 307 Abs. 3 S. 2 BGB.

(1) Keine Geltung der StromGVV/GasGVV bei Sonderkundenverträgen

Rechtsnormen unterliegen nicht der Inhaltskontrolle nach den §§ 307 ff. BGB.[409] Dies steht im Einklang mit der Klauselrichtlinie (RL 93/13/EWG). Nach Art. 1 Abs. 2 RL 93/13/EWG sind unter anderem Vertragsklauseln, die auf bindenden Rechtsvorschriften beruhen, vom Anwendungsbereich der Richtlinie ausgenommen. Zu Rechtsvorschriften in diesem Sinne zählen die StromGVV und die GasGVV. Sofern allerdings Regelungen aus der StromGVV oder GasGVV in Sonderkundenverträgen explizit wiedergegeben oder die Geltung der Allgemeinen Versorgungsbedingungen durch vertragliche Abrede in den Sonderkundenvertrag einbezogen werden sollen, gilt der Ausschluss der Inhaltskontrolle nicht.[410] Die Regelungen sind nämlich dann Vertragsbedingungen und keine Rechtsnormen.[411]

---

[408] *BGH*, Urt. v. 10.10.2013 – X ZR 24/13, Rn. 16, juris.
[409] *Eckelt*, BeckOGK BGB (Stand: 01.01.2024), § 307 Rn. 19.
[410] *Dammann*, Wolf/Lindacher/Pfeiffer, § 310 Abs. 2 Rn. 1.
[411] *Dammann*, Wolf/Lindacher/Pfeiffer, § 310 Abs. 2 Rn. 1.

(2) Preishauptabreden

Klauseln, die Art, Umfang und Güte der von den Parteien geschuldeten Hauptleistung oder der für diese zu erbringende Vergütung unmittelbar festlegen, unterliegen als leistungsbeschreibende Klauseln (sog. Preishauptabreden) aufgrund der Privatautonomie nicht der Inhaltskontrolle nach den §§ 307 ff. BGB.[412] Mangels gesetzlicher Vorgaben zur Ausgestaltung der Hauptleistung in Bezug auf die Preishauptabrede existiert kein Kontrollmaßstab für eine Inhaltskontrolle.[413] Überdies enthalten die Gesetze für Preisklauseln häufig keine Regelungen, die nach § 306 Abs. 2 BGB an die Stelle der unwirksamen Klausel treten könnten.[414] Hinsichtlich der vertraglichen Hauptleistungen ist der Klauselgegner ferner weniger schutzbedürftig, da er seine Interessen im Geschäftsverkehr selbst vertreten kann und in Bezug auf die Hauptleistungspflichten kein signifikantes Informationsdefizit besteht, welches eine besondere Schutzbedürftigkeit des Klauselgegners rechtfertigen würde.[415]

Die Beschränkung auf die Transparenzkontrolle bei Preishauptabreden steht auch im Einklang mit Art. 4 Abs. 2 der Klausel-RL (RL 93/13/EWG). Danach betrifft die Beurteilung der Missbräuchlichkeit der Klausel weder den Hauptgegenstand des Vertrags noch die Angemessenheit zwischen dem Preis bzw. dem Entgelt und den Dienstleistungen bzw. den Gütern, die die Gegenleistung darstellen, sofern diese Klauseln klar und verständlich abgefasst sind.

(3) Preisnebenabreden

Die Kontrollfreiheit soll nicht für solche Klauseln gelten, die mittelbare Auswirkungen auf den Preis haben, an deren Stelle aber, wenn eine wirksame

---

412 Jeweils m. w. N.: *BGH*, Urt. v. 24.03.2010 – VIII ZR 304/08, Rn. 25, juris; *BGH*, Urt. v. 24.03.2010 – 178/08, Rn. 19, juris.

413 *BGH*, Urt. v. 28.10.2014 – X ZR 79/13, Rn. 23, juris; *BGH*, Urt. v. 20.05.2010 – Xa ZR 68/09, Rn. 26, juris; *BGH*, Urt. v. 23.08.2018 – III ZR 192/17, Rn. 14, juris; *OLG* München, Urt. v. 27.04.2017 – U 3922/15 Kart, Rn. 159, juris; so auch zu Art. 4 Abs. 2 RL 93/13/EWG: *EuGH*, Urt. v. 30.04.2014 – C-26/13 (*Kásler und Káslerné Rábai*), Rn. 54 f.

414 *BGH*, Urt. v. 09.12.1992 – VIII ZR 23/92, Rn. 12, juris; *BGH*, Urt. v. 24.03.2010 – VIII ZR 178/08, Rn. 19, juris; *OLG* Bamberg, Urt. v. 23.01.2013 – 8 U 44/12, Rn. 100, juris; *OLG Naumburg*, Urt. v. 26.02.2013 – 12 U 168/12, Rn. 68, juris.

415 *Rieländer*, Leuschner AGB-Recht, § 307 Rn. 150.

Regelung fehlt, dispositives Gesetzesrecht treten kann, sog. Preisnebenabreden.[416] Diese Klauseln haben zwar Auswirkungen auf Leistung und Entgelt, legen aber nicht ausschließlich die geschuldete Hauptleistung fest.[417] Teilweise ist fraglich, ob Preisanpassungsklauseln als Preishauptabrede oder -nebenabrede beurteilt werden müssen.

Preisnebenabreden sollen – im Unterschied zu unmittelbaren Preisabreden – nicht das Ob und den Umfang von Entgelten regeln, sondern treten als ergänzende Regelungen, die lediglich Art und Weise der zu erbringenden Vergütung oder etwaige Modifikationen zum Inhalt haben, „neben" eine bestehende Preishauptabrede.[418] Klauseln, die eine einseitige Anpassung des Vertragspreises ermöglichen, treten häufig neben die kontrollfreie Preishauptabrede, sodass die Inhaltskontrolle dieser nicht grundsätzlich ausgeschlossen ist.

Ähnlich legt auch der EuGH den „Hauptgegenstand des Vertrages" innerhalb der RL 93/13/EWG aus. Nach Ansicht des Gerichtshofs sollen „Hauptgegenstand des Vertrages" solche Klauseln sein, die die Hauptleistung des Vertrags festlegen und ihn als solchen charakterisieren.[419] Akzessorische Klauseln hingegen sollen nicht als „Hauptgegenstand des Vertrages" gelten.[420]

Gestützt wird diese Argumentation weiter durch § 309 Nr. 1 BGB und § 308 Nr. 4 BGB, welche den Willen des Gesetzgebers zum Ausdruck bringen, dass Änderungsvorbehalte bezüglich der Hauptleistungspflicht als grundsätzlich kontrollfähig anzusehen sind.[421]

---

416 *BGH*, Urt. v. 16.11.1999 – KZR 12/97, Rn. 33, juris; *BGH*, Urt. v. 26.01.2001 – V ZR 452/99, Rn. 20, juris; *BGH*, Urt. v. 24.03.2010 – VIII ZR 178/08, Rn. 20, juris.

417 BGH, Urt. v. 06.02.1985 – VIII ZR 61/84, Rn. 12, juris.

418 *BGH*, Urt. v. 26.01.2001 – V ZR 452/99, Rn. 20, juris; *BGH*, Urt. v. 24.03.2010 – VIII ZR 178/08, Rn. 20, juris.

419 *EuGH*, Urt. v. 20.09.2017 – C-186/16 (Andriciuc u. a.), Rn. 35., juris; *EuGH*, Urt. v. 16.07.2020 – C-224/19 und C-259/19 (Caixabank und Banco Bilbao Vizcaya Argentaria), Rn. 62, 71, juris.

420 *EuGH*, Urt. v. 20.09.2017 – C-186/16 (Andriciuc u. a.), Rn. 36, juris; *EuGH*, Urt. v. 16.07.2020 – C-224/19 und C-259/19 (Caixabank und Banco Bilbao Vizcaya Argentaria), Rn. 62, 71, juris.

421 *Wendland*, Staudinger, § 307 BGB Rn. 330; *Thomas*, AcP 209 (2009), 84 (91).

(4) Abgrenzung bei Preisformeln

Unterschiedlich wird die Eröffnung der Inhaltskontrolle bei Preisformeln beurteilt. Streitig ist hierbei die Einordnung als Preishaupt- oder Preisnebenabrede. Bei Preisformeln wird der Preis durch eine Formel und das Einsetzen der Anpassungsparameter zu einem bestimmten Zeitpunkt errechnet. Beispielhaft kann eine Formel zur Berechnung des Arbeitspreises dabei wie folgt aussehen: AP = 2,3000 + 0,085 (HEL[422] – 30,67) in ct/kWh_{HS}.[423] Dabei wird im Vertrag der Preis für HEL zu einem bestimmten Zeitpunkt festgelegt.[424] Danach erfolgt eine Anpassung nach einer gewissen Zeit, sodass sich der Preis durch das Einsetzen eines neuen Wertes für HEL ändert.[425] Der Ausgangspreis und die späteren Preisänderungen werden anhand derselben Formel errechnet.

Im Grundsatz geht die Rechtsprechung davon aus, dass zur Preishauptabrede auch solche Preisbestimmungen zählen, die den Preis bei Vertragsschluss zwar nicht unmittelbar beziffern, aber für die Ermittlung des Preises maßgebliche Bewertungsfaktoren und das einzuhaltende Verfahren festlegen, den Preis also mittelbar bestimmen.[426] Denn auch hier gelte, wie bei der unmittelbaren Festlegung des Vertragspreises, dass die Festlegung der preisbildenden Faktoren der Privatautonomie unterliege.[427] Unter eine solche mittelbare Bestimmung lassen sich auch Preisformeln fassen.[428] Im oben genannten Beispiel erfolgt die Preisbestimmung mittelbar dadurch, dass der maßgebliche Bewertungsfaktor „HEL“ und das einzuhaltende Verfahren durch die Formel festgelegt werden. Durch diese Art der Preisbestimmung existiert zu keinem Zeitpunkt ein fester Arbeitspreis, sondern dieser ist durch das Einsetzen der

---

422 Als Preis für leichtes Heizöl (HEL) in €/hl gilt dabei der vom statistischen Bundesamt monatlich in einer bestimmten Fachserie veröffentlichte Preis.

423 Klausel entnommen aus: *OLG Naumburg*, Urt. v. 26.02.2013 – 12 U 168/12, Rn. 18, juris.

424 Vgl. *OLG Naumburg*, Urt. v. 26.02.2013 – 12 U 168/12, Rn. 21 f., juris (30,66 €/hl zum 1. Januar 2003).

425 Vgl. *OLG Naumburg*, Urt. v. 26.02.2013 – 12 U 168/12, Rn. 40, juris (quartalsweise).

426 *BGH*, Urt. v. 16.11.1999 – KZR 12/97, Rn. 35, juris; *BGH*, Urt. v. 26.01.2001 – V ZR 452/99, Rn. 20, juris; *BGH*, Urt. v. 24.03.2010 – VIII ZR 178/08, Rn. 19, juris.

427 *BGH*, Urt. v. 16.11.1999 – KZR 12/97, Rn. 35, juris; *BGH*, Urt. v. 26.01.2001 – V ZR 452/99, Rn. 21, juris; *BGH*, Urt. v. 24.03.2010 – VIII ZR 178/08, Rn. 19, juris; *Pfeiffer*, Wolf/Lindacher/Pfeiffer, § 307 Rn. 307.

428 *BGH*, Urt. v. 16.11.1999 – KZR 12/97, Rn. 35, juris; *BGH*, Urt. v. 26.01.2001 – V ZR 452/99, Rn. 20, juris; *BGH*, Urt. v. 24.03.2010 – VIII ZR 178/08, Rn. 19, juris.

Variable und Ausrechnen der Formel zu ermitteln.[429] Auch die Festlegung der preisbildenden Faktoren muss der Privatautonomie unterliegen.[430]

(a) Einordnung als Preisnebenabrede

Abweichend von der zuvor dargestellten Unterscheidung nimmt der BGH in seiner Rechtsprechung an, dass Preisformeln, mit denen auch der Ausgangspreis durch die Formel bestimmt wird, als Preisnebenabreden der Inhaltskontrolle unterliegen sollen.[431] Nur solche Klauseln, die Art und Umfang der vertraglichen Hauptleistungspflicht und der für diese zu zahlende Vergütung unmittelbar bestimmen, sollen von der Inhaltskontrolle ausgenommen sein.[432] Damit wären nur solche Preisklauseln einer Inhaltskontrolle entzogen, ohne die mangels Bestimmtheit oder Bestimmbarkeit des wesentlichen Vertragsinhalts ein wirksamer Vertrag nicht mehr angenommen werden könnte.[433]

Begründet wird die Kontrollfähigkeit der Klausel mit einer „Doppelfunktion“ der Preisformel. Zum einen lege die Klausel den Vertragspreis zu Vertragsbeginn fest, was als Preishauptabrede nicht der Inhaltskontrolle unterliege. Zum anderen ergebe sich aus der Formel, dass der Vertragspreis variabel sein soll, was als Preisnebenabrede der Inhaltskontrolle unterliege.[434]

---

[429] *OLG Frankfurt*, Urt. v. 15.01.2013 – 16 U 134/12, Rn. 19; *OLG Bamberg*, Urt. v. 23.01.2013 – 8 U 44/12, Rn. 100 f.; *OLG Naumburg*, Urt. v. 26.02.2013 – 12 U 168/12, Rn. 68, juris; *LG München I*, Urt. v. 13.01.2012 – 23 O 13695/11, Rn. 34, juris.

[430] *BGH*, Urt. v. 16.11.1999 – KZR 12/97, Rn. 35, juris; *BGH*, Urt. v. 26.01.2001 – V ZR 452/99, Rn. 21, juris; *BGH*, Urt. v. 24.03.2010 – VIII ZR 178/08, Rn. 19, juris.

[431] *BGH*, Urt. v. 14.05.2014 – VIII ZR 114/13, Rn. 15, juris; *BGH*, Urt. v. 14.05.2014 – VIII ZR 116/13, Rn. 18, juris (lohnindexierte Klauseln); *OLG Düsseldorf*, Urt. v. 30.10.2018 – I-20 U 29/18, Rn. 20, juris.

[432] *BGH*, Urt. v. 14.05.2014 – VIII ZR 114/13, Rn. 15, juris; *BGH*, Urt. v. 14.05.2014 – VIII ZR 116/13, Rn. 19, juris (Damit bricht der BGH mit seiner vorherigen Rspr., ohne diese Abkehr in der Urteilsbegründung näher zu erläutern oder zu erwähnen; hierzu auch: *Lange*, RdE 2015, 105 (108)).

[433] *BGH*, Urt. v. 14.05.2014 – VIII ZR 114/13, Rn. 15, juris; *BGH*, Urt. v. 14.05.2014 – VIII ZR 116/13, Rn. 19, juris.

[434] *BGH*, Urt. v. 10.06.2008 – XI ZR 211/07, Rn. 17, juris; *BGH*, Urt. v. 14.05.2014 – VIII ZR 114/13, Rn. 14 ff., juris; *BGH*, Urt. v. 14.05.2014 – VIII ZR 116/13, Rn. 19 ff., juris; *BGH*, Urt. v. 17.09.2014 – VIII ZR 258/13, Rn. 21 f., juris; *BGH*, Urt. v. 06.10.2021 – XI ZR 234/20, Rn. 28, juris; *OLG München*, Urt. v. 27.04.2017 – U 3922/15 Kart, Rn. 168., juris; *OLG Thüringen*, Urt. v. 22.04.2020 – 2 U 287/18, Rn. 48, juris; *Ebbinghaus/Schroeder*, RdE 2012, 228 (231).

Für die Unterscheidung zwischen Preishaupt- und Preisnebenabrede dürfe dabei nicht ausschließlich auf die sprachlich-technische Regelungstechnik abgestellt werden, sondern es müsse eine Abgrenzung anhand der beiden Funktionen, nämlich die Bestimmung des Ausgangspreises einerseits und der Bestimmung der Preisänderungen andererseits erfolgen.[435]

Mithin könne der Klauselgegner zum Zeitpunkt des Vertragsschlusses die Variablen der Formel bestimmen, sodass der Preis zu Vertragsbeginn berechnet werden könne.[436] Dabei soll es für die Annahme der Klausel in ihrer Funktion als Preishauptabrede ausreichen, wenn der Vertragspreis bei Vertragsschluss bestimmbar sei.[437] Bestimmbar soll der Preis bei Vertragsschluss zumindest dann sein, wenn er sich durch die Formel ausrechnen lasse.[438] Würde man solche Klauseln nicht als kontrollfähig ansehen, bestünde die Gefahr,dass dem Klauselverwender ermöglicht werde, die Inhaltskontrolle durch den Verzicht auf das Ausweisen eines Anfangspreises zu umgehen.[439]

(b) Einordnung als Preishauptabrede

Andere befürworten eine Einordnung als Preishauptabrede.[440] Ein Abweichen vom dispositiven Recht durch die Preisformel könne nur dann vorliegen, wenn durch die Vertragsparteien ein später auf Grundlage einer Preisanpassungsklausel veränderbarer Festpreis vereinbart wurde.[441]

Die Preisbestimmung durch eine Formel führe allerdings dazu, dass zu keinem Zeitpunkt ein fester Preis – etwa Arbeitspreis – existiere, sondern dieser durch das Einsetzen der Variable und Ausrechnen der Formel zu ermitteln sei, sodass die Preisformel nicht nur die Kalkulationsgrundlage

---

[435] *BGH*, Urt. v. 14.05.2014 – VIII ZR 114/13, Rn. 20, juris; *BGH*, Urt. v. 14.05.2014 – VIII ZR 116/13, Rn. 126, juris.

[436] *BGH*, Urt. v. 14.05.2014 – VIII ZR 114/13, Rn. 23, juris; *BGH*, Urt. v. 14.05.2014 – VIII ZR 116/13, Rn. 30, juris.

[437] *BGH*, Urt. v. 14.05.2014 – VIII ZR 114/13, Rn. 20, juris; *BGH*, Urt. v. 14.05.2014 – VIII ZR 116/13, Rn. 24, juris.

[438] *BGH*, Urt. v. 14.05.2014 – VIII ZR 114/13, Rn. 20, juris.

[439] *BGH*, Urt. v. 14.05.2014 – VIII ZR 114/13, Rn. 29 f., juris; *BGH*, Urt. v. 14.05.2014 – VIII ZR 116/13, Rn. 30 f., juris; *OLG München*, Urt. v. 27.04.2017 – U 3922/15 Kart, Rn. 169., juris.

[440] So etwa: *Hilber*, BB 2011, 2691 (2694); *Grabow*, EnWZ 2014, 413 (418 ff.); *Schulz-Gardyan*, RdE 2014, 430 (438).

[441] *Hilber*, BB 2011, 2691 (2694).

für den Preis darstelle, sondern die eigentliche Preishauptabrede sei.[442] Im Ergebnis wäre danach die Inhaltskontrolle bei Preisformeln mit variablem Ausgangspreis nicht eröffnet.

(c) Streitentscheid

Die Kontrollfähigkeit von Preisformeln mag zwar zur Verhinderung der Umgehung der Inhaltskontrolle wünschenswert sein, ist allerdings unter verschiedenen Gesichtspunkten kaum haltbar und lässt sich dogmatisch nicht sinnvoll begründen.

(aa) Bestimmbarkeit des neuen Preises

So stößt die Argumentation der Doppelfunktion einer Preisanpassungsklausel dann an ihre Grenzen, wenn zum Zeitpunkt des Vertragsschlusses nicht nur der Anfangspreis, sondern auch schon der erste neu zu bestimmende Preis ausrechenbar ist.[443] In diesen Fällen lässt sich nämlich kein Unterschied in der Bestimmung des Anfangspreises und des angepassten Preises finden.[444] Die Aufteilung ein und derselben Klausel in Preishaupt- und Preisnebenabrede würde lediglich davon abhängen, ob der Anfangspreis zum Zeitpunkt des Vertragsschlusses bereits konkret ausrechenbar und nicht lediglich bestimmbar ist.[445] Das Abstellen auf eine Bestimmbarkeit des Vertragspreises bei Vertragsschluss würde dazu führen, dass die Preisformel nicht einmal bei dem zu Vertragsbeginn geltenden Preis als Preishauptabrede gelten würde, wenn ein bestimmter Parameter zu Vertragsbeginn bislang nicht vorliegt, etwa weil er erst im nächsten Quartal veröffentlicht wird.[446]

(bb) Auslegung der Preisformel

Die Argumentation der Doppelfunktion der Klausel wird unter anderem auf Auslegungsregel des § 305c Abs. 3 „kundenfreundlichste Auslegung"

---

[442] *OLG Frankfurt*, Urt. v. 15.01.2013 – 16 U 134/12, Rn. 19; *OLG Bamberg*, Urt. v. 23.01.2013 – 8 U 44/12, Rn. 100 f.; *OLG Naumburg*, Urt. v. 26.02.2013 – 12 U 168/12, Rn. 68, juris; *LG München I*, Urt. v. 13.01.2012 – 23 O 13695/11, Rn. 34, juris.

[443] *Grabow*, EnWZ 2014, 413 (418).

[444] *OLG Hamm*, Urt. v. 10.01.2014 – I-19 U 83/13, Rn. 30, juris; *Grabow*, EnWZ 2014, 413 (418).

[445] *Grabow*, EnWZ 2014, 413 (418).

[446] *Schulz-Gardyan*, RdE 2014, 430 (439).

gestützt.[447] Die kundenfreundlichste Auslegung ergebe in diesen Fällen, dass die Klausel, soweit sie künftige Preisänderungen zum Gegenstand habe, als Preisnebenabrede kontrollfähig sei.[448]

Zweifel bei der Auslegung gehen nach § 305c Abs. 2 BGB grundsätzlich zu Lasten des Verwenders. Dabei gilt die Regelung sowohl für Verbraucherverträge als auch für Verträge im unternehmerischen Rechtsverkehr.[449] Die Auslegungsregel kommt auch bei Klauseln zur Anwendung, die nach § 307 Abs. 3 S. 1 BGB von der Inhaltskontrolle ausgenommen sind.[450] Dabei wird teilweise angenommen, dass im Rahmen der kundenfreundlichsten Auslegung die Auslegung zu dem Ergebnis führen könne, dass eine kontrollfähige Preisnebenabrede vorliege, die für den Klauselgegner das günstigere Ergebnis darstellt.[451] Bei der Annahme einer Doppelfunktion der Preisformel geht es jedoch primär um die Frage, ob eine Preishaupt- oder -nebenabrede im Rahmen eines Alternativverhältnisses vorliegt. Der Anwendungsbereich des § 305c Abs. 2 BGB setzt voraus, dass nach einer objektiven Auslegung weiterhin Zweifel durch mindestens zwei mögliche Auslegungsergebnisse an der Klausel bestehen.[452] Bezüglich der Doppelfunktion der Klausel liegt allerdings gar kein Zweifel bezüglich einer Mehrdeutigkeit der Klausel vor. Die Preisformel muss zwingend eine Preishauptabrede darstellen, da es dem Vertrag andernfalls an einem zwingenden Vertragsbestandteil mangeln würde. Der Anwendungsbereich des § 305c Abs. 2 BGB ist damit nicht

---

447 *BGH*, Urt. v. 14.05.2014 – VIII ZR 114/13, Rn. 31, juris; *BGH*, Urt. v. 14.05.2014 – VIII ZR 116/13, Rn. 31, juris; vgl. auch: *BGH*, Urt. v. 07.12.2010 – XI ZR 3/10, Rn. 35, juris; *BGH*, Urt. v. 25.10.2016 – XI ZR 9/15, Rn. 23 f., juris.

448 *BGH*, Urt. v. 14.05.2014 – VIII ZR 114/13, Rn. 31, juris; *BGH*, Urt. v. 14.05.2014 – VIII ZR 116/13, Rn. 31, juris.

449 *Bonin*, BeckOGK BGB (Stand: 01.04.2025), § 305c Rn. 71, 72.

450 *H. Schmidt*, BeckOK BGB, § 305c Rn. 44, *Mäsch*, Staudinger, § 305c BGB Rn. 83.

451 *BGH*, Urt. v. 07.12.2010 – XI ZR 3/10, Rn. 35, juris; *BGH*, Urt. v. 19.01.2016 – XI ZR 388/14, Rn. 21, juris; *BGH*, Urt. v. 25.10.2016 – XI ZR 9/15, Rn. 23 f., juris; *Mäsch*, Staudinger, § 305c BGB Rn. 83; *Bonin*, BeckOGK BGB (Stand: 01.04.2025), § 305c Rn. 77; *H. Schmidt*, BeckOK BGB, § 305c Rn. 44; a. A. *Piekenbrock*, ZBB 2017, 325 (327); *Rodi*, Leuschner AGB, § 305c BGB Rn. 100.

452 Jeweils m. w. N.: *BGH*, Urt. v. 29.06.2010 – XI ZR 104/08, Rn. 31, juris; *BGH*, Urt. v. 19.02.2019 – XI ZR 562/17, Rn. 20, juris; *Schäfer*, Ulmer/Brandner/Hensen, § 305c Rn. 85; *Fornasier*, MüKo BGB, § 305c Rn. 48.

eröffnet, sodass eine Auslegung über dessen Zweifelsregelung nicht in Betracht kommt.[453]

Die Auslegung muss deshalb nach den allgemeinen, für AGB geltenden Auslegungsregeln erfolgen. Hierbei kommt es zunächst auf den übereinstimmenden Willen der Parteien an, bevor eine objektiv-generalisierende Auslegung vorzunehmen ist.[454]

Diese Auslegung wird dabei wohl zu dem Ergebnis gelangen, dass es dem Willen der Parteien entspricht, anhand der Preisformel, als mathematischer Funktion, einen marktgerechten Preis je Abrechnungsperiode zu erzielen. Die Variable ist ein notwendiger Bestandteil der Formel, da die Parteien den Wert der Variable für zukünftige Abrechnungsperioden bisher nicht bestimmen können. Wäre eine Bestimmung der Variable zum Zeitpunkt des Vertragsschlusses hingegen möglich, würden sie diesen als festen Wert im Vertrag angeben und auf eine Variable verzichten. In diesen Fällen läge unzweifelhaft eine Preishauptabrede vor.[455] Die Auslegung führt zu dem Ergebnis, dass bei Preisformeln eine Preishauptabrede anzunehmen ist.

(cc) Umgehungsgefahr

Die Gefahr einer Umgehung der Inhaltskontrolle bestünde grundsätzlich nur dann, wenn der Klauselgegner den Vertrag prinzipiell nur zu einem Festpreis abgeschlossen hätte.[456] Dies mag zwar auf der einen Seite für den Klauselgegner sinnvoll erscheinen, da er dann mit festen Werten kalkulieren kann und nicht das Risiko von Preisschwankungen, insbesondere in der Gestalt von Preiserhöhungen, trägt. Die Kehrseite wäre jedoch, dass der Klauselverwender in diesen Fällen Risikozuschläge auf den Preis erheben würde, um sein eigenes Risiko wirtschaftlich abzusichern. Dieses Argument übersieht auch nicht, dass nach der Rechtsprechung eine unangemessene Benachteiligung nicht durch einen geringeren Preis gerechtfertigt werden kann,[457] denn es

---

[453] AA.wohl: *Bausch*, NJW 2017, 1018 (1022), der die Anwendung der Auslegungsregel als konsequent ansieht.

[454] *Bonin*, BeckOGK BGB (Stand: 01.04.2025), § 305c Rn. 89.

[455] Zum Willen der Parteien und der daraus resultierenden Preishauptabrede als Folge: *Schulz-Gardyan*, RdE 2014, 430 (439).

[456] Vertiefend: *Schulz-Gardyan*, RdE 2014, 430 (439).

[457] *BGH*, Urt. v. 16.11.1992 – II ZR 184/91, Rn. 21, juris; *BGH*, Urt. v. 04.12.2013 – IV ZR 215/12, Rn. 43, juris; *BGH*, Urt. v. 04.07.2017 – XI ZR 562/15, Rn. 48, juris.

geht hier lediglich um die Beurteilung des mutmaßlichen Willens der Parteien und nicht um die Beurteilung der unangemessenen Benachteiligung.

(dd) Kontrolle im Rahmen der Transparenzkontrolle

Mithin unterliegen Klauseln, die nicht der Inhaltskontrolle unterliegen, ohnehin der Transparenzkontrolle, § 307 Abs. 3 S. 2 BGB. Dadurch ist zumindest sichergestellt, dass der Klauselgegner den Preis durch das Einsetzen der Parameter und ohne größere mathematische Fähigkeiten berechnen kann.[458] Durch die Transparenzvorgaben ist es dem Letztverbraucher hinreichend möglich, einen Überblick über die Risiken der Preisformel zu erlangen.

(ee) Kontrollfähigkeit der Anpassungsmodalitäten

Ein viel größeres Potenzial zur unangemessenen Benachteiligung bieten die Klauseln zu den Anpassungsmodalitäten und nicht die Formel selbst. Die Klauseln mit den Anpassungsmodalitäten treten in Ergänzung zu der Preishauptabrede, sodass sie als Preisnebenabreden der Inhaltskontrolle unterliegen.

(ff) Vergleich zur AVBFernwärmeV

Sollte eine lückenlose Kontrolle von Preisformeln in der Strom- und Gasversorgung gewünscht sein, müsste durch den Gesetzgeber eine dem § 24 Abs. 4 AVBFernwärmeV vergleichbare Norm geschaffen werden. Der § 24 Abs. 4 AVBFernwärmeV enthält Kriterien für Preisänderungsklauseln in Fernwärmelieferverträgen. Um den gesetzlichen Anforderungen des § 24 Abs. 4 S. 1 AVBFernwärmeV zu entsprechen, müssen die Preisänderungsklauseln in Fernwärmelieferverträgen so ausgestaltet sein, dass diese kumulativ[459] sowohl die Kostenentwicklung bei der Erzeugung und Bereitstellung von Fernwärme durch das Unternehmen (Kostenelement) als auch die jeweiligen Verhältnisse auf dem Wärmemarkt (Marktelement) angemessen berücksichtigen.[460] Dabei gelten die Vorgaben des § 24 Abs. 4 AVBFernwärmeV, welcher dem § 307 Abs. 1 BGB als speziellere Norm vorgeht, grundsätzlich für alle

---

458 Zu den Anforderungen an die Transparenz: F.I.3.c).dd).
459 *BGH*, Urt. v. 18.12.2019 – VIII ZR 209/18, Rn. 38, juris.
460 Vgl. BR-Drs. 90/80.

Preisänderungsklauseln in Fernwärmelieferverträgen, die der AVBFernwärmeV unterliegen.[461]

(gg) Gefahr der Unwirksamkeit des gesamten Vertrags

Der Wortlaut des § 306 Abs. 1 BGB bringt zum Ausdruck, dass Klauseln auch *„teilweise"* unwirksam sein können. Dies setzt allerdings eine Trennbarkeit nach dem sog. blue-pencil-test voraus.[462] Nach dem blue-pencil-test kann eine einheitlich erscheinende Klausel teilweise aufrechterhalten werden, soweit sie selbstständige Teilregelungen enthält, die für sich genommen mit einem sinnvollen Regelungsgehalt bestehen können und verständlich sind, wenn Teile der Regelung wegfallen.[463] Danach kann allerdings nicht eine Klausel in unterschiedlichen Funktionen gleichzeitig wirksam und unwirksam sein.[464] Bei der Annahme einer Doppelfunktion wäre die gleichzeitige Wirksamkeit und Unwirksamkeit derselben Klausel aber notwendige Zwischenfolge. Andernfalls müsste angenommen werden, dass die gesamte Klausel unwirksam ist, was dazu führen würde, dass der Vertrag keine Preishauptabrede mehr enthielte und auch kein Gesetzesrecht i. S. d. § 306 Abs. 2 BGB existiert, welches an die Stelle der Preishauptabrede treten kann.[465] Dies wiederum würde dazu führen, dass es dem Vertrag an den essentialia negotii fehlen würde und dieser als von Anfang an nichtig anzusehen wäre. Anders als im Werkvertragsrecht existiert im Kaufrecht keine dem § 632 Abs. 2 BGB entsprechende Norm, durch die die fehlende Bestimmung des Kaufpreises aufgefangen werden könnte.

Die Nichtigkeit des Vertrags würde zu einer komplizierten Rückabwicklung des Schuldverhältnisses nach § 812 Abs. 1 S. 1 1. Alt. BGB führen. Dies kann nicht im Interesse der Vertragsparteien liegen. Nach Ansicht des BGH führt die Unwirksamkeit nur zur Unwirksamkeit der Änderungsklausel und nicht gleichzeitig zur Unwirksamkeit der Preishauptabrede.[466] Dies ist

---

[461] *BGH*, Urt. v. 06.04.2011 – VIII ZR 273/09, Rn. 24 ff.; *Hack*, Theobald/Kühling, 99, Rn. 86.

[462] *Schulz-Gardyan*, RdE 2014, 430 (439).

[463] Jeweils m. w. N: *BGH*, Urt. v. 06.04.2022 –VIII ZR 295/20, Rn. 45, juris; *H. Schmidt*, BeckOK BGB, § 306 Rn. 28.

[464] *Schulz-Gardyan*, RdE 2014, 430 (439).

[465] *OLG Hamm*, Urt. v. 10.01.2014 – I-19 U 83/13, Rn. 26, juris; *Schulz-Gardyan*, RdE 2014, 430 (439); *Hilber*, BB 2011, 2691 (2696).

[466] Vgl. *BGH*, Urt. v. 10.06.2008 – XI ZR 211/07, Rn. 18, juris.

allerdings dogmatisch kaum begründbar und wirkt sehr ergebnisorientiert, um die zuvor genannte Problematik zu umgehen. Mangels selbständiger Teilregelung kommt gerade keine Teilunwirksamkeit nach § 306 Abs. 1 BGB in Betracht. Für eine Anwendung der Vermutungsregel des § 139 BGB bleibt als subsidiäre Regelung zu § 306 Abs. 1 BGB kein Raum.[467]

Durch die gleichzeitige Annahme von Wirksamkeit und Unwirksamkeit derselben Klausel würde die Annahme der Doppelfunktion in einen starken Konflikt mit dem Verbot der geltungserhaltenden Reduktion geraten.[468] Folge des Verbots der geltungserhaltenden Reduktion ist es, dass eine Klausel, die den Vorgaben des AGB-Rechts widerspricht, grundsätzlich als in Gänze unwirksam anzusehen ist. Dies gilt nicht nur im Rechtsverkehr mit Verbrauchern, sondern auch zwischen Unternehmern.[469] Diese Gefahr erkennt die Ansicht zwar, begegnet dieser allerdings damit, dass die Klausel trennbar sei und dies auch dem Willen der Parteien entspreche.[470]

(hh) Wirtschaftliche Betrachtung

Auch wirtschaftlich betrachtet überzeugt die Annahme einer Doppelfunktion nicht. Genau genommen haben die Vertragsparteien nämlich nur einen aus verschiedenen und über die Vertragslaufzeit unveränderbaren Faktoren berechneten Preis vereinbart.[471] Überdies kann es nicht Sinn und Zweck der Inhaltskontrolle sein, dass der Letztverbraucher vor wirtschaftlich unvernünftigen Entscheidungen geschützt wird.

(ii) Zwischenergebnis

Im Ergebnis ist die Annahme einer Doppelfunktion somit abzulehnen. Preisformeln, die auch einen variablen Ausgangspreis festlegen, sind als Preishauptabreden einzuordnen.

---

467 *Wendtland*, BeckOK BGB, § 139 Rn. 4; *Busche*, MüKo BGB, § 139 Rn. 8; *Arnold*, Erman BGB, § 139 Rn. 3 f.

468 Ausführlich zum Verbot der geltungserhaltenden Reduktion: F.III.2.b).bb) f.

469 Für den Rechtsverkehr mit Verbrauchern ergibt sich dies bereits aus Art. 6 Abs. 1 Klausel-RL 93/13/EWG; für den unternehmerischen Rechtsverkehr: *BGH*, Urt. v. 28.01.2993 – I ZR 294/90, Rn. 19, juris; *BGH*, Urt. v. 29.07.2004 – III ZR 293/03, Rn. 15, juris; *Bonin*, BeckOGK BGB (Stand: 01.04.2025), § 306 Rn. 31; *Fornasier*, MüKo BGB, § 306 Rn. 19.

470 *BGH*, Urt. v. 10.06.2008 – XI ZR 211/07, Rn. 17, juris.

471 *Lange*, RdE 2015, 105 (107).

(d) Zwischenergebnis

Haben die Parteien im Energieliefervertrag eine Preisformel vereinbart, die auch einen variablen Ausgangspreis bestimmt, ist diese als Preishauptabrede anzusehen. Die Inhaltskontrolle ist in diesen Fällen nicht eröffnet. Die Klausel unterliegt damit nicht den inhaltlichen Anforderungen an AGB nach §§ 307 Abs. 1 S. 1, Abs. 2, 308 und 309 BGB.

(5) Preisformeln bei Nennung des Anfangspreises

Im Unterschied zum bloßen Ausweisen von Preisformeln weisen manche Verträge neben der Preisformel einen Anfangspreis aus, welcher jedoch variabel ist und daher ständig neu berechnet wird. Es kann also vorkommen, dass der bei Vertragsschluss ausgewiesene Preis bei Vertragsbeginn keine Gültigkeit mehr hat oder auf einem alten Preisstand beruht und daher nie eine Gültigkeit hatte.

Fraglich ist, ob in dieser Fallgestaltung die Eröffnung der Inhaltskontrolle anders beurteilt werden muss als bei Preisformeln ohne die Nennung des variablen Ausgangspreises. Der variable Preis wird in diesen Fällen im Vertrag selbst oder einem Preisblatt ausgewiesen.

(a) Vorliegen eines variablen Anfangspreises

Als von Beginn an variabel gilt der Ausgangspreis dann, wenn der Vertrag zwar einen Preis zu einem bestimmten Datum (Preisstand) enthält, sich gleichzeitig jedoch aus den vertraglichen Regelungen ergibt, dass zu einem späteren Zeitpunkt, beispielsweise nach dem Anpassungstermin, ein anderer Ausgangspreis gilt.[472] Entscheidend muss hierbei darauf abgestellt werden, ob aus Sicht des Letztverbrauchers ein Vertragspreis vereinbart wird, der im Laufe der Vertragsdauer Anpassungen unterliegt, oder ob es sich um einen von Beginn an variablen Preis handelt.[473]

---

[472] *OLG Bamberg*, Urt. v. 23.01.2013 – 8 U 44/12, Rn. 104, juris; *OLG Naumburg*, Urt. v. 26.02.2013 – 12 U 168/12, Rn. 68, juris, *LG München I*, Urt. v. 13.01.2012 – 23 O 13695/11, Rn. 34, juris; *LG Kassel*, Urt. v. 22.02.2012 – 4 O 200/11, Rn. 58 ff., juris; *LG Hof*, Urt. v. 23.05.2012 – 1 HK O 73/11, Rn. 56, juris.

[473] *OLG Hamm*, Urt. v. 28.10.2010 – 2 U 60/10, Rn. 27, juris. *OLG Naumburg*, Urt. v. 26.02.2013 – 12 U 168/12, Rn. 69, juris.

(b) Einordnung als Preishaupt- oder -nebenabrede

Für die Einordnung dieser Konstellation als Preishauptabrede spricht, dass der ausgewiesene variable Ausgangspreis ohne Anwendung der Formel nicht ermittelt werden kann.[474] Der genannte variable Ausgangspreis unterliegt aufgrund der Formel bereits Schwankungen, weshalb es sich bei der Preisabrede um eine Preishauptabrede handeln muss.[475]

Für eine Einordnung als Preishauptabrede und damit gegen die Eröffnung einer Inhaltskontrolle spricht ferner, dass in Konstellationen, in denen der Vertrag verspätet abgeschlossen wird, also sich die Variable aus der Preisformel bereits geändert hat, ein Ausgangspreis bei einer Unwirksamkeit der Klausel nicht bestimmt werden könnte. Denn auch dispositives Gesetzesrecht, welches an die Stelle der unwirksamen Klausel treten könnte, fehlt. Konsequenterweise müsste der Vertrag in diesen Fällen als unwirksam gelten, da es mangels Preisbestimmung an den essentialia negotii fehlt.

Eine unterschiedliche Beurteilung könnte sich aus der Annahme ergeben, dass es keinen Unterschied mache, ob es sich bei Vertragsschluss um einen festen oder variablen Arbeitspreis handle, da das Energieversorgungsunternehmen bei einem geänderten Anfangspreis, beispielsweise aufgrund eines längeren Zeitraums bis zum Lieferbeginn, eine Preisanpassung auf Grundlage der Klausel vornimmt.[476] In diesem Fall würde man allerdings verkennen, dass die Anwendung der Preisformel bei einem variablen Preis notwendig ist, um den Ausgangspreis unmittelbar bei Vertragsbeginn zu bestimmen.[477] Bei den Preisanpassungen auf Grundlage der Klausel gilt zunächst der ausgewiesene Preis, welcher später geändert werden kann. So kann es etwa bei einem ausgewiesenen variablen Preis dazu kommen, dass dieser je nach Zeitpunkt des Lieferbeginns nie als Gegenleistung gezahlt werden muss, sondern sich aus der Anwendung der Formel bereits ein neuer Preis ergibt.[478]

Dieses Ergebnis steht auch mit der Annahme im Einklang, dass Preisformeln, die keinen Ausgangspreis ausweisen, nicht der Inhaltskontrolle unterliegen. Sofern man davon ausgeht, dass Preisformeln, die nicht Bestandteil

---

[474] *OLG Bamberg*, Urt. v. 23.01.2013 – 8 U 44/12, Rn. 107, juris.
[475] *OLG* Naumburg, Urt. v. 26.02.2013 – 12 U 168/12, Rn. 68, juris.
[476] *Ebbinghaus/Schroeder*, RdE 2012, 228 (231).
[477] Vgl. *LG Kassel*, Urt. v. 22.02.2012 – 4 O 200/11, Rn. 60 f., juris.
[478] Vgl. *OLG Bamberg*, Urt. v. 23.01.2013 – 8 U 44/12, Rn. 104, juris.

der Preishauptabrede sind, etwa, weil ein fester Arbeitspreis angegeben ist, der Inhaltskontrolle unterliegen, muss dies im Umkehrschluss bedeuten, dass eine Preisformel, die mangels anderweitiger Bezifferung des Anfangspreises die Preisbestimmung darstellt, als Preishauptabrede nicht der Inhaltskontrolle unterliegt.[479]

Auch eine Doppelfunktion der Preisklausel ist in dieser Konstellation aus den oben genannten Gründen abzulehnen.

Etwas Anderes muss allerdings gelten, wenn aus der Sicht des Klauselgegners nicht sofort ersichtlich ist, dass der im Vertrag festgelegte Preis variabel sein soll. In diesen Fällen handelt es sich aus der Sicht des Letztverbrauchers in Bezug auf den Anfangspreis vielmehr um die Offenlegung der Kalkulationsgrundlage und damit nicht um einen Bestandteil der Preishauptabrede.[480]

(c) Zwischenergebnis

Auch, wenn der Energieliefervertrag neben der Preisformel einen variablen Ausgangspreis ausweist, unterliegt die Preisformel als Preishauptabrede nicht der Inhaltskontrolle nach den §§ 307 Abs. 1 S. 1 und Abs. 2, 308 und 309 BGB. Etwas Anderes kann nur gelten, wenn die Variabilität des Ausgangspreises nicht für den Klauselgegner erkennbar ist.

(6) Zwischenergebnis

Preisformeln unterliegen damit im Ergebnis nur dann der Inhaltskontrolle, wenn zu Vertragsbeginn ein fester Ausgangspreis ausgewiesen ist oder die Preisformel nicht zwingend zur Bestimmung des Ausgangspreises notwendig ist. Nur dann handelt es sich bei der Preisformel tatsächlich um eine Preisnebenabrede. Dies ist dann anzunehmen, wenn der im Vertrag selbst oder dem Preisblatt ausgewiesene Preis für den Letztverbraucher den Anschein erweckt, dass dieser nicht variabel ist, sondern lediglich der Möglichkeit der späteren Anpassung unterliegt. Beispielsweise ist eine Preisnebenabrede anzunehmen, wenn die Preisbestimmung keinen Hinweis auf die Formel enthält, sondern sich die Veränderlichkeit des Ausgangspreises erst aus den

---

[479] *OLG Naumburg*, Urt. v. 26.02.2013 – 12 U 168/12, Rn. 69, juris; *LG München I*, Urt. v. 13.01.2012 – 23 O 13695/11, Rn. 34, juris; *Zabel*, BB 2010, 1365 (1369).

[480] *BGH*, Urt. v. 24.03.2010 – VIII ZR 178/08, Rn. 21, juris.

Bestimmungen zur Preisänderung ergibt.[481] Die Preisformel wirkt dann im Zusammenspiel mit dem ausgewiesenen Preis aus Sicht des Letztverbrauchers lediglich wie die Offenlegung der Kalkulationsgrundlage für den Ausgangspreis, aber nicht wie die Preishauptabrede.[482] Der Unterschied zu der obigen Preisgestaltung besteht darin, dass dort die Klausel nicht nur die Kalkulationsgrundlage offenlegt, sondern die Anwendung der Klausel erforderlich ist, um den bei Vertragsschluss geltenden Preis überhaupt erst zu bestimmen.[483]

Selbst bei einer möglichen Unwirksamkeit der Preisformel ergibt sich hier kein Problem einer fehlenden Preisbestimmung, da die Festlegung des Ausgangspreises als Preishauptabrede bestehen bleibt. Handelt es sich um eine Preisformel ohne ausgewiesenen Preis oder ist für den Letztverbraucher erkennbar, dass der ausgewiesene Preis variabel sein soll, unterliegt die Preisformel als Preishauptabrede nicht der Inhaltskontrolle.

(7) Abweichen von gesetzlichen Regelungen

Die Abweichung von den gesetzlichen Regelungen liegt bei Preisanpassungsklauseln darin, dass, entgegen dem Grundsatz der Vertragstreue, der Vertragspreis nicht für die gesamte Dauer bindend ist.[484] Dabei macht es keinen Unterschied, ob die Klausel lediglich das Recht zur einseitigen Preisanpassung einräumt oder sich diese automatisch vollzieht.[485]

(8) Einschränkungen bei Energielieferverträgen

Nachdem nun beurteilt wurde, wann die Inhaltskontrolle bei Preisanpassungsklauseln eröffnet ist, stellt sich die Frage, welche Normen bei der Inhaltskontrolle von Preisanpassungsklauseln relevant sind und ob sich aus bestimmten Vorschriften eine Einschränkung der Inhaltskontrolle bei Energielieferverträgen ergibt.

---

[481] *BGH*, Urt. v. 24.03.2010 – VIII ZR 178/08, Rn. 21, juris.

[482] *BGH*, Urt. v. 24.03.2010 – VIII ZR 178/08, Rn. 21, juris; *BGH*, Urt. v. 24.03.2010 – VIII ZR 304/08, Rn. 29, juris.

[483] *OLG Bamberg*, Urt. v. 23.01.2013 – 8 U 44/12, Rn. 102, juris; *OLG Naumburg*, Urt. v. 26.02.2013 – 12 U 168/12, Rn. 68, juris; *LG München I*, Urt. v. 13.01.2012 – 23 O 13695/11, Rn. 34, juris.

[484] *BGH*, Urt. v. 24.03.2010 – VIII ZR 178/08, Rn. 20, juris.

[485] *BGH*, Urt. v. 24.03.2010 – VIII ZR 178/08, Rn. 20, juris; *BGH*, Urt. v. 14.05.2014 – VIII ZR 114/13, Rn. 15, juris.

(a) Einschränkung bei Versorgungsverträgen (§ 310 Abs. 2 BGB)

Eine Einschränkung der Inhaltskontrolle könnte sich bei Energielieferverträgen aus § 310 Abs. 2 BGB ergeben. Nach § 310 Abs. 2 S. 1 BGB sind die §§ 308 und 309 BGB unter anderem nicht auf Verträge der Elektrizitäts- und Gasversorgungsunternehmen über die Versorgung von Sonderabnehmern mit elektrischer Energie aus dem Versorgungsnetz anwendbar, soweit die Versorgungsbedingungen nicht zum Nachteil der Abnehmer von Verordnungen über Allgemeine Bedingungen für die Versorgung von Tarifkunden mit elektrischer Energie und Gas abweichen. Eine Kontrolle nach § 307 Abs. 1 und Abs. 2 bleibt weiterhin möglich.[486] Hintergrund der Regelung ist es, dass nach Ansicht des deutschen Gesetzgebers Sonderkunden keine größere Schutzbedürftigkeit aufweisen als Grundversorgungskunden[487]. Deshalb soll es den Energieversorgungsunternehmen möglich sein, ihre AGB entsprechend den Allgemeinen Versorgungsbedingungen auszugestalten.[488]

Im Rahmen der nachteiligen Abweichung ist sodann zu prüfen, ob die jeweilige Vertragsklausel eine konkrete, inhaltliche Entsprechung in der StromGVV/GasGVV hat und ob die Vertragsklausel von der Bestimmung in der Verordnung abweicht.[489] Dabei soll zur Beurteilung der nachteiligen Abweichung auf die aktuell geltende Fassung der Allgemeinen Versorgungsbedingungen abgestellt werden.[490]

(aa) Auswirkungen des Unionsrechts

Die praktische Relevanz der eingeschränkten Anwendbarkeit der §§ 308 und 309 BGB mag allerdings bezweifelt werden. So ist im Anwendungsbereich der Klausel-Richtlinie (RL 93/13/EWG)[491] zu beachten, dass diese keine mit § 310 Abs. 2 S. 1 BGB vergleichbare Ausnahmeregelung enthält. Folglich müssen Klauseln, die nach der Klausel-Richtlinie missbräuchlich sind, im Rahmen der unionsrechtskonformen Auslegung auch nach § 307 BGB für

---

[486] *BGH*, Urt. v. 14.03.2012 – VIII ZR 202/11, Rn. 17; *Piekenbrock*, Staudinger, § 310 BGB Rn. 55.

[487] Zur Zeit der Einführung des Gesetzes noch Tarifabnehmer.

[488] BT-Drs. 14/6040, 160.

[489] *Leuschner*, Leuschner AGB-Recht, § 310 Rn. 67.

[490] *Schäfer*, Ulmer/Brandner/Hensen, § 310 BGB Rn. 102; a. A.: *Brübach*, BeckOGK BGB (Stand: 01.03.2025), § 310 Rn. 140 abstellend auf den Zeitpunkt des Vertragsschlusses.

[491] Die KlauselRL gilt nach Art. 1 Abs. 1 nur für Verbraucherverträge.

unwirksam erklärt werden, auch wenn der speziellere Unwirksamkeitsgrund in den Klauselverboten aus §§ 308 und 309 BGB enthalten wäre.[492] Dies gilt auch, soweit Bestimmungen der Elektrizitäts- und Erdgasbinnenmarktrichtlinie betroffen sind.[493]

Klauseln, die auf der StromGVV bzw. GasGVV beruhen, sind als bindende Rechtsvorschriften nach Art. 1 Abs. 2 vom Anwendungsbereich der Klausel-Richtlinie ausgeschlossen, da der europäische Gesetzgeber davon ausgeht, dass diese Vorschriften der jeweiligen Mitgliedsstaaten keine missbräuchlichen Klauseln enthalten.[494] Dies gilt nicht für Klauseln in Sonderkundenverträgen, wenngleich diese den Klauseln in den Allgemeinen Versorgungsbedingungen entsprechen.[495] Klauseln in Verträgen mit Verbrauchern als Sonderkunden unterfallen der Klausel-Richtlinie und sind nicht nach Art. 1 Abs. 2 der RL von dieser ausgenommen.[496] Andernfalls könnte ein Energieversorgungsunternehmen als Klauselverwender die Kontrolle der AGB-Klausel umgehen, wenn er die Klausel so verfasst, wie es in den Allgemeinen Versorgungsbedingungen vorgesehen ist, obwohl das Vertragswerk zumeist nicht so ausgewogen ist, wie die verbindlichen Rechtsvorschriften des nationalen Gesetzgebers.[497] Folglich müssen die Klauseln in Sonderkundenverträgen trotz des § 310 Abs. 2 S. 1 BGB im Rahmen einer unionsrechtskonformen Auslegung des § 307 BGB den Anforderungen der Klausel-Richtlinie entsprechen.

(bb) Leitbild-Rechtsprechung

Lange Zeit vertrat der BGH in seiner sog. *Leitbild-Rechtsprechung* die Auffassung, dass Preisanpassungsklauseln in Sonderkundenverträgen, die auf die Preisanpassungsbestimmungen in § 4 Abs. 2 AVBGasV und AVBStromV a. F.[498] basieren, auch in Sonderkundenverträgen als wirksam gelten müssen, da den gesetzlichen Regelungen ein Leitbild zukomme.[499] Dabei ging das Gericht in

---

[492] *Dammann*, Wolf/Lindacher/Pfeiffer, § 310 Abs. 2 Rn. 4.
[493] *Leuschner*, Leuschner AGB-Recht, § 310 Rn. 53.
[494] RL 93/13/EWG, Erwägungsgrund 13.
[495] *Dammann*, Wolf/Lindacher/Pfeiffer, § 310 Abs. 2 Rn. 1.
[496] *EuGH*, Urt. v. 21.03.2013 – C-92/11 (RWE Vertrieb), Rn. 24 ff., juris.
[497] *EuGH*, Urt. v. 21.03.2013 – C-92/11 (RWE Vertrieb), Rn. 31, juris.
[498] Diese wurden im Jahr 2006 durch § 5 Abs. 2 StromGVV bzw. GasGVV ersetzt.
[499] *BGH*, Urt. v. 15.07.2009 – VIII ZR 225/07, Rn. 20, 24, juris; *BGH*, Urt. v. 15.07.2009 – VIII ZR, Rn. 22, 25 ff., juris.

seiner auf § 310 Abs. 2 BGB begründeten Rechtsprechung davon aus, dass die unveränderte Übernahme der in der Allgemeinen Versorgungsbedingung für Gas geltende Anpassungsvorschrift keine unangemessene Benachteiligung i. S. d. § 307 Abs. 1 BGB des Letztverbrauchers bedeute.[500]

Dabei erkannte der BGH zwar, dass die Allgemeinen Versorgungsbedingungen keine Anwendung im Bereich der Sonderkunden finden, sah in diesen aber eine Wertentscheidung des Verordnungsgebers zur Interessenabwägung zwischen Energieversorgungsunternehmen und Letztverbraucher, die auch im Hinblick auf die Angemessenheit bei Sonderkunden zu berücksichtigen sei.[501] Danach sollte eine Preisanpassungsklausel, die das gesetzliche Preisanpassungsrecht aus § 4 Abs. 1 und 2 AVBGasV inhaltlich in einen Sonderkundenvertrag übernehme, keine unangemessene Benachteiligung i. S. d. § 307 Abs. 1 und 2 BGB darstellen.[502]

Die den Allgemeinen Versorgungsbedingungen nachgebildeten Preisanpassungsklauseln entsprachen zwar nicht den Anforderungen, die die Rechtsprechung sonst an die Konkretisierung von Anlass, Voraussetzung und Umfang des einseitigen Leistungsbestimmungsrechts der Preisanpassungsklausel stellte, die Angemessenheit der Klausel ergab sich nach Ansicht des BGH jedoch aus der Leitbildfunktion.[503]

Dem trat der EuGH in einem vom BGH eingeleiteten Vorabentscheidungsverfahren entgegen.[504] Der EuGH entschied, dass Klauseln in Sonderkundenverträgen, auch wenn diese mit den Rechtsnormen der Allgemeinen Versorgungsbedingungen übereinstimmen, nicht nach Art. 1 Abs. 2 RL 93/13/EWG vom Anwendungsbereich der Klausel-Richtlinie ausgenommen sind.[505] Die Auslegung des EuGH hat eine generelle Wirkung.[506]

---

500 *BGH*, Urt. v. 15.07.2009 – VIII ZR 225/07, Rn. 20, 24, juris; *BGH*, Urt. v. 14.07.2010 – VIII ZR 246/08, Rn. 32 ff., juris.

501 *BGH*, Urt. v. 25.02.1998 – VIII ZR 276/96, Rn. 24, juris; *BGH*, Urt. v. 15.07.2009 – VIII ZR 225/07, Rn. 20, juris.

502 *BGH*, Urt. v. 15.07.2009 – VIII ZR 225/07, Rn. 24, juris; *BGH*, Urt. v. 14.07.2010 – VIII ZR 246/08, Rn. 33, juris.

503 *BGH*, Urt. v. 15.07.2009 – VIII ZR 225/07, Rn. 23 f., juris; *BGH*, Urt. v. 14.07.2010 – VIII ZR 246/08, Rn. 33, juris.

504 *BGH*, EuGH-Vorlage v. 09.02.2011 – VIII ZR 162/09.

505 *EuGH*, Urt. v. 21.03.2013 – C-92/11 (RWE Vertrieb), Rn. 24 ff., juris.

506 *Markert*, ZNER 2013, 257.

Die *Leitbild-Rechtsprechung* des BGH hatte damit keine Grundlage mehr,[507] weshalb dieser die *Leitbild-Rechtsprechung* aufgab.[508]

Auch wenn sich das Urteil des EuGH nur auf die Versorgung mit Gas bezog, wurden diese Grundsätze auch auf die Stromversorgung übertragen.[509]

Im unternehmerischen Rechtsverkehr findet die Klausel-Richtlinie zwar keine Anwendung, im Sinne von einheitlichen Maßstäben bei der Beurteilung der Wirksamkeit von Klauseln wird allerdings angeführt, dass die *Leitbild-Rechtsprechung* auch dort nicht mehr verfolgt werden dürfe.[510] Ein explizites weiteres Verfolgen der *Leitbild-Rechtsprechung* im B2B-Verkehr ist in der derzeitigen Rechtsprechung des BGH nicht erkennbar.

(cc) Zwischenergebnis

Aufgrund der Anwendbarkeit der Klausel-Richtlinie auch auf Klauseln in Sonderkundenverträgen, die den Bestimmungen in den Allgemeinen Versorgungsbedingungen entsprechen, müssen diese unabhängig von einer Abweichung der AGB-rechtlichen Kontrolle unterworfen werden. Aufgrund der Bindung an die Vorgaben der Klausel-Richtlinie hat der § 310 Abs. 2 BGB für Sonderkundenverträge mit Verbrauchern keine praktische Relevanz mehr.[511] Der Wille des Gesetzgebers, den Schutz von Sondervertragskunden nicht über den von Kunden in der Grundversorgung hinausgehen zu lassen, kann nach dem Urteil des EuGH nicht mehr verwirklicht werden.[512] Teilweise wird vertreten, dass den Prüfungsmaßstab weiterhin allein ein § 307 Abs. 1 und 2 BGB bilden würden und §§ 308 und 309 BGB keine Indizwirkung entfalten.[513] Dem kann nur in Teilen zugestimmt werden. Die Aufgabe der *Leitbild-Rechtsprechung* und die eingeschränkte Anwendbarkeit des § 310 Abs. 2 BGB beruhen auf der Anwendung der Klausel-Richtlinie auf Sonderkundenverträge

---

507 *Leuschner*, Leuschner AGB-Recht, § 310 Rn. 73.

508 *BGH*, Urt. v. 31.07.2013 – VIII ZR 162/09, Rn. 46 ff., juris; *BGH*, Urt. v. 21.09.2016 – VIII ZR 27/16, Rn. 17, juris.

509 Vgl. *Büdenbender*, NJW 2009, 3125 (3127).

510 Vgl. *Leuschner*, Leuschner AGB-Recht, § 310 Rn. 76; *Büdenbender*, NJW 2013, 3601 (3603); *Grün/Ostendorf*, BB 2014, 259 (261); a. A.: *Dammann*, Wolf/Lindacher/Pfeiffer, Teil 5. Rn. V239c.

511 *Fornasier*, MüKo BGB, § 310 Rn. 41.

512 *BGH*, Urt. v. 31.07.2013 – VIII ZR 162/09, Rn. 56, juris; *Starke*, DVBl 2015, 746 (748).

513 *Vom Dahl*, Langfristige Energielieferverträge in Deutschland und den USA, 255.

mit Verbrauchern. Auch die Regelungen der §§ 308 und 309 BGB sind unter anderem aus dieser Richtlinie hervorgegangen. Ob die Missbräuchlichkeit der Klauseln im Rahmen einer richtlinienkonformen Auslegung auf Grundlage von § 307 Abs. 1 und Abs. 2 BGB oder unter Einbeziehung der §§ 308 und 309 BGB beurteilt wird, ist dabei nicht entscheidend. Aufgrund der geringen Bedeutung im unternehmerischen Rechtsverkehr sind dort keine Besonderheiten in Bezug auf Preisanpassungsklauseln zu beachten.[514]

(b) Kurzfristige Preiserhöhungen (§ 309 Nr. 1 BGB)

Weiter stellt sich die Frage, ob Preisanpassungsklauseln in Energielieferverträgen auch anhand des Klauselverbots aus § 309 Nr. 1 BGB beurteilt werden müssen. Nach § 309 Nr. 1 1. Hs. BGB (kurzfristige Preiserhöhungen) ist eine Bestimmung in AGB unwirksam, welche die Erhöhung eines Entgelts für Waren oder Leistungen vorsieht, die innerhalb von vier Monaten nach Vertragsschluss geliefert oder erbracht werden sollen. Dies gilt nicht bei Waren oder Leistungen, die im Rahmen von Dauerschuldverhältnissen geliefert oder erbracht werden, § 309 Nr. 1 2. Hs. BGB. Die Ausnahme für Dauerschuldverhältnisse wird damit begründet, dass bei diesen aufgrund ihrer Dauer grundsätzlich ein Anpassungsbedürfnis bestehe.[515] Da es sich bei Energielieferverträgen um Dauerschuldverhältnisse handelt, ist das Klauselverbot des § 309 Nr. 1 BGB nicht einschlägig.

(c) Änderungsvorbehalt (§ 308 Nr. 4 BGB)

Mithin ist zu klären, ob Preisanpassungsklauseln in Energielieferverträgen auch unter das Klauselverbot aus § 308 Nr. 4 BGB fallen. Nach § 308 Nr. 4 BGB (Änderungsvorbehalte) sind Klauseln in AGB insbesondere unwirksam, in den sich der Verwender ein Recht, die versprochene Leistung zu ändern oder von ihr abzuweichen, wenn nicht die Vereinbarung der Änderung oder Abweichung unter Berücksichtigung der Interessen des Verwenders für den anderen Vertragsteil zumutbar ist, vorbehält. Das Klauselverbot gilt nur für die Leistung des Verwenders betreffende Änderungsvorbehalte.[516]

---

514 Einschränkend: *Leuschner*, Leuschner AGB-Recht, § 310 Rn. 54.

515 BT-Drs. 7/3919, 27; *Wurmnest*, MüKo BGB, § 309 Nr. 1 Rn. 22.

516 *BGH*, Urt. v. 11.10.2007 – III ZR 63/07, Rn. 15, juris; *Schmidt*, Ulmer/Brander/Hensen, § 308 Nr. 4 Rn. 4.

Die geschuldete Leistung des Klauselverwenders ist bei Energielieferverträgen die Lieferung von Energie. Preisanpassungsklauseln regeln nicht die Anpassung der Lieferung von Energie, sondern die Anpassung des Preises als Gegenleistung für die gelieferte Energie. § 308 Nr. 4 BGB ist damit bei Preisanpassungsklauseln nicht einschlägig.

(d) Fingierte Erklärungen (§ 308 Nr. 5 BGB)

Die Preisanpassungsklauseln könnten auch nach dem Klauselverbot des § 308 Nr. 5 BGB zu beurteilen sein. Nach § 308 Nr. 5 BGB (fingierte Erklärungen) sind Klauseln unwirksam, wonach eine Erklärung des Klauselgegners bei Vornahme oder Unterlassung einer bestimmten Handlung als von ihm abgegeben oder nicht abgegeben gilt, es sei denn, dass dem Vertragspartner eine angemessene Frist zur Abgabe einer ausdrücklichen Erklärung eingeräumt ist (lit. a)) und der Verwender sich verpflichtet, den Vertragspartner bei Beginn der Frist auf die vorgesehene Bedeutung seines Verhaltens hinzuweisen (lit. b)). Bereits der Wortlaut der Vorschrift zeigt mit dem Wort „und", dass die Voraussetzungen aus lit. a) und lit. b) kumulativ vorliegen müssen. Voraussetzung der Anwendung des § 308 Nr. 5 BGB ist damit eine Erklärungsfiktion der Klausel.[517] In den Anwendungsbereich der Vorschrift fallen auch Preisanpassungsklauseln.[518] Die Klausel muss dem Schweigen des Klauselgegners – im Gegenteil zum Grundsatz des Schweigens als rechtliches Nullum – die materiell-rechtliche Bedeutung einer Zustimmung zur Vertragsänderung geben.[519] Die Möglichkeit einer ausdrücklichen Erklärung i. S. d. § 308 Nr. 5 BGB liegt vor, wenn der Klauselgegner bezüglich des Inhalts seiner Erklärung nicht beschränkt wird und er seinen tatsächlichen Willen frei äußern kann.[520] Dabei reicht es nicht aus, wenn der Klauselgegner lediglich die Möglichkeit hat, den Vertrag zu kündigen oder einfach fortzuführen, insbesondere, wenn der Kunde nicht die Möglichkeit hat, den Vertrag nach dem Widerspruch zu den ursprünglichen Bedingungen fortzuführen.[521]

---

517 *BGH*, Urt. v. 08.09.2021 – VIII ZR 97/19, Rn. 17, juris.

518 *Graf von Westphalen*, FS Westermann, 707 (721).

519 *BGH*, Urt. v. 08.09.2021 – VIII ZR 97/19, Rn. 25, juris; *Looschelders*, Erman, § 308 Rn. 40; *Wurmnest*, MüKo BGB, § 308 Nr. 5 Rn. 1.

520 *BGH*, Urt. v. 09.12.2015 – VIII ZR 349/14, Rn. 24, juris; *Schmidt*, Ulmer/Brandner/Hensen, § 308 Rn. 11; *Wurmnest*, MüKo BGB, § 308 Nr. 5 Rn. 16.

521 *BGH*, Urt. v. 09.12.2015 – VIII ZR 349/14, Rn. 27, juris.

Im unternehmerischen Rechtsverkehr ergibt sich aus § 375 Abs. 2 S. 3 HGB, dass dort die Wertung des § 308 Nr. 5 nicht zu berücksichtigen ist.[522]

Im Rechtsverkehr mit Verbrauchern ist damit bei der Gestaltung der Klausel auch § 308 Nr. 5 BGB zu beachten. Der Anwendungsbereich dürfte aufgrund der Mitteilungspflicht aus § 41 Abs. 5 EnWG sehr klein sein.

(e) Zwischenergebnis

Zusammenfassend ist die Angemessenheit der Preisanpassungsklauseln damit nach den allgemeinen Maßstäben des § 307 Abs. 1 S. 1, Abs. 2 BGB zu beurteilen.[523]

(9) Anwendungsbereich im unternehmerischen Rechtsverkehr

Im unternehmerischen Rechtsverkehr treffen geschäftlich erfahrene Vertragsparteien aufeinander. Anders als in anderen Ländern, wie Spanien oder Portugal, ist das deutsche AGB-Recht nicht nur auf Verbraucherverträge beschränkt.[524] Damit den Besonderheiten im unternehmerischen Rechtsverkehr bei der Verwendung von AGB ausreichend Rechnung getragen werden kann, wird die AGB-Kontrolle im unternehmerischen Rechtsverkehr durch § 310 Abs. 1 BGB modifiziert.[525] Ebenso könnten sich aus den Allgemeinen Versorgungsbedingungen weitere Besonderheiten für den B2B-Verkehr ableiten lassen. Auch darauf soll in diesem Abschnitt ein Blick geworfen werden.

(a) Eingeschränkte Anwendung nach § 310 Abs. 1 BGB

§§ 305 Abs. 2 und 3, 308 Nr. 1, 2 bis 9 und 309 BGB finden auf AGB im unternehmerischen Rechtsverkehr keine Anwendung, § 310 Abs. 1 S. 1 BGB. Durch diese Wertung soll durch den Gesetzgeber zum Ausdruck gebracht werden, dass im unternehmerischen Rechtsverkehr ein größerer Freiraum im Rahmen der Vertragsgestaltung notwendig ist.[526]

---

[522] *Rieble*, Staudinger, § 315 BGB Rn. 671.

[523] *BGH*, Urt. v. 13.12.2006 – VIII ZR 25/06, Rn. 19, juris; *BGH*, Urt. v. 28.10.2009 – VIII ZR 320/07, Rn. 20, juris; *Baumann/Renzing*, Leuschner AGB-Recht, Zahlungsklauseln Rn. 117.

[524] *Pfeiffer*, Wolf/Lindacher/Pfeiffer, § 310 Abs. 1 Rn. 5 f.

[525] *Becker*, BeckOK BGB, § 310 Rn. 2.

[526] BT-Drs. 7/3919, 14; BT-Drs. 14/6857, 54; *Rieländer*, Leuschner AGB-Recht, § 307 Rn. 3.

Aus der Vorschrift ergibt sich jedoch keine völlige Unbeachtlichkeit der Klauselverbote aus §§ 308 Nr. 1, 2 bis 9 und 309 BGB, sondern diese können auch im unternehmerischen Rechtsverkehr bei der AGB-Kontrolle nach § 307 Abs. 1 und 2 BGB eine mittelbare Wirkung entfalten, vgl. § 310 Abs. 1 S. 2 1. Hs. BGB. Der Schutz von Treu und Glauben des § 307 BGB soll nämlich auch im unternehmerischen Rechtsverkehr Wirkung entfalten.[527]

Weiter müssen bei Verträgen zwischen Unternehmern die im Handelsverkehr geltenden Gewohnheiten und Gebräuche angemessen berücksichtigt werden, § 310 Abs. 1 S. 2 2. Hs. BGB. Im unternehmerischen Rechtsverkehr ist aufgrund der Handelsbräuche, Usancen und Verkehrssitten meist eine größere Flexibilität im Hinblick auf das Gesetzesrecht notwendig.[528] Diese Flexibilität soll durch die Berücksichtigung der Handelsbräuche, Usancen und Verkehrssitten gewährleistet werden.[529] Die Parteien bedürfen im unternehmerischen Rechtsverkehr aufgrund ihrer größeren Erfahrung im Rechtsverkehr nur eines geringeren Schutzes im Vergleich zu Verbrauchern, weshalb nicht dieselben strengen Maßstäbe angelegt werden müssen.[530] Die Vereinbarung von verschiedensten Preisanpassungsklauseln ist im unternehmerischen Rechtsverkehr Usus.[531] Die gängige Klauselpraxis muss dabei im unternehmerischen Rechtsverkehr Berücksichtigung finden.[532] Allerdings kann auch im unternehmerischen Rechtsverkehr nicht davon ausgegangen werden, dass die Verkehrs- oder Branchenüblichkeit einer Klausel automatisch einer Unangemessenheit entgegensteht.[533]

Prinzipiell kommt es im Rahmen der Kontrolle von AGB nicht darauf an, ob sich die vom Verwender in Anspruch genommene Gestaltungsmacht aus dessen besonderer Erfahrung auf dem betreffenden Geschäftsfeld ergibt oder

---

527 *Pfeiffer*, Wolf/Lindacher/Pfeiffer, § 310 Abs. 1 Rn. 3.

528 *OLG München*, Urt. v. 27.04.2017 – U 3922/15 Kart, Rn. 176, juris.

529 *Pfeiffer*, Wolf/Lindacher/Pfeiffer, § 310 Abs. 1 Rn. 24.

530 *BGH*, Urt. v. 16.01.1985 – VIII ZR 153/83, Rn. 19, juris; *BGH*, Urt. v. 14.05.2014 – VIII ZR 114/13, Rn. 44, juris; *OLG München*, Urt. v. 27.04.2017 – U 3922/15 Kart, Rn. 176, juris; *Thomas*, AcP 209 (2009), 84 (112 f.).

531 *BGH*, Urt. v. 14.05.2014 – VIII ZR 114/13, Rn. 44, juris.

532 *BGH*, Urt. v. 14.05.2014 – VIII ZR 114/13, Rn. 50, juris.

533 *BGH*, Urt. v. 18.01.2017 – VIII ZR 263/15, Rn. 36, juris.

auf wirtschaftlicher Überlegenheit beruht.[534] Der Schutzzweck der Inhaltskontrolle besteht darin, der Gefahr einer Ausnutzung einseitiger Verhandlungsmacht entgegenzuwirken, welche typischerweise und unabhängig von der Marktstellung des Verwenders mit der Verwendung von AGB verbunden ist.[535] Dies kann dazu führen, dass Unternehmer bei der Verwendung bestimmter Klauseln die gleiche Schutzwürdigkeit aufweisen wie Verbraucher.[536]

Mithin ergibt sich aus einem Umkehrschluss aus § 310 Abs. 3 Nr. 3 BGB, dass die Begleitumstände im unternehmerischen Rechtsverkehr, im Gegensatz zu Verbrauchergeschäften, nicht zu berücksichtigen sind.[537]

(b) Einfluss der Allgemeinen Versorgungsbedingungen

Weiter könnte sich aus den Regelungen in § 1 Abs. 2 AVBFernwärmeV und § 1 Abs. 2 AVBWasserV ergeben, dass bei der rechtlichen Beurteilung von AGB in Sonderkundenverträgen im unternehmerischen Rechtsverkehr andere Maßstäbe gelten müssen als bei Verträgen mit Verbrauchern.[538] Die genannten Normen regeln den Ausschluss der Anwendung der AVBFernwärmeV und der AVBWasserV unter anderem für Industrieunternehmen.

Eine entsprechende Anwendung auf Sonderkundenverträge im unternehmerischen Rechtsverkehr vermag allerdings nicht zu überzeugen. So fallen in den Anwendungsbereich der GasGVV und StromGVV in der Grundversorgung alle Haushaltskunden in Niederspannung und Niederdruck, § 1 Abs. 1 und Abs. 2 StromGVV/GasGVV. Unter den Begriff des Haushaltskunden i. S. d. § 3 Nr. 22 EnWG können auch Unternehmer i. S. d. § 14 BGB fallen. Relevant für die Einordnung als Haushaltskunde ist lediglich der Jahresenergieverbrauch und nicht die Eigenschaft als Unternehmer.

---

[534] *BGH*, Urt. v. 10.10.2013 – VII ZR 19/12, Rn. 27, juris; *BGH*, Urt. v. 20.03.2014 – VII ZR 248/13, Rn. 30, juris; *BGH*, Urt. v. 04.07.2017 – XI ZR 233/16, Rn. 71, juris.

[535] *BGH*, Urt. v. 17.02.2010 – VIII ZR 67/09, Rn. 12, juris; *BGH*, Urt. v. 13.05.2014 – XI ZR 405/12, Rn. 60, juris; *BGH*, Urt. v. 04.07.2017 – XI ZR 233/16, Rn. 71, juris; *Graf von Westphalen*, BB 2017, 2051 (2053); *Hermann/Lasch*, DRiZ 2018, 218 (220 f.); vgl. auch: BT-Drs. 7/3919, 15.

[536] Vgl. *BGH*, Urt. v. 04.07.2017 – XI ZR 233/16, Rn. 72.

[537] *Rieländer*, Leuschner AGB-Recht, § 307 Rn. 19; *Pfeiffer*, Wolf/Lindacher/Pfeiffer, § 307 Rn. 89 ff.

[538] *BGH*, Urt. v. 14.05.2014 – VIII ZR 114/13, Rn. 44, juris; *OLG München*, Urt. v. 27.04.2017 – U 3922/15 Kart, Rn. 176, juris.

Im Rahmen der Ersatzversorgung fallen sogar alle Letztverbraucher i. S. d. § 3 Nr. 25 EnWG in Niederspannung oder Niederdruck in den Anwendungsbereich von StromGVV bzw. GasGVV.

§ 1 Abs. 2 AVBFernwärmeV bzw. § 1 Abs. 2 AVBWasserV schließt Industrieunternehmen vom Anwendungsbereich der Allgemeinen Versorgungsbedingungen aus. Zwar ist der Begriff des Industrieunternehmens nicht legaldefiniert, allerdings liegt es auch hier nah, Industrieunternehmen anhand des Jahresenergieverbrauchs zu bestimmen. Sinn und Zweck der Regelungen ist es, dem Versorger bei der Versorgung von Industriekunden wegen der Abnahmestruktur und der Abnahmemenge abweichende Sonderregelungen zu vereinbaren.[539] Auf besondere Maßstäbe im unternehmerischen Rechtsverkehr lässt sich mit den Regelungen also nicht schließen.

Allgemein ist es jedoch anerkannt, dass auch innerhalb des unternehmerischen Rechtsverkehrs das Schutzbedürfnis unterschiedlich beurteilt werden muss.[540]

Hierbei muss etwa die Größe oder die Organisation des Unternehmens betrachtet werden.[541]

(c) Zwischenergebnis

Bei der Gestaltung von Preisanpassungsklausen im unternehmerischen Rechtsverkehr müssen nach § 310 Abs. 1 BGB dessen Besonderheiten beachtet werden. Daraus soll sich eine größere Flexibilität bei der Klauselgestaltung ergeben. Aus dieser gewährten Flexibilität kann dabei nicht zwingend geschlossen werden, dass Klauseln, die im Rechtsverkehr mit Verbrauchern unwirksam, im unternehmerischen Rechtsverkehr wirksam sind.

Besonderheiten für die Inhaltskontrolle im unternehmerischen Rechtsverkehr ergeben sich nicht aus den Allgemeinen Versorgungsbedingungen. In die Beurteilung der Schutzbedürftigkeit muss jedoch auch die Größe oder Organisation des Unternehmens einfließen.

---

539 *Wollschläger*, Theobald/Kühling, § 1 AVBFernwärmeV Rn. 15.

540 *Pfeiffer*, Wolf/Lindacher/Pfeiffer, § 307 Rn. 186.

541 Vertiefend: *Pfeiffer*, Wolf/Lindacher/Pfeiffer, § 307 Rn. 196 ff.; *Rieländer*, Leuschner AGB-Recht, § 307 Rn. 23.

(10) Zwischenergebnis

Preisanpassungsklauseln regeln zumeist Art und Weise der Entgeltzahlung und modifizieren dadurch die eigentliche Preisabsprache. Angesichts dessen unterliegen sie als Preisnebenabrede grundsätzlich der AGB-rechtlichen Inhaltskontrolle. Dies gilt der jedoch nicht für Preisformeln, wenn kein Ausgangspreis ausgewiesen wird oder der ausgewiesene Ausgangspreis erkennbar variabel ausgestaltet ist. Eine Abweichung von gesetzlichen Regelungen liegt durch ein Abweichen vom Grundsatz der Vertragstreue vor. Als Maßstab für die Inhaltskontrolle bei Preisanpassungsklauseln in Energielieferverträgen dient § 307 Abs. 1 S. 1, Abs. 2 BGB.

Im unternehmerischen Rechtsverkehr muss zur Gewährung größerer Flexibilität in Teilen ein größerer Spielraum bei der Beurteilung der Wirksamkeit der Anpassungsklauseln zugelassen werden, vgl. § 310 Abs. 1 BGB.

cc) Inhaltskontrolle

Im Allgemeinen sind Klauseln in AGB unwirksam, wenn sie den Vertragspartner des Verwenders entgegen dem Gebot von Treu und Glauben unangemessen benachteiligen, § 307 Abs. 1 S. 1 BGB. Dies gilt sowohl für die Inhaltskontrolle als auch für die Transparenzkontrolle. Unter die sehr konturlose Begrifflichkeit der unangemessenen Benachteiligung entgegen dem Gebot von Treu und Glauben lässt sich im Einzelfall kaum sinnvoll subsumieren, weshalb es einer weiteren Konkretisierung bedarf.

Eine notwendige Konkretisierung hinsichtlich der Inhaltskontrolle erfolgt in § 307 Abs. 2 Nr. 1 und Nr. 2 BGB. Danach liegt eine unangemessene Benachteiligung im Zweifel vor, wenn eine Bestimmung mit wesentlichen Grundgedanken der gesetzlichen Regelung, von der abgewichen wird, nicht zu vereinbaren ist (Nr. 1) oder wesentliche Rechte oder Pflichten, die sich aus der Natur des Vertrags ergeben, so einschränkt, dass die Erreichung des Vertragszwecks gefährdet ist (Nr. 2). Wie bereits der Wortlaut zum Ausdruck bringt, handelt es sich bei den Konkretisierungen in Absatz 2 um Zweifelsregelungen. Die Vermutung der unangemessenen Benachteiligung kann widerlegt werden, wenn aus besonderen Gründen keine unangemessene Benachteiligung vorliegen sollte.[542] Auch diese Konkretisierungen bieten

[542] *Pfeiffer*, Wolf/Lindacher/Pfeiffer, § 307 Rn. 96.

für den Rechtsanwender nur eine begrenzte Orientierung.[543] Dies erfordert, dass der Norm durch Auslegung und Auswertung der ergangenen Rechtsprechung schärfere Konturen verschafft werden, um so die Anforderungen der Vorschrift an die Angemessenheit von Preisanpassungsklauseln zu beurteilen.

(1) Unvereinbarkeit mit wesentlichen Grundgedanken der gesetzlichen Regelung

Eine Preisanpassungsklausel in Energielieferverträgen könnte im Zweifel unwirksam sein, wenn diese mit wesentlichen Grundgedanken der gesetzlichen Regelung, von der abgewichen wird, nicht zu vereinbaren ist, § 307 Abs. 2 Nr. 1 BGB. Wie im obigen Abschnitt bereits dargestellt, ermöglichen Preisanpassungsklauseln ein Abweichen vom gesetzlichen Grundsatz *pacta sunt servanda*. Eine Unvereinbarkeit der Abweichung soll dann vorliegen, wenn die abweichende Regelung in der Klausel mit dem wesentlichen Grundgedanken, der sich aus den dispositiven Vorschriften ergibt oder daraus ableiten lässt, unvereinbar ist.[544] Dabei wird nicht jede Abweichung erfasst, sondern es ist vielmehr notwendig, dass vom Gerechtigkeitsgehalt der gesetzlichen Regelung als Maßstab abgewichen wird.[545]

Der Grundsatz der Vertragstreue ist essenziell für die Verlässlichkeit und Rechtssicherheit im allgemeinen Rechtsverkehr. Eine grundsätzliche Unveränderlichkeit des Ausgangspreises in Kaufverträgen lässt sich dem Gesetz nicht entnehmen.[546] Vielmehr verlangt die gesetzliche Regelung des § 433 Abs. 2 BGB nur einen „vereinbarten Kaufpreis“.

Mithin ist wohl auch der Gesetzgeber davon ausgegangen, dass die Aufnahme von Preisanpassungsklauseln in Verträgen möglich sein soll. Dies ergibt sich bereits aus einem Umkehrschluss aus § 309 Nr. 1 BGB, der kurzfristige Preiserhöhungen nach Vertragsschluss verbietet. Die dispositive Regelung des § 313 BGB zeigt, dass es sich bei dem Grundsatz der Vertragstreue nicht um einen unantastbaren Grundsatz handelt, sondern dieser unter bestimmten Umständen durchbrochen werden kann. Es ist deshalb nicht davon auszugehen,

---

543 Vgl. *Grüneberg*, Grüneberg, § 307 BGB Rn. 1.

544 *BGH*, Urt. v. 04.11.1992 – VIII ZR 235/91, Rn. 26, juris; *Looschelders*, Erman BGB, § 307 Rn. 26; *Lapp/Salamon*, jurisPK-BGB, § 307 BGB Rn. 68.

545 BT-Drs. 7/5422, 6; *Wendland*, Staudinger, § 307 BGB Rn. 247.

546 *Hilber*, AGB im Wirtschaftsverkehr, 103 (110).

dass Preisanpassungsklauseln derart vom wesentlichen Grundgedanken der gesetzlichen Regelung abweichen, dass schon nach der Zweifelsregelung des § 307 Abs. 1 Nr. 1 BGB eine unangemessene Benachteiligung vorliegt.

(2) Gefährdung wesentlicher Rechte und Pflichten

Eine Unwirksamkeit von Preisanpassungsklauseln könnte weiter dann vorliegen, wenn durch diese wesentliche Rechte oder Pflichten, die sich aus der Natur des Vertrags ergeben, so einschränkt werden würden, dass die Erreichung des Vertragszwecks gefährdet ist, § 307 Abs. 2 Nr. 2 BGB. Hauptanwendungsbereich des § 307 Abs. 2 Nr. 2 ist die Einschränkung von wesentlichen Vertragspflichten, sog. Kardinalpflichten.[547] Zu den wesentlichen Vertragspflichten zählen solche, deren Erfüllung eine ordnungsgemäße Durchführung des Vertrags erst ermöglichen und auf deren Erfüllung die Gegenseite vertraut und vertrauen darf.[548] Eine Einschränkung liegt vor, wenn die wesentlichen Pflichten ganz oder teilweise abbedungen werden.[549]

Eine Einschränkung dieser wesentlichen Rechte und Pflichten findet bei Preisanpassungsklauseln nicht statt. Insbesondere werden keine Hauptleistungspflichten abbedungen, sondern es wird die Modifizierung der Höhe der Gegenleistung ermöglicht. Eine Unvereinbarkeit mit § 307 Abs. 2 Nr. 2 BGB ist daher nicht weiter zu beleuchten.

(3) Unangemessene Benachteiligung entgegen von Treu und Glauben

Die Vermutungsregeln aus § 307 Abs. 2 Nr. 1 und 2 BGB greifen bei der Verwendung von Preisanpassungsklauseln nicht ein. Somit ist auf Grundlage der unangemessenen Benachteiligung entgegen dem Grundsatz von Treu und Glauben i. S. d. § 307 Abs. 1 S. 1 BGB weiter zu prüfen, wann eine solche bei der Gestaltung von Preisanpassungsklauseln vorliegen kann. Aufgrund der großen praktischen Relevanz müssen dabei auch die Konkretisierungen der Rechtsprechung beachtet werden.[550] Hierauf soll diese Arbeit ein besonderes Augenmerk legen.

---

[547] Vertiefend: *Wurmnest*, MüKo BGB, § 307 Rn. 78, 80; *Looschelders*, Ermann, § 307 Rn. 31.

[548] *BGH*, Urt. v. 11.11.1992 – VIII ZR 238/91, Rn. 15, juris; *Looschelders*, Ermann, § 307 Rn. 33.

[549] *Looschelders*, Ermann, § 307 Rn. 33.

[550] *Fuchs*, Ulmer/Brander/Hensen, § 307 Rn. 94.

Weiter fallen Verbraucherverträge nach Art. 1 Abs. 1 RL 93/13/EWG in den Anwendungsbereich der Klausel-Richtlinie. Die Definitionen von Verbraucher (Art. 2 lit. b) RL 93/13/EWG) und Gewerbetreibender (Art. 2 lit. c) RL 93/13/EWG) entsprechen dabei in weiten Teilen den Definitionen in den §§ 13 und 14 BGB[551]. Dies führt dazu, dass bei Rechtsgeschäften zwischen Energieversorgungsunternehmen und Verbrauchern eine richtlinienkonforme Auslegung – auch im Lichte der Rechtsprechung des EuGH – erfolgen muss, soweit die Vorschriften des nationalen Gesetzgebers der Umsetzung der RL 93/13/EWG dienen.[552] Darauf kommt es insbesondere dann an, wenn die richtlinienkonforme Auslegung zu dem Ergebnis eines verstärkten Schutzes des Verbrauchers führt.[553] Ein deutsches Gericht muss bei der Anwendung des deutschen Rechts das gesamte nationale Recht berücksichtigen und es so weit wie möglich anhand von Wortlaut und Zweck der Richtlinie auslegen, um zu einem Ergebnis zu gelangen, das mit dem von der Richtlinie verfolgten Ziel vereinbar ist.[554] Aufgrund der in Art. 8 RL 93/13/EWG vorgesehenen Mindestharmonisierung wäre es dem deutschen Gesetzgeber sogar möglich, über das Schutzniveau der Richtlinie hinauszugehen. Dabei muss beachtet werden, dass die Richtlinie sich an die Mitgliedstaaten wendet, sodass eine unmittelbare Anwendung zwischen den Vertragsparteien grundsätzlich nicht in Betracht kommt, Art. 11 RL 93/13/EWG.

(a) Grundlegendes

Im Allgemeinen soll eine Benachteiligung durch eine Klausel in AGB dann vorliegen, wenn der Klauselgegner durch die AGB-Klausel in seiner Position rechtlich schlechter gestellt wird.[555] Beurteilungsmaßstab bilden dabei die Vorschriften des dispositiven Rechts, die ohne die Klausel bzw. bei Unwirksamkeit der Klausel anwendbar wären.[556] Eine festgestellte Benachteiligung

---

551 § 14 Abs. 1 BGB spricht von Unternehmern, was aber in diesen Fällen synonym zu verstehen ist.

552 *Rieländer*, Leuschner AGB-Recht, § 307 Rn. 31.

553 *Pfeiffer*, Wolf/Lindacher/Pfeiffer, § 307 Rn. 184.

554 *EuGH*, Urt. v. 27.02.2014 – C-351/12 (OSA), Rn. 44, juris; *EuGH*, Urt. v. 30.04.2014 – C-26/13 (Kásler und Káslerné Rábai), Rn. 64, juris.

555 *Rieländer*, Leuschner AGB-Recht, § 307 Rn. 33.

556 *BGH*, Urt. v. 29.05.1991 – IV ZR 187/90, Rn. 17, juris; *BGH*, Urt. v. 26.01.1994 – VIII ZR 39/93, Rn. 18, juris; *Rieländer*, Leuschner AGB-Recht, § 307 Rn. 33; *Eckelt*, BeckOGK BGB (Stand: 01.01.2024), § 307 Rn. 76.

ist nach einer vereinfachten Definition unangemessen, wenn der Verwender durch einseitige Vertragsgestaltung missbräuchlich eigene Interessen auf Kosten seines Vertragspartners durchzusetzen versucht, ohne von vornherein auch dessen Belange zu berücksichtigen und ihm einen angemessenen Ausgleich zuzugestehen.[557]

Aus dieser Unangemessenheit muss sich eine nicht unerhebliche Benachteiligung des Klauselgegners ergeben.[558] Zur Beurteilung der Benachteiligung ist eine Interessenabwägung der widerstreitenden Interessen der Vertragsparteien maßgeblich.[559] Aus dem Gebot von Treu und Glauben wird das Gebot der gegenseitigen Rücksichtnahme abgeleitet.[560] Dieses Gebot erfordert eine objektive Interessenabwägung anhand aller rechtlich anerkennenswerten Interessen.[561]

Ein solches Verständnis steht dabei im Einklang mit der RL 93/13/EWG. Die Richtlinie sieht in Art. 4 Abs. 1 vor, dass die Missbräuchlichkeit einer Klausel unter Berücksichtigung der Art der Güter oder Dienstleistungen, die Gegenstand des Vertrags sind, aller den Vertragsschluss begleitenden Umstände sowie aller anderen Klauseln desselben Vertrags oder eines anderen Vertrags, von dem die Klausel abhängt, zum Zeitpunkt des Vertragsschlusses beurteilt werden muss.

(b) Berechtigtes Interesse für Preisanpassungsrecht und Erhalt des Äquivalenzverhältnisses

Die notwendige Interessenabwägung verlangt, dass sich der Klauselverwender ein Preisanpassungsrecht grundsätzlich nur dann vorbehalten darf, wenn hieran ein berechtigtes Interesse besteht.[562]

Hinsichtlich des Vertragspreises und dessen Anpassung durch Vertragsklauseln vertreten die Vertragsparteien grundsätzlich konträre Interessen.

---

557 *BGH*, Urt. v. 17.01.2008 – III ZR 74/07, Rn. 19, juris; *BGH*, Urt. v. 12.02.2009 – III ZR 179/08, Rn. 29, juris; *Rieländer*, Leuschner AGB-Recht, § 307 Rn. 35; *Pfeiffer*, Wolf/Lindacher/Pfeiffer, § 307 Rn. 158; *Thomas*, AcP 209 (2009), 84 (92).

558 *Pfeiffer*, Wolf/Lindacher/Pfeiffer, § 307 Rn. 158.

559 *Pfeiffer*, Wolf/Lindacher/Pfeiffer, § 307 Rn. 75.

560 *Pfeiffer*, Wolf/Lindacher/Pfeiffer, § 307 Rn. 174.

561 *Pfeiffer*, Wolf/Lindacher/Pfeiffer, § 307 Rn. 174.

562 *BGH*, Urt. v. 12.01.1994 – VIII ZR 165/92, Rn. 52 f., juris; *BGH*, Urt. v. 20.07.2005 – VIII ZR 121/04, Rn. 22, juris; *KG Berlin*, Urt. v. 15.11.2023 – 23 U 112/22, Rn. 21, juris.

Der Klauselverwender verfolgt, insbesondere bei auf Dauer angelegten Vertragsbeziehungen, das Ziel, seine Preise den aktuellen Kosten und Preisentwicklungen anzupassen.[563] Auf der anderen Seite ist das Interesse des Klauselgegners zu beachten, vor Preisanpassungen geschützt zu werden, die über die Wahrung des ursprünglich vereinbarten Äquivalenzverhältnisses hinausgehen.[564] Das Interesse des Klauselverwenders an der Erhaltung des Gleichgewichts von Leistung und Gegenleistung ist hierbei ein grundsätzlich anerkennenswertes Interesse.[565] Dabei ist insbesondere zu berücksichtigen, dass die Preise auf den Strom- und Gasmärkten, anders als bei anderen Vertragsgegenständen, stark volatil sind.[566]

Dieses Interesse kann allerdings nur so lange als berechtigt gelten, wie die Klausel auch tatsächlich dem Erhalt des Äquivalenzverhältnisses dient. Eine unangemessene Benachteiligung des Klauselgegners i. S. d. § 307 Abs. 1 S. 1 BGB ist zumindest immer dann anzunehmen, wenn die Klausel eine Verschiebung des Äquivalenzverhältnisses ermöglicht und damit nicht mehr lediglich dem Interesse des Verwenders am Erhalt des Äquivalenzverhältnisses dient.[567] Eine Verschiebung des Äquivalenzverhältnisses ist etwa dann möglich, wenn die Klausel keine Begrenzung auf die tatsächlich seitens des Energieversorgungsunternehmens gestiegenen Preise enthält oder das anpassungsberechtigte Energieversorgungsunternehmen nicht zur Weitergabe von Kostensenkungen verpflichtet ist.

(aa) Begrenzung auf Kostensteigerung

Eine Preisanpassungsklausel dient insbesondere dann nicht mehr nur dem Erhalt des Äquivalenzverhältnisses, wenn die Klausel derart ausgestaltet ist, dass sie eine Preiserhöhung über den seitens des Energieversorgungsunternehmens

---

[563] *BGH*, Urt. v. 24.03.2010 – VIII ZR 178/08, Rn. 26, juris; *BGH*, Urt. v. 24.03.2010 – VIII ZR 304/08, Rn. 33, juris; *BGH*, Urt. v. 17.09.2014 – VIII ZR 258/13, Rn. 25, juris.

[564] *BGH*, Urt. v. 24.03.2010 – VIII ZR 178/08, Rn. 26, juris; *BGH*, Urt. v. 24.03.2010 – VIII ZR 304/08, Rn. 33, juris; *BGH*, Urt. v. 17.09.2014 – VIII ZR 258/13, Rn. 25, juris.

[565] *BGH*, Urt. v. 12.07.1989 – VIII ZR 297/88, Rn. 12, juris.

[566] Vgl. *KG Berlin*, Urt. v. 15.11.2023 – 23 U 15/22, Rn. 21, juris; vgl. auch: *BGH*, Urt. v. 11.10.2007 – III ZR 63/07, Rn. 24, juris.

[567] *BGH*, Urt. v. 29.04.2008 – KZR 2/07, Rn. 18, juris; *BGH*, Urt. v. 28.10.2009 – VIII ZR 320/07, Rn. 25, juris; *BGH*, Urt. v. 31.07.2013 – VIII ZR 162/09, Rn. 39, juris.

gestiegenen Preis hinaus und dadurch zusätzliche Gewinne ermöglicht.[568] Es muss deshalb durch die Klausel sichergestellt werden, dass keine über die tatsächliche Kostensteigerung hinausgehende Preisanpassung seitens des Energieversorgungsunternehmens erfolgen kann. Dies kann etwa dadurch erfolgen, dass die Klausel vorgibt, dass eine Erhöhung des Vertragspreises nur im Umfang der tatsächlichen Kostensteigerung erfolgen darf.[569] Der BGH nimmt die Aufnahmen einer solchen Begrenzung als Wirksamkeitsvoraussetzung an.[570] Andernfalls könne die kundenfeindlichste Auslegung zu dem Ergebnis kommen, dass eine Preisanpassung über die eigene Kostensteigerung hinaus möglich sei.[571]

Aufgrund der unterschiedlichen Funktionsweisen der Klauseln muss hier eine Unterscheidung zwischen Leistungsvorbehaltsklauseln und formelbasierten Klauseln erfolgen.[572]

(aaa) Leistungsvorbehaltsklauseln

Leistungsvorbehaltsklauseln ermöglichen es dem Klauselverwender den Vertragspreis einseitig rechtsgeschäftlich neu zu bestimmen. Dabei ist der Klauselverwender grundsätzlich an das billige Ermessen i. S. d. § 315 Abs. 1 BGB gebunden.[573]

Daher ist fraglich, ob die Leistungsvorbehaltsklausel eine weitere Begrenzung enthalten muss oder ob die Begrenzung auf die Billigkeit den Klauselgegner hinreichend vor einer Verschiebung des Äquivalenzverhältnisses schützt.

So könnte angenommen werden, dass eine Begrenzung der Klausel zur Vermeidung zusätzlicher Gewinne bei Leistungsvorbehaltsklauseln nicht

---

568 *BGH*, Urt. v. 12.07.1989 – VIII ZR 297/88, Rn. 12, juris; *BGH*, Urt. v. 21.09.2005 – VIII ZR 38/08, Rn. 18, juris; *BGH*, Urt. v. 31.07.2013 – VIII ZR 162/09, Rn. 39, juris; *BGH*, Urt. v. 14.05.2014 – VIII ZR 114/13 Rn. 49, juris; *BGH*, Urt. v. 06.04.2016 – VIII ZR 236/10, Rn. 23, juris.

569 *Thomas*, AcP 209 (2009), 84 (95).

570 *BGH*, Urt. v. 21.09.2005 – VIII ZR 38/05, Rn. 18, juris; *BGH*, Urt. v. 13.12.2006 – VIII ZR 25/06, Rn. 21, juris; *BGH*, Urt. v. 24.03.2010 – VIII ZR 178/08, Rn. 35, juris.

571 *BGH*, Urt. v. 21.09.2005 – VIII ZR 38/05, Rn. 23, juris; *BGH*, Urt. v. 13.12.2006 – VIII ZR 25/06, Rn. 25, juris.

572 Vgl. *Graf von Westphalen*, FS Westermann, 707 (727 f.).

573 Vgl. *BGH*, Urt. v. 11.10.2006 – VIII ZR 270/05, Rn. 19, juris; *BGH*, Urt. v. 31.07.2013 – VIII ZR 162/09, Rn. 43, juris; vgl. auch: *BGH*, Urt. v. 11.10.2006 – VIII ZR 270/05, Rn. 19, juris.

notwendig sei. Begründen ließe sich diese Auffassung damit, dass die Preisanpassung bei Leistungsvorbehaltsklauseln im Rahmen des billigen Ermessens i. S. d. § 315 Abs. 1 BGB erfolgen muss. Eine Preisanpassung, die über die in Bezug genommenen Kostenfaktoren hinausgeht und einen zusätzlichen Gewinn ermöglicht, soll ohnehin eine unbillige Ausübung des Ermessens darstellen.[574] Die Unbilligkeit einer solchen Anpassung ließe sich schon damit begründen, dass der Sinn und Zweck der Klausel ist, die ursprüngliche Wage zwischen Leistung und Gegenleistung ausgeglichen zu halten und nicht einseitig zu erhöhen.[575] Dass die Klausel Kostenfaktoren, die eine Anpassung rechtfertigen angeben muss, ergibt sich bereits aus dem Transparenzgebot des § 307 Abs. 1 S. 2 BGB.[576] Ferner verpflichte eine ordnungsgemäße Ausübung des billigen Ermessens das Energieversorgungsunternehmen, auch Kostensenkungen weiterzugeben.[577] Mithin werde der Klauselgegner hinreichend durch die Möglichkeit der gerichtlichen Billigkeitsprüfung nach § 315 Abs. 3 BGB geschützt.[578] Es müsse nicht ausdrücklich festgelegt werden, dass Preissenkungen und Preiserhöhungen zu denselben Zeiträumen weitergegeben werden, da sich dies bereits dem Billigkeitsgrundsatz nach ergebe.[579]

Die gerichtliche Billigkeitskontrolle nach § 315 Abs. 3 BGB stehe aufgrund der unterschiedlichen Prüfungsgegenstände zwar neben der Inhaltskontrolle nach § 307 Abs. 1 BGB, dürfe aber bei der materiellen Bewertung der Klausel nicht unberücksichtigt bleiben, da durch die Billigkeitskontrolle gerade die Wahrung des Äquivalenzverhältnisses erreicht werden soll und so eine Verletzung des Äquivalenzverhältnisses bereits außerhalb des AGB-Rechts verhindert werde.[580] Eine AGB-rechtliche Beschränkung der Ausübung des Leistungsbestimmungsrechts trotz der Schranken des § 315 BGB würde

574 *Thomas*, AcP 209 (2009), 84 (96) unter Verweis auf *BGH*, Urt. v. 27.09.1984 – X ZR 12/84, Rn. 22, juris, welches annimmt, dass die Anpassung dem billigen Ermessen im Einzelfall auch ohne Bezugnahme auf konkrete Kostenelemente nur dann entspricht, wenn angemessenes Verhältnis zwischen Einstandspreisen, Geschäftsunkosten und -risiken und dem Gewinn gewahrt bleibt.

575 *Würdinger*, MüKo BGB, § 315 Rn. 23.

576 Vertiefend: F.I.3.c).dd).(4).

577 *de Wyl/Eder/Hartmann*, N(D)AV-/GVV-Kommentar, Teil 4 § 5 StromGVV/GasGVV Rn. 35.

578 *Thomas*, AcP 209 (2009), 84 (96); *Graf von Westphalen*, FS Westermann, 707 (728).

579 *Thomas*, AcP 209 (2009), 84 (104).

580 *Thomas*, AcP 209 (2009), 84 (97).

daher auf ein generelles Verbot von Leistungsbestimmungsrechten in AGB hinauslaufen.[581]

Für die Notwendigkeit einer Begrenzung in der Klausel spricht, dass es sich bei § 315 Abs. 3 BGB um eine Ausübungskontrolle des Leistungsvorbehalts handelt.[582] Dadurch steht die Billigkeitskontrolle auf einer nachgelagerten Stufe zur Inhaltskontrolle nach §§ 307 ff. BGB.[583] Schutzbereich des § 315 BGB ist nämlich nicht der Schutz vor dem Abschluss missbräuchlicher Verträge, sondern die Kontrolle der einseitigen Vertragsänderung.[584] Durch die Vorgaben zur Ausgestaltung der Klausel wird das Energieversorgungsunternehmen erst gar nicht in Versuchung gebracht, grundsätzlich unbillige Preisanpassungen vorzunehmen. Die Inhaltskontrolle soll den Klauselgegner schon an dieser Stelle vor einem möglichen Prozess schützen, damit dieser es nicht möglicherweise sogar unterlässt, seine Rechte durchzusetzen.[585] Aus diesem Grund kann eine unangemessene Benachteiligung auch nicht durch eine Billigkeitskontrolle kompensiert werden.[586] Der Letztverbraucher müsste sich für eine Billigkeitskontrolle nach § 315 Abs. 3 BGB erst auf dem Klageweg gegen die Preisanpassung wehren. Hiervon könnten einige Letztverbraucher aus Gründen des Prozessrisikos oder der Kosten für einen Prozess abgehalten sein, was dem Energieversorgungsunternehmen zugutekommen würde. Es erscheint daher sinnvoll, diese Klauselgestaltung schon in der ersten Stufe vorzugeben.

Andererseits lässt sich auch argumentieren, dass die Klagelast beim Geldleistungsgläubiger liegt, da eine Leistungsbestimmung, die nicht der Billigkeit entspricht, unwirksam ist und dieser bei einer unbilligen Bestimmung nur durch Urteil eine verbindliche Leistungsbestimmung erreichen kann.[587] Im Ergebnis wird hierbei dem durchschnittlichen Letztverbraucher schon die Möglichkeit fehlen, überhaupt eine Einschätzung vorzunehmen, ob die Preisbestimmung innerhalb des billigen Ermessens liegt. Dem durchschnittlichen

---

581 *Thomas*, AcP 209 (2009), 84 (97).

582 *Otto*, Soergel, § 315 BGB Rn. 254.

583 So auch ablehnend: *Säcker/Mengering*, BB 2013, 1859 (1860).

584 *Wielsch*, JZ 2/2008, 68 (68 f.).

585 *BGH*, Urt. v. 07.10.1981 – VIII ZR 229/80, Rn. 15, juris; *KG Berlin*, Urt. v. 15.11.2023 – 23 U 112/22, Rn. 43.

586 *KG Berlin*, Urt. v. 15.11.2023 – 23 U 112/22, Rn. 43.

587 *Piekenbrock*, ZIP 2010, 1925 (1927).

Letztverbraucher wird es schon an einem tiefergehenden Verständnis der einzelnen Preisbestandteile mangeln.

Überdies wäre es dem Klauselgegner nicht mehr möglich, etwaige Risiken der Kostensteigerungen anhand der Klausel abzusehen, wenn keine Begrenzung innerhalb der Klausel erfolgen würde.[588]

Auch erscheint die Annahme, dass die Aufnahme einer Begrenzung einem generellen Verbot von Leistungsvorbehaltsklauseln gleichkommen würde, zu drastisch. Solange der Klauselverwender eine Begrenzung seiner Anpassung aufnimmt, können diese weiterhin verwendet werden.

Da es sich bei der Billigkeitskontrolle nach § 315 Abs. 3 BGB um einen formularmäßig nicht abdingbaren Ausdruck des Gerechtigkeitsgebots i. S. d. § 307 Abs. 2 Nr. 1 BGB handelt, darf diese nicht ausgeschlossen werden.[589]

Im Ergebnis reicht die Begrenzung durch das billige Ermessen i. S. d. § 315 Abs. 1 BGB nicht aus, auch, wenn die Billigkeitskontrolle des § 315 Abs. 3 BGB ohnehin in AGB nicht ausgeschlossen werden darf. Der Klauselinhalt muss eine eigenständige Begrenzung beinhalten. Eine hinreichende Begrenzung durch § 315 BGB lehnt auch der BGH ab. So hat dieser ein dahingehend argumentierendes Urteil des LG Bonn[590] aufgehoben.[591]

(bbb) Formelbasierte Klauseln

Da formelbasierte Klauseln an einzelne Variablen anknüpfen, die den Vertragspreis unmittelbar beeinflussen und dem Klauselverwender im Rahmen der Höhe der Anpassung kein Ermessen zusteht, besteht grundsätzlich nicht die Gefahr, dass dieser Klauseltypus dem Verwender die Erzielung zusätzlicher Gewinne ermöglicht.[592] Dies wäre etwa der Fall, wenn dem Energieversorgungsunternehmen eine Preiserhöhung bei steigenden Bezugskosten ermöglicht wird und die Klausel keine Beschränkung auf die tatsächliche Kostensteigerung vorsieht.[593]

---

[588] Vgl. *BGH*, Urt. v. 18.01.2017 – VIII ZR 263/15, Rn. 32, juris.

[589] *BGH*, Urt. v. 05.07.2005 – X ZR 60/04, Rn. 39, juris; *BGH*, Urt. v. 31.07.2013 – VIII ZR 162/09, Rn. 44, juris; *Rieble*, Staudinger, § 315 BGB Rn. 311.

[590] *LG Bonn*, Urt. v. 07.09.2006 – 8 S 146/05.

[591] *BGH*, Urt. v. 17.12.2008 – VIII ZR 274/06.

[592] *Thomas*, AcP 209 (2009), 84 (94 f.).

[593] *BGH*, Urt. v. 12.07.1989 – VIII ZR 297/88 Rn. 12, juris; *BGH*, Urt. v. 13.12.2006 – VIII ZR 25/06, Rn. 25, juris.

Eine unangemessene Benachteiligung durch eine Verschiebung des Äquivalenzverhältnisses wäre weiter denkbar, wenn die Anpassungssystematik, etwa durch eine Hebelwirkung, zu einer unverhältnismäßigen Preissteigerung führen würde.[594] Diese Problematik kann sich etwa ergeben, wenn die Preisformel an einen Referenzwert anknüpft.[595] So sieht im Vergleich dazu etwa die AVBFernwärmeV vor, dass die Preisanpassungsklauseln in Fernwärmelieferverträgen nicht nur an einen marktbezogenen Referenzwert anknüpfen muss (sog. Marktelement), sondern gleichzeitig die tatsächlichen Kosten des Fernwärmeversorgungsunternehmens abbilden müssen (sog. Kostenelement), § 24 Abs. 4 AVBFernwärmeV.

Damit sichergestellt ist, dass die Klausel die Gewinnspanne des Verwenders nicht erhöhen kann, müssten grundsätzlich alle Preisbestandteile genannt und gewichtet werden.[596] Hierin birgt sich allerdings wiederum die Gefahr, dass Preisbestandteile, die eine eigentlich geringere Gewichtung am Gesamtpreis haben, bei einer Preisanpassung überproportional berücksichtigt würden, was im Ergebnis zu einer Erhöhung der Gewinnmarge führen könnte.[597] Dies könnte nur dadurch verhindert werden, dass die gesamte Kostenkalkulation transparent offengelegt wird.[598]

(bb) Weitergabe von Kostensenkungen (Gebot der Reziprozität)

Weiter würden Preisanpassungsklauseln eine Möglichkeit zur Verschiebung des Äquivalenzverhältnisses bieten, wenn die Klausel ein Recht des Lieferanten zur Preiserhöhung, nicht aber die Verpflichtung zur Weitergabe gesunkener Kosten vorsieht.[599] Die Verpflichtung, dass neben Kostensteigerungen auch Kostensenkungen weitergegeben werden müssen, wird auch als Gebot

---

594 *Thomas*, AcP 209 (2009), 84 (95).

595 Hierzu: *Schöne/Garbers*, Graf von Westphalen/Thüsing/Pamp, Stromlieferverträge, Rn. 261.

596 *BGH*, Urt. v. 21.09.2005 – VIII ZR 38/05, Rn. 19, juris; *Kessel/Schwedler*, BB 2010, 585 (587); Schulz-Gardyan, RdE 2010, 215 (222).

597 *Kessel/Schwedler*, BB 2010, 585 (587).

598 *Kessel/Schwedler*, BB 2010, 585 (587).

599 *BGH*, Urt. v. 29.04.2008 – KZR 2/07, Rn. 17, juris; *BGH*, Urt. v. 28.10.2009 – VIII ZR 320/07, Rn. 25, juris; *BGH*, Urt. v. 14.07.2010 – VIII ZR 246/08, Rn. 18, juris; *BGH*, Urt. v. 31.07.2013 – VIII ZR 162/09, Rn. 39 ff., juris; *KG Berlin*, Urt. v. 15.11.2023 – 23 U 112/22, Rn. 29, juris.

der Reziprozität bezeichnet.[600] Die Reziprozität – die Wechselseitigkeit – bedeutet in diesem Zusammenhang die Weitergabe von Kostensteigerungen und Kostensenkungen gleichermaßen.[601]

Gründe, das Gebot der Reziprozität lediglich auf Verbraucherverträge zu beschränken und nicht auf Verträge im unternehmerischen Rechtsverkehr anzuwenden, bestehen nicht.[602] So gilt die Notwendigkeit der Rechtfertigung einer Preisanpassungsbestimmung zum Erhalt des Äquivalenzverhältnisses auch im B2B-Vekehr.[603] Es kann nämlich nicht vereinfacht davon ausgegangen werden, dass der Unternehmer etwaige Kostensteigerungen ohnehin an seine Kunden weitergeben kann.[604] Die Klausel muss daher sicherstellen, dass Kostensteigerungen des Lieferanten nur weitergegeben werden, soweit sie in anderen Bereichen durch Kostensenkungen nicht ausgeglichen werden können.[605] Es ist daher eine Saldierung vorzunehmen. Das bedeutet, dass Kostensteigerungen, die das Energieversorgungsunternehmen an den Letztverbraucher weitergeben möchte, mit möglichen Kostensenkungen zu verrechnen sind. Nur die daraus resultierende tatsächliche Mehrbelastung darf an den Letztverbraucher weitergegeben werden.[606]

(aaa) Maßstab

Für die Weitergabe von Kostensenkungen und -steigerungen muss derselbe Maßstab angelegt werden.[607] Dies gilt auch für den Betrachtungszeitraum von

---

600 *Fuchs*, Ulmer/Brandner/Hensen, § 307 Rn. 182d.

601 Zur Wortbedeutung vgl. https://www.duden.de/rechtschreibung/Reziprozitaet (abgerufen am: 27.05.2025).

602 So allerdings ohne nähere Begründung: *Rohrßen*, ZVertriebsR 2021, 26 (34).

603 Vgl. *OLG Naumburg*, Urt. v. 13.12.2012 – 2 U 14/12, Rn. 65, juris; *OLG Hamm*, Urt. v. 16.07.2013 – 19 U 19/13, Rn. 26, juris.

604 *BGH*, Urt. v. 08.10.2008 – XII ZR 84/06, Rn. 25, juris; *Pfeiffer*, Wolf/Lindacher/Pfeiffer, § 310 Abs. 1 Rn. 3; *Grün/Ostendorf*, BB 2014, 259 (261); so aber: *Thomas*, AcP 209 (2009), 84 (114).

605 *BGH*, Urt. v. 13.12.2006 – VIII ZR 25/06, Rn. 23, juris.; *BGH*, Teilurt. v. 29.04.2008 – KZR 2/07, Rn. 20, juris; *BGH*, Urt. v. 31.07.2013 – VIII ZR 162/09, Rn. 39, juris; *BGH*, Urt. v. 25.11.2015 – VIII ZR 360/14, Rn. 30, juris.

606 Vgl. *BGH*, Urt. v. 21.09.2005 – VIII ZR 38/05, Rn. 25, juris; *BGH*, Urt. v. 25.11.2015 – VIII ZR 360/14, Rn. 30, juris.

607 *BGH*, Teilurt. v. 29.04.2008 – KZR 2/07, Rn. 20, juris; *BGH*, Urt. v. 31.07.2013 – VIII ZR 162/09, Rn. 39, juris.

Kostensteigerungen und Kostensenkungen.[608] Teilweise wird im Hinblick auf den Maßstab vertreten, dass es für den Klauselgegner auch vorteilhaft sein könne, wenn der Vertragspreis nicht von der Entwicklung der Gesamtkosten, sondern nur von bestimmten Kostenfaktoren abhängig gemacht werde.[609] Begründet wird dies damit, dass der Letztverbraucher einige Kostenfaktoren, wie beispielsweise Personalkosten, nur schlecht überblicken könne.[610] Durch die Inbezugnahme nur bestimmter Kostenfaktoren könne so verhindert werden, dass solche Kostenfaktoren, die der Letztverbraucher nicht einschätzen kann, das Äquivalenzverhältnis beeinflussen.[611] Auch wenn so der Fall eintreten könne, dass das Energieversorgungsunternehmen seinen Gewinn steigere, könne auch der umgekehrte Fall eintreten, dass sich der Gewinn des Energieversorgungsunternehmens schmälere.[612] Durch die Anknüpfung an bestimmte Kostenfaktoren werde die Anpassungssymmetrie gewahrt, weshalb eine Verletzung des Äquivalenzverhältnisses ausscheide.[613] Dem kann jedoch nicht gefolgt werden. So würde dem Energieversorgungsunternehmen durch die Inbezugnahme nur bestimmter Kostenfaktoren die Möglichkeit gegeben werden, die Anpassungssymmetrie zu Vertragsbeginn selbst zu bestimmen. Auch würde die Anpassungsklausel ihre Rechtfertigung verlieren. Die Klausel würde nämlich dann nicht mehr dem Interesse des Klauselverwenders dienen, Leistung und Gegenleistung aufgrund der volatilen Preise an den Energiemärkten in einem Gleichgewicht zu halten. Vielmehr würde der Klauselverwender mit einer derart gestalteten Klausel das Interesse verfolgen, eine selbst gewählte Anpassungssymmetrie in einem Gleichgewicht zu halten.

(bbb) Weitergabe von Einsparungen nach eigener Anstrengung

Im Kontext der Wahrung des Äquivalenzverhältnisses und dem Gebot der Reziprozität erscheint es ferner fraglich, ob auch solche Kostensenkungen berücksichtigt werden müssen, die auf einer eigenen Anstrengung des

---

608 *BGH*, Teilurt. v. 29.04.2008 – KZR 2/07, Rn. 21, juris; *BGH*, Urt. v. 13.01.2010 – VIII ZR 81/08, Rn. 19, juris; *Säcker/Mengering*, BB 2013, 1859 (1868).
609 *Thomas*, AcP 209 (2009), 84 (100).
610 *Thomas*, AcP 209 (2009), 84 (99 f.).
611 *Thomas*, AcP 209 (2009), 84 (100).
612 *Thomas*, AcP 209 (2009), 84 (101).
613 *Thomas*, AcP 209 (2009), 84 (101).

Klauselverwenders beruhen. Dies betrifft etwa Einsparungen durch Rationalisierung, Innovationen oder Investitionen.[614]

So könnte man annehmen, dass nur solche Kostensenkungen berücksichtigt werden müssen, die auch Auslöser für eine Kostensteigerung wären.[615] Denn Kostensenkungen, die aus unternehmerischen Gründen beim Energieversorgungsunternehmen eintreten, erhöhen zwar den betriebswirtschaftlichen Gewinn, ändern aber betreffen nicht das Äquivalenzverhältnis.[616] Sinn und Zweck des Gebots der Reziprozität ist es, die Risiken und Chancen der Veränderung des Einstandspreises ausgewogen auf die Parteien zu verteilen.[617] Entscheidend für die Frage der Berücksichtigung ist, ob das Energieversorgungsunternehmen bei Kostensteigerungen aufgrund schlechten Wirtschaftens diese an den Letztverbraucher weitergeben dürfte. Denn nur dann darf der Letztverbraucher im Umkehrschluss auch von einem guten Wirtschaften des Energieversorgers profitieren. Aus § 2 Abs. 1 EnWG i. V. m. § 1 Abs. 1 EnWG ergibt sich die Verpflichtung der Energieversorgungsunternehmen, Letztverbraucher möglichst sicher, preisgünstig, verbraucherfreundlich, effizient und umweltverträglich mit leitungsgebundener Elektrizität und Gas zu versorgen.[618] Aus diesem energiewirtschaftlichen Grundsatz lässt sich die Verpflichtung für das Energieversorgungsunternehmen ableiten, Energie nicht zu beliebigen Preisen ohne die Prüfung günstigerer Alternativen einzukaufen.[619] Dies gilt auch in Bezug auf Preisanpassungen, die der Vorlieferant vornimmt und die über die Verhältnisse am Markt hinausgehen.[620] Daraus lässt sich schließen, dass eine Weitergabe von Preissteigerungen an den Letztverbraucher aufgrund schlechten Wirtschaftens grundsätzlich ausgeschlossen sein muss. Im Umkehrschluss kann daraus gefolgert werden, dass der Klauselverwender bei Kostensenkungen aufgrund von guten unternehmerischen Entscheidungen nicht verpflichtet sein kann,

---

614 Offengelassen: *KG Berlin*, Urt. v. 15.11.2023 – 23 U 112/22, Rn. 36, juris.

615 *Fuchs*, Ulmer/Brandner/Hensen, § 307 Rn. 182d.

616 *Fuchs*, Ulmer/Brandner/Hensen, § 307 Rn. 182d.

617 *BGH*, Urt. v. 29.04.2008 – KZR 2/07, Rn. 17, juris.

618 *BGH*, Urt. v. 19.11.2008 – VIII ZR 138/07, Rn. 43, juris; *BGH*, Urt. v. 06.04.2016 – VIII ZR 71/10, Rn. 33, juris.

619 *BGH*, Urt. v. 19.11.2008 – VIII ZR 138/07, Rn. 43, juris.

620 *BGH*, Urt. v. 19.11.2008 – VIII ZR 138/07, Rn. 43, juris.

diese unmittelbar in die Saldierung einfließen zu lassen. Nur so kann eine gerechte Risikoverteilung zwischen den Vertragsparteien erreicht werden.

In der Praxis ergibt sich allerdings das Folgeproblem, dass Energieversorgungsunternehmen möglicherweise nach Art. 12 Abs. 1 GG geschützte sensible Daten offenlegen müssten.[621] Um dem Problem entgegenzutreten, dass eine Partei im Zivilprozess möglicherweise sogar den Prozess bewusst verliert, um eine Offenlegung des Geschäftsgeheimnisses zu verhindern, ist zum 1. April 2025 der § 273a ZPO in Kraft getreten.[622] Nach § 273a 1. Hs. ZPO kann das Gericht auf Antrag streitgegenständliche Informationen als ganz oder teilweise geheimhaltungsbedürftig einstufen. Sind die Voraussetzungen des § 273a ZPO erfüllt, sind die §§ 16 bis 20 GeschGehG entsprechend anzuwenden. So müssen etwa die als geheimhaltungsbedürftig eingestuften Informationen nach § 16 Abs. 2 GeschGehG vertraulich behandelt werden und dürfen außerhalb eines gerichtlichen Verfahrens nicht genutzt oder offengelegt werden.

(ccc) Zwischenergebnis

Kostensteigerungen und Kostensenkungen müssen nach denselben Maßstäben an den Letztverbraucher weitergegeben werden, um eine Verschiebung des Äquivalenzverhältnisses zu verhindern. Kosteneinsparungen seitens des Energieversorgungsunternehmens, die aufgrund guten Wirtschaftens beim Energieversorgungsunternehmen entstehen, müssen nicht an den Letztverbraucher weitergegeben werden. Auf der Kehrseite darf das Energieversorgungsunternehmen auch keine Kostensteigerungen aufgrund schlechten Wirtschaftens an den Letztverbraucher weitergeben.

(cc) Zwischenergebnis

Ein Energieversorgungsunternehmen hat nur ein berechtigtes Interesse an der Verwendung einer Preisanpassungsklausel, wenn diese dem Erhalt des Äquivalenzverhältnisses dient. Aus diesem Grund muss die Anpassung auf die tatsächliche Kostensteigerung seitens des Energieversorgungsunternehmens begrenzt sein. Auch müssen Kostensenkungen nach denselben Maßstäben

---

[621] Vgl. *BGH*, Urt. v. 19.11.2008 – VIII ZR 138/07, Rn. 45 ff., juris.
[622] BT-Drs. 20/8649, 30.

wie Kostensteigerungen an den Letztverbraucher weitergegeben werden. Dazu müssen diese zunächst saldiert werden.

(c) Unangemessene Benachteiligung durch Summierung

Eine unangemessene Benachteiligung kann sich aus der Summierung mehrerer für sich genommen angemessener Klauseln ergeben, sog. Summierungseffekt.[623] Ein Summierungseffekt liegt vor, wenn Klauseln bei der Einzelbetrachtung unbedenklich sind, im Zusammenspiel mit inhaltlich zusammengehörenden Klauseln allerdings in ihrer Gesamtwirkung den Vertragspartner unangemessen benachteiligen.[624] Die Prinzipien zum Summierungseffekt wurden von der Rechtsprechung im Rahmen von Mietverträgen entwickelt, sind allerdings auf alle Vertragsarten anzuwenden.[625] Inhaltlich zusammengehörende Klauseln können im Rahmen von Preisanpassungsklauseln andere Preisregelungen sein. Insbesondere bei der Aufnahme von verschiedenen Preisanpassungsklauseln muss die Möglichkeit der unangemessenen Benachteiligung aufgrund eines möglichen Summierungseffekts beachtet werden.

(d) Verhältnismäßigkeit

Preisanpassungsklauseln müssen so ausgestaltet sein, dass sie verhältnismäßig sind. Die Preisanpassung darf nicht außer Verhältnis zur Veränderung der wirtschaftlichen Verhältnisse erfolgen und es dürfen keine überproportionalen Preisbewegungen entstehen.[626] Für Fernwärmelieferverträge ergibt sich dieser Grundsatz bereits aus § 24 Abs. 4 AVBFernwärmeV, welcher über § 307 Abs. 1 S. 1 BGB auch für sonstige Energielieferverträge gelten muss.[627] § 24 Abs. 4 S. 1 AVBFernwärmeV legt hierzu fest, dass die Kostenentwicklung bei

---

[623] *BGH*, Beschl.v. 02.12.1992 – VIII ARZ 5/92, Rn. 21, juris; *BGH*, Urt. v. 14.05.2003 – VIII ZR 308/02, Rn. 14, juris; *BGH*, Urt. v. 05.04.2006 – VIII ZR 163/05, Rn. 16, juris; *Rieländer*, Leuschner AGB-Recht, § 307 Rn. 38; *Fuchs*, Ulmer/Brandner/Hensen, § 307 Rn. 378.

[624] *BGH*, Urt. v. 14.05.2003 – VIII ZR 308/02, Rn. 14; *BGH*, Urt. v. 05.04.2006 – VIII ZR 163/05, Rn. 16, juris.

[625] *Rieländer*, Leuschner AGB-Recht, § 307 Rn. 38.

[626] *Baur*, Vertragliche Anpassungsregelungen, 106.

[627] Zu den Vorgängervorschriften in § 24 Abs. 3 AVBFernwärmeV und § 9 AGBG: Baur, Vertragliche Anpassungsregelungen, 106; vgl. auch: *Büdenbender/Gromm*, BB 2011, 2883 (2885), die von einer umgekehrten Übertragbarkeit der Maßstäbe aus § 315 Abs. 3 BGB und § 307 Abs. 1 BGB auf § 24 Abs. 4 AVBFernwärmeV ausgehen.

der Erzeugung und Bereitstellung sowie die jeweiligen Verhältnisse auf dem Wärmemarkt angemessen berücksichtigt werden müssen. Daraus ergibt sich, dass der Versorger die Kostenentwicklung nicht kostenecht abbilden muss, sondern eine Kostenorientierung, die dem Klauselverwender einen gewissen Gestaltungsspielraum bei der Erstellung der Klausel lässt, ausreicht.[628] Die Darstellung der Kostenentwicklung kann auch pauschaliert werden, solange sichergestellt bleibt, dass die Pauschalwerte die Kostenentwicklung angemessen repräsentieren.[629] Voraussetzung hierfür ist, dass die kostenmäßigen Zusammenhänge gewahrt bleiben.[630]

Die Gefahr einer unverhältnismäßigen Kostenweitergabe besteht insbesondere bei formelbasierten Anpassungsklauseln. Diese kann etwa bei der Anknüpfung an bestimmte Indizes ausgelöst werden, wenn die Anpassung der vertraglichen Geldleistungspflicht zeitlich versetzt zum Index erfolgt. Dies kann zu einer Latenz führen, sodass Preissteigerungen an den Letztverbraucher weitergegeben werden, obwohl die Indexwerte bereits sinken. Zur Verhinderung einer unverhältnismäßigen Anpassung sollten bei Preisformeln Korrekturfaktoren aufgenommen werden.

Teilweise wird verlangt, dass Preiserhöhungen nach Belieben und Willkür ausgeschlossen sein müssen.[631] Eine willkürliche Preiserhöhung ist jedoch schon allein dadurch ausgeschlossen, dass keine Verschiebung des Äquivalenzverhältnisses erfolgen darf.

(e) Kompensation einer unangemessenen Benachteiligung

Die AGB-Kontrolle muss stets den gesamten Vertragsinhalt berücksichtigen. Nachteilige Klauseln können deshalb durch Vorteile in anderen AGB-Klauseln oder Individualabreden ausgeglichen werden.[632] Dazu müssen die

---

[628] Vgl. *BGH*, Urt. v. 06.04.2011 – VIII ZR 273/09, Rn. 33, 38; *BGH*, Urt. v. 13.07.2011 – VIII ZR 339/10, Rn. 24, juris; *Büdenbender/Gromm*, BB 2011, 2883 (2887); *Fricke*, Hempel/Franke, § 24 AVBFernwärmeV Rn. 84 f.

[629] *Fricke*, Hempel/Franke, § 24 AVBFernwärmeV Rn. 86.

[630] *BGH*, Urt. v. 13.07.2011 – VIII ZR 339/10, Rn. 24, juris; *Fricke*, Hempel/Franke, § 24 AVBFernwärmeV Rn. 86.

[631] *OLG Düsseldorf*, Urt. v. 13.02.1997 – 6 U 49/96, Rn. 27, juris; *OLG Thüringen*, Urt. v. 22.04.2020 – 2 U 287/18, Rn. 53, juris.

[632] *BGH*, Urt. v. 29.11.2002 – V ZR 105/02, Rn. 20, juris; *BGH*, Urt. v. 21.09.2016 – VIII ZR 27/16, Rn. 22, juris; *Wurmnest*, MüKo BGB, § 307 Rn. 40.

Klauseln allerdings konnex, d. h. in einer Wechselbeziehung, zueinanderstehen.[633] Der Vorteil muss für eine mögliche Kompensation derart gewichtig sein, dass der Nachteil auch tatsächlich ausgeglichen werden kann.[634]

Bei Preisanpassungsklauseln soll eine Unangemessenheit im Einzelfall durch eine Kündigungsmöglichkeit kompensiert werden können, wenn eine Konkretisierung der Anpassungsmaßstäbe aufgrund der Besonderheit der Vertragsbeziehung auf unüberwindbare Schwierigkeiten stößt.[635] Dies stellt den Klauselverwender allerdings nicht von der Verpflichtung frei, die Klausel möglichst konkret und transparent zu formulieren.[636] Die Kompensationsmöglichkeit kann allerdings im Rahmen von Sonderkundenverträgen mit Letztverbrauchern nicht gelten, da diesen nach § 41 Abs. 5 S. 4 EnWG ohnehin ein Sonderkündigungsrecht bei Preiserhöhungen aufgrund von Anpassungsklauseln zusteht.[637] Eine Verpflichtung, der das Energieversorgungsunternehmen ohnehin nachkommen muss, kann nicht als Kompensation angesehen werden. Eine Kompensation der unangemessenen Benachteiligung setzt ein Zugeständnis in Form der Kündigungsmöglichkeit voraus. Ein solches Zugeständnis liegt aber gerade nicht bei einer gesetzlichen Verpflichtung vor.

Überdies können Preisvereinbarungen keine kompensierende Wirkung haben, denn Preise beruhen grundsätzlich auf den Markt- und Wettbewerbsverhältnissen und haben deshalb keinen nachweisbaren Einfluss auf die Ausgestaltung der AGB.[638]

(f) Besonderheiten im unternehmerischen Rechtsverkehr

Die Inhaltskontrolle im unternehmerischen Rechtsverkehr muss berücksichtigen, dass Preisanpassungsklauseln im unternehmerischen Rechtsverkehr

---

633 *BGH*, Urt. v. 29.11.2002 – V ZR 105/02, Rn. 20, juris.

634 *BGH*, Urt. v. 15.11.2007 – III ZR 247/06, Rn. 34 f., juris; *Stoffels*, AGB-Recht, Rn. 487; *Wendland*, Staudinger, § 307 BGB Rn. 125.

635 *BGH*, Urt. v. 15.11.2007 – III ZR 247/06, Rn. 13, juris; *BGH*, Urt. v. 21.09.2016 – VIII ZR 27/16, Rn. 23, juris; kritisch: *Graf von Westphalen*, MDR 2008, 424 (427).

636 M. w. N.: *Fuchs/Zimmermann*, Ulmer/Brandner/Hensen, § 309 Nr. 1 Rn. 36.

637 M. w. N.: *BGH*, Urt. v. 21.09.2016 – VIII ZR 27/16, Rn. 27 ff., juris.

638 *BGH*, Urt. v. 16.11.1992 – II ZR 184/91, Rn. 21, juris; *BGH*, Urt. v. 04.12.2013 – IV ZR 215/12, Rn. 43, juris; *BGH*, Urt. v. 04.07.2017 – XI ZR 562/15, Rn. 48, juris; *Pfeiffer*, Wolf/Lindacher/Pfeiffer, § 307 Rn. 224; zu den Ausnahmen: *Fuchs*, Ulmer/Brandner/Hensen, § 307 Rn. 148 ff.

weitverbreitet sind. Demzufolge ist nur ein geringeres Schutzniveau notwendig.[639] Das geringere Schutzniveau kann dazu führen, dass Klauseln, die bei Verbrauchergeschäften unwirksam sind, im unternehmerischen Rechtsverkehr ausnahmsweise zulässig sind.[640] Allerdings darf die im unternehmerischen Rechtsverkehr gewährte größere Flexibilität nicht dazu führen, dass die Vertragsgerechtigkeit, insbesondere im Hinblick auf das Äquivalenzverhältnis, zur Disposition der Vertragsparteien steht.[641]

(g) Einfluss der marktbeherrschenden Stellung

Die Stromerzeugungsmengen einiger Energieversorgungsunternehmen sind derart bedeutend, dass ohne die von ihnen erzeugten Strommengen der Strombedarf nicht mehr gedeckt werden könnte.[642] Durch diese starke Stellung am Energiemarkt könnte es für diese Unternehmen leichter sein, eigene Interessen stärker in den Vordergrund zu drängen als für kleine Energieversorgungsunternehmen.[643] Kleinere Energieversorgungsunternehmen sind möglicherweise eher auf den einzelnen Letztverbraucher angewiesen, sodass die Verhandlungsstellung kleinerer Energieversorgungsunternehmen geschwächt erscheint. Fraglich ist, ob die starke Stellung einiger Energieversorgungsunternehmen eine Auswirkung auf die AGB-Kontrolle bei Sonderkundenverträgen mit Letztverbrauchern hat.

Zunächst ist festzuhalten, dass zum derzeitigen Zeitpunkt kein Energieversorgungsunternehmen eine marktbeherrschende Stellung i. S. d. § 18 Abs. 1 GWB innehat. Nach § 18 Abs. 4 GWB wird vermutet, dass ein Unternehmen marktbeherrschend i. S. d. § 18 Abs. 1 GWB ist, wenn es einen Marktanteil von mindestens 40 % hat. Dieser Wert wurde in Deutschland durch die kumulierten Marktanteile der vier absatzstärksten Strom- und Gaslieferanten in der Belieferung von Letztverbrauchern nicht erreicht.[644]

---

639 *BGH*, Urt. v. 16.01.1985 – VIII ZR 153/83, Rn. 19, juris; *BGH*, Urt. v. 14.05.2014 – VIII ZR 114/13, Rn. 44, juris; *Tüngler*, BeckOGK BGB (Stand: 01.03.2025), § 433 Rn. 273.

640 *BGH*, Urt. v. 03.03.1988 – X ZR 54/86, Rn. 42, juris.

641 *Wendland*, Staudinger, § 307 BGB Rn. 330d; hierzu auch: *Grün/Ostendorf*, BB 2014, 259 (260).

642 *BKartA*, Wettbewerbsverhältnisse im Bereich der Erzeugung elektrischer Energie 2022, 4.

643 Vgl. *OLG Frankfurt*, NJW-RR 1986, 895 (897) (Urteil ist nicht rechtskräftig).

644 *BNetzA/BKartA*, Monitoringbericht 2023, 5.

Daraus ergibt sich, dass weder ein Energieversorgungsunternehmen allein noch die vier absatzstärksten Strom- und Gaslieferanten zusammen eine marktbeherrschende Stellung einnehmen.

Gegen eine Berücksichtigung einer starken Stellung auf dem Markt der Energieversorgung spricht, dass die Energie, die bei dem Letztverbraucher ankommt, stets identisch ist und es keine Qualitätsunterschiede der Energie zwischen den einzelnen Energieversorgungsunternehmen gibt. Es steht damit dem Letztverbraucher frei, zu welchen Bedingungen er den jeweiligen Energieversorger auswählt. Solange die Möglichkeit einer solchen Auswahl im Rahmen der Wettbewerbssituation erhalten bleibt, kann die Marktstellung im Rahmen der AGB-Kontrolle keine Berücksichtigung finden.[645] Dies soll selbst dann gelten, wenn ein Unternehmen tatsächlich marktbeherrschend ist.[646]

(h) Zwischenergebnis

Die unangemessene Benachteiligung i. S. d. § 307 Abs. 1 S. 1 BGB von Preisanpassungsklauseln in Energielieferverträgen muss im Rahmen der Inhaltskontrolle anhand einer Interessenabwägung der Interessen von Energieversorgungsunternehmen und Letztverbraucher beurteilt werden. Der Energieversorger hat nur so lange ein berechtigtes Interesse an einer vertraglichen Möglichkeit zur Preisanpassung, wie diese nur dem Erhalt des Äquivalenzverhältnisses dient. Aus diesem Grund müssen Kostensteigerungen und -senkungen anhand derselben Maßstäbe an den Letztverbraucher weitergegeben werden. Die Klausel muss dabei so ausgestaltet sein, dass die Preisanpassung stets verhältnismäßig ist.

Bei der Verwendung mehrerer Klauseln ist eine unangemessene Benachteiligung durch Summierung möglich. Auch eine Kompensation einer unangemessenen Benachteiligung ist denkbar, für Energielieferverträge aber kaum relevant.

Die Beurteilung der inhaltlichen Angemessenheit einer Preisanpassungsklausel muss im B2B-Verkehr die geringere Schutzwürdigkeit von Unternehmern berücksichtigen.

---

[645] *Pfeiffer*, Wolf/Lindacher/Pfeiffer, § 307 Rn. 228; *Fuchs*, Ulmer/Brandner/Hensen, § 307 Rn. 150.

[646] Pfeiffer, Wolf/Lindacher/Pfeiffer, § 307 Rn. 228.

Eine starke Marktstellung von Energieversorgungsunternehmen hat für die Inhaltskontrolle keine Relevanz.

dd) Transparenzkontrolle

Weiter soll die unangemessene Benachteiligung aufgrund einer mangelnden Transparenz von Preisanpassungsklauseln betrachtet werden. Nach dem sog. Transparenzgebot liegt eine unangemessene Benachteiligung dann vor, wenn die Bestimmung nicht klar und verständlich ist, § 307 Abs. 1 S. 2 BGB. Die Transparenzkontrolle einer Klausel erfolgt auch dann, wenn die Klausel nicht der Inhaltskontrolle unterliegt, § 307 Abs. 3 S. 2 BGB. Verkürzt formuliert muss im Rahmen der Transparenzkontrolle von Preisanpassungsklauseln beurteilt werden, ob der Klauselverwender die Klausel derart gestaltet hat, dass der Klauselgegner die Entgeltänderung anhand klarer und verständlicher Kriterien vorhersehen kann.[647]

(1) Grundlegendes

Telos des Transparenzgebots ist es, den Klauselgegner vor einer Verhüllung der wahren Rechtslage oder des wahren Preis-Leistungs-Verhältnisses zu seinem Nachteil zu schützen.[648] In das BGB wurde das Transparenzgebot mit dem Schuldrechtsmodernisierungsgesetz eingeführt und diente der Umsetzung des Art. 5 S. 1 der RL 93/13/EWG.[649] Dort wird festgelegt, dass schriftliche Klauseln in Verträgen mit Verbrauchern stets klar und verständlich abgefasst sein müssen. Der deutsche Gesetzgeber hat bei der Umsetzung in nationales Recht die Anforderungen „klar und verständlich" aus dem Wortlaut der Richtlinie übernommen. Schon vor der ausdrücklichen Aufnahme in das Gesetz wurden die Anforderungen der Klarheit und Verständlichkeit von Klauseln in AGB von der Rechtsprechung vorausgesetzt, welche das Transparenzgebot bis dahin aus § 9 AGBG ableitete.[650] Zur Bestimmung, wann eine Preisanpassungsklausel „klar und verständlich" ist, muss daher im Rahmen

---

647 *BGH*, Urt. v. 31.07.2013 – VIII ZR 162/09, Rn. 52 ff., juris; *BGH*, Urt. v. 25.11.2015 – VIII ZR 360/14, Rn. 27, juris; vgl. auch: *EuGH*, Urt. v. 21.03.2013 – C-92/11 (RWE Vertrieb), Rn. 49, juris; *EuGH*, Urt. v. 23.10.2014 – C-359/11 und C-400/11 (Schulz und Egbringhoff), Rn. 49 ff., juris.

648 *Pfeiffer*, Wolf/Lindacher/Pfeiffer, § 307 Rn. 158.

649 BT-Drs. 14/6040, 153.

650 BT-Drs. 14/6040, 153.

der richtlinienkonformen Auslegung auch auf die RL 93/13/EWG und die im Laufe der Jahre von der Rechtsprechung entwickelten Grundsätze zurückgegriffen werden.[651]

Auch, wenn die RL 93/13/EWG nur auf Verbraucherverträge Anwendung findet (Art. 1 Abs. 1 RL 93/12/EWG), ist das Transparenzgebot in § 307 Abs. 1 S. 2 BGB nicht auf diese beschränkt. Dies ergibt sich bereits aus § 310 Abs. 1 S. 1 BGB, welcher das Transparenzgebot im unternehmerischen Rechtsverkehr nicht beschränkt.

(2) Klarheit und Durchschaubarkeit

Nach den Grundsätzen des BGH sind die Rechte und Pflichten des Vertragspartners möglichst klar und durchschaubar darzustellen.[652] Mögliche wirtschaftliche Nachteile und Belastungen müssen – soweit es nach den Umständen gefordert werden kann – in der Klausel deutlich werden.[653] Diese Anforderungen der Rechtsprechung werden für Energielieferverträge in § 41 Abs. 1 S. 1 EnWG aufgegriffen, wonach Verträge über die Belieferung von Energie mit Letztverbrauchern einfach und verständlich sein müssen.[654] Das Transparenzgebot beschränkt sich nicht lediglich auf die formelle und grammatikalische Verständlichkeit, sondern dient gerade im Rechtsverkehr mit Verbrauchern dem Ausgleich von Informationsasymmetrien zwischen Verbrauchern und Unternehmern.[655] Zur Erfüllung der Transparenzvorgaben wird vom Verwender nicht gefordert, die denkbar klarste Formulierung zu wählen, solange die gewählte Ausdrucksweise den Anforderungen des Transparenzgebots entspricht.[656] Die Anforderungen an Klarheit und Durchschaubarkeit sollen im folgenden Abschnitt näher beleuchtet werden.

---

651 BT-Drs. 14/6040, 153; *Pfeiffer*, Wolf/Lindacher/Pfeiffer, § 307 Rn. 234.

652 Grundlegend: *BGH*, Urt. v. 24.11.1988 – III ZR 188/87, Rn. 26, juris; fortführend: *BGH*, Urt. v. 23.02.2005 – IV ZR 273/03, Rn. 15, juris; *BGH*, Urt. v. 24.03.2010 – VIII ZR 178/08, Rn. 15, juris.

653 *BGH*, Urt. v. 19.10.1999 – XI ZR 8/99, Rn. 18, juris; *BGH*, Urt. v. 28.05.2014 – VIII ZR 179/13, Rn. 27, juris; *BGH*, Urt. v. 25.11.2015 – VIII ZR 360/14, Rn. 12, juris; so auch zu Art. 5 RL 93/13/EWG (Klausel-RL): *EuGH*, Urt. v. 16.07.2020 – C-224/19 und C-259/19 (Caixabank und Banco Bilbao Vizcaya Argentaria), Rn. 67, juris (m. w. N.).

654 Vgl. *OLG Düsseldorf*, Urt. v. 30.10.2018 – I-20 U 29/18, Rn. 22, juris.

655 *EuGH*, Urt. v. 30.04.2014 – C-26/13 (Kásler und Káslerné Rábai), Rn. 72, juris.

656 *BGH*, Urt. v. 14.01.2014 – XI ZR 355/12, Rn. 29, juris.

(a) Durchschnittlicher Vertragspartner

Für das Verständnis der Klausel ist auf den durchschnittlichen Vertragspartner abzustellen.[657] Dabei stellt sich die Frage, welche Anforderungen an diesen durchschnittlichen Vertragspartner gestellt werden dürfen. Zunächst soll hierzu die Semantik des Transparenzgebots, insbesondere die Wortbedeutung von „klar und verständlich" betrachtet werden. Nach dem allgemeinen Sprachgebrauch soll etwas klar sein, wenn es fest umrissen, eindeutig, für jedermann übersichtlich und verständlich ist.[658] Verständlich soll etwas sein, wenn es sich (gut) verstehen, erfassen, begreifen lässt bzw. leicht fassbar ist.[659] Bereits aus diesem allgemeinen Verständnis der Begrifflichkeiten wird deutlich, dass nicht allzu hohe Erwartungen an den Klauselgegner gestellt werden dürfen. Insbesondere geht aus den Wortbedeutungen hervor, dass nicht etwa besondere juristische oder sonstige Fähigkeiten verlangt werden dürfen. Die Rechtsprechung führt hierzu aus, dass es bei der Beurteilung der Transparenz einer Klausel auf die Erwartungen und Erkenntnismöglichkeiten eines durchschnittlichen Vertragspartners des Verwenders im Zeitpunkt des Vertragsschlusses ankommt.[660] Von diesem dürfe dabei die aufmerksame Durchsicht der Vertragsbedingungen, deren verständige Würdigung und die Berücksichtigung ihres erkennbaren Sinnzusammenhangs erwartet werden.[661] Bei dem Abstellen auf einen „durchschnittlichen Vertragspartner des Verwenders" wird deutlich, dass nicht in jedem Geschäft dieselben Transparenzanforderungen an Klauseln zu stellen sind.

Bei formelbasierten Anpassungsklauseln kommt es im Hinblick auf die Transparenz etwa darauf an, dass der Klauselgegner, als aufmerksamer und sorgfältiger Kunde, die Formel ohne besondere mathematische Kenntnisse nachvollziehen und erkennen können muss, von welcher Variable zukünftige

---

657 *BGH*, Urt. v. 17.10.2023 – VI ZR 27/23, Rn. 10, juris; *BGH*, Urt. v. 23.01.2024 – VI ZR 257/22, Rn. 10; *H. Schmidt*, BeckOK BGB, § 307 Rn. 45; *Wurmnest*, MüKo BGB, § 307 Rn. 69.

658 https://www.duden.de/rechtschreibung/klar_erkennbar_anschaulich (abgerufen am: 27.05.2025).

659 https://www.duden.de/rechtschreibung/verstaendlich (abgerufen am: 27.05.2025).

660 *BGH*, Urt. v. 10.07.1990 – XI ZR 275/89, Rn. 17, juris; *BGH*, Urt. v. 25.11.2015 – VIII ZR 360/14, Rn. 13, juris.

661 *BGH*, Urt. v. 10.07.1990 – XI ZR 275/89, Rn. 17 f., juris; *BGH*, Urt. v. 23.02.2005 – IV ZR 273/03, Rn. 15, juris; *BGH*, Urt. v. 24.03.2010 – VIII ZR 178/08, Rn. 15, juris.

Anpassungen abhängen.[662] Der Letztverbraucher muss allerdings seinerseits nicht die Abhängigkeit der Bezugskosten des Energieversorgungsunternehmens von der gewählten Komponente nachvollziehen können.[663]

(b) Unterscheidung B2B und B2C Verträge

Eine Unterscheidung des durchschnittlichen Vertragspartners muss insbesondere bei Verträgen mit Verbrauchern und bei Verträgen zwischen Unternehmern erfolgen.[664] Eine solche Unterscheidung ist schon deshalb geboten, da der durchschnittliche Verbraucher meist wenige Erfahrungen im Geschäftsverkehr hat, sodass hier eine einfachere Sprache notwendig ist als bei Verträgen mit Unternehmen. Unternehmer schließen im Rahmen ihrer Geschäftstätigkeit massenhaft Verträge ab und weisen daher eine deutlich größere Erfahrung und Sensibilität beim Umgang mit Preisanpassungsklauseln auf.[665]

(c) Klare Darstellung der Rechtslage

Um den Anforderungen an das Transparenzgebot gerecht zu werden, darf der Klauselgegner nicht durch eine unklare, mehrdeutige oder unvollständige Formulierung der Klausel daran gehindert werden, seine berechtigten Ansprüche oder Gegenrechte gegenüber dem Verwender geltend zu machen.[666] Ebenso darf die Rechtslage in der Klausel nicht derart irreführend dargestellt werden, dass es dem Verwender ermöglicht wird, begründete Ansprüche unter Hinweis auf die in der Klausel getroffenen Regelungen abzuwehren.[667] Dabei verlangt das Transparenzgebot nicht, dass in dem Vertrag die aus dem Gesetz oder aus der Rechtsnatur des Vertrags folgenden Rechte der Parteien ausdrücklich oder vollständig geregelt werden.[668] Etwa eine Belehrung der Gegenseite über ihre Rechte ist nicht notwendig.[669]

---

662 *BGH*, Urt. v. 24.03.2010 – VIII ZR 178/08, Rn. 16, 18, juris.

663 *BGH*, Urt. v. 24.03.2010 – VIII ZR 178/08, Rn. 16, juris.

664 Vgl. auch: *Zschieschack*, BeckOGK BGB, § 307 Preisanpassungsklausel, Rn. 17.

665 Vgl. *Rieländer*, Leuschner AGB-Recht, § 307 Rn. 86; *Hilber*, BB 2011, 2691 (2697).

666 M. w. N.: *BGH*, Urt. v. 25.11.2015 – VIII ZR 360/14, Rn. 17, juris.

667 M. w. N.: *BGH*, Urt. v. 31.07.2013 – VIII ZR 162/09, Rn. 44, juris; *BGH*, Urt. v. 25.11.2015 – VIII ZR 360/14, Rn. 17, juris.

668 M. w. N.: *BGH*, Urt. v. 25.11.2015 – VIII ZR 360/14, Rn. 17, juris.

669 M. w. N.: *BGH*, Urt. v. 25.11.2015 – VIII ZR 360/14, Rn. 17, juris.

Bei Leistungsvorbehaltsklauseln muss bei der Gestaltung der Klausel beachtet werden, dass die Möglichkeit zur Abwehr begründeter Ansprüche etwa dann besteht, wenn die Möglichkeit der Billigkeitskontrolle nach § 315 Abs. 3 BGB aus der Klausel nicht eindeutig genug hervorgeht.[670] Ein ausdrücklicher Hinweis auf die Billigkeitskontrolle wird dabei nicht verlangt.[671] Vielmehr reicht es aus, wenn sich dies aus dem Kontext der Klausel, beispielsweise durch Formulierungen „nach billigem Ermessen" ergibt.[672] Zumeist ist die Funktionsweise der Billigkeitskontrolle dem durchschnittlichen Verbraucher ohnehin nicht bekannt.[673] Ein solcher Hinweis, möglicherweise sogar mit Wiedergabe des Normtextes, würde den Letztverbraucher als zumeist juristischen Laien eher verwirren, als dass er daraus Vorteile ziehen könnte.[674]

(3) Keine Beurteilungsspielräume

Bei der transparenten Ausgestaltung von Preisanpassungsklauseln müssen weiter Tatbestandsvoraussetzungen und Rechtsfolgen so genau beschrieben werden, dass für den Verwender keine ungerechtfertigten Beurteilungsspielräume entstehen.[675] Der Tatbestand der Klausel muss derart klar und bestimmt sein, dass die tatsächlichen Voraussetzungen festgelegt werden, sodass für den Klauselgegner ersichtlich ist, wann eine Anpassung des Vertrags möglich ist bzw. sein soll.[676] Für Verbraucherverträge ergibt sich dies bereits im Rahmen der richtlinienkonformen Auslegung aus Nr. 1 lit. j und l und Nr. 2 lit. b) und d) des Anhangs der RL 93/13/EWG.[677] Der EuGH geht in seiner Rechtsprechung nämlich davon aus, dass eine Preisanpassungsklausel nur

---

670 *BGH*, Urt. v. 31.07.2013 – VIII ZR 162/09, Rn. 44, juris.

671 *BGH*, Urt. v. 25.11.2015 – VIII ZR 360/14, Rn. 18, juris; *OLG Karlsruhe*, Urt. v. 11.04.2014 – 4 U 14/14, Rn. 8, juris; vgl. *Rieble*, Staudinger, § 315 BGB Rn. 318.

672 *BGH*, Urt. v. 25.11.2015 – VIII ZR 360/14, Rn. 18, juris.

673 *OLG Karlsruhe*, Urt. v. 11.04.2014 – 4 U 14/14, Rn. 8, juris; vgl. *Rieble*, Staudinger, § 315 Rn. 318.

674 *OLG Naumburg*, Urt. v. 30.04.2015 – 2 U 16/15, Rn. 39, juris.

675 M. w. N: *BGH*, Urt. v. 09.04.2014 – VIII ZR 404/12, Rn. 37, juris.

676 *BGH*, Urt. v. 15.11.2007 – III ZR 247/06, Rn. 23, juris; *BGH*, Urt. v. 17.12.2008 – VIII ZR 274/06, Rn. 14 ff., juris.

677 *EuGH*, Urt. v. 26.04.2012 – C-472/10 (Invitel), Rn. 24, juris.

mit der Klauselrichtlinie vereinbar ist, wenn diese Anlass und Modus der Änderungen schon bei Vertragsschluss transparent darlegt.[678] Auch wenn die Richtlinie nicht für Verträge im unternehmerischen Rechtsverkehr gilt, muss diese Anforderung auch dort gelten. Insgesamt ist nämlich die transparente Darstellung von Anlass und Modus der Klausel, insbesondere für die Anpassung des Entgelts von großer Bedeutung.[679] Dabei hat auch der Klauselgegner im unternehmerischen Rechtsverkehr ein Interesse daran, dass dieser seine Marktchancen und Verhandlungsmöglichkeiten interessengerecht wahrnehmen kann. Dies ist ihm jedoch nur möglich, wenn er die Preisvereinbarung inkl. Preisnebenabreden möglichst mühelos und ohne weitere Erläuterung verstehen kann.[680]

(a) Leistungsvorbehaltsklauseln

Bei Leistungsvorbehaltsklauseln gilt dabei grundsätzlich, dass eine hinreichende Bestimmtheit i. S. d. § 307 Abs. 1 S. 2 BGB in der Begrenzung durch die Bestimmung nach billigem Ermessen liegt, vgl. § 315 Abs. 1 BGB.[681] Für den Klauselgegner besteht hierbei nämlich die Möglichkeit zu erkennen, dass eine Preiserhöhung nur insoweit erfolgen kann, wie sie der Billigkeitskontrolle nach § 315 Abs. 3 BGB standhält.[682]

(b) Formelbasierte Klausel

Bei formelbasierten Klauseln bereitet die Erstellung der Klausel ohne Beurteilungsspielraum wenig Probleme. Durch die formelartige Gestaltung ist eine nachvollziehbare Bestimmung des Wertmessers bzw. die vollständige Gewichtung der Kostenelemente zwingen in der Klausel enthalten.[683]

---

678 *EuGH*, Urt. v. 26.04.2012 – C-472/10, Rn. 24 (Invitel), juris; *EuGH*, Urt. v. 21.03.2013 – C-92/11 (RWE Vertrieb), Rn. 49, juris.

679 Vgl. *BGH*, Urt. v. 10.07.1990 – XI ZR 275/89, Rn. 15, juris; *BGH*, Urt. v. 19.10.1999 – XI ZR 8/99, Rn. 15, juris; *BGH*, Urt. v. 17.12.2008 – VIII ZR 274/06, Rn. 14, juris; *BGH*, Urt. v. 31.07.2013 – VIII ZR 162/09, Rn. 59, juris.

680 Vgl. *BGH*, Urt. v. 10.07.1990 – XI ZR 275/89, Rn. 15, juris.

681 *BGH*, Urt. v. 09.05.2012 –XII ZR 79/10, Rn. 27, juris.

682 Vgl. *BGH*, Urt. v. 09.05.2012 –XII ZR 79/10, Rn. 27, juris.

683 *Tüngler*, BeckOGK BGB (Stand: 01.03.2025), § 433 Rn. 257; *Baur*, Vertragliche Anpassungsregelungen, 105.

(4) Erkennbarkeit des Umfangs der Preisanpassung

Weiter soll es für die Transparenz der Klausel notwendig sein, dass diese erkennen lässt, in welchem zahlenmäßigen oder anteiligen Umfang Preisanpassungen zu Lasten des Letztverbrauchers vorgenommen werden können.[684] Deshalb sind Anpassungsklauseln, die dem Verwender ein uneingeschränktes Änderungsrecht vorbehalten, ohne dass die andere Partei vorhersehen kann, unter welchen Voraussetzungen und in welchem Umfang und Änderungen vorgenommen werden können, unwirksam.[685] Die Klausel muss dabei derart formuliert sein, dass eine Preiserhöhung für Kosten, die schon bei Vertragsschluss bekannt waren, ausgeschlossen ist.[686]

Es empfiehlt sich daher, dass der Klauselverwender die für die Preisanpassung relevanten Kostenfaktoren fest umrissen benennt.[687]

Insbesondere ist notwendig, dass der Verbraucher die sich aus der Klausel ergebenden wirtschaftlichen Folgen auf Grundlage genauer und nachvollziehbarer Kriterien absehen kann.[688] Dabei wird auf einen normal informierten, angemessen aufmerksamen und verständigen Durchschnittsverbraucher in Anbetracht aller Tatsachen abgestellt.[689] Die konkrete Funktionsweise der Klausel muss verständlich sein.[690]

Demnach verstoßen Preisanpassungsklauseln gegen das Transparenzgebot, wenn sie an die Entwicklung bestimmter Kostenelemente anknüpfen, die der Klauselgegner nicht kennt oder nicht mit zumutbaren Mitteln herausfinden kann, weil sie im Wesentlichen von Entscheidungen innerhalb des Unternehmens abhängen.[691] Kann der Klauselgegner die Entwicklung bestimmter

---

684 *EuGH*, Urt. v. 26.04.2012 – C-472/10 (Invitel), Rn. 28, juris; *EuGH*, Urt. v. 21.03.2013 – C-92/11 (RWE Vertrieb), Rn. 49, juris; *BGH*, Urt. v. 19.11.2002 – X ZR 243/01, Rn. 25, juris; *BGH*, Urt. v. 17.12.2008 – VIII ZR 274/06, Rn. 15, juris; *OLG Brandenburg*, Urt. v. 03.04.2002 – 7 U 185/01, Rn. 72, juris.

685 *BGH*, Urt. v. 19.10.1999 – XI ZR 8/99, Rn. 18, juris; *BGH*, Urt. v. 19.11.2002 – X ZR 243/01, Rn. 25, juris.

686 *BGH*, Urt. v. 19.11.2002 – X ZR 243/01, Rn. 26, juris.

687 *Hilber*, BB 2011, 2691 (2697).

688 *EuGH*, Urt. v. 30.04.2014 – C-26/13 (Kásler und Káslerné Rábai), Rn. 73, juris.

689 *EuGH*, Urt. v. 30.04.2014 – C-26/13 (Kásler und Káslerné Rábai), Rn. 73, juris.

690 *EuGH*, Urt. v. 30.04.2014 – C-26/13 (Kásler und Káslerné Rábai), Rn. 75, juris.

691 *BGH*, Urt. v. 21.07.2005 – VIII ZR 38/05, Rn. 19 f., juris; der BGH führt hier bspw. Gestehungspreise (Einkaufspreise), anfallende Material-, Lohn-, Transport- und Lagerkosten an.

Kostenelemente nicht in Erfahrung bringen, ist die Klausel unwirksam.[692] Unproblematisch wäre damit etwa eine Anknüpfung an Börsenpreise oder Tariflöhne.[693]

Es ist ferner ausreichend, wenn die Variablen öffentlich zugänglich sind und der Letztverbraucher sie so zu seiner Berechnung nutzen kann.[694] Verwendet das Energieversorgungsunternehmen also Variablen, die erst nach einer Registrierung oder sogar nach einer Bezahlschranke zugänglich sind, ist dies unzulässig. Das Unternehmen muss diese Informationen dem Letztverbraucher zugänglich machen. Dies könnte etwa auf der Internetseite des Versorgers erfolgen.

Teilweise wird angenommen, dass eine Klausel intransparent sei, sofern die Klausel betriebsinterne Parameter verwende, unter anderem Einkaufspreise oder Lohnkosten, da der Klauselgegner die Anpassungen nicht auf ihre Berechtigung überprüfen könne, was dem Verwender einen nicht kontrollierbaren Erhöhungsspielraum gewähre.[695] Auch könne der Klauselgegner so nicht erkennen, wann er eine Preissenkung verlangen könne.[696] Diese Argumentation wird dem Sinn und Zweck des Transparenzgebots allerdings nicht gerecht, weshalb ihr nicht gefolgt werden kann. Verdeutlicht wird dies durch einen Vergleich mit den Transparenzanforderungen für Fernwärmepreisanpassungsklauseln nach der AVBFernwärmeV. Das Transparenzgebot der AVBFernwärmeV verpflichtet den Fernwärmelieferanten, die maßgeblichen Berechnungsfaktoren vollständig und in allgemein verständlicher Form auszuweisen, § 24 Abs. 4 S. 2 AVBFernwärmeV. Damit wird im Rahmen der AVBFernwärmeV mindestens das Niveau verlangt, welches auch im Rahmen der Transparenz nach § 307 Abs. 1 S. 2 BGB gefordert wird.[697]

In Bezug auf die AVBFernwärmeV entspricht es der allgemeinen Rechtsprechung des BGH, dass das Transparenzgebot erfüllt ist, wenn der Kunden den Umfang der auf ihn zukommenden Preissteigerung aus der Formulierung

---

692 *BGH*, Urt. v. 13.12.2006 – VIII ZR 25/06, Rn. 20, juris.

693 *Kessel/Schwedler*, BB 2010, 585 (586).

694 *BGH*, Urt. v. 24.03.2010 – VIII ZR 304/08, Rn. 22, juris.

695 *BGH*, Urt. v. 21.09.2005 – VIII ZR 38/05, Rn. 21, juris; offengelassen: *KG Berlin*, Urt. v. 15.11.2023 – 23 U 15/22, Rn. 25, juris.

696 *BGH*, Urt. v. 21.09.2005 – VIII ZR 38/05, Rn. 24, juris.

697 *BGH*, Urt. v. 06.04.2011 – VIII ZR 66/09, Rn. 33, juris; *Wollschläger/Zorn*, Zenke/Wollschläger/Eder, 7. Kap. Rn. 90.

erkennen und die Berechtigung einer vom Klauselverwender vorgenommenen Erhöhung an der Preisanpassungsklausel selbst messen kann.[698]

Hierbei wird vom Fernwärmelieferanten, etwa bei einer Anknüpfung an eigene Bezugskosten, nicht verlangt, dass dieser die Zusammensetzung seiner Bezugspreise erläutert, die zugrundeliegenden vertraglichen und preislichen Bestimmungen offenlegt oder den Lieferanten namentlich bezeichnet.[699] Zwar ist es notwendig, dass der Lieferant dem Kunden bei der Wahl eines solchen internen Parameters spätestens mit der Vornahme der Anpassung auf Verlangen, Auskunft und ggf. Nachweis über die internen Parameter erbringt, die Klausel wird dadurch aber nicht intransparent.[700] Es genügt, wenn sich aus den in der Klausel erhaltenen Parametern ergibt, in welchem Verhältnis sich der Preis erhöht oder senkt.[701] Sinn und Zweck des Transparenzgebots ist es nämlich, die vom Fernwärmeversorger vorgenommene Preisanpassung auf ihre Berechtigung zu prüfen.[702] Im Ergebnis bedeutet dies also, dass die Verwendung von internen Parametern kein Verstoß gegen § 24 Abs. 4 S. 2 AVBFernwärmeV darstellt, solange das Berechnungsverfahren auf Grundlage der Beschreibung der Klausel nachvollzogen werden kann.[703]

Aufgrund der Vergleichbarkeit mit dem AGB-rechtlichen Transparenzgebot kann für Preisanpassungsklauseln in Verträgen zur Lieferung von Elektrizität oder Gas nichts anders gelten. Die Gefahr eines unberechtigten Erhöhungsspielraums ist in diesem Fall keine Frage der Transparenz, sondern der inhaltlichen Anforderungen an Preisanpassungsklauseln.

---

698 *BGH*, Urt. v. 06.04.2011 – VIII ZR 66/09, Rn. 33, juris; *BGH*, Urt. v. 19.07.2017 – VIII ZR 268/15, Rn. 21, juris; *BGH*, Urt. v. 01.06.2022 – VIII ZR 287/20, Rn. 21, juris.

699 *BGH*, Urt. v. 01.06.2022 – VIII ZR 287/20, Rn. 20 ff., juris; *BGH*, Urt. v. 06.07.2022 – VIII ZR 155/21, Rn. 30, juris; *BGH*, Urt. v. 06.07.2022 – VIII ZR 28/21, Rn. 23, juris; *BGH*, Urt. v. 31.08.2022 – VIII ZR 233/21, Rn. 32; *KG Berlin*, Urt. v. 09.03.2023 – 4 U 41/20, Rn. 63, juris; a. A. (aufgegeben): *KG Berlin*, Urt. v. 20.10.2021 – 11 U 10009/20, Rn. 57, juris.

700 *BGH*, Urt. v. 01.06.2022 – VIII ZR 287/20, Rn. 24, juris; *KG Berlin*, Urt. v. 09.03.2023 – 4 U 41/20, Rn. 63, juris.

701 *BGH*, Urt. v. 01.06.2022 – VIII ZR 287/20, Rn. 23., juris; *KG Berlin*, Urt. v. 09.03.2023 – 4 U 41/20, Rn. 63, juris.

702 *BGH*, Urt. v. 01.06.2022 – VIII ZR 287/20, Rn. 24, juris.

703 *Fricke*, Hempel/Franke, § 24 AVBFernwärmeV Rn. 145.

Weiter könnte eine weitgehende Offenlegungspflicht, auch der internen Kalkulation, einen tiefgehenden Eingriff in das Betriebs- und Geschäftsgeheimnis des Energieversorgungsunternehmens bedeuten.

Mit der Offenlegungspflicht könnte das Energieversorgungsunternehmen verpflichtet werden, dem Letztverbraucher, aber gleichzeitig auch Konkurrenzunternehmen, die Kalkulationsgrundlage und damit mögliche Betriebsgeheimnisse offenzulegen.[704] Interne Kalkulationen sind vom Schutzbereich des Betriebs- und Geschäftsgeheimnisses aus Art. 12 Abs. 1 GG grundrechtlich geschützt.[705] Konkurrierende Unternehmen könnten durch deren Offenlegung die einzelnen Kostenpositionen und deren Gewichtung am Gesamtpreis genau nachvollziehen.[706]

Eine Offenlegung kann schon dahingehend als nicht notwendig betrachtet werden, da der Wettbewerb zwischen den Energieversorgungsunternehmen entscheidet, ob eine Preisanpassung marktgerecht ist.[707] Im Bereich der Belieferung mit Strom und Erdgas erscheint die Offenlegung bestimmter Kostenfaktoren somit weniger problematisch, da dort ein Marktpreis existiert, der sich grundsätzlich an den Börsenpreisen orientiert, welcher frei zugänglich einsehbar ist.[708]

Der BGH hat in seiner Rechtsprechung für Leistungsvorbehaltsklauseln eine solch weitgehende Offenlegungspflicht unter anderem mit dem Verweis auf das Betriebs- und Geschäftsgeheimnis abgelehnt.[709] Bei Leistungsvorbehaltsklauseln genüge es, wenn für den Kunden ersichtlich ist, dass der Preis sich durch die Veränderung der maßgeblichen Kostenbestandteile ändern kann und diese Bestandteile zur näheren Konkretisierung beispielhaft benannt werden.[710] Eine vollständige Auflistung und deren Gewichtung würden

---

[704] *Graf von Westphalen*, MDR 2008, 424 (425); *Mann/Waschkowski*, BB 2022, 1283 (1290); *Kessel/Schwedler*, BB 2010, 585 (587); *Graf von Westphalen*, FS Westermann, 707 (712).

[705] *BVerfG*, Beschl. v. 14.03.2006 – 1 BvR 2087/03, Rn. 87, juris; *BVerfG*, Urt. v. 21.10.2014 – 2 BvE 5/11, Rn. 182, juris.

[706] *Graf von Westphalen*, MDR 2008, 424 (426).

[707] *Graf von Westphalen*, FS Westermann, 707 (712).

[708] Vgl. *Graf von Westphalen*, FS Westermann, 707 (712), der diese Anforderung insbesondere dann kritisch sieht, wenn kein Marktpreis existiert.

[709] *BGH*, Urt. v. 25.11.2015 – VIII ZR 360/14, Rn. 44, juris.

[710] *BGH*, Urt. v. 25.11.2015 – VIII ZR 360/14, Rn. 28, 34, juris; *Thomas*, AcP 209 (2009), 84 (111).

die Transparenzanforderungen überspannen.[711] Gründe für eine unterschiedliche Beurteilung bei formelbasierten Klauseln sind nicht ersichtlich. Dort wird es den durchschnittlichen Verbraucher wohl in Anbetracht der Komplexität von formelbasierten Klauseln ohnehin überfordern, die Preisanpassung selbstständig zu überprüfen und „nachzurechnen", wenn man im Durchschnitt davon ausgeht, dass lediglich die Grundrechenarten „beherrscht" werden.[712]

Im Ergebnis ist festzuhalten, dass jedenfalls dann kein Verstoß gegen das Transparenzgebot vorliegt, wenn alle den Preis verändernden Kostenelemente angegeben werden und aus der Klausel hervorgeht, dass sich der Gesamtpreis auf Grundlage der Veränderungen der Kostenelemente ändert.[713]

(5) Besonderheiten im unternehmerischen Rechtsverkehr

Auch im unternehmerischen Rechtsverkehr kann der Klauselgegner eine transparente Ausgestaltung der Klausel erwarten.[714] Dies ergibt sich schon allein daraus, dass auch im B2B-Verkehr verwendete Klauseln grundsätzlich dem Transparenzgebot unterliegen, vgl. § 310 Abs. 1 S. 2 BGB. Überdies entsprechen intransparente Klauseln nicht den Gebräuchen und Gepflogenheiten des Handelsverkehrs.[715] Aus diesem Grund müssen im unternehmerischen Rechtsverkehr generell die gleichen Anforderungen an die Transparenz gestellt werden wie bei Verbrauchergeschäften. Dabei muss im Rahmen der Betrachtung aus der Sicht eines durchschnittlichen Vertragspartners die Geschäftserfahrung im unternehmerischen Rechtsverkehr entsprechend berücksichtigt werden.

ee) Zwischenergebnis

Ausgangspunkt der Transparenzkontrolle nach § 307 Abs. 1 S. 1 und 2 BGB bildet die Klarheit und Durchschaubarkeit der Klausel. Dabei ist auf den durchschnittlichen Vertragspartner des Rechtsgeschäfts abzustellen. Um

---

711 *BGH*, Urt. v. 25.11.2015 – VIII ZR 360/14, Rn. 34, 39, juris; *Pfeiffer*, Wolf/Lindacher/Pfeiffer, § 307 Rn. 253; *Thomas*, AcP 209 (2009), 84 (111); *Kessel/Schwedler*, BB 2010, 585 (587).

712 *Graf von Westphalen*, FS Westermann, 707 (715).

713 *Borges*, AGB im Wirtschaftsverkehr, 83 (87).

714 Vgl. hierzu auch: *Wendland*, Staudinger, § 307 BGB Rn. 330d.

715 *BGH*, Urt. v. 03.08.2011 – XII ZR 205/09, Rn. 16, juris; *BGH*, Urt. v. 26.09.2012 – XII ZR 112/10, Rn. 11, juris; *BGH*, Urt. v. 25.10.2017 – XII ZR 1/17, Rn. 13, juris; *Fritzsche*, Soergel, § 310 BGB Rn. 23.

den Anforderungen zu entsprechen, muss die Preisanpassungsklausel die Rechtslage hinreichend klar darstellen und das Entstehen von Beurteilungsspielräumen vermeiden.

Für den Letztverbraucher ist es wichtig, dass dieser den Umfang der Änderungen anhand der Klausel erkennen kann. Daher sollte das Energieversorgungsunternehmen auf öffentlich zugängliche Variablen zurückgreifen. Sofern betriebsinterne Parameter in der Klausel verwendet werden, muss das Versorgungsunternehmen diese dem Letztverbraucher mitteilen. Eine vollständige Offenlegung der internen Kalkulation ist damit zum Schutz des Betriebs- und Geschäftsgeheimnisses nicht verbunden.

4. Klauselspezifische Anforderungen

In diesem Abschnitt werden isoliert die einzelnen Klauseltypen betrachtet. Im Einzelnen sollen Leistungsvorbehaltsklauseln, Kostenelementklauseln, Spannungsklauseln, Wirtschaftsklauseln und in gebotener Kürze auch Verhandlungsklauseln behandelt werden. Dabei sollen neben den Anforderungen des Preisklauselgesetzes und dem Anwendungsbereich der jeweiligen Klauseltypen auch spezifische Einzelfragen zu den jeweiligen Preisanpassungsklauselarten beantwortet werden.

a) Leistungsvorbehaltsklauseln

Eine Art der Anpassungsklauseln sind die schon zuvor erwähnten Leistungsvorbehaltsklauseln.[716] Nach § 1 Abs. 2 Nr. 1 PrKG handelt es sich hierbei um Klauseln, die hinsichtlich des Ausmaßes der Änderung des geschuldeten Betrages einen Ermessensspielraum lassen, der es ermöglicht, die neue Höhe der Geldschuld nach Billigkeitsgrundsätzen zu bestimmen. In der Funktionsweise erhält der Verwender die Möglichkeit, die Höhe der Geldschuld neu zu bestimmen. Die Klauseln knüpfen dabei an bestimmte Voraussetzungen oder Umstände an, bei deren Eintritt der Verwender die Höhe der Geldleistung neu bestimmen kann.[717] In Dauerschuldverhältnissen wird dem Klauselverwender auf dieser Grundlage ein fortlaufendes Anpassungsrecht gewährt, welches eine erneute Ausübung des Leistungsbestimmungsrechts bei Vorliegen der

716 Im Kontext der Preisanpassung auch Preisvorbehaltsklauseln genannt.
717 *Graf von Westphalen*, FS Westermann, 707 (709).

Voraussetzungen erlaubt.[718] Beispielhaft knüpfen einige Energieversorger die Neubestimmung etwa an Zeitablauf, „wesentliche Veränderungen der Verhältnisse“[719] oder die wesentliche Veränderung einer Vergleichsgröße, etwa eines bestimmten Indexes, an.[720] Es erfolgt keine automatische Anpassung, sodass diese Klauseln deshalb und wegen des Ermessensspielraums nicht unter das Verbot des § 1 Abs. 1 PrKG fallen.[721]

Der Preis steht bei der Verwendung von Leistungsvorbehaltsklauseln zu Vertragsbeginn bereits fest und kann lediglich später angepasst werden. Deswegen wird der Begriff des Leistungsvorbehalts teilweise kritisiert und vorgeschlagen, diesen als Preisänderungsvorbehalt zu bezeichnen.[722] Durch den Begriff des Leistungsvorbehalts werde der Eindruck erweckt, dass das Entgelt ggf. zurückgehalten werden könne.[723]

aa) Anpassungserklärung

Mangels Anpassungsautomatik muss die Anpassung bei Leistungsvorbehaltsklauseln zunächst erklärt werden. Die Leistungsbestimmung erfolgt durch eine empfangsbedürftige Willenserklärung, § 315 Abs. 2 BGB.[724] Die Preisanpassung wird, soweit nicht anders vereinbart wurde, mit dem Zugang der Anpassungserklärung wirksam.[725] Bei Energielieferverträgen muss die zweiwöchige bzw. einmonatige Frist nach § 41 Abs. 5 S. 2 EnWG beachtet werden. Die Erhöhung des Preises muss in der Anpassungserklärung, auch außerhalb des Anwendungsbereichs des § 41 Abs. 5 EnWG, genau beziffert werden.[726] Grundsätzlich wäre eine Begründung nach § 315 BGB nicht notwendig,[727] bei Energielieferverträgen mit Letztverbrauchern müssen jedoch

---

718 *Otto*, Soergel, § 315 BGB Rn. 28; ähnlich: *Büdenbender*, NJW 2007, 2945 (2946).

719 *Grüneberg*, Grüneberg, § 1 PrKlG Rn. 3.

720 *Stief*, BB 2022, 2443 (2444); *Grüneberg*, Grüneberg, § 1 PrKlG Rn. 3; *Mann/Waschkowski*, BB 2022, 1283 (1284).

721 *Omlor*, Staudinger, § 1 PrKG Rn. 11, 15.

722 *Kamanabrou*, Vertragliche Anpassungsklauseln, 25.

723 *Kamanabrou*, Vertragliche Anpassungsklauseln, 25.

724 *Rieble*, Staudinger, § 315 BGB Rn. 366; *Gehrlein*, BeckOK BGB, § 315 Rn. 13.

725 *BGH*, Urt. v. 12.10.1977 – VIII ZR 84/76, Rn. 16, juris; *Grüneberg*, Grüneberg, § 1 PrKlG Rn. 3; *Mann/Waschkowski*, BB 2022, 1283 (1284).

726 Vgl. *BGH*, Urt. v. 19.06.1974 – VIII ZR 49/73, Rn. 15, juris.

727 *Rieble*, Staudinger, § 315 BGB Rn. 373.

die gesetzlichen Mitteilungspflichten des § 41 Abs. 5 S. 1 EnWG beachtet werden.

bb) Erheblichkeitsschwelle

Bei der Gestaltung von Leistungsvorbehaltsklauseln sollte innerhalb der Klausel eine Erheblichkeitsschwelle für ein Anpassungsverlangen festgelegt werden. Haben die Parteien keine Erheblichkeitsschwelle festgelegt, ist eine solche im Rahmen der Auslegung festzulegen, da der Preis sonst ständig bei marginalen Änderungen neu festgelegt werden könnte.[728] Sofern Klauseln an „wesentliche Änderungen" anknüpfen, kann es in der Praxis zu Schwierigkeiten bei der Bestimmung dieses unbestimmten Rechtsbegriffs kommen.[729]

cc) Anpassung nach Billigkeit

Zur Vereinbarkeit mit dem Preisklauselgesetz nach § 1 Abs. 2 Nr. 1 PrKG müssen Leistungsvorbehaltsklauseln einen Ermessenspielraum beinhalten. Aus diesem Ermessenspielraum des Energieversorgungsunternehmens ergibt sich die Eröffnung des Anwendungsbereichs des § 315 BGB.[730] Dem steht es nicht entgegen, wenn der Bestimmungsberechtigte sein Ermessen, etwa durch einen objektiven Rahmen, teilweise gebunden hat, sofern für die Billigkeit keine Einschränkungen vorgesehen sind.[731]

Die Höhe des angepassten Entgelts muss folglich nach billigem Ermessen erfolgen, § 315 Abs. 1 BGB.[732] Das billige Ermessen wird durch die Billigkeit begrenzt, vgl. § 315 Abs. 3 S. 1 BGB.

Der § 315 BGB bindet den Anpassungsberechtigten bei der Ausübung des Preisanpassungsrechts an das billige Ermessen (Abs. 1) und unterwirft die

---

728 *Rieble*, Staudinger, § 315 BGB Rn. 545 f.; ähnlich auch: *Baur*, Vertragliche Anpassungsregelungen, 78.

729 *Mann/Waschkowski*, BB 2022, 1283 (1284).

730 Zur Eröffnung der Billigkeitskontrolle: *BGH*, Urt. v. 25.11.2015 – VIII ZR 360/14, Rn. 20, juris; *Tüngler*, BeckOGK BGB (Stand: 01.03.2025), § 433 Rn. 290; *Gehrlein*, BeckOK BGB, § 315 Rn. 4; *Grüneberg*, Grüneberg, § 315 BGB Rn. 4; *Büdenbender*, NJW 2007, 2945 (2946 f.).

731 *BGH*, Urt. v. 25.11.2015 – VIII ZR 360/14, Rn. 22, juris; vgl. auch: *Rieble*, Staudinger, § 315 BGB Rn. 145; *Gehrlein*, BeckOK BGB, § 315 Rn. 4; *Grüneberg*, Grüneberg, § 307 BGB Rn. 5.

732 *BGH*, Urt. v. 09.05.2012 – XII ZR 79/10, Rn. 19, juris.

so getroffene Preisanpassung der gerichtlichen Billigkeitskontrolle (Abs. 3).[733] Dabei überprüft das Gericht, ob die Grenzen des Ermessens eingehalten wurden und der Bestimmungsberechtigte sich nicht etwa von willkürlichen oder sachfremden Erwägungen hat leiten lassen.[734]

Nach § 315 Abs. 1 BGB gilt, dass, sofern die Leistung durch einen der Vertragsschließenden bestimmt werden soll, im Zweifel anzunehmen ist, dass die Bestimmung nach billigem Ermessen zu treffen ist. Hierbei handelt es sich um eine widerlegliche Vermutung, dass sich die Gegenseite nur dann einer Leistungsbestimmung unterwerfen wollte, wenn diese nach dem billigen Ermessen erfolgt.[735]

Entscheidend für die Neufestsetzung des Vertragspreises ist dabei der Zeitpunkt der Anpassung.[736] Zwischenzeitliche Änderungen sollen hierbei keine Berücksichtigung finden.[737] Bei der Festlegung des Anpassungsbetrages müssen die im Vertrag zum Ausdruck gebrachten Wert- und Äquivalenzverhältnisse berücksichtigt werden.[738]

(1) Beweislast

Die Beweislast für die Billigkeit der Preisanpassung trägt die Partei, die die Leistungsbestimmung nach § 315 Abs. 1 BGB zu treffen hat.[739] Im Rahmen von Energielieferverträgen ist dies grundsätzlich das Energieversorgungsunternehmen. Die Darlegung etwaiger Kostensteigerungen muss dazu schlüssig erfolgen.[740] Sämtliche Unterlagen oder die Kalkulation des Gesamtpreises

---

733 *Grüneberg*, Grüneberg, § 315 BGB Rn. 2.

734 *BGH*, Urt. v. 05.12.2012 – IV ZR 111/10, Rn. 27, juris; *BGH*, Urt. v. 11.01.20023 – IV ZR 85/20, Rn. 39, juris; vgl. *BVerfG*, Nichtannahmebeschl. v. 26.09.2017 – 1 BvR 1486/16, Rn. 30, juris.

735 *Tüngler*, BeckOGK BGB (Stand: 01.03.2025), § 433 Rn. 289.

736 *BGH*, Urt. v. 15.11.1974 – V ZR 63/73, Rn. 18, juris; *Grüneberg*, Grüneberg, § 1 PrKlG Rn. 3.

737 *BGH*, Urt. v. 13.05.1974 – VIII ZR 38/73, Rn. 13, juris; *BGH*, Urt. v. 04.06.1975 – VIII ZR 243/72, Rn. 22, juris; *Grüneberg*, Grüneberg, § 1 PrKlG Rn. 3.

738 *Grüneberg*, Grüneberg, § 1 PrKlG Rn. 3.

739 *BGH*, Urt. v. 05.07.2005 – X ZR 60/04, Rn. 29, juris; *BGH*, Urt. v. 08.07.2009 – VIII ZR 314/07, Rn. 19, juris; *BGH*, Urt. v. 24.02.2016 – VIII ZR 216/12, Rn. 74, juris; *Grüneberg*, Grüneberg, § 315 BGB Rn. 20.

740 *BGH*, Urt. v. 08.07.2009 – VIII ZR 314/07, Rn. 21, juris.

müssen dafür nicht offengelegt werden.[741] Dies steht auch im Einklang mit dem Schutz des Betriebs- und Geschäftsgeheimnisses des Energieversorgungsunternehmens.[742]

Bei Preiserhöhungen muss zur Darlegungs- und Beweislast auch der Beweis zählen, dass es in dem Zeitraum keine Preissenkungen gab, da eine Preiserhöhung sonst unbillig wäre.[743] Es wird nämlich für den Letztverbraucher andernfalls kaum möglich sein nachzuvollziehen, ob es Anlässe für Preissenkungen seitens des Energieversorgungsunternehmens gab.[744]

(2) Billigkeitskontrolle

Nach § 315 Abs. 3 S. 1 BGB ist eine Bestimmung, die nach billigem Ermessen erfolgt, für den anderen Teil nur verbindlich, wenn sie der Billigkeit entspricht. Entspricht die Bestimmung nicht der Billigkeit oder wird die Bestimmung verzögert, wird die Bestimmung durch Urteil getroffen, § 315 Abs. 3 S. 2 BGB. Daraus folgt, dass ein Energieversorgungsunternehmen, welches eine unbillige Preisanpassung vornimmt, das Bestimmungsrecht verliert und dieses auf das Gericht übergeht.[745]

Für die Anwendbarkeit der Billigkeitskontrolle ist es unerheblich, ob der Letztverbraucher auf einen anderen Energieversorger ausweichen kann.[746]

§ 315 Abs. 3 BGB kommt im Rahmen von AGB erst zur Anwendung, wenn die Klausel nach § 307 Abs. 1 und 2 BGB wirksam ist.[747]

(a) Maßstab der Billigkeit

Der Leistungsbestimmungsberechtigte erhält im Rahmen seiner Bestimmung nach billigem Ermessen i. S. d. § 315 Abs. 1 BGB einen gestaltenden

---

[741] *BGH*, Urt. v. 08.07.2009 – VIII ZR 314/07, Rn. 21, juris.

[742] Vgl. *BGH*, Urt. v. 24.02.2016 – VIII ZR 216/12, Rn. 90, juris; *LG Magdeburg*, Urt. v. 19.12.2006 – 2 S 265/06, Rn. 61, juris; *Kunth/Tüngler*, NJW 2005, 1313 (1315); vertieft: *Dreher*, ZNER 2007, 103 (109 f.); zur Problematik der Offenlegung von Betriebs- und Geschäftsgeheimnissen: F.I.3.c).dd).(d).

[743] *Büdenbender*, NJW 2007, 2945 (2951).

[744] *Büdenbender*, NJW 2007, 2945 (2951).

[745] *Büdenbender*, NJW 2007. 2945.

[746] *BGH*, Urt. v. 24.02.2016 – VIII ZR 216/12, Rn. 86 ff., juris.

[747] *BGH*, Urt. v. 06.04.2011 – VIII ZR 273/09, Rn. 53, juris; *Hager*, Erman, § 315 Rn. 26, 28; *Grüneberg*, Grüneberg, § 310 BGB Rn. 3; *Baur*, Baur/Salje/Schmidt-Preuß, 117. Kap. Rn. 63; *Büdenbender*, NJW 2007, 2945 (2951).

Ermessensspielraum.[748] Der Letztverbraucher kann sich bei der Überprüfung der Billigkeit nach § 315 Abs. 3 BGB nur gegen die Preiserhöhung selbst wenden.[749] Vertraglich vereinbarte Preise unterliegen nicht der Billigkeitskontrolle.[750] Hier verbleibt dem Letztverbraucher nur die Möglichkeit der (außerordentlichen) Kündigung.[751]

Fraglich ist, anhand welchen Maßstabs bei Energielieferverträgen beurteilt werden muss, ob die Preisanpassung des Energieversorgungsunternehmens der Billigkeit i. S. d. § 315 Abs. 3 S. 1 BGB entspricht. In Betracht kommen hier eine Bestimmung nach der Marktüblichkeit oder eine kostenbezogene Bestimmung im Einzelfall.[752]

(aa) Marktüblichkeit

Im Rahmen der Beurteilung der Marktüblichkeit könnte die Preisanpassung als billig angesehen werden, wenn das verlangte Entgelt im Rahmen des marktüblichen liegt und dem entspricht, was regelmäßig als Preis für eine vergleichbare Leistung aufgerufen wird.[753] Diesen Maßstab hat der BGH beispielsweise im Mietrecht angelegt.[754]

Geht man von einer Bestimmung nach der Marktüblichkeit aus, könnte die Bestimmung anhand eines Anbietervergleichs vorgenommen werden.[755] Eine Preisanpassung könnte dann als billig angesehen werden, wenn der

---

748 *BGH*, Urt. v. 24.06.1991 – II ZR 268/90, Rn. 7 juris; *Rieble*, Staudinger, § 315 BGB Rn. 389; *Grüneberg*, Grüneberg, § 315 BGB Rn. 10; *Piekenbrock*, ZIP 2010, 1925 (1926).

749 *BGH*, Urt. v. 13.06.2007 – VIII ZR 36/06, Rn. 30, juris; *BGH*, Urt. v. 19.11.2008 – VIII ZR 138/07, Rn. 15, juris.

750 *BGH*, Urt. v. 13.06.2007 – VIII ZR 36/06, Rn. 30, juris; *BGH*, Urt. v.19.11.2008 – VIII ZR 138/07, Rn. 15, juris; *Büdenbender*, NJW 2007, 2945 (2946); vertiefend zur Kontrolle des sog. Preissockels: *Fricke*, Die gerichtliche Kontrolle von Entgelten der Energiewirtschaft, 341 ff.

751 *Rieble*, Staudinger, § 315 BGB Rn. 399.

752 Offengelassen: *BGH*, Urt. v. 08.07.2009 – VIII ZR 314/07, Rn. 24, juris.

753 *BGH*, Urt. v. 02.10.1991 – VIII ZR 240/90, Rn. 13, juris; *BGH*, Urt. v. 09.05.2012 – XII ZR 79/10, Rn. 27, juris; *BGH*, Urt. v. 27.06.2012 – XII ZR 93/10, Rn. 22, juris; *AG Grevenbroich*, RdE 2006, 62; *Tüngler*, BeckOGK BGB (Stand: 01.03.2025), § 433 Rn. 302; im Ergebnis ablehnend: *BGH*, Urt. v. 24.02.2016 – VIII ZR 216/16, Rn. 78, juris; *Würdinger*, MüKo BGB, § 315 Rn. 39.

754 *BGH*, Urt. v. 09.05.2012 – XII ZR 79/10, Rn. 27, juris; *BGH*, Urt. v. 27.06.2012 – XII ZR 93/10, Rn. 22, juris.

755 *BGH*, Urt. v. 24.02.2016 – VIII ZR 216/16, Rn. 78, juris.

neue Preis mit dem von konkurrierenden Anbietern vergleichbar ist, sodass eine Unbilligkeit ausscheidet, wenn der neue Preis im mittleren Bereich des Anbietervergleichs liegt.[756] Ähnliche Ansätze wurden bereits vertreten, als Erdgas noch in einem stärkeren Substitutionswettbewerb zu anderen Energieträgern, wie Heizöl, stand.[757]

Für eine Bestimmung nach der Marktüblichkeit könnte sprechen, dass es sich bei den Energiepreisen aufgrund des mittlerweile existierenden Wettbewerbs um Wettbewerbspreise und keine Kostenpreise (mehr) handelt.[758] Ferner wird angenommen, dass bei der Preisbildung nach dem Prinzip von Angebot und Nachfrage keine zudem Rücksicht auf subjektive Erwägungen genommen werden könne, weshalb der Marktpreis den Referenzpreis für die einseitige Leistungsbestimmung bilden müsse.[759] Auch könne ein Marktvergleich die Energieversorgungsunternehmen zur Steigerung ihrer Effizienz im Vergleich zu anderen Anbietern anhalten, da so eine Erhöhung der Marge möglich sei.[760]

(bb) Kostenbezogen im Einzelfall

Ferner kommt eine Beurteilung der Billigkeit kostenbezogen im Einzelfall in Betracht. Im Rahmen der Einzelfallbetrachtung wäre eine Preisanpassung dann als billig anzusehen, wenn diese alle Umstände des Einzelfalls, also auch die gegenläufigen Interessen des Vertragspartners, ausgleichend berücksichtigt und eine umfassende Würdigung des Vertragszwecks vornimmt.[761]

---

[756] *LG Stendal*, Urt. v. 10.03.2011 – 22 S 71/10, Rn. 30, juris.

[757] *Kunth/Tüngler*, NJW 2005, 1313 (1315).

[758] Vgl. *LG Hannover*, NJW-RR 1992, 1198 (1200); *Tüngler*, BeckOGK BGB (Stand: 01.03.2025), § 433 Rn. 302; *Kunth/Tüngler*, NJW 2005, 1313 (1315); *Heinlein*, RdE 2006, 62 (63).

[759] *Fricke*, Die gerichtliche Kontrolle von Entgelten der Energiewirtschaft, 73.

[760] *Büdenbender*, NJW 2007, 2945 (2950).

[761] *BGH*, Urt. v. 04.04.2006 – X ZR 80/05, Rn. 17, juris; *BGH*, Urt. v. 13.06.2007 – VIII ZR 36/06, Rn. 30, juris; *BGH*, Urt. v. 20.05.2015 – VIII ZR 138/14, Rn. 17, juris; *BGH*, Urt. v. 24.02.2016 – VIII ZR 216/12, Rn. 79, 83, juris; *Rieble*, Staudinger, § 315 BGB Rn. 395; *Piekenbrock*, ZIP 2010, 1925 (1926); zur Kontrolle im Einzelfall auch: *OLG Karlsruhe*, Urt. v. 28.06.2006 – 7 U 194/04, Rn. 11, juris; *Stadler*, Jauernig, § 315 Rn. 7; *Fries*, Schulze BGB, § 315 Rn. 6; zu möglichen Kriterien: *Würdinger*, MüKo BGB, § 315 Rn. 41.

Sinn und Zweck der Billigkeit sei es nämlich, einen Ausgleich zwischen der abstrakt-generellen Regelung des Gesetzes und dem Einzelfall zu schaffen, um eine Einzelfallgerechtigkeit herzustellen.[762] Daher müsse es für die Bestimmung der Billigkeit auf die konkrete Gerechtigkeit im Einzelfall ankommen.[763] Ferner müsse auch der Vertragszweck umfassend gewürdigt werden. Ein Vergleich mit anderen Anbietern im Rahmen eines Marktvergleichs könne berücksichtigt werden, dabei aber nur eine untergeordnete Rolle als Indiz einnehmen.[764]

Durch die Betrachtung des Einzelfalls könnte in der Praxis die Bezugskostensteigerungen des Energieversorgungsunternehmens berücksichtigt werden. Die Weitergabe der Bezugskostensteigerung entspricht nämlich nach einhelliger Meinung der Billigkeit.[765] Auch die Unbilligkeit der Weitergabe etwaiger Kostensteigerungen kann im Rahmen der Einzelfallprüfung bewertet werden. Etwa, wenn diese sich daraus ergibt, dass rückläufige Kosten in anderen Bereichen bei der Preisanpassung nicht berücksichtigt wurden.[766] Um der Billigkeit zu entsprechen, muss die Preisanpassung nach der sog. Spiegelbildlichkeit der Anpassung erfolgen, was das Energieversorgungsunternehmen verpflichtet, Preissenkungen nach den gleichen Maßstäben zu berücksichtigen wie Preiserhöhungen.[767] Analog zur Ausgestaltung der Klausel nach den ABG-rechtlichen Anforderungen an die Angemessenheit müssen auch im Rahmen der Billigkeit Preissenkungen und Preiserhöhungen gleichermaßen berücksichtigt werden.[768] Nichts Anderes kann für die Zeiträume gelten, in denen Preiserhöhungen oder Preissenkungen

---

[762] *BGH*, Beschl. v. 16.09.2016 – VGS 1/16, Rn. 32, 35, juris.

[763] *Rieble*, Staudinger, § 315 BGB Rn. 395; *Völzmann-Stickelbrock*, jurisPK-BGB, § 315 Rn. 17.

[764] *BGH*, Urt. v. 24.02.2016 – VIII ZR 216/12, Rn. 78, 83, juris; vgl. auch: *BGH*, Urt. v. 02.10.1991 – VIII ZR 240/90, Rn. 13, juris; *Netzer*, BeckOGK BGB (Stand: 01.05.2025), § 315 Rn. 76.

[765] *BGH*, Urt. v. 13.06.2007 – VIII ZR 36/06, Rn. 21, juris; *BGH*, Urt. v. 19.11.2008 – VIII ZR 138/07, Rn. 30, juris. *BGH*, Urt. v. 08.07.2009 – VIII ZR 314/07, Rn. 20, juris; *BGH*, Urt. v. 24.02.2016 – VIII ZR 216/12, Rn. 76, juris.

[766] *BGH*, Urt. v. 13.06.2007 – VIII ZR 36/06, Rn. 26, juris; *BGH*, Urt. v. 19.11.2008 – VIII ZR 138/07, Rn. 38, juris; *BGH*, Urt. v. 08.07.2009 – VIII ZR 314/07, Rn. 33, juris.

[767] *Schöne/Garbers*, Graf von Westphalen/Thüsing/Pamp, Stromlieferverträge Rn. 251.

[768] *Büdenbender*, NJW 2007, 2945 (2950).

vorgenommen werden.[769] Dies betrifft allerdings nicht andere Unternehmensbereiche, insbesondere andere Energieversorgungsarten, des Energieversorgungsunternehmens.[770]

Auch die Einbeziehung von veränderten Finanzierungs-, Vertriebs-, Sach- und Personalkosten als preisbildende Faktoren kann so erfolgen.[771]

(cc) Stellungnahme

Gegen eine Beurteilung nach der Marktüblichkeit spricht, dass das Energieversorgungsunternehmen das Äquivalenzverhältnis auf Grundlage der Preise anderer Versorger zu seinen Gunsten verschieben könnte.[772] Eine ähnliche Problematik existiert bei Preisklauseln in der Fernwärme nach § 24 Abs. 4 AVBFernwärmeV. Dort wird in derartigen Fallkonstellationen angenommen, dass die Klausel dem Verwender einen zusätzlichen Gewinn verschaffen darf, wenn dieser aus dem Marktelement folgt.[773] Bei einer Übertragung dieses Grundsatzes auf Leistungsvorbehaltsklauseln in Energielieferverträgen über Strom und Gas muss beachtet werden, dass die Preisanpassung auch bei Fernwärmelieferverträgen im Anwendungsbereich der AVBFernwärmeV grundsätzlich kostenbezogen durch das Kostenelement erfolgt und das Marktelement lediglich einen Korrekturfaktor darstellen soll.

Bei der marktbezogenen Betrachtung müsste weiter sichergestellt sein, dass die im streitigen Versorgungsgebiet angebotene Leistung, mit der von in den Vergleich einbezogenen Versorgungsunternehmen vergleichbar ist.[774] Das ist etwa nicht der Fall, wenn der Gaspreisindex herangezogen wird.[775] Vielmehr müssten konkrete Energieversorgungsunternehmen mit ähnlichen Beschaffungs- und Lieferbedingungen betrachtet werden.[776]

---

[769] *Büdenbender*, NJW 2007, 2945 (2950).

[770] *BGH*, Urt. v. 19.11.2008 – VIII ZR 138/07, Rn. 40, juris.

[771] Vgl. *Völzmann-Stickelbrock*, jurisPK-BGB, § 315 Rn. 147.

[772] *BGH*, Urt. v. 24.02.2016 – VIII ZR 216/12, Rn. 84, juris; vgl. *Thomas*, AcP 209 (2009), 84 (101).

[773] *Büdenbender/Gromm*, BB 2011, 2883 (2885).

[774] Vgl. *BGH*, Urt. v. 19.11.2008 – VIII ZR 138/07, Rn. 49, juris; *BGH*, Urt. v. 08.07.2009 – VIII ZR 314/07, Rn. 25, juris.

[775] *BGH*, Urt. v. 08.07.2009 – VIII ZR 314/07, Rn. 25, juris.

[776] Vgl. *BGH*, Urt. v. 08.07.2009 – VIII ZR 314/07, Rn. 25, juris.

Für eine marktbezogene Betrachtung könnte sprechen, dass eine Anknüpfung an den Marktpreis auch dem Klauselgegner zugutekommen könnte, etwa bei sinkenden Marktpreisen.[777]

Durch eine marktbezogene Anpassung würde weiter verhindert werden, dass der Klauselverwender die Preise lediglich zu seinen Gunsten anpasst.[778]

Zum Nachteil des Energieversorgungsunternehmens besteht bei einer marktbezogenen Betrachtung die Gefahr, dass diese die Preise nicht kostendeckend anpassen können, da nicht sichergestellt ist, dass sich der Marktpreis kostenabhängig entwickelt.[779] Der Marktpreis entwickelt sich nämlich grundsätzlich in Abhängigkeit von Angebot und Nachfrage.[780] Durch eine Anknüpfung an den Marktpreis könnte jedoch zugunsten des Kunden ausgeschlossen werden, dass der Klauselverwender wettbewerbsunübliche Preise erzielen könnte, da kein Kunde mehr bezahlt, als er bei Abschluss eines neuen Vertrags zahlen müsste.[781]

Bei der Vornahme eines Marktvergleichs könnte die Bestimmung des relevanten Marktes zu einer erheblichen Rechtsunsicherheit führen. Eine ähnliche Problematik findet sich bereits in § 24 Abs. 4 AVBFernwärmeV. Bezugspunkt des Marktelements ist dort der „allgemeine Wärmemarkt“. Die räumliche Abgrenzung des relevanten Wärmemarktes bietet in der Praxis immer wieder Anlass für Streitigkeiten. Zur Bestimmung könnte auf einen nur lokalen bzw. regionalen Wärmemarkt oder auf einen bundesweiten Wärmemarkt abgestellt werden.[782] Diese Problematik würde sich auch bei der Bestimmung der Billigkeit anhand der Marktüblichkeit bei der Strom- und Gasversorgung ergeben. Auch ebendarum erscheint die Marktüblichkeit kein geeignetes Kriterium zur Bestimmung der Billigkeit zu sein.

Die kostenbezogene individuelle Betrachtung könnte dagegen für die Energieversorgungsunternehmen bei Massengeschäften zu einem massiven Verwaltungsaufwand führen, was folglich wieder zu höheren Preisen führen könnte.[783]

---

777 *Thomas*, AcP 209 (2009), 84 (101).
778 *Thomas*, AcP 209 (2009), 84 (101).
779 *Thomas*, AcP 209 (2009), 84 (101).
780 *Thomas*, AcP 209 (2009), 84 (101).
781 *Thomas*, AcP 209 (2009), 84 (103).
782 Hierzu: *Fricke*, Hempel/Franke, § 24 AVBFernwärmeV Rn. 113 ff.
783 *LG Hannover*, NJW-RR 1992, 1998 (1999).

Auch besteht die Gefahr, dass indirekt der eigentlich nicht kontrollfähige Preissockel kontrolliert wird.[784] Dies würde vermieden, wenn das billige Ermessen marktbezogen verstanden wird.[785]

Durch die kostenbezogene Betrachtung wird im Gegensatz zur marktbezogenen Betrachtung verhindert, dass Kostensenkungen nicht nach den gleichen Maßstäben weitergeben werden, wie Kostensteigerungen und bei Kostenerhöhungen keine Saldierung stattfindet.[786]

Im Rahmen der kostenbezogenen Einzelfallbetrachtung könnten sodann auch die Zielbestimmungen aus § 1 Abs. 1 und § 2 Abs. 1 EnWG berücksichtigt werden, dass Energieversorgung, unter der Beachtung der Anforderungen an die Versorgungssicherheit, so preiswürdig wie möglich zu gestalten ist, und der Gewinnmaximierung nur eine eingeschränkte Bedeutung zukommen kann.[787] Aus den Zielbestimmungen des Energiewirtschaftsrechts soll sich nämlich weiter ergeben, dass das Energieversorgungsunternehmen nicht jegliche Preissteigerung weitergeben darf, ohne Beschaffungsalternativen zu prüfen und Preisanpassungen von Vorlieferanten nicht annehmen darf, die über dem marktüblichen liegen.[788]

Es sind bei der kostenbezogenen Betrachtung auch keine übermäßigen Transaktionskosten für das Energieversorgungsunternehmen zu erwarten. Auch wenn es sich um ein Massengeschäft handelt, könnte das Energieversorgungsunternehmen eine Bewertung für alle Letztverbraucher vornehmen, die auf Grundlage des gleichen Liefervertrags beliefert werden.

Im Ergebnis sprechen die besseren Argumente für eine kostenbezogene Betrachtung im Einzelfall. Die marktbezogene Betrachtung ist damit abzulehnen. Dies bedeutet allerdings nicht, dass der Marktpreis im Rahmen der

---

784 *Fricke*, Die gerichtliche Kontrolle von Entgelten in der Energiewirtschaft, 699.

785 *Fricke*, Die gerichtliche Kontrolle von Entgelten in der Energiewirtschaft, 699.

786 Vgl. *Markert*, ZMR 2016, 581 (584).

787 *BGH*, Urt. v. 02.10.1991 – VIII ZR 240/90, Rn. 14, juris; *BGH*, Urt. v. 24.02.2016 – VIII ZR 216/12, Rn. 82, juris; *OLG Karlsruhe*, Urt. v. 28.06.2006 – 7 U 194/04, Rn. 10, juris; a. A.: *Büdenbender*, NJW 2007, 2945, der allein auf eine sachgerechte Entscheidung abstellt.

788 *BGH*, Urt. v. 19.11.2008 – VIII ZR 138/07, Rn. 43, juris; *Markert*, RdE 2007, 258 (265); *Säcker*, ZNER 2007, 114 (115); für eine Berücksichtigung der Zielbestimmungen wohl auch, aber zurückhaltender: *Fricke*, Die gerichtliche Kontrolle von Entgelten der Energiewirtschaft, 680.

Billigkeitsprüfung insgesamt irrelevant ist. Vielmehr kann dieser auch eine Indizwirkung für die Billigkeit haben.

(dd) Zwischenergebnis

Im Ergebnis ist die Billigkeit der Preisanpassung i. S. d. § 315 Abs. 3 S. 1 BGB aus den genannten Gründen kostenbezogen im Einzelfall zu ermitteln.

(b) Widerspruch gegen Preisanpassung

In der Praxis stellt sich häufig die Frage, wie mit Fallgestaltungen umzugehen ist, in denen der Letztverbraucher die Preisanpassung des Energieversorgungsunternehmens zunächst widerspruchslos hinnimmt.[789] Weitgehende Einigkeit besteht grundsätzlich in der Annahme, dass der Letztverbraucher die Preisanpassung nicht in einem unbegrenzten Zeitraum nach § 315 Abs. 3 S. 2 BGB auf ihre Billigkeit überprüfen lassen können soll.[790] Unterschiedlich wird jedoch die dogmatische Herleitung eines solchen Ausschlusses beurteilt.

Teilweise wird angenommen, dass konkludent durch den weiteren Bezug der Energie eine Einigung der Parteien zu dem erhöhten Preis zustande komme, sofern der Letztverbraucher nicht die Überprüfung der Billigkeit in einem angemessenen Zeitraum verlangt. Eine Überprüfung der Billigkeit des Preises nach § 315 Abs. 3 BGB soll dann ausgeschlossen sein.[791] Für die Annahme einer konkludenten Einigung sollen unter anderem praktische Gründe sprechen, etwa sei eine Rückabwicklung mit einzelnen Letztverbrauchern im Rahmen des Massengeschäfts mit erheblichen Transaktionskosten verbunden.[792] Gegen die Annahme eines konkludenten Vertragsschlusses

---

[789] Beispielhaft aus der Rspr.: *BGH*, Urt. v. 13.06.2007 – VIII ZR 36/06, Rn. 36, juris; *BGH*, Urt. v. 19.11.2008 – VIII ZR 138/07, Rn. 15 f., juris; *BGH*, Urt. v. 14.07.2010 – VIII ZR 246/08, Rn. 65 ff., juris; *OLG Frankfurt*, Urt. v. 13.10.2009 – 11 U 28/09 (Kart), Rn. 52 ff., juris.

[790] Hierzu etwa: *Tüngler*, BeckOGK BGB (Stand: 01.03.2025), § 433 Rn. 296 f.; *Büdenbender*, NJW 2007, 2945 (2948 f.); *Dreher*, ZNER 2007, 103 (115); *Markert/Hempel*, RdE 2010, 104 (108 ff.); *Bayer*, RdE 2010, 1 (6); a. A.: *Kolbe*, BB 2010, 2322 (2327), der davon ausgeht, dass eine vertragliche Beschränkung notwendig ist.

[791] *BGH*, Urt. v. 13.06.2007 – VIII ZR 36/06, Rn. 36, juris; *BGH*, Urt. v. 19.11.2008 – VIII ZR 138/07, Rn. 15 f., juris; *BGH*, Urt. v. 14.07.2010 – VIII ZR 246/08, Rn. 58, juris; *Otto*, Soergel, § 315 BGB Rn. 253; kritisch: *Markert*, RdE 2007, 258 (266).

[792] *OLG Frankfurt*, Urt. v. 13.10.2009 – 11 U 28/09 (Kart), Rn. 54, juris.

sprechen insbesondere dogmatische Gründe.[793] So würde die Erklärung zur Preisanpassung als einseitiges Rechtsgeschäft in ein Vertragsangebot umgedeutet werden.[794] Der Letztverbraucher wird sich im Regelfall keine Gedanken darüber machen, ob die Preisanpassung der Billigkeit entspricht, sondern das geforderte Entgelt zahlen, um nicht die Sperrung seines Anschlusses zu riskieren.[795] Die Annahme einer Vertragsannahme erscheint somit sehr konstruiert.

Demzufolge leiten andere den Ausschluss der Billigkeitsprüfung über die auf § 242 BGB beruhenden Grundsätze der Verwirkung oder der illoyalen Rechtsausübung (venire contra factum propium) her.[796] Hierbei stellt die Verwirkung einen Unterfall der illoyalen Rechtsausübung aufgrund widersprüchlichen Verhaltens dar.[797] Eine solche Herleitung berücksichtigt, dass die weitere Abnahme von Energie des Letztverbrauchers wohl als bloßes Schweigen zu werten ist und dieses im Rechtsverkehr grundsätzlich keinen Erklärungsgehalt hat.[798] Auf eine Unterscheidung zwischen Letztverbrauchern in der Grundversorgung oder Sondervertragskunden kommt es nicht an.[799]

Die Herleitung des Ausschlusses der Billigkeitsprüfung nach § 315 Abs. 3 S. 2 BGB kann im Ergebnis dahinstehen, da es sich um eine rein dogmatische Problematik handelt. Die Ansichten kommen alle zu dem Ergebnis, dass die Billigkeitsprüfung nach einem bestimmten Zeitraum ausgeschlossen sein muss.[800]

---

793 Vertiefend: *Markert*, FS Säcker, 845 (851 ff.).

794 *Büdenbender*, NJW 2007, 2945 (2949); *Mogwitz/Wagner*, RdE 2008, 118 (122); *Markert/Hempel*, RdE 2010, 104 (110); a. A.: *Bayer*, RdE 2010, 1 (3).

795 *Mogwitz/Wagner*, RdE 2008, 118 (123); *Kolbe*, BB 2010, 2322 (2324).

796 *Büdenbender*, NJW 2007, 2945 (2948 f.); zum widersprüchlichen Verhalten auch *Strohe*, NZM 2007, 871 (874); zur Verwirkung auch: *BGH*, Urt. v. 06.03.1986 – III ZR 195/84, Rn. 36, juris; *Piekenbrock*, ZIP 2010, 1925 (1929); *Höppner*, N&R 2010, 2 (5); *Kühne*, VEnergR 139 (2008), 27 (38).

797 *BGH*, Urt. v. 12.03.2008 – XII ZR 147/05, Rn. 22, juris.

798 *Kolbe*, BB 2010, 2322 (2327).

799 *BGH*, Urt. v. 14.07.2010 – VIII ZR 246/08, Rn. 66, juris.

800 Wohl auch im Ergebnis nicht differenzierend: *Bayer*, RdE 2010, 1 (6); kritisch zur Verwirkung: *Dreher*, ZNER 2007, 103 (108); *Mogwitz/Wagner*, RdE 2008, 118 (122 f.).

(aa) Zeitraum des Widerspruchs

Entscheidend ist nach allen Ansichten allein der Zeitraum, in welchem der Letztverbraucher der Billigkeit der Preiserhöhung grundsätzlich widersprechen muss.[801] Im Rahmen der Verwirkung wird die Notwendigkeit eines verstrichenen Zeitraums auch als Zeitmoment bezeichnet. Zur Bestimmung des Zeitraums lassen sich verschiedene Anknüpfungspunkte wählen.

(aaa) Anknüpfung an die Verjährung

Zunächst kommt die Möglichkeit in Betracht, auf die Verjährung des Rückforderungsanspruchs bei einer unbilligen Leistungsbestimmung abzustellen, was zumindest im Hinblick auf die Rechtssicherheit die vorzugswürdige Ansicht zu sein scheint.[802] Andererseits wäre das Energieversorgungsunternehmen über den gesamten Zeitraum der Verjährung im Ungewissen, ob der geänderte Preis Geltung behält.[803] Da der Rückforderungsanspruch des Geldschuldners aus § 812 Abs. 1 S. 1 1. Alt. BGB der regelmäßigen Verjährung von drei Jahren nach §§ 195, 199 BGB unterliege, müsse dies bei der Bestimmung des Widerspruchszeitraums berücksichtigt werden.[804] Die Verjährung würde mit dem Schluss des Jahres beginnen, in dem der Anspruch entstanden ist und der Gläubiger Kenntnis von den den Anspruch begründenden Umständen und der Person des Schuldners erlangt oder ohne grobe Fahrlässigkeit erlangen musste, § 199 Abs. 1 BGB. Kenntnisunabhängig würde der Anspruch zehn Jahre nach seiner Entstehung verjähren, § 199 Abs. 4 BGB.

Eine kürzere Frist, etwa von einem Jahr, sei deshalb abzulehnen.[805] Vielmehr soll die Verwirkung aufgrund einer möglichen Verkürzung des Verjährungszeitraums nur unter ganz besonderen Umständen angenommen werden können.[806] Würde man für eine mögliche Rückforderung einen kürzeren Anspruch als die eigentliche Verjährungsfrist wählen, würde dies zu einer faktischen Verkürzung dieser führen. Schon aus diesem Grund

---

[801] So auch: *Büdenbender*, NJW 2007, 2945 (2949).

[802] Die Verwirkung als unzulässig ablehnend und auf die Verjährung abstellend: *Piekenbrock*, ZIP 2010, 1925 (1933).

[803] *LG Kiel*, Urt. v. 06.10.2004 – 14 O Kart 191/02, Rn. 14, juris.

[804] *Würdinger*, MüKo BGB, § 315 Rn. 57; vgl. *Säcker*, ZNER 2007, 114 (115).

[805] *Würdinger*, MüKo BGB, § 315 Rn. 57.

[806] *BGH*, Urt. v. 20.07.2010 – EnZR 24/09, Rn. 22, juris.

müssen besondere Umstände vorliegen, die die Annahme eines kürzeren Zeitraums rechtfertigen.[807] Der Verjährungszeitraum soll gerade auch dem Gläubiger ermöglichen, den Anspruch zu prüfen und zu überlegen, ob er diesen rechtlich geltend macht.[808]

Daher ist zunächst die Frage zu beantworten, ob bei der widerspruchslosen Zahlung des erhöhten Preises bei Leistungsvorbehaltsklauseln ein besonderer Umstand vorliegt, der die faktische Verkürzung der Verjährungsfrist des Rückforderungsanspruchs rechtfertigt. Bei der Bestimmung der besonderen Umstände lässt sich aufgrund der vergleichbaren Interessenlage auf die Grundsätze des Umstandsmoments als Voraussetzung der Verwirkung zurückgreifen.[809]

Das Umstandsmoment ist gegeben, wenn der Verpflichtete bei objektiver Betrachtung aus dem Verhalten des Berechtigten entnehmen durfte, dass dieser sein Recht nicht mehr geltend machen werde und der Verpflichtete im Vertrauen auf das Verhalten des Berechtigten seine Maßnahmen so eingerichtet hat, dass ihm durch die verspätete Durchsetzung des Rechts ein unzumutbarer Nachteil entsteht.[810] Bei der Anpassung der Preise in Energielieferverträgen hat der Letztverbraucher auf Grundlage der Informationspflichten aus § 41 Abs. 5 S. 1 und S. 2 EnWG Kenntnis von der Preisanpassung und kann sich auf Grundlage dessen mit deren Billigkeit auseinandersetzen. Hierzu kann er auch etwaige Vergleichsportale heranziehen, die ihm zumindest eine grobe Einschätzung der Billigkeit ermöglichen. Bei dieser Annahme wird auch nicht verkannt, dass in dem Weiterbezug von Energie grundsätzlich kein rechtsgeschäftlicher Erklärungswille liegt. Vielmehr knüpft der Umstandsmoment hier an eine tatsächliche Verhaltensweise an. Das Vorliegen des Umstandsmoments und damit auch das Vorliegen besonderer

---

[807] Vgl. *BGH*, Urt. v. 20.07.2010 – EnZR 23/09, Rn. 22, juris; *BGH*, Urt. v. 11.10.2012 – VII ZR 10/11, Rn. 20, juris; *BGH*, Urt. v. 29.01.2013 – EnZR 16/12, Rn. 13, juris; *BGH*, Urt. v. 23.01.2014 – VII ZR 177/13, Rn. 13, juris; vgl. auch: *Gerhard Ring/Franz Wagner*, Dauner-Lieb/Langen, § 315 BGB Rn. 16.

[808] *BGH*, Urt. v. 29.01.2013 – EnZR 16/12, Rn. 13, juris; *BGH*, Urt. v. 23.01.2014 – VII ZR 177/13, Rn. 13, juris.

[809] Zu den Voraussetzungen der Verwirkung: *BGH*, Urt. v. 06.03.1986 – III ZR 195/84, Rn. 36, juris; *BGH*, Urt. v. 20.07.2010 – EnZR 23/09, Rn. 20, juris.

[810] *BGH*, Urt. v. 06.03.1986 – III ZR 195/84, Rn. 36, juris; *BGH*, Urt. v. 12.03.2008 – XII ZR 147/05, Rn. 22, juris; *BGH*, Urt. v. 20.07.2010 – EnZR 23/09, Rn. 20, juris.

Umstände, die eine kürzere Frist als die Verjährungsfrist vorsehen, sind damit grundsätzlich gegeben. In der Praxis muss jedoch stets eine Prüfung des Einzelfalls erfolgen.[811]

Das Vorliegen besonderen Umstands scheidet etwa aus, wenn der Geldschuldner sich die Überprüfung der Billigkeit ausdrücklich vorbehalten hat.[812]

Gegen die Annahme der Regelungen zur Verjährung spricht, dass streitgegenständlich nicht ein Anspruch ist, sondern das Gestaltungsrecht aus § 315 Abs. 3 S. 2 BGB, welches nicht der Verjährung unterliegt und für das der Gesetzgeber auch keine Präklusionsfrist vorgesehen hat.[813] Ein Rückgriff auf die Verjährung des Rückforderungsanspruchs ist daher abzulehnen.

(bbb) Zusammenfallen mit Recht zur außerordentlichen Kündigung

Mithin könnte man annehmen, dass der Zeitraum für den Widerspruch gegen die Preiserhöhung mit dem Zeitraum der Kündigungsmöglichkeit nach § 41 Abs. 5 S. 4 EnWG zusammenfallen muss.[814] Hierfür könnte sprechen, dass es wenig Sinn ergebe, dem Letztverbraucher eine längere Überlegungsfrist für die gerichtliche Billigkeitskontrolle als für die fristlose Kündigung zu gewähren.[815] Eine Anknüpfung an das Sonderkündigungsrecht des Letztverbrauchers aus § 41 Abs. 5 S. 4 EnWG würde jedoch dazu führen, dass dem Letztverbraucher nur ein Widerspruchszeitraum von etwa zwei Wochen oder einem Monat bleiben würde, abhängig davon, ob es sich bei dem Letztverbraucher um einen Haushaltskunden handelt, vgl. § 41 Abs. 5 S. 2 EnWG. Die Bemessung dieses Zeitraums erscheint auch im Hinblick auf die Verjährungsfrist des Rückforderungsanspruchs deutlich zu kurz. Durch § 315 Abs. 3 S. 2 BGB soll einen Ausgleich zur unterlegenen Stellung des Leistungsbestimmungsadressaten darstellen, weshalb ein längerer Zeitraum angemessen erscheint.[816]

---

811 Vgl. *Kühne*, VEnergR 139 (2008), 27 (38).

812 Vgl. *BGH*, Urt. v. 20.07.2010 – EnZR 24/09, Rn. 23, juris.

813 Vgl. *Höppner*, N&R 2010, 2 (5).

814 *Fricke*, Die gerichtliche Kontrolle von Entgelten in der Energiewirtschaft, 650.

815 *Fricke*, Die gerichtliche Kontrolle von Entgelten in der Energiewirtschaft, 650.

816 Vgl. *Höppner*, N&R 2010, 2 (6).

(ccc) Anknüpfung an das Mietrecht

Eine Stütze im Gesetz würde die Ansicht finden, dass eine Überprüfung der Billigkeit ausscheidet, wenn der Letztverbraucher der Preisanpassung nicht in einem Zeitraum von zwei Monaten widerspricht.[817] Gesetzlich sieht die mietrechtliche Vorschrift des § 558b Abs. 2 S. 1 BGB vor, dass der Mieter bei einem Mieterhöhungsverlangen des Vermieters innerhalb von zwei Monaten auf dieses reagieren muss. Hintergrund der Vorschrift ist, dass der Vermieter die Miete auch bei einem berechtigten Mieterhöhungsverlangen nach §§ 558, 558a BGB nicht einseitig anpassen kann, sondern die Zustimmung des Mieters notwendig ist.[818] Stimmt der Mieter dem Mieterhöhungsverlangen nicht innerhalb der Frist des § 558b Abs. 2 S. 1 BGB zu, kann die Zustimmung durch ein Urteil ersetzt werden.[819] Durch die Zustimmungsfrist von zwei Monaten soll dem Mieter ermöglicht werden, die Angemessenheit des Erhöhungsverlangens zu überprüfen.[820] Diese Interessenlage ist mit der Beurteilung des Zeitraums des Widerspruchs zur Billigkeit der Preisanpassung grundsätzlich vergleichbar. Denn auch hier soll dem Letztverbraucher ein angemessener Zeitraum zur Überprüfung der Billigkeit gewährt werden. Allerdings handelt es sich bei § 558b Abs. 2 S. 1 BGB nicht um eine Ausschlussfrist. Vielmehr wird durch den Ablauf der Zustimmungsfrist nur die Klagefrist des Vermieters nach § 558b Abs. 2 S. 2 BGB in Gang gesetzt, der Mieter kann jedoch weiterhin seine Zustimmung erklären.[821] Im Hinblick auf den Widerspruch zur Billigkeit der Preisanpassung soll die Frist eine Ausschlussfrist darstellen, da der Letztverbraucher mit dessen Ablauf der Billigkeit der Preisanpassung nicht mehr widersprechen kann. In dieser Hinsicht ist die Interessenlage nicht vergleichbar. Hinzukommt, dass im Unterschied zur Zahlung an den Energieversorger bei der Mietzahlung nur die Nebenkosten zunächst abschlagsmäßig an den Vermieter bezahlt werden. Die eigentliche Mietzahlung wird grundsätzlich jeden Monat zwischen den Parteien abgerechnet. Würde man dieser Ansicht folgen und eine Vergleichbarkeit

---

817 Hierzu: *Rieble*, Staudinger, § 315 BGB Rn. 548.

818 *Theesfeld-Betten*, BeckOK Mietrecht, § 558b BGB Rn. 1.

819 *Schüller*, BeckOK BGB, § 558b Rn. 13; *Theesfeld-Betten*, BeckOK Mietrecht, § 558b BGB Rn. 1.

820 *Arzt*, MüKo BGB, § 558b Rn. 1.

821 *Arzt*, MüKo BGB, § 558b Rn. 1; *Matthias Scheff*, Dauner-Lieb/Langen, § 558b BGB Rn. 8; *Schüller*, BeckOK BGB, § 558b Rn. 1.

annehmen, würde man verkennen, dass die Abschlagszahlungen an das Energieversorgungsunternehmen nur vorläufiger Natur sind.[822] Mit dieser Begründung ist auch die Annahme von drei protestlosen Abschlagszahlungen als Widerspruchszeitraum abzulehnen.[823]

(ddd) Anknüpfung an Endabrechnung

Am praktisch sinnvollsten erscheint die Anknüpfung an die Begleichung der Jahresabrechnung, die ganz oder teilweise auf der Preiserhöhung beruht.[824] Die Möglichkeit der Billigkeitskontrolle würde dann mit Begleichen der Rechnung entfallen.[825] Beachtet werden muss dabei, dass die Abrechnung nicht zwingend im Jahresturnus erfolgen muss.[826] Letztverbraucher haben auch die Wahl einer monatlichen, vierteljährlichen oder halbjährlichen Abrechnung, § 40b Abs. 1 S. 2 Nr. 1 EnWG.[827] Die Ansicht muss also dahingehend modifiziert werden, dass eine Billigkeitskontrolle dann ausgeschlossen ist, wenn eine Endabrechnung des Energieversorgungsunternehmens gegenüber dem Letztverbraucher erfolgt ist. Vollständige Rechtssicherheit würde dann mit vollständigem Begleichen der Endabrechnung eintreten, da zuvor in der Praxis zumeist Abschlagszahlungen vereinbart werden, vgl. § 40b Abs. 3 EnWG.[828] Diese Ansicht würde auch die Vorläufigkeit der Abschlagszahlungen hinreichend berücksichtigen. Dem Letztverbraucher wird dadurch erlaubt, sich im Rahmen der Prüfung der Endabrechnung mit etwaigen Preisanpassungen auseinanderzusetzen und sein weiteres Vorgehen wohl überlegt abzuwägen. Da die Wahl des Abrechnungszeitraums nach § 40b Abs. 1 S. 2 EnWG dem Letztverbraucher obliegt, ist es auch nicht als ungerechtfertigte Benachteiligung, wenn diesem aufgrund seiner Wahl nur ein

---

822 Vgl. *Kühne*, VEnergR 139 (2008), 27 (38).

823 So jedoch: *Büdenbender*, NJW 2007, 2945 (2949).

824 *BGH*, Urt. v. 13.06.2007 – VIII ZR 36/06, Rn. 36, juris; *BGH*, Urt. v. 06.04.2016 – VIII ZR 71/10, Rn. 26, juris; *Strohe*, NZM 2007, 871 (874).

825 *BGH*, Urt. v. 13.06.2007 – VIII ZR 36/06, Rn. 36, juris; *BGH*, Urt. v. 06.04.2016 – VIII ZR 71/10, Rn. 26, juris; *Strohe*, NZM 2007, 871 (874).

826 Daher kritisch: *Fricke*, Die gerichtliche Kontrolle von Entgelten in der Energiewirtschaft, 646.

827 *Fricke*, Die gerichtliche Kontrolle von Entgelten in der Energiewirtschaft, 646; *Kühne*, VEnergR 139 (2008), 27 (38).

828 Vgl. *Fricke*, Die gerichtliche Kontrolle von Entgelten in der Energiewirtschaft, 646.

Widerspruchszeitraum von einem Monat bleibt. Diese Ansicht steht ferner im Einklang mit der Rechtsprechung zur Verwirkung des Widerrufrechts bei Verbraucherdarlehensverträgen. So soll dort der Darlehnsgeber schutzwürdig sein, dass ein Widerruf des Darlehensnehmers nicht mehr erfolgt, wenn der Darlehensvertrag bereits erfüllt ist, weshalb das Widerrufsrecht verwirkt.[829] Diese Schutzwürdigkeitserwägung lässt sich auch auf Energielieferverträge übertragen. Zwar ist der Energieliefervertrag zum Ende des Abrechnungszeitraums nicht beendet, aber es besteht zum Ende der Abrechnungsperiode ein hinreichendes Interesse des Energieversorgungsunternehmens, dass ein Widerspruch im Hinblick auf die Preisanpassung nicht mehr erfolgt.

(eee) Zwischenergebnis

Es ist damit der Ansicht zu folgen, dass eine gerichtliche Überprüfung der Billigkeit nach § 315 Abs. 3 S. 2 BGB bis zur Begleichung der Endabrechnung durch den Letztverbraucher erfolgen kann. Alternativ muss der Letztverbraucher der Preisanpassung bis zu diesem Zeitpunkt widersprechen.

b) Kostenelementklauseln

Kostenelementklauseln zählen neben den Spannungsklauseln zu den automatisch wirkenden Klauseln.[830] Das Preisklauselgesetz definiert die Kostenelementklausel in § 1 Abs. 2 Nr. 3 PrKG als eine Klausel, nach der der geschuldete Betrag insoweit von der Entwicklung der Preise oder Werte für Güter oder Leistungen abhängig gemacht wird, als diese die Selbstkosten des Gläubigers bei der Erbringung der Gegenleistung unmittelbar beeinflussen. Der Preis ändert sich demnach in Abhängigkeit der jeweiligen Gewichtung mit dem Preis der wichtigsten Kostenelemente der Vertragsleistung.[831] Die Legaldefinition des Preisklauselgesetzes macht deutlich, dass Kostenelementklauseln, die keinen schuldfremden Vergleichsmaßstab verwenden, nicht unter das Verbot

---

829 *BGH*, Urt. v. 12.07.2016 – XI ZR 501/15, Rn. 41, juris; *BGH*, Urt. v. 21.02.2017 – XI ZR 381/16, Rn. 22, juris; *BGH*, Beschl. v. 23.01.2018 – XI ZR 298/17, Rn. 18, juris; *OLG Hamm*, Beschl. v. 28.06.2021 – 31 U 46/21, Rn. 6, juris; *OLG München*, Urt. v. 16.09.2024 – 17 U 5846/22, Rn. 31, juris.

830 *Kunth/Tüngler*, RdE 2006, 257 (259).

831 *OLG Dresden*, Urt. v. 14.06.2006 – 6 U 195/06, Rn. 30 f., juris; *OLG Schleswig*, Urt. v. 27.04.2007 – 14 U 113/06, Rn. 47, juris; *Kunth/Tüngler*, RdE 2006, 257 (259); *Mann/Waschkowski*, BB 2022, 1283 (1284).

des § 1 Abs. 1 PrKG fallen.[832] Berücksichtigungsfähige Selbstkosten sind nur solche Kosten, die die Kosten der Sachleistung unmittelbar beeinflussen.[833] Mithin darf dem Wortlaut des § 1 Abs. 2 Nr. 3 PrKG nach die Gewinnspanne des Schuldners der Sachleistung nicht berücksichtigt werden.[834] Durch Kostenelementklauseln soll erreicht werden, dass dem Verwender das Risiko einer langfristigen Kalkulation abgenommen und die kalkulierte Gewinnspanne gesichert wird, während der Vertragspartner vor Risikoaufschlägen bei Vertragsschluss geschützt wird.[835] Dieses Interesse sieht auch der BGH bei Kostenelementklauseln in Energielieferverträgen als berechtigt an.[836]

aa) Umfang der Anpassung

In Bezug auf den Umfang der Anpassung verdeutlicht bereits der Wortlaut des § 1 Abs. 2 Nr. 3 PrKG „insoweit", dass der Gesamtpreis nur in der Höhe auf Grundlage der Klausel erhöht werden darf, wie das verteuerte Produkt sich anteilig auf den Gesamtpreis auswirkt.[837] Für Energielieferverträge bedeutet dies, dass sich der Energiepreis in Abhängigkeit von einer Änderung der wesentlichen Kostenbestandteile der vertraglich vereinbarten Leistung verändert.[838] Die Preisanpassungen können hierbei beispielsweise durch mathematische Formeln erfolgen.[839]

bb) Abgrenzung zur Leistungsvorbehaltsklausel

In Einzelfällen kann die Abgrenzung zwischen Kostenelementklauseln und Leistungsvorbehaltsklauseln Schwierigkeiten bereiten. Grundsätzlich unterscheiden sich die Klauseln dadurch, dass die Leistungsvorbehaltsklausel dem Anpassungsberechtigten einerseits einen Ermessensspielraum hinsichtlich

---

832 *Toussaint*, jurisPK-BGB, § 1 PrKG Rn. 43; a. A.: *Omlor*, Staudinger, § 1 PrKG Rn. 11, 33.
833 *BGH*, Urt. v. 08.06.2006 – VII ZR 13/05, Rn. 15, juris; *Omlor*, Staudinger, § 1 PrKG Rn. 35.
834 *Omlor*, Staudinger, § 1 PrKG Rn. 35.
835 *BGH*, Urt. v. 12.07.1989 – VIII ZR 297/88, Rn. 12, juris; *BGH*, Urt. v. 13.12.2006 – VIII ZR 25/06, Rn. 20, juris; *Toussaint*, jurisPK-BGB, § 1 PrKG Rn. 43.
836 *BGH*, Urt. v. 13.12.2006 – VIII ZR 25/06, Rn. 20, juris; *BGH*, Urt. v. 13.12.2006 – VIII ZR 25/06, Rn. 20, juris; *BGH*, Urt. v. 28.10.2009 – VIII ZR 320/07, Rn. 25, juris.
837 *Omlor*, Geldprivatrecht, 427.
838 *Kunth/Tüngler*, RdE 2006, 257 (259).
839 *Büdenbender*, ZIP 2017, 1042 (1043); hierzu: F.I.1.b).

der Anpassung einräumt, während andererseits bei der Kostenelementklausel die Anpassung keinen Ermessensspielraum einräumt, da sie an einen Faktor anknüpft, der den Vertragsgegenstand unmittelbar beeinflusst, vgl. § 1 Abs. 2 Nr. 1 und 3 PrKG. Somit bildet das Ermessen das maßgebliche Abgrenzungskriterium zwischen den beiden Klauseltypen.[840] In Zweifelsfällen muss deshalb im Rahmen der Auslegung ermittelt werden, ob die Klausel ein Ermessensspielraum enthält.[841] Nur wenn die Auslegung zu dem Ergebnis kommt, dass kein Ermessensspielraum für den Klauselanwender verbleibt, liegt eine Kostenelementklausel vor.[842] So handelt es sich entgegen der Rechtsprechung des BGH aufgrund des verbleibenden Ermessens nicht um eine Kostenelementklausel, wenn diese lediglich vorsieht, dass eine Erhöhung des Vertragspreises dann möglich sein soll, *„wenn sich die Kosten der Bereitstellung des Programms erhöhen."*[843]

c) Spannungsklauseln

Bei einer Spannungsklausel handelt es sich um eine Klausel, bei der die in ein Verhältnis zueinander gesetzten Güter oder Leistungen im Wesentlichen gleichartig oder zumindest vergleichbar sind, § 1 Abs. 2 Nr. 2 PrKG. Die Höhe des Entgelts wird bei Spannungsklauseln von dem künftigen Preis oder von dem Wert gleichartiger oder zumindest vergleichbarer Güter oder Leistungen abhängig gemacht.[844] Dieses gleichartige oder zumindest vergleichbare Gut wird auch als Referenzgut bezeichnet. Häufig erfolgt eine Anknüpfung an einen feststehenden Index.[845]

Durch eine gleitende Preisentwicklung mittels eines Referenzguts, welches den Gegebenheiten des konkreten Geschäfts gerecht wird und deshalb für die Parteien akzeptabel ist, können bei langfristigen Verträgen Kündigungen

---

840 *Thomas*, AcP 209 (2009), 84 (89, 109); vgl. *Graf von Westphalen*, ZIP 2008, 669 f.

841 *Thomas*, AcP 209 (2009), 84 (89); *Bork*, JZ 2006, 682, (683).

842 *Thomas*, AcP 209 (2009), 84 (89); vgl. auch: *Graf von Westphalen*, ZIP 2008, 670; *Horn*, NJW 1985, 1118 (1119).

843 *BGH*, Urt. v. 15.11.2007 – III ZR 247/06, Rn. 2, 10, juris; hierzu: *Thomas*, AcP 209 (2009), 84 (90).

844 *BGH*, Urt. v. 08.06.2006 – VII ZR 13/05, Rn. 14, juris; *BGH*, Urt. v. 14.05.2014 – VIII ZR 114/13, Rn. 36, juris; *Grüneberg*, Grüneberg, Anh. zu § 245 (PrKlG), § 1, Rn. 4.

845 Vgl. *BGH*, Urt. v. 25.11.2015 – VIII ZR 360/14, Rn. 15, juris.

und Neuverhandlungen aufgrund der Preisentwicklung vermieden werden.[846] Eine Spannungsklausel kann damit zu einem stabilen Dauerschuldverhältnis beitragen und den Verwaltungsaufwand bei Massengeschäften verringern.[847]

Weiter gilt es in Nebenabreden zusätzliche für die Preisanpassung relevante Punkte, wie den Bezugspunkt für die Preisanpassung, eine mögliche maximale Erhöhung pro Vertragsjahr oder Ähnliches, festzulegen.[848]

Der angepasste Preis ist grundsätzlich vom nächsten Fälligkeitstermin an geschuldet, der im Vertrag für die Preisanpassung vorgesehen ist.[849] Bei Energielieferverträgen müssen die Fristen des § 41 Abs. 5 EnWG beachtet werden.

In ihrer Funktionsweise ermöglicht die Spannungsklausel den Vertragspreis auch ohne festen Ausgangspreis festzulegen, da dieser jederzeit durch das Einsetzen der Vergleichswerte als Parameter und Ausrechnen der Formel bestimmt werden kann,[850] insbesondere kommt auch eine Anknüpfung an Indizes in Betracht.[851] Ob eine Bindung des Preises an den jeweiligen Parameter in der Spannungsklausel sachgerecht und akzeptabel ist, ist dabei, zumindest im unternehmerischen Rechtsverkehr, alleinige Entscheidung des Unternehmens bei der kaufmännischen Beurteilung und unterliegt insofern auch nicht der Kontrolle der Gerichte.[852] Dies trifft auch in der Literatur auf Zustimmung.[853] Hierbei handelt es sich indes nicht um eine verallgemeinerungsfähige Aussage des BGH; es kommt vielmehr weiterhin auf die konkrete Ausgestaltung der Klausel an.

In Gaslieferverträgen treten Spannungsklauseln häufig als sog. „HEL-Klauseln" auf. Hierbei wird im Vertrag oder in einem Preisblatt ein bestimmter Arbeitspreis (sog. Ausgangspreis oder Basispreis) bestimmt, der sich bei einem

---

846 *BGH*, Urt. v. 24.03.2010 – VIII ZR 178/08, Rn. 30, juris; *BGH*,Urt. v. 24.03.2010 – VIII ZR 304/08, Rn. 38, juris; *BGH*, Urt. v. 17.09.2014 – VIII ZR 258/13, Rn. 27, juris.

847 *BGH*, Urt. v. 24.03.2010 – VIII ZR 178/08, Rn. 30, juris; *BGH*,Urt. v. 24.03.2010 – VIII ZR 304/08, Rn. 38, juris; *BGH*, Urt. v. 17.09.2014 – VIII ZR 258/13, Rn. 27, juris.

848 Hierzu: *Hilber*, BB 2011, 2691 (2692).

849 *Grüneberg*, Grüneberg, Anh. zu § 245 (PrKlG), § 1, Rn. 4; *Mann/Waschkowski*, BB 2022, 1283 (1284).

850 *Kamanabrou*, Vertragliche Anpassungsklauseln, 22.

851 *Hilber*, BB 2011, 2691 (2692); *Stief*, BB 2022, 2443 (2445).

852 *BGH*, Urt. v. 14.05.2014 – VIII ZR 114/13, Rn. 45 f., juris; *BGH*, Urt. v. 17.09.2014 – VIII ZR 258/13, Rn. 27, juris (zur Bindung des Erdgaspreises an den für HEL).

853 *Schulz-Gardyan*, RdE 2014, 430 (440).

bestimmten Preis für extra leichtes Heizöl (HEL) ergibt.[854] Eine beispielhafte Formel lautet hier: Arbeitspreis = 2,43 + (0,092 * (HEL - 19,92)) + 0,2024 ct/kWh.[855] HEL steht für den Preis für extra leichtes Heizöl in Euro/Hektoliter, welcher monatlich vom Statistischen Bundesamt veröffentlicht wird. Für den Arbeitspreis bei Vertragsbeginn wird im Vertrag ein bestimmter HEL-Wert festgelegt.[856] Ob der Vertrag zudem einen festen Arbeitspreis zu Beginn des Vertrags festlegt, ist für die Eröffnung der Inhaltskontrolle nach obigen Grundsätzen entscheidend.[857]

aa) Gleichartig- bzw. Vergleichbarkeit

§ 1 Abs. 2 Nr. 2 PrKG setzt voraus, dass die in ein Verhältnis zueinander gesetzten Güter oder Leistungen im Wesentlichen gleichartig oder zumindest vergleichbar sind. Demnach ist eine Spannungsklausel grundsätzlich mit § 1 Abs. 1 PrKG vereinbar, sofern in der Klausel kein schuldfremder Vergleichsmaßstab verwendet wird.[858] Der Vergleichbarkeit mit den vereinbarten Gütern oder Leistungen kommt so eine besondere Bedeutung zu. In § 1 Abs. 2 PrKG finden sich neben den Erheblichkeitsanforderungen „im Wesentlichen gleichartig oder zumindest vergleichbar" keine weiteren Anhaltspunkte zur Bestimmung der Vergleichbarkeit.[859]

(1) Bestimmung der Vergleichbarkeit

Eine Vergleichbarkeit bzw. Gleichartigkeit von Leistungen soll grundsätzlich dann vorliegen, wenn die wertgesicherte Leistung und die als Wertmesser in Bezug genommene Leistung auf dem gleichen Rechtsgrund beruhen.[860] Dabei soll der Rechtsgrund untechnisch-tatsächlich als tatsächlicher Umstand, auf dem die Leistung beruht, bestimmt werden.[861] Eine Bestimmung der Vergleichbarkeit nach der Rechtsgrundlage ist bei einem unmittelbaren Vergleich von

---

[854] Vgl. *Schulz-Gardyan*, RdE 2014, 430 (438).
[855] Vgl. *BGH*, Urt. v. 24.03.2010 – VIII ZR 178/08, Rn. 2, juris.
[856] Vgl. *BGH*, Urt. v. 24.03.2010 – VIII ZR 178/08, Rn. 2, juris.
[857] Hierzu: F.3.c).bb).
[858] *Toussaint*, jurisPK-BGB, § 1 PrKG Rn. 40.
[859] *Omlor*, Staudinger, § 1 PrKG Rn. 22.
[860] M. w. N.: *BGH*, Urt. v. 17.12.1973 – II ZR 48/71, Rn. 10, juris (Rechtsprechung zu § 3 WährG); *Omlor*, Staudinger, § 1 PrKG Rn. 22.
[861] *Omlor*, Staudinger, § 1 PrKG Rn. 22; *Omlor*, Geldprivatrecht, 425.

Gütern jedoch kaum möglich.[862] Als vergleichbar sollen solche Güter gelten, die denselben Bedarf des Nachfragers decken können, also substituierbar sind und typischerweise in einem Wettbewerbsverhältnis zueinander stehen.[863] Die Bestimmung der Vergleichbarkeit durch Substituierbarkeit wird durch den Sinn und Zweck der Spannungsklausel gestützt, der darin liegt, die Geldleistung an den Marktpreis zu koppeln.[864] Eine Koppelung an den Marktpreis liegt nämlich dann vor, wenn die Güter auf den gleichen Märkten gehandelt werden und sich gegenseitig in der Preisbildung beeinflussen.[865]

Der Vergleich mit Substitutionsenergieträgern ist dem Energierecht nicht grundsätzlich fremd. So müssen etwa Preisanpassungsklauseln nach der AVBFernwärmeV die jeweiligen Verhältnisse auf dem Wärmemarkt angemessen berücksichtigen, § 24 Abs. 4 S. 1 AVBFernwärmeV. Dabei handelt es sich um das sog.Marktelement. Das Marktelement dient im Rahmen der Fernwärme dazu, dass sich die Preise einzelner Fernwärmelieferanten nicht unabhängig vom Markt entwickeln.[866] Ein ähnlicher Regelungszweck lässt sich auch aus § 1 Abs. 2 Nr. 2 PrKG ableiten, weshalb ein Vergleich an dieser Stelle geboten erscheint.

Bezugspunkt für das Marktelement bildet der „allgemeine Wärmemarkt". Dabei soll der Begriff des Wärmemarkts sich weder auf den lokalen Markt noch auf die reine Fernwärme beschränken. Vielmehr erstreckt sich der allgemeine Wärmemarkt auch auf andere Energieträger wie Erdgas, Öl, Holz, Strom etc. oder andere Bezugsmöglichkeiten, wie andere Wärmeversorger oder Contracting.[867] Es ist nämlich davon auszugehen, dass es keine getrennten Wärmemärkte der einzelnen Energieträger gibt, sondern nur einen einheitlichen Wärmemarkt, dem alle zur Wärmeversorgung geeigneten Energieträger zugehörig sind.[868] Bei der Beurteilung des Marktelements dürfen auch

---

[862] *Omlor*, Staudinger, § 1 PrKG Rn. 28.

[863] *Fricke*, EnWZ 2015. 435 (438); *Tüngler*, BeckOGK BGB (Stand: 01.03.2025), § 433 Rn. 260.1; ähnlich: *Omlor*, Staudinger, § 1 PrKG Rn. 28, der primär auf eine objektiv-funktionale Austauschbarkeit abstellt.

[864] Vgl. *Fricke*, EnWZ 2015. 435 (438).

[865] *Fricke*, EnWZ 2015. 435 (438).

[866] BR-Drs. 90/80, 56.

[867] *KG Berlin*, Urt. v. 09.03.2023 – 4 U 41/20, Rn. 73, juris; *Fricke*, Hempel/Franke, § 24 AVBFernwärmeV Rn. 108.

[868] *LG Düsseldorf*, Urt. v. 23.12.2016 – 18b O 20/16, Rn. 27, juris.

nicht nur die örtlichen Verhältnisse berücksichtigt werden, da die Regelung das Ziel verfolgt, an die Entwicklung eines funktionierenden Marktes anzuknüpfen.[869] Fernwärmeversorgungsunternehmen nehmen nämlich häufig eine monopolartige Stellung ein, weshalb sich ein funktionierender Fernwärmemarkt nicht oder nur schwer herausbilden kann.[870] Es muss deshalb auf einen Wärmemarkt abgestellt werden, der sich außerhalb der Einflusssphäre des marktbeherrschenden Energieversorgungsunternehmens entwickelt hat.[871] Das Marktelement kann etwa durch die Anknüpfung der Preisanpassungsformel an den Wärmepreisindex des Statistischen Bundesamtes erfüllt werden.[872]

Im Unterschied zu § 1 Abs. 2 Nr. 2 PrKG fordert das Marktelement nach § 24 Abs. 4 S. 1 AVBFernwärmeV also, dass der gesamte Wärmemarkt in die Klausel einbezogen wird, weshalb die Einbeziehung eines einzelnen Referenzguts im Gesetzsatz zu § 1 Abs. 2 Nr. 2 PrKG dort ausscheidet. Allerdings kommt es zur Bestimmung des Wärmemarktes auf einen Gesamtvergleich mit anderen Energieträgern an, mit denen die Fernwärme in einem Substitutionswettbewerb steht.

Ein ähnliches Konzept besteht auch im Kartellrecht mit dem Bedarfsmarktkonzept. Aufgrund der unterschiedlichen Zielrichtungen des Preisklauselgesetzes und des Kartellrechts sind hier allerdings kaum Rückschlüsse möglich.[873]

(2) Zwischenergebnis

Im Ergebnis liegt damit eine Vergleichbarkeit vor, wenn das in Bezug genommene Referenzgut den Energieträger des Energieliefervertrags austauschen kann, sie also einem Substitutionswettbewerb unterliegen.[874] Dabei muss

---

[869] *BGH*, Urt. v. 13.07.2011 – VIII ZR 339/10, Rn. 21, juris.

[870] *BGH*, Urt. v. 13.07.2011 – VIII ZR 339/10, Rn. 21, juris.

[871] *BGH*, Urt. v. 13.07.2011 – VIII ZR 339/10, Rn. 21, juris, vgl. auch: *BGH*, Urt. v. 27.09.2023 – VIII ZR 249/22, Rn. 32, juris; *BGH*, Urt. v. 27.09.2023 – VIII ZR 263/22, Rn. 33, juris; zur Möglichkeit der Berücksichtigung lokaler Verhältnisse: *Wessling/Stopfer*, EnWZ 2022, 353 (355); vertiefend: *Fricke*, Hempel/Franke, § 24 AVBFernwärmeV Rn. 113 ff.; *Büdenbender/Gromm* BB 2011, 2883 (2889 f.).

[872] *BGH*, Urt. v. 27.09.2023 – VIII ZR 249/22, Rn. 32, juris; *KG Berlin*, Urt. v. 09.03.2023 – 4 U 41/20, Rn. 74, juris; *Wessling/Stopfer*, EnWZ 2022, 353 (355).

[873] Stark eingeschränkt auf das Bedarfsmarktkonzept bezugnehmend: *Omlor*, Staudinger, § 1 PrKG Rn. 28.

[874] *Fricke*, EnWZ 2015. 435 (438); *Tüngler*, BeckOGK BGB (Stand: 01.03.2025), § 433 Rn. 260.1.

allerdings darauf geachtet werden, dass die Austauschbarkeit für den jeweiligen Sektor beurteilt wird, beispielsweise Elektrizitäts- oder Wärmeerzeugung, da sonst möglicherweise kein Substitutionswettbewerb gegeben ist.

Diese Auslegung steht auch im Einklang mit der Rechtsprechung des OLG München. Das Gericht lehnte eine Vergleichbarkeit bei einem Stromliefervertrag zumindest dann ab, wenn die Wertsicherung allein an die Kosten der Stromerzeugung in einem Steinkohlekraftwerk anknüpft, der Lieferant jedoch frei entscheiden kann, wie der zu liefernde Strom erzeugt wird.[875] Eine Gleichartigkeit besteht bei allen Gütern, die derselben Gattung angehören.[876]

bb) Berechtigtes Interesse

Problematisch erscheint bei Spannungsklauseln weiter das Vorliegen des notwendigen berechtigten Interesses des Klauselverwenders an einer Preisanpassungsmöglichkeit, damit die Preisanpassungsklausel den Klauselgegner nicht i. S. d. § 307 Abs. 1 S. 1 BGB unangemessen benachteiligt.[877] Spannungsklauseln dienen unabhängig von der Kostenentwicklung dem Erhalt einer bestimmten Werterelation zwischen Leistung und Gegenleistung.[878] Dies wird insbesondere an den sog. HEL-Klauseln deutlich. Leichtes Heizöl stellt keinen Kostenfaktor des Gasversorgungsunternehmens dar, sondern ist ein Wertmesser für die Lieferung von Erdgas, weil der HEL-Preis ohne Rücksicht auf die tatsächlichen Kosten des Verwenders die Höhe des Arbeitspreises für Gas beeinflussen soll.[879]

Ein berechtigtes Interesse kann nach Ansicht des BGH – zumindest bei Energielieferverträgen mit Verbrauchern – bei Spannungsklauseln aber nur dann angenommen werden, wenn diese bestimmt und geeignet sind zu gewährleisten, dass das geschuldete Entgelt mit dem jeweiligen Marktpreis für die zu erbringende Leistung übereinstimmt.[880] Im Rahmen dieser Übereinstimmung soll eine Prognose des Verwenders erforderlich sein, dass sich

---

[875] *OLG München*, Urt. v 27.04.2017 – U 3922/15 Kart, Rn. 222 ff., juris; *OLG München*, Urt. v. 18.07.2019 – 29 U 2041/18, Rn. 235 ff.

[876] *Fricke*, EnWZ 2015. 435 (438).

[877] Vgl. *BGH*, Urt. v. 24.03.2010 – VIII ZR 178/08, Rn. 28, juris.

[878] *BGH*, Urt. v. 24.03.2010 – VIII ZR 178/08, Rn. 29, juris.

[879] *BGH*, Urt. v. 27.06.1973 – VIII ZR 98/72, Rn. 42, juris (Mietpreisgleitklausel); *BGH*, Urt. v. 24.03.2010 – VIII ZR 178/08, Rn. 29, juris.

[880] *BGH*, Urt. v. 24.03.2010 – VIII ZR 178/08, Rn. 30, juris.

der Marktpreis für die geschuldete Leistung typischerweise ähnlich wie der Marktpreis für das Referenzgut entwickelt.[881]

(1) Fehlender Wettbewerb bei leitungsgebundenem Erdgas

Der BGH vertrat in drei Urteilen in den Jahren 2010 und 2014 die Ansicht, dass für Verbraucher i. S. d. § 13 BGB die erforderliche Prognose einer ähnlichen Preisentwicklung zwischen dem Marktpreis des vertraglich vereinbarten Gutes und dem Referenzgut bei der Lieferung von leitungsgebundenem Erdgas nicht möglich sei. Grund hierfür sei der fehlende Wettbewerb auf dem Markt für die Lieferung von leitungsgebundenem Gas an Endverbraucher, wodurch ein durch die Spannungsklausel zu wahrender Marktpreis nicht bestimmt werden könne.[882] Ob der BGH auch in der heutigen Zeit noch an dieser Rechtsprechung festhalten würde, ist unklar.

(2) Bestehender Wettbewerb bei leitungsgebundenem Erdgas

Sofern man im Jahre 2010 mit dem BGH davon ausging, dass ein Wettbewerb bei der leitungsgebundenen Versorgung mit Erdgas nicht bestand, ist diese Annahme in der heutigen Zeit nicht mehr haltbar. Es sprechen gewichtige Gründe dafür, dass mittlerweile auch auf dem Markt für die Lieferung von leitungsgebundenem Gas an Letztverbraucher ein Wettbewerb existiert.[883] Letztverbraucher können in vielen deutschen Städten aus einer Vielzahl an Gasversorgern ihren Lieferanten wählen.[884] In Köln beispielsweise haben Letztverbraucher bei einem großen Preisvergleichsportal die Wahl zwischen mehr als 100 verschiedenen Gasversorgungstarifen bei verschiedensten Gasversorgern.[885] Durchschnittlich kann ein Letztverbraucher

---

[881] *BGH*, Urt. v. 24.03.2010 – VIII ZR 178/08, Rn. 30, juris.

[882] *BGH*, Urt. v. 24.03.2010 – VIII ZR 178/08, Rn. 30, juris; *BGH*, Urt. v. 24.03.2010 – VIII ZR 304/08, Rn. 39, juris; *BGH*, Urt. v. 14.05.2014 – VIII ZR 114/13, Rn. 40, juris.

[883] So auch: *Tüngler*, BeckOGK BGB, § 433 Rn. 260; *Schulz-Gardyan*, RdE 2010, 215 (221); *Heßler/Specht*, ZNER 2010, 219 (222).

[884] *Zabel*, BB 2010, 1365 (1370).

[885] Vgl. hierzu: https://www.verivox.de/gasvergleich/vergleich/#/?plz=50670&plocation=74709&persons=on&usage=18000&bonus=compliant&profile=H0&product=gas&source=2&q=WzgsMCwwLDEsMCwwLDAsMSwyMCwwLDEsODkwNzA5LCI3NDcwOSIsMSwxMiwxMiwxODAwMCwwLDAsMTAwMCwyLDEsLTEsMiwwLDAsIlRvdGFsQ29zdFJlY29tbWVuZGF0aW9ucyIsIkFzY2VuZGluZyIsIk5vbmUiLDUzNjEwLCJBbm51YWxDb3N0VmlldyIsMCwtMSwtMSwwXQ%3D%3D&partnerid=1 (abgerufen am: 27.05.2025).

in seinem Netzgebiet zwischen 135 Gaslieferanten wählen (113 bei Haushaltskunden).[886] Zudem wird eine stetig steigende Anzahl an möglichen Gaslieferanten beobachtet.[887] Einige dieser Gaslieferanten bieten ihre Gastarife in vielen Netzen an, ohne einen nennenswerten Kundenstamm zu besitzen.[888] Viele Anbieter sprechen deshalb nicht zwingend für eine hohe Wettbewerbsintensität, können aber ein Hinweis auf einen potenziellen Wettbewerb sein.[889] Hinzu kommen steigende Wechselquoten bei der Belieferung durch den Grundversorger oder Dritte, was ein weiteres Indiz für einen Wettbewerb auf dem Gasmarkt ist.[890] Im Jahr 2021 haben 1.307.538 Haushaltskunden ihren Erdgaslieferanten außerhalb von Umzügen gewechselt.[891] Im Vergleich dazu belief sich diese Wechselquote 2012 noch auf 677.839 Haushaltskunden.[892] Auch Bundesnetzagentur und Bundeskartellamt gehen in ihrem Monitoringbericht für das Jahr 2023 davon aus, dass im Rahmen des Gaseinzelhandels eine hohe Wettbewerbsintensität besteht.[893] So steht Privathaushalten, Unternehmen und Industriekunden eine freie Entscheidung zwischen verschiedenen Anbietern zu.[894] Die verschiedenen Anbieter bieten den Letztverbrauchern eine Versorgung zu unterschiedlichen Tarifen an, wobei sich diese etwa in der Preisstruktur oder den Vertragsbedingungen unterscheiden können.[895] Auch eine Ölpreisbindung schließt die Bildung eines Marktpreises nicht aus.[896] Hinzu kommt, dass Ölpreisbindungen auf dem Gasmarkt rückläufig sind. Die Energieversorgungsunternehmen beschaffen mittlerweile einen Großteil ihrer Mengen an der Börse. Sie unterliegen deshalb häufig selbst keiner Ölpreisbindung des Großhändlers mehr. Auch dies spricht für einen Wettbewerb bei leitungsgebundenem Erdgas.

---

[886] *BNetzA/BKartA*, Monitoringbericht 2022, 435 f.
[887] *BNetzA/BKartA*, Monitoringbericht 2022, 435 f.
[888] *BNetzA/BKartA*, Monitoringbericht 2022, 435.
[889] *BNetzA/BKartA*, Monitoringbericht 2022, 435.
[890] *BNetzA/BKartA*, Monitoringbericht 2022, 438.
[891] *BNetzA/BKartA*, Monitoringbericht 2022, 448.
[892] *BNetzA/BKartA*, Monitoringbericht 2022, 448.
[893] *BNetzA/BKartA*, Monitoringbericht 2023, 257.
[894] *BNetzA/BKartA*, Monitoringbericht 2023, 257.
[895] *BNetzA/BKartA*, Monitoringbericht 2023, 257.
[896] *Schulz-Gardyan*, RdE 2010, 215 (221).

(3) Keine Notwendigkeit eines Wettbewerbs

Überdies kann angenommen werden, dass für die Bildung eines Marktpreises grundsätzlich gar nicht notwendig ist, dass ein Wettbewerb herrscht.[897] Vielmehr komme es allein darauf an, ob der Preis durch das Verhältnis von Angebot und Nachfrage zustande komme.[898] Die Bildung des Preises auf der Grundlage von Angebot und Nachfrage entspricht auch dem Verständnis des Gesetzgebers im Rahmen der wettbewerblichen Preisbildung für Elektrizität i. S. d. § 1a Abs. 1 S. 1 EnWG.[899] Gründe dafür, dass der Wettbewerb im Rahmen der leitungsgebundenen Versorgung von Letztverbrauchern mit Erdgas anders bestimmt werden sollte, sind nicht ersichtlich.

(4) Zwischenergebnis

Sofern man von der Notwendigkeit eines Wettbewerbs für die Bildung eines Marktpreises ausgeht, ist dieser im Bereich der leitungsgebundenen Versorgung von Letztverbrauchern mit Erdgas zu bejahen. Dies zeigen schon allein die Vielzahl an Gasversorgern, zwischen denen der Letztverbraucher wählen kann, und die stetig steigenden Wechselquoten.

Teilweise wird auch angenommen, dass das Erfordernis eines Marktpreises für das berechtigte Interesse insgesamt ein eher ungeeignetes Kriterium sei. Sofern nämlich ohnehin ein Marktpreis existiert, bietet es sich für den Klauselverwender zumeist an, auf die Anknüpfung an ein Referenzgut zu verzichten und die Preisentwicklung an den Marktpreis anzuknüpfen.[900] Auch bestehe ein schutzwürdiges Wertsicherungsinteresse des Klauselverwenders unabhängig von der Existenz eines Marktpreises.[901]

(5) Abweichende Beurteilung im unternehmerischen Rechtsverkehr

Im unternehmerischen Rechtsverkehr hingegen verzichtet der BGH auf die Notwendigkeit eines wettbewerblich gebildeten Marktpreises, sodass die HEL-Klauseln im B2B-Verkehr grundsätzlich einer Inhaltskontrolle nach

---

897 *Heßler/Specht*, ZNER 2010, 219 (220); *Fricke*, EnWZ 2015, 435 (439).
898 *Heßler/Specht*, ZNER 2010, 219 (221); *Fricke*, EnWZ 2015, 435 (439).
899 BR-Drs. 542/15, 84.
900 *Heßler/Specht*, ZNER 2010, 219 (221).
901 *Heßler/Specht*, ZNER 2010, 219 (221).

§ 307 Abs. 1 S. 1 BGB standhalten können.[902] Dies führt der BGH in seiner Begründung insbesondere darauf zurück, dass im Rahmen der Inhaltskontrolle nach § 310 Abs. 1 S. 2 BGB auf die besonderen Gewohnheiten und Gebräuche des Handelsverkehrs Rücksicht zu nehmen sei und die branchentypischen Interessen der Vertragsparteien berücksichtigt werden müssen.[903] Dies stehe im Einklang mit der Intention des Gesetzgebers zu den Ausnahmen für den unternehmerischen Rechtsverkehr im AGB-Recht.[904] Unternehmen seien im Rechtsverkehr weniger schutzwürdig als Verbraucher.[905] Ferner seien Preisklauseln im Handelsverkehr weiter verbreitet, weshalb nach der stetigen Rechtsprechung im kaufmännischen Geschäftsverkehr nicht dieselben strengen Maßstäbe anzulegen seien wie bei Verträgen mit Verbrauchern.[906] Eine Spannungsklausel, in der sich der Arbeitspreis für Gas nach einem bei Vertragsschluss vereinbarten Verhältnis zum Preis für HEL verändert, sei deshalb im unternehmerischen Rechtsverkehr nicht zu beanstanden.[907]

Die Unterscheidung des BGH zwischen dem unternehmerischen Rechtsverkehr und Verträgen mit Verbrauchern vermag aus den oben genannten Gründen nicht zu überzeugen.[908]

d) Steuern- und Abgabenklauseln

Steuern- und Abgabenklauseln finden sich in Energielieferverträgen, um Belastungen aus Steuern und Abgaben an den Letztverbraucher weiterzugeben.[909] Bei Steuern- und Abgabenklauseln handelt es sich nicht um einen eigenen Klauseltypus. Vielmehr können diese als Leistungsvorbehalts-, Kostenelement- oder Spannungsklausel ausgestaltet sein. Dies hängt im Einzelfall von der Klausel, insbesondere von dessen Wortlaut, ab.[910] Es müssen also

---

902 *BGH*, Urt. v. 14.05.2014 – VIII ZR 114/13, Rn. 41, juris; *BGH*, Urt. v. 16.09.2014 – VIII ZR 116/13, Rn. 39, juris.

903 *BGH*, Urt. v. 14.05.2014 – VIII ZR 114/13, Rn. 43, juris.

904 BT-Drs. 7/3919, 14 (zu § 24 AGBG als Vorgängervorschrift des § 310 BGB).

905 BT Drs. 14/68, 54.

906 *BGH*, Urt. v. 14.05.2014 – VIII ZR 114/13, Rn. 44, juris.

907 *BGH*, Urt. v. 14.05.2014 – VIII ZR 114/13, Rn. 45, juris.

908 Vgl. *OLG Hamm*, Urt. v. 28.10.2010 – 2 U 60/10, Rn. 34, juris; *OLG Naumburg*, Urt. v. 13.12.2012 – 2 U 14/12, Rn. 66, juris.

909 *Eder/vom Wege*, Zenke/Wollschläger/Eder, Kap. 5 Rn. 52.

910 Vgl. *BGH*, Urt. v. 05.07.2017 – VIII ZR 163/16, Rn. 20, juris; *OLG Düsseldorf*, Urt. v. 30.10.2018 – I-20 U 29/18, Rn. 13, juris.

bei der Ausgestaltung der jeweiligen Steuern- und Abgabenklausel die Anforderungen an den bestimmten Klauseltypus beachtet werden.

Die Klauseln beziehen sich häufig nicht nur auf bereits geltende Steuern und Abgaben. Sie schließen auch die künftige Einführung von Beschaffung, Übertragung, Verteilung, Netznutzung oder den Verbrauch elektrischer Energie oder Gas belastende Steuern, Abgaben jedweder Art oder sonstige, sich aus Gesetz oder behördlichen Bestimmungen ergebende Belastungen mit ein.[911] Wäre eine Weitergabe solcher Mehrbelastungen nicht möglich, würde das Risiko von politischen Entscheidungen vollständig auf das Energieversorgungsunternehmen übertragen.[912] Die Steuern- und Abgabenklauseln verfolgen dabei das Ziel, die Belastungen durch Steuern und Abgaben dem Letztverbraucher zuzuweisen.[913]

Bei Vollversorgungsverträgen muss darauf geachtet werden, dass sich ändernde Netzentgelte nicht als Steuern oder Abgaben gelten, sodass Änderungen hier als Teil der Gesamtleistung zumeist über die allgemeine Anpassungsklausel angepasst werden müssen.[914]

aa) Erfasste Kostenbestandteile

Welche Bestandteile von der Klausel erfasst sind, ist von ihrem genauen Wortlaut abhängig.[915] So lassen sich insbesondere die frühere EEG- und die KWK-Umlage nicht unter die Begriffe Steuern oder (öffentlich-rechtliche) Abgaben subsumieren.[916] Eine Anpassung kam bei deren Einführung, sofern die Klausel nur Steuern und Abgaben vorsah, nur im Wege der ergänzenden Vertragsauslegung in Betracht.[917]

Werden neue Abgaben oder Umlagen eingeführt, die bei Vertragsschluss nicht vorhersehbar waren, ist nicht davon auszugehen, dass die in den Vertrag

---

[911] *Tüngler*, BeckOGK BGB (Stand: 01.03.2025), § 433 Rn. 283.

[912] *Schöne/Garbers*, Graf von Westphalen/Thüsing/Pamp, Stromlieferverträge, Rn. 294.

[913] *Tüngler*, BeckOGK BGB (Stand: 01.03.2025), § 433 Rn. 283.

[914] Hierzu: *Schöne/Garbers*, Graf von Westphalen/Thüsing/Pamp, Stromlieferverträge, Rn. 301 ff.; *Coufal*, Vertragshandbuch Stromwirtschaft, Kap. 4B Rn. 149.

[915] Vgl. *BGH*, Urt. v. 22.12.2003 – VIII ZR 90/02, Rn. 12, juris.

[916] *BGH*, Urt. v. 22.12.2003 – VIII ZR 90/02, Rn. 12, juris; *BGH*, Urt. v. 22.12.2003 – VIII ZR 310/02, Rn. 14, juris.

[917] *BGH*, Urt. v. 22.12.2003 – VIII ZR 90/02, Rn. 18 ff., juris; *BGH*, Urt. v. 22.12.2003 – VIII ZR 310/02, Rn. 16 ff., juris.

aufgenommene Regelung abschließend ist, sodass eine ergänzende Vertragsauslegung grundsätzlich in Betracht kommt.[918]

bb) Erheblichkeit und Vorhersehbarkeit

Eine Besonderheit bei Steuern- und Abgabenklauseln ist, dass diese meist keine Erheblichkeitsschwelle beinhalten, sondern bei jeglicher Änderung der erfassten Kosten eingreifen sollen.[919]

Es dürfen mit der Klausel allerdings nur solche Belastungen an den Letztverbraucher weitergegeben werden, die zum Zeitpunkt des Vertragsschlusses nicht bekannt oder vorhersehbar waren.[920]

cc) Besondere AGB-rechtliche Anforderungen

Unabhängig von den ohnehin an den gewählten Klauseltypus gestellten AGB-rechtlichen Anforderungen müssen bei der Gestaltung von Steuern- und Abgabenklauseln einige Dinge beachtet werden, damit diese den Letztverbraucher im Hinblick auf Inhalt und Transparenz nicht i. S. d. § 307 Abs. 1 S. 1 BGB unangemessen benachteiligen.

Bei der Gestaltung von Steuern- und Abgabenklauseln muss ein besonderes Augenmerk auf die Bestimmtheit der Klausel gelegt werden. Voraussetzung für eine mit dem Transparenzgebot zu vereinbarende hinreichende Bestimmtheit soll sein, dass die Klausel nähere Bestimmungen zu den Steuersätzen und öffentlichen Abgaben enthält, die die Preisänderung auslösen können.[921] Der Klauselverwender muss beachten und sicherstellen, dass der Klauselgegner seine Rechte und Pflichten mit größtmöglicher Bestimmtheit der Klausel bzw. dem Vertrag entnehmen kann.[922] Ausreichend soll es dabei sein, wenn das Energieversorgungsunternehmen dem Letztverbraucher mitteilt, wo er die jeweils geltende Höhe der hoheitlichen Belastungen finden kann.[923]

Um nicht in einen Konflikt mit dem Transparenzgebot zu geraten, sollte bei der Klauselgestaltung darauf geachtet werden, dass die Klausel derart

---

[918] *BGH*, Urt. v. 22.12.2003 – VIII ZR 90/02, Rn. 15 f.

[919] *Büdenbender*, et 5/2001, 298 (314).

[920] *de Wyl*, Schneider/Theobald, § 12 Rn. 354.

[921] *OLG, Brandenburg*, Urt. v. 03.04.2002 – 7 U 185/01, Rn. 72, juris; *LG Itzehoe*, Urt. v. 21.12.2006 – 3 O 52/06, Rn. 25, juris.

[922] *Tüngler*, BeckOGK BGB (Stand: 01.03.2025), § 433 Rn. 284.

[923] *OLG Düsseldorf*, Urt. v. 30.10.2018 – I-20 U 29/18, Rn. 28, juris.

gestaltet wird, dass eine Preisänderung bei mittelbaren Auswirkungen von Gesetzesänderungen ausscheidet.[924] Andernfalls besteht die Gefahr, dass der Anwendungsbereich der Klausel keine klaren Konturen mehr hat und der Letztverbraucher mögliche Anpassungen nicht mehr überblicken kann.[925]

So kann etwa die Verwendung des Merkmales „sonstige behördliche Maßnahmen" ohne nähere Konkretisierung für einen durchschnittlichen Letztverbraucher unklar sein und deshalb einen Verstoß gegen das Transparenzgebot darstellen.[926] Ferner besteht im Rahmen der kundenfeindlichsten Auslegung die Möglichkeit, dass jede nur denkbare behördliche Maßnahme, die zu einer Verteuerung der Energiebeschaffung und -verteilung für den Verwender führt, durch das Energieversorgungsunternehmen unter den Tatbestand der Klausel subsumiert wird und so zu einer (automatischen) Erhöhung der Strompreise für den Letztverbraucher führt.[927] Damit könnten beispielsweise auch kostenpflichtige behördliche Auflagen aufgrund eines mangelnden Netzausbaus unter den Tatbestand der Klausel fallen.[928] Dies würde den Letztverbraucher dahingehend unangemessen benachteiligen, dass das Energieversorgungsunternehmen die Kosten für das Versäumnis eigener Pflichten durch die Klausel auf den Letztverbraucher umlegen könnte.[929] Dadurch wird auch deutlich, dass nicht jede hoheitliche Mehrbelastung an den Letztverbraucher weitergegeben, sondern die Belastung vielmehr nur weitergegeben werden kann, wenn diese unmittelbaren Einfluss auf das Vertragsverhältnis hat.[930]

dd) Umsetzung durch separiertes Preissystem

In der praktischen Umsetzung innerhalb des Vertragswerks greifen Energieversorgungsunternehmen häufig auf ein sog.separiertes Preissystem zurück. Dabei werden die Bestandteile des Entgelts durch verschiedene Preisformeln einzeln ausgewiesen. Es wird also jede Komponente, die zur Gesamtleistung

---

924 *Tüngler*, BeckOGK BGB (Stand: 01.03.2025), § 433 Rn. 284; *de Wyl*, Schneider/Theobald, § 12 Rn. 354.
925 *de Wyl*, Schneider/Theobald, § 12 Rn. 354.
926 *LG Itzehoe*, Urt. v. 21.12.2006 – 3 O 52/06, Rn. 25, juris.
927 *LG Itzehoe*, Urt. v. 21.12.2006 – 3 O 52/06, Rn. 25, juris.
928 *LG Itzehoe*, Urt. v. 21.12.2006 – 3 O 52/06, Rn. 25, juris.
929 Vgl. *LG Itzehoe*, Urt. v. 21.12.2006 – 3 O 52/06, Rn. 25, juris.
930 So auch: *Eder/vom Wege*, Zenke/Wollschläger/Eder, Kap. 5 Rn. 55.

beiträgt, separat abgerechnet. Dabei werden zumeist neben dem reinen Energiepreis die sonstigen Entgeltbestandteile getrennt ausgewiesen.[931] Energielieferanten nutzen diese Möglichkeit der Kostenweitergabe häufig bei Kostenpositionen auf deren Höhe sie keinen Einfluss haben, wie Netzentgelte oder Abgaben und Umlagen.[932] In Energielieferverträgen kommt ein separiertes Preissystem häufig zum Einsatz, wenn der Preis für den jeweiligen Energieträger bereits für einen längeren Zeitraum festgelegt wird, die sonstigen Entgeltbestandteile allerdings „in ihrer jeweils geltenden Höhe" vom Letztverbraucher getragen werden sollen.[933] Damit wird es dem Lieferanten ermöglicht, eine Änderung der sonstigen Entgeltbestandteile ohne Vorankündigung an den Kunden weiterzugeben.[934]

Das separierte Preissystem ist keine bestimmte Preisanpassungsklausel, sondern ein Zusammenspiel aus mindestens zwei Klauseln. Häufig werden diese Klauseln neben anderen Preisanpassungsklauseln, wie Leistungsvorbehaltsklauseln, verwendet. In diesen Fällen empfiehlt es sich zu Gunsten der Rechtssicherheit, dass die Klauseln jeweils deutlich klarstellen, dass eine Preisanpassung nicht in Betracht kommt, wenn diese bereits durch die jeweils andere Klausel möglich ist.[935]

e) Wirtschaftsklauseln

Neben den zuvor genannten Preisanpassungsklauseln im engeren Sinn kann eine Preisanpassung auch auf Grundlage sog.Wirtschaftsklauseln erfolgen. Wirtschaftsklauseln bilden aufgrund ihres umfassenden Geltungsanspruchs, den Vertrag insgesamt und nicht nur den Preis anzupassen, die dritte Kategorie der Anpassungsklauseln.[936] Auf Grundlage dieser Klauseln können sich die Parteien vor unvorhersehbaren Änderungen schützen, insbesondere, wenn das anfangs vereinbarte Gleichgewicht von Leistung und Gegenleistung in ein Ungleichgewicht fällt.[937] Mit der Aufnahme von Wirtschaftsklauseln sollen insbesondere bei langfristigen Lieferverträgen in der Industrie

---

[931] *Kalwa*, Graf von Westphalen/Thüsing/Pamp, Gaslieferverträge, Rn. 72a.
[932] *De Wyl*, Schneider/Theobald, § 12 Rn. 345.
[933] *Kalwa*, Graf von Westphalen/Thüsing/Pamp, Gaslieferverträge, Rn. 72a.
[934] *Kalwa*, Graf von Westphalen/Thüsing/Pamp, Gaslieferverträge, Rn. 72a.
[935] Vgl. *BGH*, Urt. v. 25.11.2015 – VIII ZR 360/14, Rn. 28, juris.
[936] *Baur*, Vertragliche Anpassungsregelungen, 49.
[937] *Büdenbender*, FS Baur, 415 (419).

die Voraussetzungen eines allgemeinen Anspruchs auf eine Anpassung des Vertrags bei erheblicher Veränderung der Verhältnisse vertraglich geregelt werden.[938]

Durch die Aufnahme von Wirtschaftsklauseln in den Vertrag bringen die Parteien zum Ausdruck, dass sie der Äquivalenz von Leistung und Gegenleistung ein höheres Gewicht beimessen als der Rechtssicherheit[939] oder sogar der Auflösung/Kündigung des Vertrags.[940]

Namensgebend für die Wirtschaftsklauseln ist, dass diese zumeist bei einer erheblichen Änderung der wirtschaftlichen Verhältnisse zur Anwendung kommen.[941]

Häufig werden in Energielieferverträgen Klauseln mit dem folgenden oder einem ähnlichen Wortlaut gewählt: „*Falls sich bei Vertragsschluss für die einzelnen Bestimmungen dieses Vertrags die maßgebenden wirtschaftlichen, technischen oder rechtlichen Verhältnisse so grundlegend ändern, dass einem der Vertragspartner das Festhalten an den Bestimmungen nicht mehr zugemutet werden kann, so sind die betreffenden Vertragsbestimmungen den geänderten Verhältnissen im Rahmen des Zumutbaren anzupassen.*“[942]

aa) Anwendungsbereich

Der Anwendungsbereich von Wirtschaftlichkeitsklauseln ist, wie der Wortlaut der Klauseln selbst zum Ausdruck bringt, nicht auf die Anpassung von Preisen beschränkt.[943] Vielmehr können auch andere Vertragsinhalte angepasst werden, wie die Laufzeit oder die vereinbarte Energiemenge.[944] Durch die Vereinbarung von Wirtschaftsklauseln kann der gesamte Vertrag und/oder einzelne Vertragsklauseln bei Vorliegen der Voraussetzungen angepasst werden.[945] Eine Anwendung von Wirtschaftsklauseln kommt auch

---

938 *BGH*, Urt. v. 23.01.2013 – VIII ZR 47/12, Rn. 16, juris; vgl. *Baur*, Vertragliche Anpassungsklauseln, 37.

939 *Baur*, FS Steindorff, 509 (512).

940 *Scholz/Tüngler*, EnWZ 2020, 201 (207).

941 *Baur*, Vertragliche Anpassungsregelungen, 49.

942 Klausel entnommen aus: *Büdenbender*, FS Baur, 415 (417).

943 *Büdenbender*, FS Baur, 415 (417); *Baur*, Vertragliche Anpassungsregelungen, 37.

944 *Büdenbender*, FS Baur, 415 (417); *Baur*, Vertragliche Anpassungsregelungen, 37.

945 *Baur*, FS Steindorff, 509 (510); *Baur*, Vertragliche Anpassungsregelungen, 47.

dann in Betracht, wenn die eigentlichen Preisanpassungsklauseln versagen und korrigiert werden müssen.[946] Ein solches umfassendes Änderungsrecht der Energieversorger ist nach dem EnWG auch nicht ausgeschlossen, da der § 41 Abs. 5 EnWG sich seinem Anwendungsbereich nach nicht lediglich auf Preisanpassungen beschränkt, sondern sich auf die einseitige Änderung von Vertragsbedingungen insgesamt bezieht.[947] Dies ergibt sich bereits aus dem eindeutigen Wortlaut „Recht zur Änderung der Preise oder sonstigen Vertragsbedingungen".[948] Aus der Änderung der Vertragsbestimmungen als AGB können sich selbst Folgeprobleme, etwa bei der Einbeziehung nach § 305 Abs. 2 BGB oder den Anforderungen an das Verhalten des Verwenders, ergeben.[949] Aufgrund der umfassenden Anpassungsmöglichkeit bei diesem Klauseltypus wird von *Baur* vertreten, dass allein die Bezeichnung als *Vertragsanpassungsklausel* angemessen sei.[950]

bb) Tatbestandsvoraussetzungen

Bedingt durch den weiten Anwendungsbereich der Wirtschaftsklauseln sind die Tatbestandsvoraussetzungen häufig sehr allgemein formuliert. Einerseits ermöglicht die weite Formulierung, dass möglichst viele Fallgestaltungen erfasst werden.[951] Andererseits birgt dies die Gefahr, dass es zu unterschiedlichen Auslegungen seitens der Vertragsparteien kommt.[952] Diese werden nämlich zumeist das Auslegungsergebnis vertreten, welches für sie günstig ist.[953] Damit Streitigkeiten zwischen den Parteien vermieden werden, empfiehlt es sich zugunsten der Rechtssicherheit, Regelbeispiele für die klassischen Anwendungsfälle in die Klausel aufzunehmen.[954]

---

946 *Harms*, DB 1983, 322.

947 *BGH*, Urt. v. 08.09.2021 – VIII ZR 97/19, Rn. 47, juris.

948 *BGH*, Urt. v. 08.09.2021 – VIII ZR 97/19, Rn. 48, juris.

949 Vertiefend: *Lehmann-Richter*, BeckOGK BGB (Stand: 01.02.2025), § 305 Rn. 264 ff.; *Fornasier*, MüKo BGB, § 305 Rn. 90 ff.

950 *Baur*, ZIP 1985, 905 (906).

951 *Scholz/Tüngler*, EnWZ 2020, 201 (207).

952 *Lettl*, JuS 2001, 347 (348); *Harms*, DB 1983, 322 (325).

953 Vgl. *Harms*, DB 1983, 322 (325).

954 *Lettl*, JuS 2001, 347 (348).

(1) Umstandsänderung

Tatbestandlich beziehen sich Wirtschaftlichkeitsklauseln auf eine außergewöhnliche Änderung der Umstände, dass sich die *„maßgebenden wirtschaftlichen, technischen oder rechtlichen Verhältnisse so grundlegend ändern"*, dass mit deren Eintreten keine der Parteien bei Vertragsschluss rechnen konnte.[955]

Die Umstandsänderung ist auf Grundlage eines Vergleichs der maßgeblichen Verhältnisse zum Zeitpunkt des Vertragsschlusses und der aktuell maßgeblichen Verhältnisse zu ermitteln.[956] Als Beispiel lässt sich die COVID-19-Pandemie nennen, deren Eintreten und Ausmaß für viele Menschen wohl außerhalb des Vorstellbaren lag. Von Bedeutung sind zur Beurteilung der Umstandsänderung nur die Umstände, die sich auf den konkreten Vertrag beziehen, wie Preise, Bezug oder Absatz.[957] Dies verdeutlicht häufig der Wortlaut der Klausel selbst, indem er an *„maßgebende (…) Verhältnisse"* anknüpft. Wirtschaftsklauseln, die sich auf eine *„Änderung der allgemeinen wirtschaftlichen Verhältnisse"* beziehen, sind einschränkend derart auszulegen, dass auch diese Änderung sich nur auf die Verhältnisse bezieht, die den konkreten Vertrag betreffen. Eine Berücksichtigung sämtlicher Veränderungen läge außerhalb des praktisch Möglichen.[958] Folglich kann es auch bei Klauseln, die an eine Änderung der allgemeinen wirtschaftlichen Verhältnisse anknüpfen, nur auf solche Umstände ankommen, die sich auf den konkreten Vertrag beziehen.[959]

Die Verwendung solcher auslegungsbedürftigen generalisierenden Maßstäbe ist mit dem Transparenzgebot vereinbar.[960] Eine weitere Konkretisierung ist zumeist kaum möglich und würde dem Zweck solcher Klauseln zuwiderlaufen.[961]

(2) Vorhersehbarkeit

Die Anwendung von Wirtschaftsklauseln soll nur dann in Betracht kommen, wenn die eingetretene Veränderung nicht vorhersehbar war. Dies wird in manchen Klauseln ausdrücklich geregelt und sofern dies nicht der Fall ist,

---

955 *Baur*, FS Steindorff, 509 (511).
956 *Scholz/Tüngler*, EnWZ 2020, 201 (207).
957 *Baur*, FS Steindorff, 509 (512).
958 BGH zur Auslegung des Merkmals in § 9a Abs. 1 ErbbauRG: *BGH*, Urt. v. 18.05.1979 – V ZR 237/77, Rn. 30, juris; Vgl. auch: *Büdenbender*, FS Baur, 415 (424).
959 *Baur*, FS Steindorff, 509 (512).
960 *BGH*, Urt. v. 08.09.2021 – VIII ZR 97/19, Rn. 55, juris.
961 *BGH*, Urt. v. 20.07.2005 – VIII ZR 121/04, Rn. 11, juris; *BGH*, Urt. v. 08.09.2021 – VIII ZR 97/19, Rn. 56, juris.

soll sich dies im Wege der Vertragsauslegung (§§ 133, 157 BGB) aufgrund des Zwecks der Vereinbarung und des Willens der Vertragsparteien ergeben.[962] Es ist davon auszugehen, dass die Parteien beabsichtigen, keine vorhersehbaren Risiken der jeweils anderen Seite zu übernehmen, vor denen sich diese beispielsweise durch Versicherungen oder eine entsprechende Kalkulation hätten absichern können.[963] Würde man davon ausgehen, dass auch vorhersehbare Änderungen in den Anwendungsbereich der Wirtschaftsklausel fallen, könnte sich der Klauselverwender von eigenen Planungsrisiken befreien und so auch diese Risiken gänzlich auf den Klauselgegner übertragen.[964] Im Ergebnis weist die Vorhersehbarkeit damit als Risikozurechnungskriterium der Partei die negativen Folgen von Veränderungen zu, die bei Beachtung ihrer üblichen Sorgfalt diese hätte vorhersehen können und diesen Veränderungen durch entsprechende Dispositionen und Verhandlungen Rechnung getragen hätte.[965] Als Maßstab der Vorhersehbarkeit soll die in der Branche übliche Sorgfalt (§ 276 BGB) gelten.[966]

(3) Erheblichkeit

Die Anwendung der Wirtschaftsklausel fordert eine gewisse Erheblichkeit der Veränderung,[967] da die Parteien andernfalls bei der geringsten Änderung eine Anpassung verlangen könnten.[968] Dies wird zumeist schon am Wortlaut der Klausel deutlich, der häufig eine „*grundlegende Änderung*" verlangt.[969] Teilweise enthalten die Klauseln bezifferbare Grenzwerte zur Bestimmung der Schwelle der Erheblichkeit. Ist ein solcher Grenzwert nicht in der Klausel enthalten, ist für den jeweiligen Einzelfall zu prüfen, ob eine erhebliche Veränderung vorliegt.[970] Dabei soll es zur Überschreitung der Erheblichkeitsschwelle nicht ausreichen, wenn der Vertrag für eine Partei aufgrund von wirtschaftlichen oder technischen Veränderungen nicht mehr profitabel ist.[971]

---

962 *Büdenbender*, FS Baur, 415 (420); vgl. auch: *Säcker*, GS Sonnenschein, 597 (610).
963 Vgl. *Büdenbender*, FS Baur, 415 (420).
964 *Baur*, ZIP 1985, 905 (912 f.).
965 *Salje*, NZG 1998, 161 (164); *Lettl*, JuS 2001, 347 (350).
966 *Baur*, FS Steindorff, 509 (515).
967 *Baur*, Vertragliche Anpassungsregelungen, 37.
968 *de Wyl*, Schneider/Theobald, § 12 Rn. 386.
969 *Büdenbender*, FS Baur, 415 (424).
970 *BGH*, Urt. v. 04.07.1979 – VIII ZR 245/78, Rn. 40, juris (zu Kostenelementklauseln).
971 *Säcker*, GS Sonnenschein, 597 (608).

(a) Bestimmung der Erheblichkeit

Die Bestimmung der Erheblichkeitsschwelle führt in der Praxis oft zu Auseinandersetzungen zwischen den Vertragsparteien.[972]

Vertreten wird, dass die Erheblichkeitsschwelle zumindest bei Änderungen zwischen 5 % und 10 % überschritten sein soll.[973] Teilweise wird sogar eine Spanne zwischen 10 % und 35 % vertreten.[974]

(aa) 5 %-Schwelle

Büdenbender beispielsweise nahm eine Erheblichkeitsschwelle von 5 % an.[975] Begründet wurde dies mit einem Vergleich zum Erbbaurecht, wo der BGH in seiner Rechtsprechung eine Schwelle von 10 %[976] annahm.[977] In dem Urteil hatte der BGH über die Anwendung einer Wertsicherungsklausel zur Anpassung eines Erbbauzinses zu entscheiden.[978] Diese Fallgestaltung biete eine Vergleichbarkeit zur Änderung des Äquivalenzverhältnisses bei Energielieferverträgen, sodass man grundsätzlich davon ausgehen könne, dass dieser Grundsatz auch auf diese Anwendung finde.[979] Zum Zeitpunkt der Begründung der Ansicht im Jahr 2002 war der Markt für die Versorgung mit leitungsgebundener Energie im Gegensatz zum Markt für Erbbaugrundstücke noch kein freier auf Wettbewerb basierender Markt. Stattdessen handelte es sich um einen monopolistischen Markt, auf dem die Energieversorgungsunternehmen eine starke Stellung hatten.[980] Aufgrund der monopolistischen Energieversorgung sollte deshalb eine Herabsetzung der Schwelle von 10 % auf 5 % gerechtfertigt sein.[981] Da der Markt zur Versorgung mit leitungsgebundener Energie in der heutigen Zeit allerdings wettbewerblich organisiert ist, kann an dieser Begründung nicht mehr festgehalten werden. Strom und Erdgas

---

972 Vgl. *Büdenbender*, FS Baur, 415 (425).

973 *Baur*, FS Steindorff, 509 (512 f.); *Büdenbender*, FS Baur, 415 (428 f.); *Scholz/Tüngler*, EnWZ 2020, 201 (208); *Bilda*, NJW 1971, 372 (mehr als 10 %).

974 *Säcker*, GS Sonnenschein, 597 (608).

975 *Büdenbender*, FS Baur, 415 (429).

976 *BGH*, Urt. v. 03.02.1995 – V ZR 222/93, Rn. 14, juris.

977 *Büdenbender*, FS Baur, 415 (429).

978 *BGH*, Urt. v. 03.02.1995 – V ZR 222/93, Rn. 2, juris.

979 *Büdenbender*, FS Baur, 415 (428).

980 *Büdenbender*, FS Baur, 415 (428).

981 *Büdenbender*, FS Baur, 415 (428 f.).

werden heute primär an den Börsen gehandelt. Preissprünge von 5 % sind am Großhandelsmarkt auch innerhalb eines Monats keine Seltenheit. Würde man demnach eine Schwelle von 5 % noch immer ausreichen lassen, könnten die Vertragsparteien, je nach Ausgestaltung im Einzelfall, mehrmals jährlich auf Grundlage der Wirtschaftsklausel eine Preisanpassung verlangen. Dies würde dem Sinn und Zweck von Wirtschaftsklauseln, den Vertragsparteien eine Reaktionsmöglichkeit auf eine Veränderung von außergewöhnlichen Umständen zu geben, widersprechen.[982]

Vielmehr muss die Schwelle bei Wirtschaftsklauseln deutlich höher liegen als bei den klassischen Preisanpassungsklauseln.[983] Überdies wird das Energieversorgungsunternehmen diese Preissprünge bereits in den eigentlichen Vertragspreis einkalkuliert haben, sodass es sich hierbei schon nicht um einen ungewöhnlichen Umstand handelt. Sollte eine solche Kalkulation nicht erfolgt sein, scheidet eine Anpassung ohnehin schon wegen der Vorhersehbarkeit aus.

(bb) Vergleich zur Erheblichkeit im Rahmen der Pflichtverletzung

Gestaltungsrechte, deren Ausübung an eine Erheblichkeitsschwelle anknüpft, sind dem deutschen Recht nicht unbekannt. So setzt der Schadensersatz statt der Leistung nach § 281 BGB oder der Rücktritt nach § 323 Abs. 5 S. 2 BGB eine „nicht unerhebliche Pflichtverletzung" voraus. Sinn und Zweck hierbei ist es, dass die Rechtsfolge einer Pflichtverletzung stets verhältnismäßig sein soll.[984] Zur Bestimmung der Erheblichkeit ist zunächst eine Interessenabwägung vorzunehmen.[985] Anknüpfungspunkt des Rücktritts oder des Schadensersatzes statt der Leistung ist eine vorangegangene Pflichtverletzung des Schuldners,[986] was bei der Anwendung von Wirtschaftsklauseln gerade nicht der Fall ist. Ferner dient § 323 Abs. 5 S. 2 BGB lediglich dazu, das Rücktrittsrecht für unwesentliche Störungen auszunehmen. Die Grundsätze zur

---

982 Vgl. *Baur*, FS Steindorff, 509 (513).

983 *Baur*, FS Steindorff, 509 (513); *Säcker*, GS Sonnenschein, 597 (608).

984 *H. Schmidt*, BeckOK BGB, § 323 Rn. 47.

985 *Dauner-Lieb/Dubovitskaya*, Dauner-Lieb/Langen, § 433 BGB Rn. 39; *H. Schmidt*, BeckOK BGB, § 323 Rn. 47 (m. w. N.).

986 Im Rahmen des § 281 Abs. 1 BGB muss der Schuldner diese sogar zu vertreten haben, vgl. § 280 Abs. 1 S. 2 BGB.

Erheblichkeit einer Pflichtverletzung lassen sich im Ergebnis nicht auf die Erheblichkeit zur Anwendung von Wirtschaftsklauseln übertragen.[987]

(cc) Einzelfallentscheidung

Im Ergebnis lassen sich keine genauen Schwellen für ein Überschreiten der Erheblichkeitsschwelle definieren. Dies ist bereits darauf zurückzuführen, dass die Preise an den Energiemärkten sehr volatil sind und eine feste Erheblichkeitsschwelle, aufgrund des sich durchgehend verändernden Marktumfelds, ständig neu definiert werden müsste. Vielmehr sollte die Erheblichkeit für jeden Einzelfall unter Berücksichtigung aller Umstände bewertet werden. Dabei sollte auch die allgemeine Volatilität der Energiepreise zum Zeitpunkt des Vertragsschlusses und der Vertragsverhandlungen berücksichtigt werden. Nur durch die Berücksichtigung der jeweiligen Umstände des Einzelfalls kann sichergestellt werden, dass es sich für die Parteien tatsächlich um eine bedeutende Veränderung der Marktpreise handelt und diese bisher nicht in der Kalkulation des Ausgangspreises berücksichtigt werden konnten. Im Rahmen der Einzelfallbestimmung muss allerdings beachtet werden, dass auch, wenn die Formulierungen häufig denen zur Störung der Geschäftsgrundlage ähneln, die Anforderungen bei Wirtschaftsklauseln geringer sein müssen, da die Parteien ihren Anpassungswillen durch die Aufnahme der Klausel zum Ausdruck gebracht haben.[988] Die Bestimmung der Erheblichkeit muss deshalb auch unabhängig von jener bei der Störung der Geschäftsgrundlage geforderten Erheblichkeit erfolgen.[989]

(dd) Zwischenergebnis

Aufgrund der starken Volatilität der Energiepreise und des sich stetig im Wandel befindlichen Marktgeschehens auf den Energiemärkten lassen sich keine festen Erheblichkeitsschwellen definieren. Die Beurteilung der Erheblichkeit muss stets abhängig vom Einzelfall erfolgen. Im Rahmen der

---

987 *Stefanie Jung*, Dauner-Lieb/Langen, § 313 BGB Rn. 59.

988 *Säcker*, GS Sonnenschein, 597 (605); zur Ähnlichkeit der Formulierung zur Störung der Geschäftsgrundlage auch: *Baur*, Vertragliche Anpassungsklauseln, 37.

989 *Kunth*, BB 1978, 178 (180); *Säcker*, GS Sonnenschein, 597 (608).

Beurteilung müssen sodann auch die Preisschwankungen zum Zeitpunkt des Vertragsschlusses berücksichtigt werden.

Im Sinne der Rechtssicherheit empfiehlt es sich, dass die Parteien eine Erheblichkeitsschwelle im Vertrag definieren.

(4) Unzumutbarkeit/Risikozuordnung

Die Anwendung von Wirtschaftsklauseln kommt, wie der Wortlaut der beispielhaften Klausel verdeutlicht, nur in Betracht, wenn dem Vertragspartner das Festhalten am unveränderten Vertrag nicht mehr zumutbar ist.[990] Sofern die Unzumutbarkeit nicht ausdrücklich in die Klausel aufgenommen wurde, soll sich das Erfordernis zumindest aus der Vertragsauslegung nach den §§ 133, 157 BGB ergeben.[991] Eine Unzumutbarkeit soll dann gegeben sein, wenn die Umstandsänderungen zu einer nach dem Vertragszweck und dem Willen der Parteien zum Zeitpunkt des Vertragsschlusses ungerechtfertigten Verschiebung des ursprünglichen Äquivalenzverhältnisses von Leistung und Gegenleistung führen.[992] Hierbei knüpfen die Wirtschaftsklauseln an die vertragliche Risikoverteilung an.[993] Eine Anpassung kann demnach nicht erfolgen, wenn sich Risiken realisieren, die in die ausschließliche Risikosphäre einer Vertragspartei fallen.[994] Zur Beurteilung, welches Risiko die Vertragsparteien jeweils übernommen haben, sind der konkrete Vertragstyp und die Umstände des Einzelfalls zu betrachten.[995] Hierzu zählt etwa die Restlaufzeit des Vertrags.[996]

Eine Unzumutbarkeit ist, in Analogie zu den Grundsätzen der Störung der Geschäftsgrundlage, auch dann ausgeschlossen, wenn der Anpassungsberechtigte die Umstände selbst zu vertreten hat.[997]

---

990 Zur beispielhaften Klausel: F.I.4.e).

991 *Büdenbender*, FS Baur, 415 (420).

992 *Tüngler*, BeckOGK BGB (Stand: 01.03.2025), § 433 Rn. 459; *Scholz/Tüngler*, EnWZ 2020, 201 (208).

993 *BGH*, Urt. v. 23.01.2013 – VIII ZR 47/12 Rn. 17, juris; *OLG München*, Urt. v. 27.04.2017 – U 3922/15 Kart, Rn. 103, juris; *Büttner/Däuper*, ZNER 2003, 205 (207).

994 *BGH*, Urt. v. 23.01.2013 – VIII ZR 47/12, Rn. 17, juris; *OLG München*, Urt. v. 27.04.2017 – U 3922/15 Kart, Rn. 103, juris; *Büdenbender*, FS Baur 2002, 415 (420); *Baur*, FS Steindorff 1990, 509 (515); *Büttner/Däuper*, ZNER 2003, 205 (207).

995 *Scholz/Tüngler*, EnWZ 2020, 201 (208).

996 *Pooschke*, EnWZ 2013, 310 (315).

997 *Säcker*, GS Sonnenschein, 597 (609).

Im Rahmen einer zwischen den Parteien vereinbarten Festpreisvereinbarung kann sich die benachteiligte Partei nicht etwa auf Preisschwankungen berufen, da sie dieses Risiko bewusst eingegangen ist und dies somit zu ihrem unternehmerischen Risiko zählt.[998] Weiter liegt eine vertragliche Risikoübernahme dann vor, wenn der Vertrag absolut und unbedingt gelten soll.[999]

(5) Umfang der Anpassung

Wirtschaftsklauseln dienen, wie Preisanpassungsklauseln im engeren Sinn, unter anderem der Wiederherstellung des ursprünglichen Äquivalenzverhältnisses von Leistung und Gegenleistung. Aufgrund dessen muss zur Bestimmung des Umfangs der Anpassung zunächst ermittelt werden, was die Parteien anknüpfend an die im Vertrag getroffenen Regelungen vermutlich vereinbart hätten, wenn ihnen die Änderung der Umstände zum Zeitpunkt des Vertragsschlusses bekannt gewesen wäre.[1000] Soll auf Grundlage der Wirtschaftsklausel eine Preisanpassung vorgenommen werden, ist zunächst der Durchschnittspreis zu ermitteln, welcher sodann die Grundlage für den Anpassungsanspruch bildet.[1001]

Bezüglich des Umfangs der Anpassung ist fraglich, ob die Erheblichkeitsschwelle abgezogen werden muss oder ob der Preis vollständig angepasst werden kann.

(a) Berücksichtigung der Erheblichkeitsschwelle

Einerseits kann vertreten werden, dass die vertragliche Risikoverteilung die Vertragsparteien verpflichtet, Schwankungen unterhalb der Erheblichkeitsschwelle nach oben oder unten hinzunehmen.[1002] Die grundsätzliche Risikoverteilung dürfe bei der Anwendung der Wirtschaftsklauseln nicht ignoriert werden, weshalb die Erheblichkeitsschwelle bei dem Umfang der Preisanpassung in Abzug zu bringen sei.[1003]

---

[998] *BGH*, Urt. v. 23.01.2013 – VIII ZR 47/12, Rn. 18, juris.
[999] *Lettl*, JuS 2001, 347 (352).
[1000] *BGH*, Urt. v. 04.06.1975 – VIII ZR 243/72, Rn. 22, juris.
[1001] *Büdenbender*, FS Baur, 415 (424).
[1002] *Büdenbender*, FS Baur, 415 (425 f.).
[1003] *Büdenbender*, FS Baur, 415 (426).

Dies kann allerdings nur gelten, wenn die Parteien nicht eine explizite Regelung zur Risikozuordnung für diesen Fall vorgesehen haben.[1004] Die Risikozuordnung ist in Zweifelsfällen zunächst durch Auslegung zu ermitteln.[1005]

(b) Keine Berücksichtigung der Erheblichkeitsschwelle

Andererseits kann vertreten werden, dass die Erheblichkeitsschwelle bei der Bestimmung des Umfangs der Anpassung keine Berücksichtigung findet.[1006] Andernfalls wäre der Geldleistungsgläubiger nie vollwirksam vor einer Verschiebung des Äquivalenzverhältnisses geschützt, da er immer nur eine teilweise Anpassung erfolge.[1007] Dies würde bedeuten, dass die Preisanpassung in dem vollen Umfang der Verschiebung des Äquivalenzverhältnisses erfolgt. Die Konsequenz daraus wäre, dass das Risiko der Umstandsänderung damit grundsätzlich dem Letztverbraucher als Geldschuldner zugewiesen werden würde.[1008] Von dem Willen einer solchen einseitigen Risikoverschiebung der Vertragsparteien kann im Rahmen von Wirtschaftsklauseln nicht generell ausgegangen werden. Vielmehr liegt der Wille der Vertragsparteien nahe, dass diese nach dem Sinn und Zweck der Wirtschaftsklausel das Risiko aufteilen wollen. Im Gegensatz zu Preisanpassungsklauseln im engeren Sinne dienen die Wirtschaftsklauseln nicht generell der Sicherung des Äquivalenzverhältnisses, sondern dem Schutz der Parteien vor unvorhersehbaren Änderungen. Dabei ist zu berücksichtigen, dass das Energieversorgungsunternehmen innerhalb seines wirtschaftlichen Risikos mit einer gewissen Volatilität des Preises rechnen muss.

Es erscheint deshalb nicht sachgerecht, die Erheblichkeitsschwelle bei der Bestimmung des Umfangs der Anpassung unberücksichtigt zu lassen. Diese Ansicht ist deshalb abzulehnen. Sofern die Parteien tatsächlich wollen, dass die Erheblichkeitsschwelle unberücksichtigt bleibt, müssten sich hierfür eindeutige Anhaltspunkte im Vertrag finden. Dies wäre etwa eine Vertragsbestimmung zum Umfang des Anpassungsanspruchs.

[1004] *Büdenbender*, FS Baur, 415 (427).
[1005] *Bilda*, NJW 1971, 372.
[1006] Vgl. *BGH*, Urt. v. 30.09.1970 – V ZR 39/70. Rn. 14 ff., juris.
[1007] *BGH*, Urt. v. 30.09.1970 – V ZR 39/70. Rn. 16, juris.
[1008] *Bilda*, NJW 1971, 372.

(c) Hälftige Anpassung

Nach einer dritten vermittelnden Ansicht könnte eine hälftige Anpassung erfolgen, sodass beide Vertragsparteien das Risiko der Umstandsänderung zu gleichen Teilen tragen müssten.[1009] Erfolgt eine Preisanpassung auf Grundlage der Wirtschaftsklausel, verfolgen die Parteien damit das Ziel, das ursprüngliche Äquivalenzverhältnis wiederherzustellen. Diesem Ziel würde eine hälftige Anpassung nicht entsprechen und wäre deshalb nicht mit dem Parteiwillen vereinbar. Somit ist auch diese Ansicht abzulehnen.

(d) Zwischenergebnis

Bei der Bestimmung des Anpassungsumfangs muss die Erheblichkeitsschwelle berücksichtigt werden. Eine gewisse Abweichung muss das Energieversorgungsunternehmen innerhalb seines wirtschaftlichen Risikos tragen.

(6) Subsidiarität

Wie im gesamten Recht muss auch bei Anpassungsklauseln der Lex-specialis-Grundsatz gelten.

(a) Verhältnis zu Preisanpassungsklauseln

Enthält der Vertrag neben speziellen Preisanpassungsklauseln eine Wirtschaftsklausel, verbleibt für diese nur dann ein Anwendungsbereich, wenn es um Veränderungen der Energiepreise geht, die nicht von den Voraussetzungen der spezielleren Preisanpassungsklauseln erfasst sind.[1010] Andernfalls gehen diese der Wirtschaftsklausel als speziellere Regelung vor.[1011]

(b) Verhältnis zu Festpreisvereinbarungen

Grundsätzlich scheidet die Anwendung von Wirtschaftsklauseln neben einer Festpreisvereinbarung aus.[1012] Eine Besonderheit kann gelten, wenn der Vertrag eine Festpreisvereinbarung als Individualvereinbarung enthält und diese neben einer Wirtschaftsklausel als AGB-Klausel steht. In diesem Fall kann

---

1009 Vgl. *Bilda*, NJW 1971, 372.
1010 *Büdenbender*, FS Baur, 415 (417).
1011 *Büdenbender*, FS Baur, 415 (417).
1012 *BGH*, Urt. v. 23.01.2013 – VIII ZR 47/12, Rn. 18, juris.

eine Anwendung der Wirtschaftsklausel ausnahmsweise in Betracht kommen. Nach § 305b BGB haben Individualvereinbarungen Vorrang vor Allgemeinen Geschäftsbedingungen. Sinn und Zweck dieser Vorschrift ist die Klarstellung, dass Individualvereinbarungen nicht durch inhaltlich abweichende AGB zunichtegemacht werden oder ausgehöhlt werden können.[1013] Dies wird durch den Gedanken gestützt, dass der Parteiwille durch Individualvereinbarungen stärker zur Geltung kommt als durch AGB.[1014]

Ob eine Anwendung der in AGB formulierten Wirtschaftsklausel neben einer Festpreisvereinbarung als Individualvereinbarung in Betracht kommt, hängt maßgeblich von der durch Auslegung zu ermittelnden Reichweite der Individualvereinbarung ab.[1015] Dabei müssen die Umstände des Einzelfalls genau betrachtet werden. Entscheidend ist, inwieweit die Vertragsparteien das Festpreisrisiko bewusst in Kauf genommen und dadurch eine Preisanpassung erschwert oder ausgeschlossen haben.[1016] Dabei soll eine Festpreisvereinbarung aufgrund der weitreichenden Risiken regelmäßig nur dann vorliegen, wenn die Parteien eine solche explizit vereinbart haben.[1017]

f) Verhandlungsklauseln

Verhandlungsklauseln geben den Parteien kein einseitiges Recht zur Vertragsanpassung, sondern legen den Parteien lediglich eine Pflicht zur Neuverhandlung bezüglich der vereinbarten Leistung auf.[1018] Aufgrund dieser Neuverhandlungspflicht lässt sich der Inhalt von Verhandlungsklauseln auch als „Einigung, sich zu einigen“ beschreiben.[1019] Mangels einseitigem Anpassungsrecht sollen diese nicht Gegenstand der Bearbeitung sein und nur der Vollständigkeit halber genannt werden.

1013 BT-Drs. 7/3919, 20.

1014 *BGH*, Urt. v. 23.01.2013 – VIII ZR 47/12, Rn. 22, juris; *Berger*, Prütting/Wegen/Weinreich, § 305b Rn. 1.

1015 *BGH*, Urt. v. 23.01.2013 – VIII ZR 47/12, Rn. 22, juris; *OLG München*, Urt. v. 27.04.2017 – U 3922/15 Kart, Rn. 205, juris.

1016 *BGH*, Urt. v. 23.01.2013 – VIII ZR 47/12, Rn. 22, juris; *OLG München*, Urt. v. 27.04.2017 – U 3922/15 Kart, Rn. 105, juris.

1017 *Lettl*, JuS 2001, 347 (352).

1018 Vgl. *Gehrlein*, BeckOK BGB, § 315 Rn. 16.

1019 *Hilber*, BB 2011, 2691.

5. Individualvertragliche Anpassungsklauseln

Nicht immer muss es sich bei Preisanpassungsklauseln in Energielieferverträgen um AGB handeln. Vielmehr können die Vertragsparteien diese auch innerhalb der Vertragsverhandlungen individuell vereinbaren. Ein individuelles Aushandeln des Energieliefervertrags zwischen dem Energieversorgungsunternehmen und dem Letztverbraucher wird nur in seltenen Fällen vorliegen. Ein solches Aushandeln ist bei der Energieversorgung als Massengeschäft kaum praxistauglich. Ein individuell ausgehandelter Energieliefervertrag wird deshalb zumeist nur bei der Abnahme von großen Liefermengen vorliegen. Daher kommt dem individuellen Aushandeln von Preisanpassungsklauseln im Rahmen der Energieversorgung eine geringe praktische Relevanz zu.[1020]

a) Vorliegen einer Individualabrede

An das Vorliegen von Individualabreden werden hohe Anforderungen gestellt. Eine Klausel soll nicht als vom Verwender gestellt i. S. d. § 305 Abs. 1 S. 1 BGB gelten, wenn der Klauselverwender den gesetzesfremden Kerngehalt der Klausel inhaltlich ernsthaft zur Disposition gestellt und dem Verhandlungspartner Gestaltungsfreiheit zur Wahrung eigener Interessen eingeräumt hat.[1021] Der Verwender muss sich ferner deutlich und ernsthaft zur gewünschten Änderung bereit erklärt haben.[1022] Diese Voraussetzungen werden aufgrund der hohen Transaktionskosten beim Abschluss von Energielieferverträgen in der Praxis wohl in den seltensten Fällen vorliegen.

b) Grenzen der Privatautonomie

Auf innerhalb von Individualabreden vereinbarte Preisanpassungsklauseln finden die §§ 307 ff. BGB keine Anwendung. Die individualvertragliche Vereinbarung von Anpassungsklauseln unterliegt damit nur den Grenzen der Privatautonomie. Die Privatautonomie garantiert jedem Individuum das Recht, seine Rechtsverhältnisse selbstbestimmt und eigenverantwortlich

---

[1020] *Büdenbender*, ZIP 2017, 1041 (1051).

[1021] M. w. N.: *BGH*, Urt. v. 23.01.2003 – VII ZR 210/01, Rn. 47, juris; *BGH*, Urt. v. 20.05.2014 – VII ZR 248/13, Rn. 27, juris.

[1022] M. w. N.: *BGH*, Urt. v. 23.01.2003 – VII ZR 210/01, Rn. 47, juris; *BGH*, Urt. v. 20.05.2014 – VII ZR 248/13, Rn. 27, juris.

zu regeln.[1023] Die Privatautonomie wird nicht schrankenlos gewährleistet, sondern teilweise durch Gesetze beschränkt.

Es sind etwa Rechtsgeschäfte nichtig, die gegen ein gesetzliches Verbot verstoßen, § 134 BGB. In Bezug auf Preisanpassungsklauseln im Rahmen der Sonderkundenversorgung stellt sich die Frage, ob überhaupt gesetzliche Verbote bestehen, gegen die verstoßen werden könnte. Davon ist nicht auszugehen.[1024]

Weiter sind nach § 138 Abs. 1 BGB Rechtsgeschäfte, welche gegen die guten Sitten verstoßen, nichtig. Nach § 138 Abs. 2 BGB ist insbesondere ein Rechtsgeschäft nichtig, durch das jemand unter Ausbeutung der Zwangslage, der Unerfahrenheit, des Mangels an Urteilsvermögen oder der erheblichen Willensschwäche eines anderen sich oder einem Dritten für eine Leistung Vermögensvorteile versprechen oder gewähren lässt, die in einem auffälligen Missverhältnis zu der Leistung stehen. Ein Verstoß gegen § 138 BGB liegt weiter vor, wenn der Anpassungsberechtigte die Preisanpassung nach reiner Willkür vornimmt.[1025] § 138 Abs. 1 und 2 BGB sollten allerdings im Rahmen des normalen Geschäftsgebarens eines Energieversorgungsunternehmens nicht zur Anwendung kommen.

c) Gefahr der Gesamtnichtigkeit

Die Vertragsparteien sollten bei der Aufnahme von individualvertraglichen Anpassungsklauseln nicht vernachlässigen, dass, sofern die Grenzen der Privatautonomie tatsächlich überschritten werden, im Allgemeinen Teil des BGB keine dem § 306 Abs. 1 BGB vergleichbare Norm existiert. Es gibt also keine gesetzliche Regelung, dass bei der Unwirksamkeit einer einzelnen Klausel der Vertrag im Übrigen wirksam bleibt. Vielmehr enthält § 139 BGB eine Vermutungsregelung, dass die Teilnichtigkeit eines Rechtsgeschäfts zur Gesamtnichtigkeit führt, wenn nicht anzunehmen ist, dass es auch ohne den nichtigen Teil vorgenommen sein würde. Da der § 139 BGB allerdings grundsätzlich dispositiv ist, wird dieser Gefahr häufig durch sog. salvatorische Klauseln in Gestalt von Erhaltungsklauseln oder Ersetzungsklauseln

---

[1023] *Paulus/Zenker*, JuS 2001, 1.

[1024] Ablehnend auch: *vom Dahl*, Langfristige Energielieferverträge in Deutschland und den USA, 267.

[1025] *Grüneberg*, Grüneberg, § 315 BGB Rn. 5.

begegnet.[1026] Erhaltungsklauseln sehen dabei vor, dass die Gültigkeit der übrigen Bestimmungen des Vertrags erhalten bleibt, sofern eine einzelne Bestimmung des Vertrags ganz oder teilweise unwirksam ist.[1027] Durch Ersetzungsklauseln treffen die Vertragsparteien eine Regelung, dass die nichtige oder unwirksame Bestimmung durch eine neue Bestimmung zu ersetzen ist, die dem wirtschaftlich Gewollten in zulässiger Weise am Nächsten kommt.[1028] Salvatorische Klauseln können zwar eine Nichtigkeit des Vertrags nicht insgesamt verhindern, verkehren aber die Vermutungsregelung der Nichtigkeit aus § 139 BGB in das Gegenteil.[1029]

d) Billigkeitskontrolle bei Ermessensentscheidungen

Der § 315 BGB gilt im Zweifelsfall auch bei individuell vereinbarten Leistungsvorbehaltsklauseln, vgl. § 315 Abs. 1 BGB. Auch hier ist die Anpassung im Rahmen des billigen Ermessens durch die Billigkeit begrenzt, § 315 Abs. 3 S. 1 BGB. Im Unterschied zu den §§ 134, 138 BGB stellt die Billigkeitskontrolle nicht die Außenschranke der Privatautonomie dar, sondern schützt die Gegenseite vor der Gestaltungsmacht des Bestimmungsberechtigten.[1030] Damit bildet die Billigkeitskontrolle eine Schranke der privatautonomen Gestaltungsmacht.[1031]

e) Sonstige gesetzliche Vorgaben

Neben den Bestimmungen des BGB müssen auch die Vorgaben des Preisklauselgesetzes im Rahmen von individualvertraglich vereinbarten Anpassungsklauseln eingehalten werden.[1032]

Das EnWG unterscheidet in § 41 Abs. 5 nicht zwischen Anpassungen auf der Grundlage von AGB oder individualvertraglichen Klauseln. Aus diesem

---

[1026] *Wendtland*, BeckOK BGB, § 139 Rn. 7; *Busche*, MüKo BGB, § 139 Rn. 12.
[1027] *Wendtland*, BeckOK BGB, § 139 Rn. 7.
[1028] *Wendtland*, BeckOK BGB, § 139 Rn. 7.
[1029] *BGH*, Beschl. v. 15.03.2010 – II ZR 84/09, Rn. 8, juris; *Wendtland*, BeckOK BGB, § 139 Rn. 7; *Busche*, MüKo BGB, § 139 Rn. 12; *Kreße*, NJ 2010, 339 (340).
[1030] *Rieble*, Staudinger, § 315 BGB Rn. 386.
[1031] *Grüneberg*, Grüneberg, § 315 BGB Rn. 2.
[1032] *Tüngler*, BeckOGK BGB (Stand: 01.03.2025), § 433 Rn. 286; *Mann/Waschkowski*, BB 2022, 1283; *Stief*, BB 2022, 2443 (2444).

Grund müssen auch die Vorgaben des § 41 Abs. 5 und Abs. 6 EnWG beachtet werden.

f) Individualvereinbarungen in der Grundversorgung

In der Grundversorgung sind von der StromGVV bzw. GasGVV abweichende Klauseln aufgrund eines Verstoßes gegen ein gesetzliches Verbot nichtig.[1033]

g) Zwischenergebnis

Individualvertraglich vereinbarte Preisanpassungsklauseln werden wegen der hohen Anforderungen an das individuelle Aushandeln nur in seltenen Fällen anzunehmen sein. Um der Gefahr der Gesamtnichtigkeit des Vertrags nach § 139 BGB zu begegnen, sollte eine Ersetzungs- oder Erhaltungsklausel in den Vertrag aufgenommen werden. Anpassungsmaßstab bildet im Zweifel das billige Ermessen i. S. d. § 315 Abs. 1 BGB. Auch individualvertragliche Anpassungsklauseln unterfallen den Regelungen des Preisklauselgesetzes. Bei den Preisanpassungen müssen die energierechtlichen Vorgaben aus § 41 Abs. 5 und Abs. 6 EnWG beachtet werden.

II. Zwischenergebnis

Die Volatilität der Energiepreise macht es für die Energieversorgungsunternehmen notwendig, dass diese in Energielieferverträgen die Möglichkeit der einseitigen Preisanpassung haben. Dies erfolgt in Sonderkundenverträgen durch die Aufnahme von Preisanpassungsklauseln. Grundlegend kann zwischen Klauseln mit einem Preisänderungsvorbehalt und Automatikklauseln unterschieden werden. Unabhängig, ob es sich um individualvertragliche Anpassungsklauseln oder solche in AGB handelt, müssen die Vorgaben des Preisklauselgesetzes und aus § 41 Abs. 5 EnWG eingehalten werden. Da Energielieferverträge zumeist im Rahmen von Massenkundengeschäften abgeschlossen werden, handelt es sich bei den Preisanpassungsklauseln zumeist um AGB i. S. d. § 305 Abs. 1 S. 1 BGB. Diese müssen am Maßstab des § 307 Abs. 1 S. 1 BGB im Hinblick auf Inhalt und Transparenz gemessen werden.

[1033] *Hempel*, Baur/Salje/Schmidt-Preuß, 114. Kap. Rn. 23.

III. Ergänzende Vertragsauslegung

Weiter soll untersucht werden, ob auch die ergänzende Vertragsauslegung eine Möglichkeit zur einseitigen Anpassung des Vertragspreises bietet. Grundsätzlich dient die ergänzende Vertragsauslegung nach §§ 133, 157 BGB der Schließung planwidriger Lücken eines Rechtsgeschäfts.[1034] Sofern eine Lücke vorliegt, kann diese entweder durch dispositives Gesetzesrecht oder den hypothetischen Willen der Parteien geschlossen werden.[1035] Wird die vertragliche Lücke durch den hypothetischen Willen der Parteien nach den §§ 133, 157 BGB geschlossen, handelt es sich um einen Fall der ergänzenden Vertragsauslegung.

1. Als Grundlage für Preisanpassungen

Die ergänzende Vertragsauslegung könnte etwa eine Möglichkeit zur Preisanpassung bieten, wenn die Vertragsparteien keine Preisanpassungsklausel in den Vertrag aufgenommen haben. Dazu müsste es sich bei der fehlenden Preisanpassungsklausel um eine planwidrige Regelungslücke des Energieliefervertrags handeln. Eine planwidrige Regelungslücke liegt etwa dann vor, wenn die von den Parteien getroffene Regelung keine Bestimmung enthält, die notwendig ist, um den zugrunde liegenden Regelungsplan der Parteien umzusetzen und ohne deren Ergänzung keine interessengerechte Lösung erreicht werden kann.[1036] Dies wäre der Fall, wenn die Parteien einen Punkt nicht geregelt haben, den sie im Rahmen des tatsächlich Gewollten als regelungsbedürftig angesehen haben.[1037] Die Vertragsparteien hätten bei Vertragsschluss die Möglichkeit gehabt, eine Regelung zur Anpassung des Vertragspreises in den Vertrag aufzunehmen. Auch ohne Preisanpassungsregelung kann der Vertrag weiter fortgeführt werden. Die Nichtaufnahme einer solchen Klausel bietet keine Anhaltspunkte dafür, dass die Parteien eine Preisanpassung hätten regeln wollen. Von einer Regelungslücke kann daher prinzipiell nicht ausgegangen werden.

[1034] *Brox/Walker*, BGB AT, Rn. 138.

[1035] *Grunewald*, Bürgerliches Recht, § 2 Rn. 8.

[1036] *BGH*, Urt. v. 01.06.2005 – VIII ZR 234/04, Rn. 22, juris; *BGH*, Urt. v. 03.12.2014 – VIII ZR 370/13, Rn. 13, juris; *BGH*, Urt. v. 20.02.2019 – VIII ZR 7/18, Rn. 47, juris; *Roth*, Staudinger, § 157 BGB Rn. 15; *M. Otto*, jurisPK-BGB, § 157 Rn. 18.

[1037] *BGH*, Urt. v. 11.12.1991 – XII ZR 63/90, Rn. 16, juris; *BGH*, Urt. v. 02.07.2004 – V ZR 209/03, Rn. 14, juris; *M. Otto*, jurisPK-BGB, § 157 Rn. 18.

Im Unterschied zur Störung der Geschäftsgrundlage dient die ergänzende Vertragsauslegung nicht der Anpassung des Gewollten an die Wirklichkeit, sondern der Umsetzung dessen, was die Parteien zur Schließung der Lücke hypothetisch vereinbart hätten.[1038] Hinzu tritt bei der Anwendung der ergänzenden Vertragsauslegung die Schwierigkeit zu begründen, dass eine Preisanpassung im Rahmen der ergänzenden Vertragsauslegung dem gemeinsamen hypothetischen Willen der Parteien entspricht.[1039] Einerseits wird der Energieversorger in den Fällen gestiegener Kosten ein Interesse an einer Kostenweitergabe haben. Andererseits wird der Letztverbraucher das gegenteilige Interesse haben, nämlich die Energie weiter zu dem günstigeren vereinbarten Preis zu beziehen. Die Nichtaufnahme einer Preisanpassungsklausel in das Vertragswerk legt die Vermutung nahe, dass die Parteien den tatsächlichen Willen zum Ausdruck gebracht haben, dass der Vertragspreis sich über die Vertragsdauer nicht verändern soll. Dieser tatsächliche Wille kann nicht von einem hypothetischen Willen im Rahmen der ergänzenden Vertragsauslegung überlagert werden.[1040] Es mangelt damit an einer planwidrigen Regelungslücke. Die ergänzende Vertragsauslegung bietet damit keine Möglichkeit zur Preisanpassung, sofern der Vertrag keine Regelung zur Preisanpassung enthält.[1041] Ähnlich liegt zumeist auch keine planwidrige Vertragslücke vor, wenn die Parteien eine Festpreisvereinbarung geschlossen haben.[1042]

Selbst, wenn man eine planwidrige Lücke annähme, würde sich das Folgeproblem ergeben, dass nicht klar ist, wie und in welcher Höhe die Parteien überhaupt einen neuen Preis vereinbart hätten oder welche Regelung zur Bestimmung eines neuen Preises von den Parteien vorgesehen worden wäre.[1043]

Mithin würde die Möglichkeit der Anpassung bei fehlender Regelung im Rahmen der ergänzenden Vertragsauslegung zu einer erheblichen Rechtsunsicherheit führen, da bei Verträgen ohne Anpassungsmöglichkeit nicht

---

1038 *BGH*, Urt. v. 02.07.2004 – V ZR 209/03, Rn. 14, juris.
1039 *Mann/Waschkowski*, BB 2022, 1283 (1285 f.).
1040 Vgl. *Roth*, Staudinger, § 157 BGB Rn. 38.
1041 So auch: *Rieble*, Staudinger, § 315 BGB Rn. 335a.
1042 Umkehrschluss aus: *BGH*, Urt. v. 03.12.2014 – VIII ZR 370/13, Rn. 28, juris.
1043 *Mann/Waschkowski*, BB 2022, 1283 (1286).

mehr sicher wäre, dass der Preis für die gesamte Vertragslaufzeit gelten soll. Die Parteien müssten davon ausgehen, dass im Streitfall eine Anpassungsmöglichkeit aus dem hypothetischen Willen in den Vertrag hineingelesen wird. Auch würde das „Hineinlesen“ einer solchen planwidrigen Vertragslücke in jeden Energieversorgungsvertrag, dessen Äquivalenzverhältnis sich verändert, dazu führen, dass die strengen Anforderungen des § 313 BGB umgangen würden und dieser in seinem eigentlichen Anwendungsbereich deutlich eingeschränkt wäre.

2. Als Folge unwirksamer Preisanpassungsklauseln

Sofern Preisanpassungsklauseln in Energielieferverträgen nach den §§ 307 ff. BGB unwirksam sind oder nach § 305 Abs. 2 BGB nicht wirksam in den Vertrag einbezogen wurden, führt das nicht zur Unwirksamkeit des gesamten Vertrags. Nach § 306 Abs. 2 BGB gelten in diesen Fällen die gesetzlichen Vorschriften. Fraglich ist, wie mit auf Grundlage dieser Klauseln vorgenommenen Preisanpassungen umzugehen ist. Grundsätzlich könnte man davon ausgehen, dass der Letztverbraucher einen bereicherungsrechtlichen Rückzahlungsanspruch gegen das Energieversorgungsunternehmen nach § 812 Abs. 1 S. 1 1. Alt. BGB erhält, sofern und soweit die Leistung ohne Rechtsgrund erfolgt ist.[1044]

a) Konkludente Vertragsanpassung

Einen Rechtsgrund i. S. d. § 812 Abs. 1 S. 1 1. Alt. BGB könnte die konkludente Vertragsanpassung durch den weiteren Bezug von Energie darstellen. Hierzu wären zunächst zwei kongruente Willenserklärungen (§ 145 BGB) zwischen den Parteien notwendig. Für die Annahme der kongruenten Willenserklärungen mangelt es allerdings schon am Konsens der Parteien zur Vertragsanpassung, da diese davon ausgehen, dass die Anpassung des Preises von der Preisanpassungsklausel gedeckt sei.[1045] Dies muss selbst dann gelten,

---

[1044] *BGH*, Urt. v. 14.03.2012 – VIII ZR 113/11, Rn. 20, juris; *BGH*, Urt. v. 23.01.2013 – VIII ZR 80/12, Rn. 17, juris; *BGH*, Urt. v. 31.07.2013 – VIII ZR 162/09, Rn. 22, juris; *BGH*, Urt. v. 15.04.2015 – VIII ZR 59/14, Rn. 24, juris; *BGH*, Urt. v. 05.10.2016 – VIII ZR 241/15, Rn. 16, juris.

[1045] *BGH*, Urt. v. 11.11.2008 – VIII ZR 265/07, Rn. 12, juris; *BGH*, Urt. v. 14.07.2010 – VIII ZR 246/08, Rn. 57, juris; *BGH*, Urt. v. 14.03.2012 – VIII ZR 113/11, Rn. 16 f., juris; *BGH*, Urt. v. 23.01.2013 – VIII ZR 80/12, Rn. 19, juris.

wenn das Energieversorgungsunternehmen dem Kunden eine individuelle Mitteilung zur Vertragsanpassung übersandt hat, da sich aus dieser Mitteilung aus dem objektiven Empfängerhorizont (§§ 133, 157 BGB) kein ablehnbares Angebot auf Anpassung des Vertrags ergibt.[1046] Vielmehr geht der Letztverbraucher davon aus, dass durch die Mitteilung lediglich das vertragliche Preisanpassungsrecht ausgeübt wird.[1047] Wesen eines Angebots ist es, dass dieses auf den Abschluss eines Vertrags gerichtet ist.[1048] Dieses Angebot muss von einem Rechtsbindungswillen getragen werden, was im Zweifel durch Auslegung (§§ 133, 157 BGB) zu ermitteln ist.[1049] Ein Rechtsbindungswille des Energieversorgungsunternehmens erscheint äußerst zweifelhaft, da auch dieses davon ausgehen wird, sofern die Unwirksamkeit der Klausel zu diesem Zeitpunkt bislang nicht festgestellt ist, dass es lediglich seinen Pflichten aus § 41 Abs. 5 EnWG nachkommt.

b) Dreijahreslösung

Soweit die Regelungen in AGB nicht Vertragsbestandteil oder unwirksam geworden sind, richtet sich der Inhalt des Vertrags nach den gesetzlichen Vorschriften, § 306 Abs. 2 BGB. Zu diesen zählen auch die die ergänzende Vertragsauslegung begründenden §§ 133, 157 BGB.[1050] Denn grundsätzlich soll der Klauselgegner nicht durch den Wegfall einer Klausel übervorteilt werden, sondern es muss vielmehr eine Regelung gefunden werden, die die Interessen der Vertragsparteien bei Vertragsschluss berücksichtigt und die rechtlichen Anforderungen, insbesondere die des AGB-Rechts, erfüllt.[1051]

Darauf aufbauend könnte sich ein Rechtsgrund i. S. d. § 812 Abs. 1 S. 1 1. Alt. BGB aus der ergänzenden Vertragsauslegung (§§ 133, 157 BGB) ergeben. Grundlage hierfür ist die Annahme, dass die Parteien durch die Aufnahme der Anpassungsklausel das Bewusstsein gezeigt haben, dass sich das Äquivalenzverhältnis während der Vertragslaufzeit verschieben kann

---

1046 *BGH*, Urt. v. 14.03.2012 – VIII ZR 113/11, Rn. 18, juris.

1047 *BGH*, Urt. v. 14.03.2012 – VIII ZR 113/11, Rn. 18, juris.

1048 *Busche*, MüKo BGB, § 145 Rn. 5; *H.-W. Eckert*, BeckOK BGB, § 145 Rn. 30.

1049 *H.-W. Eckert*, BeckOK BGB, § 145 Rn. 30.

1050 *BGH*, Urt. v. 01.02.1984 – VIII ZR 54/83, Rn. 21, juris; *BGH*, Urt. v. 03.12.2015 – VII ZR 100/15, Rn. 29, juris; *Bonin*, BeckOGK BGB (Stand: 01.04.2025), § 306 Rn. 54; *Thomas*, AcP 209 (2009), 84 (121).

1051 Vgl. *Thomas*, AcP 209 (2009), 84 (122).

und die Parteien den Willen gezeigt haben, dass der Letztverbraucher bestimmte Preisänderungen tragen soll.[1052] Aus diesem Gedanken hat der BGH die sog. *Dreijahreslösung* entwickelt. Danach soll die ergänzende Vertragsauslegung dazu führen, dass der Letztverbraucher unrechtmäßige Preiserhöhungen nicht zurückfordern kann, wenn er diese nicht innerhalb von drei Jahren nach Zugang der Jahresabrechnung, in der die Preiserhöhung erstmalig berücksichtigt worden ist, beanstandet hat.[1053] Eine zeitlich unbegrenzte Geltendmachung der Rückforderung der Preiserhöhung bei Energielieferverträgen mit langer Laufzeit würde dem anerkannten Bedürfnis widersprechen, dass das bei Vertragsschluss bestehende Äquivalenzverhältnis über die gesamte Vertragslaufzeit in einem Gleichgewicht bleibt.[1054] Der nach der *Dreijahreslösung* maßgebliche Preis soll rechtlich wie ein zwischen den Parteien vereinbarter Preis behandelt werden und deshalb bei Leistungsvorbehaltsklauseln nicht der Billigkeitskontrolle nach § 315 Abs. 3 BGB unterliegen.[1055] Vertraglich soll dann nicht mehr der Anfangspreis, sondern der Preis, dem nicht rechtzeitig widersprochen wurde, zwischen den Parteien gelten.[1056] Sofern es während der Vertragslaufzeit zu Preissenkungen kommt, soll – solange die Preissenkungen anhalten – der günstigere Preis gelten.[1057] Dies wird aus der Fairness und Redlichkeit der Parteien im Rahmen der ergänzenden Vertragsauslegung abgeleitet.[1058]

Beanstandet der Letztverbraucher die Preisanpassung, knüpft der BGH keine großen Hürden an die Beanstandung, sodass es ausreichend ist, wenn

---

[1052] *BGH*, Urt. v. 14.03.2012 – VIII ZR 113/11, Rn. 19 f., juris; *BGH*, Urt. v. 23.01.2013 – VIII ZR 80/12, Rn. 22, juris; *BGH*, Urt. v. 06.04.2016 – VIII ZR 79/15, Rn. 19, juris; *BGH*, Urt. v. 18.01.2023 – VIII ZR 357/21, Rn. 33, juris (Wärmeliefervertrag).

[1053] *BGH*, Urt. v. 14.03.2012 – VIII ZR 113/11, Rn. 21, juris; *BGH*, Urt. v. 06.07.2022 – VIII ZR 28/21, Rn. 42, juris; *BGH*, Urt. v. 06.07.2022 – VIII ZR 155/21, Rn. 32, juris; *BGH*, Urt. v. 18.01.2023 – VIII ZR 357/21, Rn. 33, juris.

[1054] *BGH*, Urt. v. 14.03.2012 – VIII ZR 113/11, Rn. 26, juris.

[1055] *BGH*, Urt. v. 26.09.2012 – VIII ZR 279/11, Rn. 33, juris; BGH, Urt. v. 05.10.2016 – VIII ZR 241/15, Rn. 31, juris.

[1056] *BGH*, Urt. v. 15.04.2015 – VIII ZR 59/14, 27, juris; *BGH*, Urt. v. 06.07.2022 – VIII ZR 28/21, Rn. 42, juris; *BGH*, Urt. v. 06.07.2022 – VIII ZR 155/21, 32, juris.

[1057] *BGH*, Urt. v. 06.07.2022 – VIII ZR 28/21, Rn. 48, juris.

[1058] *BGH*, Urt. v. 06.04.2016 – VIII ZR 79/15, Rn. 40, juris; *BGH*, Urt. v. 05.10.2016 – VIII ZR 241/15, Rn. 27, juris; *BGH*, Urt. v. 06.07.2022 – VIII ZR 28/21, Rn. 48, juris.

der Letztverbraucher zum Ausdruck bringt, dass er mit der Preiserhöhung nicht einverstanden ist.[1059]

aa) Begründung des BGH

Die *Dreijahreslösung* soll nach Ansicht des BGH dem Bedürfnis der Äquivalenz von Leistung und Gegenleistung bei längerfristigen Vertragsverhältnissen Rechnung tragen.[1060] Ohne die ergänzende Vertragsauslegung würde das Äquivalenzverhältnis in diesen Fällen in ein gravierendes Ungleichgewicht fallen, was unbillig wäre und dem Kunden einen ungerechtfertigten Gewinn verschaffen würde.[1061] Dies entspräche nicht dem objektiv zu ermittelnden hypothetischen Willen der Vertragsparteien.[1062]

Für die Beurteilung des angemessenen Interessenausgleichs seien die Ziele des § 1 EnWG einer möglichst preisgünstigen und sicheren Energieversorgung und die Versorgungssicherheit insgesamt zu berücksichtigen, welche bei einer unbegrenzten Rückforderungsmöglichkeit des Letztverbrauchers gefährdet seien.[1063]

Auch könne die entstandene Regelungslücke nicht durch ein für die Zukunft wirkendes Kündigungsrecht des Energieversorgers kompensiert werden.[1064] Bevor der Letztverbraucher die Rechtmäßigkeit der Preiserhöhung anzweifelt, habe der Energieversorger keinen Anlass, die bis dato aufrechterhaltende Äquivalenz von Leistung und Gegenleistung anzuzweifeln und das Vertragsverhältnis deshalb zu kündigen.[1065] Sofern man eine ergänzende Vertragsauslegung ablehne, bestehe die Gefahr, dass der Vertrag nach § 306 Abs. 3 BGB unwirksam sei, da das Festhalten am ursprünglichen Vertragspreis eine unzumutbare Härte für den Energieversorger darstelle.[1066]

1059 *BGH*, Urt. v. 25.03.2015 – VIII ZR 360/13, Rn. 36, juris; *BGH*, Urt. v. 25.03.2015 – VIII ZR 109/14, Rn. 37, juris; *BGH*, Urt. v. 05.10.2016 – VIII ZR 241/15, Rn. 28, juris.

1060 *BGH*, Urt. v. 14.03.2012 – VIII ZR 113/11, Rn. 26, juris; *BGH*, Urt. v. 15.04.2015 – VIII ZR 59/14, Rn. 38, juris.

1061 *BGH*, Urt. v. 14.03.2012 – VIII ZR 113/11, Rn. 26, juris.

1062 *BGH*, Urt. v. 14.03.2012 – VIII ZR 113/11, Rn. 26, juris.

1063 *BGH*, Urt. v. 14.03.2012 – VIII ZR 113/11, Rn. 27 ff., juris.

1064 *BGH*, Urt. v. 23.01.2013 – VIII ZR 80/12, Rn. 36, juris; *BGH*, Urt. v. 15.04.2015 – VIII ZR 59/14, Rn. 32, juris.

1065 *BGH*, Urt. v. 14.03.2012 – VIII ZR 113/11, Rn. 23, juris; *BGH*, Urt. v. 15.04.2015 – VIII ZR 59/14, Rn. 32, juris.

1066 *BGH*, Urt. v. 06.04.2016 – VIII ZR 79/15, Rn. 24, juris.

Die darauffolgende bereicherungsrechtliche Rückabwicklung könne zu erheblichen Nachteilen für den Letztverbraucher führen.[1067]

Der BGH erkennt dabei, dass es sich, sofern man die unwirksame Klausel im Wege der ergänzenden Vertragsauslegung durch eine wirksame Klausel ersetzt, um einen Verstoß gegen das Verbot der geltungserhaltenden Reduktion handelt.[1068] Bei der *Dreijahreslösung* handelt es sich nach Ansicht des BGH nicht um einen Verstoß gegen die geltungserhaltende Reduktion, da die Regelungslücke, die aufgrund der unwirksamen Klausel entstehe, durch Auslegung geschlossen werde.[1069] Dabei erkennt das Gericht auch das europarechtliche Verbot der geltungserhaltenden Reduktion für Verbraucherverträge aus Art. 6 Abs. 1 der RL 93/13/EWG und hält seine Rechtsprechung mit dieser Regelung für vereinbar.[1070]

bb) Kritische Würdigung

Die vom BGH entwickelte *Dreijahreslösung* wird in der Literatur vielfach kritisiert.[1071]

So wird etwa gegen die *Dreijahreslösung* angeführt, dass die Anforderungen an die Redlichkeit zulasten des Letztverbrauchers verschoben werden, da ein redlicher Letztverbraucher von seinem Energieversorger eine rechtskonforme Ausgestaltung der Preisanpassungsklauseln erwarten könne, wenn dieser sein eigens Preisrisiko begrenzen wolle.[1072] Entgegen dem eigentlich beim Energieversorgungsunternehmen zu verortenden Preisrisiko werde so dem Letztverbraucher eine Preisbeanstandungspflicht auferlegt.[1073]

1067 *BGH*, Urt. v. 06.04.2016 – VIII ZR 79/15, Rn. 24, 35 ff., juris.

1068 *BGH*, Urt. v. 14.03.2012 – VIII ZR 113/11, Rn. 24, juris; *BGH*, Urt. v. 03.11.1999 – VIII ZR 269/98, Rn. 40, juris.

1069 *BGH*, Urt. v. 23.01.2013 – VIII ZR 80/12, Rn. 26, juris; *BGH*, Urt. v. 06.04.2016 – VIII ZR 79/15, Rn. 23, juris; a. A.: *Marktert*, Säcker, Anhang A Rn. 22.

1070 *BGH*, Urt. v. 06.04.2016 – VIII ZR 79/15, Rn. 23, juris; *BGH*, Urt. v. 05.10.2016 – VIII ZR 241/15, Rn. 23, juris; *BGH*, Urt. v. 06.07.2022 – VIII ZR 28/21, Rn. 43, juris; *BGH*, Urt. v. 06.07.2022 – VIII ZR 155/21, Rn. 33 ff., a. A.: Markert, Säcker, Anhang A Rn. 27 f.

1071 *Zimmerlin*, ZNER 2013, 252 ff.

1072 *Markert*, Säcker, Anhang A Rn. 21.

1073 Vgl. *Zimmerlin*, ZNER 2013, 252 (253).

Ferner wird der *Dreijahreslösung* entgegengehalten, dass diese es den Energieversorgern ermögliche, ihre Marktmacht auszunutzen und das Äquivalenzverhältnis zulasten des Kunden zu verschieben, insbesondere da der Letztverbraucher unterlassene Preissenkungen nicht rügen könne.[1074] Diesem Argument kann aber zumindest teilweise damit begegnet werden, dass nach der neueren Rechtsprechung des BGH in Zeiten günstigerer Preise, trotz der *Dreijahreslösung*, der günstigere Preis gelten soll.[1075]

Die *Dreijahreslösung* könnte dazu führen, dass Energieversorgungsunternehmen nur noch einen geringen Anreiz haben, den Gebrauch unwirksamer Klauseln zu vermeiden.[1076] Dem steht eine größer werdende Gefahr von Rückforderungen für Preiserhöhungen gegenüber. Eine steigende Anzahl an Beanstandungen ist allein schon deshalb zu erwarten, da die Preiserhöhungen von Energieversorgungsunternehmen immer stärker in den Fokus der Medien und Verbraucherschutzorganisationen geraten. Daher gehen Letztverbraucher, aber insbesondere Verbraucherschutzorganisationen, verstärkt gerichtlich gegen Preiserhöhungen vor.

Auch die Auslegung des BGH, was die Parteien nach einer objektiv-generalisierenden Abwägung der Interessen nach Treu und Glauben redlicherweise vereinbart hätten, wird kritisiert.[1077] Die Aufrechterhaltung der Preisanpassungsmöglichkeit soll dabei nicht dem entsprechen, was die Parteien unter dieser Prämisse vereinbart hätten.[1078] Diesem Kritikpunkt kann allerdings nicht zugestimmt werden. Vielmehr sind beide Vertragsparteien bei Vertragsschluss davon ausgegangen, dass der Anfangspreis nicht über die gesamte Vertragslaufzeit Bestand haben soll.[1079]

Obwohl es sich bei § 306 Abs. 3 BGB um eine grundsätzlich eng auszulegende Ausnahmevorschrift handelt, nimmt der BGH ohne Einzelfallprüfung pauschal eine unzumutbare Härte für den Versorger i. S. d. § 306 Abs. 3 BGB an.[1080]

1074 *Zimmerlin*, ZNER 2013, 252 (253).
1075 Vgl. *BGH*, Urt. v. 06.07.2022 – VIII ZR 28/21, Rn. 48, juris.
1076 Dahingehend etwa *Zimmerlin*, ZNER 2013, 252 (253).
1077 *Zimmerlin*, ZNER 2013, 252 (253 f.).
1078 *Zimmerlin*, ZNER 2013, 252 (253 f.).
1079 So auch: *Büdenbender*, ZIP 2017, 1041 (1052).
1080 *Markert*, ZMR 2023, 681 (682).

Zudem gerät der BGH mit der *Dreijahreslösung* in einen starken Konflikt mit dem Verbot der geltungserhaltenden Reduktion.[1081] Der Argumentation, dass es sich nicht um eine geltungserhaltende Reduktion handele, da der BGH die Preisanpassungsklausel als von Anfang an unwirksam ansehe und nur über den mutmaßlichen Willen der Parteien, also die ergänzende Vertragsauslegung, zur *Dreijahreslösung* gelange, kann nicht gefolgt werden.[1082] Denn letztlich lässt der BGH eine Anwendung der Klausel bei fehlender Beanstandung zu.

Im Ergebnis führt die *Dreijahreslösung* dazu, dass das Energieversorgungsunternehmen einen Anspruch gegen den Letztverbraucher erhält, der eigentlich wegen der Unwirksamkeit der auf die Klausel gestützten Preisanpassungsklauseln nie entstanden ist.[1083] Eine Begrenzung der Rückforderung durch die *Dreijahreslösung* ist überhaupt nicht notwendig, da die Einrede der Verjährung zur Begrenzung der Rückforderungsansprüche gänzlich ausreichend ist.[1084] Der BGH verleiht mit seiner entwickelten *Dreijahreslösung* der ergänzenden Vertragsauslegung eine vertragsändernde Qualität.[1085] Aus dogmatischer Sicht handelt es sich hierbei wohl eher um eine Fallgruppe der Verwirkung und nicht der ergänzenden Vertragsauslegung.[1086]

cc) Verstoß gegen europäisches Recht

Auch die Vereinbarkeit der *Dreijahreslösung* mit Art. 6 Abs. 1 RL 93/13/EWG und dessen Auslegung durch den EuGH werden in Zweifel gezogen.[1087] Nach Art. 6 Abs. 1 RL 93/13/EWG müssen die Mitgliedstaaten vorsehen, dass missbräuchliche Klauseln in Verträgen, die ein Gewerbetreibender mit einem Verbraucher geschlossen hat, für den Verbraucher unverbindlich sind, und Bedingungen hierfür in ihren innerstaatlichen

---

1081 *Völzmann-Stickelbrock*, jurisPK-BGB, § 315 Rn. 141; *Uffmann*, NJW 2012, 2225 (2226 f.); *Zimmerlin*, ZNER 2013, 252; *Markert*, ZMR 2023, 681 (682).

1082 So aber: *Tüngler*, BeckOGK BGB (Stand: 01.03.2025), § 433 Rn. 279.

1083 *Markert*, ZMR 2014, 191 (194).

1084 *Markert*, ZMR 2014, 191 (195).

1085 *Kühne*, NJW 2015, 2546 (2547); vgl. auch: *Büdenbender*, ZIP 2017, 1041 (1052).

1086 Vgl. *Markert*, ZMR 2014, 191 (194).

1087 Vertiefte Auseinandersetzung mit der Rspr. des EuGH: *Graf von Westphalen*, ZIP 2021, 1885 (1887 ff.).

Rechtsvorschriften festlegen. Ferner müssen sie vorsehen, dass der Vertrag für beide Parteien auf derselben Grundlage bindend bleibt, wenn er ohne die missbräuchlichen Klauseln bestehen kann. Da die RL 93/13/EWG nur auf Verbrauchergeschäfte Anwendung findet (Art. 1 Abs. 1 RL 93/13/EWG), beziehen sich die Ausführungen in diesem Abschnitt ebenfalls ausschließlich auf diese.

Nach den Ausführungen des EuGH soll es dem nationalen Gericht nicht möglich sein, den Vertrag durch Abänderung des Inhalts der Klausel anzupassen, wenn es zuvor die Nichtigkeit der Klausel festgestellt hat.[1088] Andernfalls würde die, auch durch Art. 7 RL 93/13/EWG, begründete Abschreckungswirkung für den Klauselverwender unterlaufen.[1089]

Es soll mit Art. 6 Abs. 1 RL 93/13/EWG vereinbar sein, dass ein nationales Gericht bei einem Vertrag, der nach Aufhebung einer missbräuchlichen Klausel nicht fortbestehen kann, die Klausel wegfallen lässt. Dabei darf das Gericht die unwirksame Klausel in Anwendung vertragsrechtlicher Grundsätze durch eine dispositive Vorschrift des nationalen Rechts ersetzen, falls die Ungültigerklärung der missbräuchlichen Klausel das Gericht dazu veranlassen würde, den gesamten Vertrag für nichtig zu erklären, was besonders nachteilige Folgen für den Verbraucher hätte und ihn dadurch schädigen würde.[1090] Aufgrund dieser Argumentation des EuGH geht auch der BGH zur Begründung seiner *Dreijahreslösung* unter anderem davon aus, dass eine bereicherungsrechtliche Rückabwicklung zu erheblichen Nachteilen für den Letztverbraucher führen würde.[1091] Diese Argumentation ist allerdings kaum nachvollziehbar, da auch das Entfallen des Anspruchs im Rahmen der *Dreijahreslösung* einen erheblichen Nachteil für den Letztverbraucher bedeutet.

Ein Schließen der Regelungslücke soll nach Ansicht des EuGH im Einklang mit Art. 6 Abs. 1 RL 93/13/EWG stehen, wenn dieses nicht allein auf

---

[1088] *EuGH*, Urt. v. 25.11.2020 – C-269/19 (Banca B.), Rn. 30, juris.

[1089] *EuGH*, Urt. v. 25.11.2020 – C-269/19 (Banca B.), Rn. 31, juris.

[1090] *EuGH*, Urt. v. 30.04.2014 – C-26/13 (Kásler und Káslerné Rábai), Rn. 80, 83, juris; *EuGH*, Urt. v. 07.08.2018 – C-96/16 und C-94/17 (Banco Santander und Escobedo Cortés), Rn. 74, juris; *EuGH*, Urt. v. 03.10.2019 – C-260/18 (Dziubak), Rn. 48, juris; *EuGH*, Urt. v. 25.11.2020 – C-269/19 (Banca B.), Rn. 32, juris; *EuGH*, Urt. v. 08.09.2022 – C-80/21 bis C-82/21 (Crédit hypothécaire libellé en devises étrangères), Rn. 67, juris.

[1091] Vgl. *BGH*, Urt. v. 06.04.2016 – VIII ZR 79/15, Rn. 24, 35 ff., juris.

der Grundlage von allgemeinen nationalen Vorschriften vorgenommen werden kann, die die in einem Rechtsgeschäft zum Ausdruck gebrachten Wirkungen auch nach den Grundsätzen der Billigkeit oder der Verkehrssitte bestimmen und bei denen es sich weder um dispositive Bestimmungen noch um Vorschriften handelt, die im Falle einer entsprechenden Vereinbarung der Vertragsparteien anwendbar sind.[1092]

Da es sich bei §§ 133, 157 BGB um „allgemeine" Vorschriften des nationalen Rechts handelt, die, wie sich aus § 157 BGB ergibt, auch auf dem Prinzip der Billigkeit und der Verkehrssitte beruhen, scheint der Rückgriff auf die ergänzende Vertragsauslegung im Rahmen des § 306 Abs. 2 BGB eher zweifelhaft.[1093] Wenn schon das dispositive Recht als Ersatz für eine unwirksame Klausel nicht mehr herangezogen werden kann, muss dies auch für die ergänzende Vertragsauslegung gelten.[1094] Denn auch der BGH geht grundsätzlich davon aus, dass die ergänzende Vertragsauslegung ein Teil des dispositiven Rechts ist.[1095]

Mithin ist nach der Rechtsprechung des EuGH eine Verjährungsfrist nur mit dem Effektivitätsgrundsatz vereinbar, wenn der Verbraucher die Möglichkeit hatte, von seinen Rechten Kenntnis zu nehmen, bevor diese Frist zu laufen beginnt oder abgelaufen ist.[1096] Dies spricht ferner dafür, dass die vom BGH geforderte Beanstandung der Preiserhöhung nicht mit Art. 6 Abs. 1 RL 93/13/EWG vereinbar ist.[1097]

[1092] *EuGH*, Urt. v. 03.10.2019 – C-260/18 (Dziubak), Ls. 3, Rn. 57 ff., juris; *EuGH*, Urt. v. 25.11.2020 – C-269/19 (Banca B.), Rn. 35, juris.

[1093] *H. Schmidt*, BeckOK BGB, § 306 Rn. 10 ff.; *Pfeiffer*, Wolf/Lindacher/Pfeifer, Art. 6 RL 93/13 EWG Rn. 10; *Säcker/Mengering*, BB 2013, 1859 (1862); *Graf von Westphalen*, ZIP 2021, 1885 (1892); *Wendehorst/Graf von Westphalen*, EuZW 2021, 229 (238); *Jahn*, VuR 2021, 272 (275); *Markert*, ZMR 2023, 681 (683); a. A.: *Herresthal*, NJW 2021, 589 (590 f.), der davon ausgeht, dass bei der ergänzenden Vertragsauslegung nicht auf § 242 BGB oder die Verkehrssitte abgestellt wird.

[1094] *Graf von Westphalen*, IWRZ 2023, 9 (13).

[1095] *BGH*, Urt. v. 23.01.2013 – VIII ZR 80/12, Rn. 34, juris; *BGH*, Urt. v. 01.06.2022 – VIII ZR 287/20, Rn. 47, juris.

[1096] *EuGH*, Urt. v. 06.10.2009 – C-40/08 (Asturcom Telecomunicaciones), Rn. 46, juris; *EuGH*, Urt. v. 10.06.2021 – C-776/19 bis C-782/19 (BNP Paribas Personal Finance), Rn. 46, juris.

[1097] *H. Schmidt*, BeckOK BGB, § 306 Rn. 7; *Graf von Westphalen*, ZIP 2021, 1885 (1892).

Die durch den EuGH anvisierte Abschreckungswirkung des Klauselverwenders kann nur sinnvoll erreicht werden, wenn das Energieversorgungsunternehmen den Letztverbraucher weiter zum Ausgangspreis beliefern müsste.[1098]

In einer aktuellen Entscheidung geht der EuGH in der Auslegung von Art. 6 Abs. 1 und Art. 7 Abs. 1 der RL 93/13/EWG sogar noch weiter. Er legt die Vorschriften so aus, dass diese nicht mit einer nationalen Rechtsprechung vereinbar sind, nach der das nationale Gericht, bei Feststellung der Nichtigkeit einer Klausel, die nicht zur Nichtigkeit des gesamten Vertrags führt, diese Klausel durch eine dispositive Vorschrift des nationalen Rechts ersetzt.[1099] Auch ein Ersetzen der nichtigen Klausel durch die Auslegung des Willens der Vertragspartner durch das nationale Gericht sei nicht möglich.[1100] Die Besonderheit an dem Sachverhalt dieser Entscheidung ist allerdings, dass der Verbraucher über die Nichtigkeit des Vertrags informiert wurde und diese akzeptiert hat.[1101] Das Urteil verdeutlicht jedoch, dass der EuGH weiterhin an seiner restriktiven Handhabung festhält und durch die Klauselrichtlinie einen maximalen Verbraucherschutz sicherstellen will.[1102]

dd) Prüfung durch das BVerfG

Der BGH geht in seiner Rechtsprechung davon aus, dass die Auslegung der Richtlinienbestimmungen bereits hinreichend durch den EuGH geklärt wurde, weshalb es sich um einen acte éclairé[1103] handele und somit eine Vorlage nach Art. 267 Abs. 3 AEUV beim EuGH nicht notwendig sei.[1104] Aufgrund der verweigerten Vorlage wurde gegen das Urteil des BGH vom 01.06.2022

1098 *Graf von Westphalen*, IWRZ 2023, 9 (14).

1099 *EuGH*, Urt. v. 08.09.2022 – C-80/21 bis C-82/21 (Crédit hypothécaire libellé en devises étrangères), Rn. 69, juris.

1100 *EuGH*, Urt. v. 08.09.2022 – C-80/21 bis C-82/21 (Crédit hypothécaire libellé en devises étrangères), Rn. 84, juris.

1101 Hierzu auch: *Looschelders*, ZIP 2022, 2222 (2224).

1102 Vgl. *Looschelders*, ZIP 2022, 2222 (2224).

1103 Hierbei handelt es sich um eine Ausnahme von der Vorlagepflicht, „wenn die gestellte Frage tatsächlich bereits in einem gleichgelagerten Fall Gegenstand einer Vorabentscheidung gewesen ist“, hierzu mit Nachweisen aus der Rspr.: *Karpenstein*, Grabitz/Hilf/Nettesheim, Art. 267 AEUV Rn. 59.

1104 *BGH*, Urt. v. 05.10.2016 – VIII ZR 241/15, Rn. 26, juris; *BGH*, Urt. v. 01.07.2022 – VIII ZR 287/20, Rn. 33, juris.

(Az.: VIII ZR 287/20) vom unterlegenen Letztverbraucher Verfassungsbeschwerde wegen eines Verstoßes gegen Art. 101 Abs. 1 GG (Recht auf den gesetzlichen Richter) eingelegt. Zu dem Recht auf den gesetzlichen Richter zählt nämlich auch das Verfahren vor dem EuGH nach Art. 267 Abs. 3 AEUV.[1105] Das Verfahren ist zum Bearbeitungszeitpunkt (Stand: 27. Mai 2025) beim BVerfG anhängig.[1106]

ee) Zwischenergebnis

Im Ergebnis lässt sich festhalten, dass eine ergänzende Vertragsauslegung im Rahmen der *Dreijahreslösung* wegen ihrer mangelnden Vereinbarkeit mit Art. 6 Abs. 1 und Art. 7 Abs. 1 der RL 93/13/EWG nur in Betracht gezogen werden kann, wenn sie außerhalb von Verbraucherverträgen angewendet wird.[1107]

Jedoch bestehen auch nach deutschem Recht erhebliche rechtliche und dogmatische Bedenken gegen die *Dreijahreslösung*, insbesondere hinsichtlich der Verschiebung des Risikos für die Verwendung unwirksamer Klauseln und der pauschalen Annahme einer unzumutbaren Härte i. S. d. § 306 Abs. 3 BGB. Daher sollte die Anwendung der *Dreijahreslösung* auch im unternehmerischen Rechtsverkehr kritisch hinterfragt werden.

Zur Klärung der Frage, ob die *Dreijahreslösung* mit dem Europarecht, insbesondere Art. 6 Abs. 1 der RL 93/13/EWG, vereinbar ist, empfiehlt sich dringend eine Vorlage beim EuGH gemäß Art. 267 Abs. 3 AEUV.[1108]

3. Zwischenergebnis

Die ergänzende Vertragsauslegung nach §§ 133, 157 BGB kommt als Grundlage für Preisanpassungen nicht in Betracht. Die Annahme der ergänzenden Vertragsauslegung als Rechtsgrundlage im Rahmen eines Rückforderungsanspruchs nach § 812 Abs. 1 S. 1 1. Var. BGB auf Grundlage der *Dreijahreslösung* ist sowohl bei Verbraucherverträgen als auch im Rechtsverkehr zwischen Unternehmern kritisch zu hinterfragen.

[1105] *BVerfG*, Beschl. v. 14.01.2021 – 1 BvR 2853/19, Rn. 9, juris; *Markert*, ZMR 2023, 681 (685).

[1106] Das Verfahren wird unter dem Az. 2 BvR 1361/22 geführt.

[1107] So auch: *H. Schmidt*, BeckOK BGB, § 306 Rn. 22.

[1108] So auch: *Lindacher/Hau*, Wolf/Lindacher/Pfeiffer, § 306 Rn. 71; *Markert*, ZMR 2014, 191 (194); *Wendehorst/Graf von Westphalen*, EuZW 2021, 229 (238).

IV. Gesetzliche Anpassungsmöglichkeiten

Sofern die Parteien vertraglich keine Regelung zur Vertragsanpassung getroffen haben, kommen lediglich gesetzliche Anpassungsmöglichkeiten in Betracht. Innerhalb dieses Abschnittes sollen dafür Anpassungsmöglichkeiten auf Grundlage der Störung der Geschäftsgrundlage nach § 313 BGB, aus vertraglicher Nebenpflicht i. S. d. § 241 Abs. 2 BGB, einem Leistungsverweigerungsrecht aus § 275 Abs. 2 BGB, nach dem Grundsatz von Treu und Glauben aus § 242 BGB und dem Handelsrecht untersucht werden.

1. Störung der Geschäftsgrundlage

Zunächst soll die Preisanpassungsmöglichkeit auf Grundlage der Störung der Geschäftsgrundlage nach § 313 BGB eingegangen werden. Dieses Rechtsinstitut bildet anerkanntermaßen eine gesetzliche Möglichkeit zur Durchbrechung des Grundsatzes *pacta sunt servanda*. Nach Absatz 1 der Vorschrift steht einer Vertragspartei ein Anpassungsrecht zu, wenn sich Umstände, die zur Grundlage des Vertrags geworden sind, nach Vertragsschluss schwerwiegend verändert haben und die Parteien den Vertrag nicht oder mit anderem Inhalt geschlossen hätten, wenn sie diese Veränderung vorausgesehen hätten, soweit einem Teil unter Berücksichtigung aller Umstände des Einzelfalls, insbesondere der vertraglichen oder gesetzlichen Risikoverteilung, das Festhalten am unveränderten Vertrag nicht zugemutet werden kann.

§ 313 BGB wurde im Rahmen der Schuldrechtsreform im Jahr 2002 in das BGB aufgenommen. Die Störung der Geschäftsgrundlage blickt dabei aber auf eine umfassende Historie zurück und wurde zuvor von der Rechtsprechung auf § 242 BGB gestützt.[1109] Durch die Kodifizierung innerhalb des BGB sollten nach dem Willen des Gesetzgebers die vormals von der Rechtsprechung entwickelten Leitlinien in allgemeiner Form gesetzlich verankert werden.[1110] Die weitere Konkretisierung bezüglich der praktischen Anwendung soll der Rechtsprechung überlassen bleiben.[1111] Da mit der gesetzlichen Verankerung der Störung der Geschäftsgrundlage in § 313 BGB nur eine Verankerung der Rechtsprechung in allgemeiner Form erfolgen sollte,

---

1109 Vgl. RG, Urt. v. 03.02.1922 – II 640/21 –, RGZ 103, 328 (332).
1110 BT-Drs. 14/6040, 93.
1111 BT-Drs. 14/6040, 93.

muss auch die bis dahin ergangene Rechtsprechung bei der Auslegung und Anwendung weiter berücksichtigt werden.[1112]

a) Anwendungsbereich

Bei der Anwendung des § 313 BGB ist zu beachten, dass die Anwendung der Störung der Geschäftsgrundlage strengeren Voraussetzungen als die Anwendung von Preisanpassungsklauseln unterliegen muss, da die Parteien durch den Verzicht auf eine Anpassungsklausel gerade nicht zum Ausdruck gebracht haben, dass eine Anpassung grundsätzlich ihrem subjektiven Willen entspricht.[1113]

Eine einseitige Anpassung auf Grundlage der Grundsätze zur Störung der Geschäftsgrundlage kommt bei Energielieferverträgen speziell bei Äquivalenzstörungen oder Leistungserschwernissen in Betracht. Eine Äquivalenzstörung kann sich etwa aus gestiegenen Energiebeschaffungskosten in Folge von gestiegenen Grenzkosten, Inflation oder sonstigen allgemeinen Kostensteigerungen ergeben. In Abgrenzung dazu liegt eine Leistungserschwerung vor, wenn nach Vertragsschluss Umstände, z. B. Beschaffungshindernisse, eintreten, die es einer Partei erschweren, die von ihr geschuldete Leistung zu erbringen.[1114] Ein aktuelles Beispiel für eine Leistungserschwerung wären die ausbleibenden Lieferungen von russischem Erdgas. Auf diese ist nicht vorrangig § 275 Abs. 2 BGB anzuwenden, da mit den steigenden Beschaffungskosten des Energieversorgungsunternehmens gleichzeitig das Leistungsinteresse des Letztverbrauchers steigt. Das für die Anwendung des § 275 Abs. 2 BGB notwendige grobe Missverhältnis liegt deshalb in diesen Fällen grundsätzlich nicht vor.[1115] Sowohl die Äquivalenzstörung als auch die Leistungserschwerung hat der Gesetzgeber bei der Einführung des § 313 BGB bedacht.[1116]

aa) Vorrang speziellerer Regelungen

Bei der Anpassung nach § 313 Abs. 1 BGB handelt es sich um eine allgemeine Vorschrift, sodass eine Anwendung ausscheidet, soweit der Gesetzgeber dem

[1112] So auch: *Medicus/Lorenz*, Schuldrecht AT, § 42 Rn. 5; *Stadler*, Jauernig, § 313 Rn. 1.
[1113] *Säcker*, Freiheit durch Recht, 97 (106).
[1114] BT-Drs. 14/6040, 174.
[1115] Vgl. *Weiler*, Schuldrecht AT, § 13 Rn. 29.
[1116] BT-Drs. 14/6040, 174.

Risiko einer möglichen Störung des Vertragsverhältnisses mit einer spezialgesetzlichen Norm begegnet ist. Hat der Gesetzgeber eine speziellere Norm geschaffen, ist davon auszugehen, dass dieser in den dort geregelten Fällen selbst für einen angemessenen Interessenausgleich sorgen wollte.[1117] Zudem bringt der Gesetzgeber dadurch zum Ausdruck, dass eine Anpassung nur unter den Voraussetzungen der spezielleren Norm erfolgen soll.[1118] Dies ist Ausfluss des im deutschen Recht verankerten Lex-specialis-Grundsatzes, nachdem die spezielleren Normen grundsätzlich den allgemeinen Vorschriften vorgehen.

Eine Anwendung des § 313 BGB scheidet auch aus, wenn die Parteien bereits eine speziellere Klausel im Energieliefervertrag vereinbart haben.[1119]

(1) Ausschluss durch Vorschriften aus dem EnSiG

Gesetzlich könnte im Bereich der Energielieferverträge eine Anwendbarkeit der Störung der Geschäftsgrundlage aufgrund speziellerer Vorschriften des EnSiG ausgeschlossen sein. Als Reaktion auf die verminderten russischen Gasimporte und als Reaktionsmöglichkeit auf eine drohende Gasmangellage hat der Gesetzgeber mit dem „Gesetz zur Änderung des Energiesicherungsgesetzes 1975 und anderer energiewirtschaftlicher Vorschriften“[1120] mit dem neuen § 24 EnSiG eine Möglichkeit der einseitigen Preisanpassung bei verminderten Gasimporten geschaffen. Hierbei enthält § 24 Abs. 1 S. 3 EnSiG ein gesetzliches Preisanpassungsrecht für Energieversorgungsunternehmen im Rahmen der Belieferung mit Erdgas, wenn die Alarm- oder Notfallstufe durch das BMWK ausgerufen wurde und die BNetzA eine erhebliche Reduzierung der Gasimportmengen nach Deutschland festgestellt hat. In der Rechtsfolge erhalten alle betroffenen Energieversorgungsunternehmen das Recht, ihre Gaspreise ihren Kunden gegenüber auf ein angemessenes Niveau anzupassen, § 24 Abs. 1 S. 3 EnSiG. Dem klaren Wortlaut nach bezieht sich die Vorschrift nur auf die Belieferung mit Erdgas.

[1117] *BGH*, Urt. v. 04.05.2022 – XII ZR 64/21, Rn. 34, juris; *OLG Düsseldorf*, Urt. v. 23.03.2023 – I-20 U 318/22, Rn. 53, juris; *Martens*, BeckOGK BGB (Stand: 01.02.2025), § 313 Rn. 167.

[1118] *OLG Düsseldorf*, Urt. v. 23.03.2023 – I-20 U 318/22, Rn. 53, juris.

[1119] *BGH*, Beschl. v. 23.03.2011 – VII ZR 216/08, Rn. 6, juris; *BGH*, Urt. v. 23.01.2013 – VIII ZR 47/12, Rn. 16, juris; *Finkenauer*, MüKo BGB, § 313 Rn. 52; *Böttcher*, *Erman*, § 313 Rn. 33.

[1120] BGBl. I 2022 S. 730.

(a) Vorrang des § 24 Abs. 1 EnSiG

Fraglich ist, ob der Lex-specialis-Grundsatz die Anwendung des § 313 BGB als allgemeine Vorschrift neben dem § 24 EnSiG ausschließt. So hat etwa das OLG Düsseldorf angenommen, dass eine Anwendung von § 313 BGB zur Bewältigung der „Gaskrise" und deren Folgen auf dem Strommarkt nicht in Betracht komme.[1121] Nach Ansicht des Gerichts habe der Gesetzgeber mit dem „Gesetz zur Änderung des Energiesicherungsgesetzes 1975 und anderer energiewirtschaftlicher Vorschriften"[1122], dem „Gesetz zur Bereithaltung von Ersatzkraftwerken zur Reduzierung des Gasverbrauchs im Stromsektor im Falle einer drohenden Gasmangellage durch Änderung des Energiewirtschaftsgesetzes und weiterer energiewirtschaftlicher Vorschriften"[1123] und den daraus folgenden Änderungen der §§ 13, 17 bis 24, 26 und 29 EnSiG spezial-gesetzliche Regelungen zum Umgang mit verminderten Gasimporten geschaffen.[1124] Knüpfe der Gesetzgeber die Feststellung der Voraussetzungen eines Preisanpassungsrechts bewusst an Feststellungen der zuständigen Behörde, könne der § 24 EnSiG bei Fehlen der Feststellungen nicht durch eine Anwendung des § 313 BGB umgangen werden.[1125]

Das Gericht begründet seine Entscheidung unter anderem damit, dass das Preisanpassungsrecht aus § 24 Abs. 1 S. 3 EnSiG an einen Verwaltungsakt anknüpfe und eine Überprüfung in positiver und negativer Hinsicht durch die Zivilgerichte schon dem Grunde nach ausgeschlossen sei.[1126] Wäre eine Anwendung des § 313 BGB weiterhin möglich, wären die Vorschrift und die Systematik von Informations- und Gegenrechten aus § 24 Abs. 2 und 3 EnSiG „überflüssig".[1127] Der Gesetzgeber habe durch diese Vorschriften gezeigt, dass ein Preisanpassungsrecht im Rahmen der Gasmangellage und der dadurch bedingten Preissteigerungen auf dem Gas- und Strommarkt nur unter ganz bestimmten Bedingungen bestehen soll.[1128]

1121 *OLG Düsseldorf*, Urt. v. 23.03.2023 – I-20 U 318/22, Rn. 54, juris.
1122 BGBl. I 2022 S. 730.
1123 BGBl. I 2022 S. 1054.
1124 *OLG Düsseldorf*, Urt. v. 23.03.2023 – I-20 U 318/22, Rn. 56, 58, juris.
1125 *OLG Düsseldorf*, Urt. v. 23.03.2023 – I-20 U 318/22, Rn. 57, juris.
1126 *OLG Düsseldorf*, Urt. v. 23.03.2023 – I-20 U 318/22, Rn. 57, juris.
1127 *OLG Düsseldorf*, Urt. v. 23.03.2023 – I-20 U 318/22, Rn. 57, juris.
1128 *OLG Düsseldorf*, Urt. v. 23.03.2023 – I-20 U 318/22, Rn. 58, juris.

(b) Kein Vorrang des § 24 EnSiG

Andererseits lässt sich vertreten, dass die Regelung in § 24 Abs. 1 S. 3 EnSiG den § 313 BGB nicht verdrängen soll, sondern vielmehr eine Anwendbarkeit der Vorschriften nebeneinander in Betracht kommt.

(aa) Wille des Gesetzgebers

Eine eindeutige Aussage zu dem Verhältnis zwischen § 313 BGB und § 24 EnSiG findet sich weder im Gesetz noch in der Gesetzesbegründung.

Aufschluss könnte allerdings die Gesetzesbegründung zu § 25 Abs. 1 S. 2 EnSiG geben. In dieser Vorschrift ist eine Anzeigepflicht bei der BNetzA bei Preisanpassungen geregelt. Die Gesetzesbegründung zu § 25 Abs. 1 S. 2 EnSiG geht bezüglich der Anzeigepflicht davon aus, dass Preisanpassungen auf Grundlage des Rechts nach § 24 Abs. 1 S. 1 EnSiG, eines vertraglichen Rechts oder auf Grundlage sonstiger Rechtsgrundlagen erfolgen können.[1129] Daraus könnte die Schlussfolgerung gezogen werden, dass der Gesetzgeber die Möglichkeit anderer gesetzlicher Anpassungsmöglichkeiten gesehen hat und prinzipiell von einer Anwendbarkeit neben dem § 24 Abs. 1 S. 3 EnSiG ausgegangen ist.[1130]

Dass der Gesetzgeber explizit den § 313 BGB als sonstige Rechtsgrundlage bedacht hat, lässt sich der Gesetzesbegründung nicht zweifelsfrei entnehmen.[1131] So wird als Gegenargument angeführt, dass der § 313 BGB an dieser Stelle nicht gemeint sein könne, da es sich um einen Anspruch auf Vertragsanpassung und eben kein (einseitiges) Preisanpassungsrecht handle.[1132]

(bb) Telos der Vorschrift

Ausweislich der Gesetzesmaterialien soll mit § 24 Abs. 1 EnSiG ein außerordentliches gesetzliches Preisanpassungsrecht entlang der gesamten Lieferkette für die Fälle geschaffen werden, in denen Gaslieferungen nach Deutschland ausbleiben oder drastisch verkürzt werden und daher drastische Preissteigerungen auftreten.[1133] Primär soll die Möglichkeit der Weitergabe

---

[1129] BT-Drs. 20/1766, 19.
[1130] So auch: *Glasmacher*, BeckOK EnSiG, § 24 Rn. 82.
[1131] So auch: *Glasmacher*, BeckOK EnSiG, § 24 Rn. 82.
[1132] *Glasmacher*, BeckOK EnSiG, Rn. 82.
[1133] BT-Drs. 20/1501, 38.

der Preissteigerungen nach § 24 Abs. 1 EnSiG eine mögliche Insolvenz von Energieversorgungsunternehmen verhindern.[1134] Nach Sinn und Zweck des § 24 EnSiG soll die Versorgungssicherheit mit Gas in Deutschland insgesamt aufrechterhalten werden.[1135] Dabei dient § 24 EnSiG nicht dem Zweck, ein durch die Krise unausgeglichenes Äquivalenzverhältnis wieder in den Ausgleich zu bringen,, sondern die gesamtgesellschaftliche Ausgewogenheit bei der Gasversorgung herzustellen.[1136] Das Telos des § 24 EnSiG spricht damit nicht für einen Ausschluss des § 313 BGB.

(cc) Vergleich mit dem Telos des § 313 BGB

Daneben verfolgt der § 313 BGB den Sinn und Zweck, dass im Falle wesentlicher Vertragsstörungen ein Ausgleich zwischen dem Bestands- und Erfüllungsinteresse der einen Partei und dem Anpassungs- oder Beendigungsinteresse der anderen Partei geschaffen wird.[1137] Dies beabsichtigt § 24 Abs. 1 S. 3 EnSiG jedoch gerade nicht. § 313 BGB und § 24 EnSiG verfolgen zwei verschiedene Regelungszwecke, was weiter dafür spricht, dass § 24 EnSiG keine speziellere Norm zu § 313 BGB darstellen soll.[1138] Vielmehr handelt es sich um ein Parallelverhältnis zweier Normen mit unterschiedlichen Regelungszielen.

(dd) Fehlen einer Gasmangellage

Ferner spricht für eine Anwendbarkeit der Vorschriften nebeneinander, dass die Tatbestandsvoraussetzungen bei einer nicht erfolgten Feststellung einer Gasmangellage nicht vorliegen und deshalb mangels Normenkollision eine Lösung nach dem Lex-specialis-Grundsatz nicht in Betracht kommt.[1139] Liegt nämlich ein Anwendungsbereich außerhalb der spezialgesetzlichen Regelung vor, bleibt die Störung der Geschäftsgrundlage weiterhin anwendbar.[1140]

[1134] BT-Drs. 20/1501, 38.

[1135] *Säcker/von Werder*, NundR 2022, 274 (277).

[1136] *Säcker/von Werder*, NundR 2022, 274 (278).

[1137] *Lorenz*, BeckOK BGB, § 313 Rn. 1; *Finkenauer*, MüKo BGB, § 313 Rn. 1.

[1138] *Thole/Schlesinger*, IR 2023, 180 (181).

[1139] *Thole/Schlesinger*, IR 2023, 180 (181); *Kalle/Borgards/Schubert*, JA 2024, 8 (14); a. A.: *Glasmacher*, BeckOK EnSIG, Rn. 82.

[1140] *BGH*, Beschl. v. 12.12.1963 – V BLw 32/63, Rn. 11, juris; *BGH*, Urt. v. 03.02.2010 – XII ZR 189/06, Rn. 27, juris; *Martens*, BeckOGK BGB (Stand: 01.02.2025), § 313 Rn. 166; *Lorenz*, BeckOK BGB, § 313 Rn. 13.

(ee) Zwischenergebnis

So bleibt der § 313 BGB jedenfalls weiterhin anwendbar, bis die Voraussetzungen des § 24 Abs. 1 EnSiG vorliegen.[1141]

Zudem kommt auch bei dem Vorliegen der Voraussetzungen des § 24 Abs. 1 EnSiG eine Anwendung des § 313 BGB weiter in Betracht. Dafür sprechen insbesondere die verschiedenen Regelungszwecke. Im Ergebnis verdrängt der § 24 Abs. 1 EnSiG den § 313 BGB nicht.

(2) Ausschluss durch Vertragsklauseln

Haben die Parteien innerhalb des Vertrags bereits Regelungen zur Anpassung des Preises getroffen, kommt eine Anwendung des § 313 BGB grundsätzlich nicht in Betracht.[1142] Dies gilt auch, sofern eine Partei das relevante Risiko vertraglich übernommen hat.[1143]

Ist die Sonderregelung nicht abschließend oder deren Anwendungsbereich nicht eröffnet, bleibt eine Anwendung des § 313 BGB weiterhin möglich.[1144] Dies ist im Rahmen der Auslegung nach den §§ 133, 157 BGB zu ermitteln.[1145] Der (ergänzenden) Vertragsauslegung kommt stets ein Vorrang vor einer Anwendung der Störung der Geschäftsgrundlage zu.[1146] Eine Lösung durch die ergänzende Vertragsauslegung soll dann den Vorrang erhalten, wenn sich ein hypothetischer Wille der Vertragsparteien ermitteln lässt.[1147]

Die Anwendbarkeit des § 313 BGB selbst steht nicht zur Disposition der Vertragsparteien.[1148]

1141 *Dietzel*, IR 2022, 306 (307).

1142 *BGH*, Beschl. v. 23.03.2011 – VII ZR 216/08, Rn. 6, juris; *BGH*, Urt. v. 23.01.2013 – VIII ZR 47/12, Rn. 16, juris; *Finkenauer*, MüKo BGB, § 313 Rn. 52; *Böttcher*, Erman, § 313 Rn. 33.

1143 *BGH*, Urt. v. 30.04.2009 – I ZR 42/07, Rn. 71, juris; *Martens*, BeckOGK BGB (Stand: 01.02.2025), § 313 Rn. 61.

1144 *BGH*, Urt. v. 04.05.2022 – XII ZR 64/21, Rn. 34, juris; *Finkenauer*, MüKo BGB, § 313 Rn. 140; *Martens*, BeckOGK BGB (Stand: 01.02.2025), § 313 Rn. 166.

1145 *Stefanie Jung*, Dauner-Lieb/Langen, § 313 Rn. 19.

1146 *BGH*, Urt. v. 03.07.1981 – V ZR 100/80, Rn. 35, juris.

1147 *Pfeiffer*, jurisPK-BGB, § 313 Rn. 53.

1148 *Martens*, BeckOGK BGB (Stand: 01.02.2025), § 313 Rn. 47; *Pfeiffer*, jurisPK-BGB, § 313 Rn. 44.

b) Tatbestandsvoraussetzungen

Eine Anwendung der Störung der Geschäftsgrundlage zur einseitigen Preisanpassung würde in Betracht kommen, wenn die Vorstellung der Parteien, dass das Äquivalenzverhältnis in einem Gleichgewicht bleibt, zur Geschäftsgrundlage zählt, diese Geschäftsgrundlage sich aber nachträglich schwerwiegend verändert hat, die Parteien den Vertrag deshalb nicht oder mit anderem Inhalt geschlossen hätten und ein Festhalten am Vertrag für eine der Parteien nicht mehr zumutbar ist, vgl. § 313 Abs. 1 BGB.

aa) Geschäftsgrundlage

Zunächst setzt § 313 Abs. 1 BGB voraus, dass es sich um Umstände handelt, die zur Grundlage des Vertrags geworden sind, sog. Geschäftsgrundlage. Diese Umstände dürfen nicht Vertragsinhalt geworden sein, da eine Lösung sonst über die (ergänzende) Vertragsauslegung erfolgen muss.[1149] Ist nämlich die Bestimmung einer Rechtsfolge, die den Interessen der Vertragsparteien Rechnung trägt, bereits innerhalb der Vertragsauslegung möglich, ist für eine Anwendung der Störung der Geschäftsgrundlage kein Raum mehr.[1150]

Der BGH bestimmt die Geschäftsgrundlage eines Vertrags als die bei Vertragsschluss bestehenden gemeinsamen Vorstellungen der Parteien, oder die dem Geschäftsgegner erkennbaren und von ihm nicht beanstandeten Vorstellungen der einen Vertragspartei vom Vorhandensein oder dem zukünftigen Eintritt gewisser Umstände, sofern der Geschäftswille der Parteien auf dieser Vorstellung aufbaut (subjektive Geschäftsgrundlage).[1151] Daneben ist von § 313 BGB auch die objektive Geschäftsgrundlage erfasst.[1152] Zur objektiven Geschäftsgrundlage zählen diejenigen Umstände, deren Vorhandensein und Fortdauer objektiv erforderlich sind, damit der Vertrag gemäß den Vorstellungen der Parteien auch weiterhin als sinnvolle, ein Ordnungselement zwischen den Parteien darstellende Regelung, bestehen bleibt.[1153] Absatz 1 stellt dem Wortlaut nach auf objektive Umstände ab, während subjektive Umstände „wesentliche Vorstellungen" von Absatz 2 erfasst werden.

1149 *Brox/Walker*, Schuldrecht AT, § 27 Rn. 6; *Weiler*, Schuldrecht AT, § 23 Rn. 6.
1150 *Finkenauer*, MüKo BGB, § 313 Rn. 145.
1151 *BGH*, Urt. v. 14.10.1992 – VIII ZR 91/91, Rn. 29, juris; *BGH*, Urt. v. 01.02.2012 – VIII ZR 307/10, Rn. 26, juris; *BGH*, Urt. v. 12.01.2022 – XII ZR 8/21, Rn. 44, juris.
1152 *Böttcher*, Erman BGB, § 313 Rn. 7.
1153 *Böttcher*, Erman BGB, § 313 Rn. 8.

Im Rahmen der jeweils bestimmten Geschäftsgrundlage kann weiter eine Unterscheidung zwischen der „großen“ und „kleinen“ Geschäftsgrundlage erfolgen. Die große Geschäftsgrundlage betrifft die Erwartung der Parteien, dass sich die grundlegenden politischen, wirtschaftlichen und sozialen Rahmenbedingungen nicht etwa durch Revolution, Krieg, Vertreibung, Hyperinflation oder eine (Natur-)Katastrophe ändern und die Sozialexistenz erschüttert wird.[1154] Ein Fall der kleinen Geschäftsgrundlage liegt vor, wenn nur die den jeweiligen Vertrag betreffenden Umstände betroffen sind.[1155] Zu den die kleine Geschäftsgrundlage betreffenden Faktoren zählen unter anderem Beschaffungshindernisse durch Krisen im Land des Lieferanten oder eine Leistungserschwerung durch die Insolvenz eines Herstellers.[1156]

Damit ein Umstand überhaupt zur Geschäftsgrundlage wird, muss dieser von mindestens einer Partei bei Vertragsschluss als wesentlich vorausgesetzt worden sein und die andere Partei hätte sich auf die Berücksichtigung dieses Umstandes redlicherweise einlassen müssen.[1157] Notwendig ist dabei, dass der Geschäftswille der Parteien auf diesem Umstand aufbaut.[1158] Bei gegenseitigen Verträgen zählt die Vorstellung, dass Leistung und Gegenleistung in einem Äquivalent bleiben zur Geschäftsgrundlage.[1159] Zunächst sollen die Auswirkungen von Ereignissen innerhalb und außerhalb von Krisen auf die Geschäftsgrundlage betrachtet werden.

(1) Krisen

Innerhalb von Krisen kann es zu drastischen Veränderungen der politischen, wirtschaftlichen und sozialen Rahmenbedingungen kommen. Angesichts dessen ist dort zumeist die große Geschäftsgrundlage betroffen.[1160] Für eine genauere Beurteilung sollen die Auswirkungen von Krisen auf die

---

[1154] BT-Drs. 14/6040, 174; *BGH*, Urt. v. 12.01.2022 – XII ZR 8/21, Rn. 45, juris.

[1155] BT-Drs. 14/6040, 174; *Finkenauer*, MüKo BGB, § 313 Rn. 17.

[1156] *Brox/Walker*, Schuldrecht AT, § 27 Rn. 4.

[1157] *Brox/Walker*, Schuldrecht AT, § 27 Rn. 5.

[1158] *BGH*, Urt. v. 28.04.2005 – III ZR 351/04, Rn. 26, juris.

[1159] *BGH*, Urt. v. 08.02.1978 – VIII ZR 221/76, Rn. 13, juris; *BGH*, Urt. v. 23.05.2014 – V ZR 208/12, Rn. 18, juris; *Eick*, Vertragsrisiken von gesellschaftlicher Tragweite, 205; vgl. auch: BT-Drs. 14/6040, 174.

[1160] Zur COVID-19-Pandemie: *BGH*, Urt. v. 12.01.2022 – XII ZR 8/21, Rn. 45, juris; *Rauch*, ER 2022, 183 (186); *Weller/Lieberknecht/Habrich*, NJW 2020, 1917 (1021).

Geschäftsgrundlage anhand der COVID-19-Pandemie und des Ukraine-Kriegs betrachtet werden.

(a) COVID-19-Pandemie

Im Zuge der COVID-19-Pandemie führten die Ansteckungsrisiken und die anfängliche Unsicherheit über die gesundheitlichen Auswirkungen des Virus zu gesetzgeberischen Maßnahmen, die erhebliche Einschränkungen für Wirtschaft und Gesellschaft mit sich brachten und tiefgreifende Veränderungen erforderlich machten.[1161] Dabei waren die Maßnahmen zur Eindämmung der COVID-19-Pandemie von einiger Dauer. Sie betrafen nicht nur das gesamte Bundesgebiet, sondern die ganze Welt.[1162] Die COVID-19-Pandemie hat damit in die große Geschäftsgrundlage eingegriffen.[1163]

(b) Ukraine-Krieg

Der russische Einmarsch in die Ukraine führte zu einer angespannten Lage in der Weltpolitik. Auch die bilaterale Beziehung zwischen Deutschland und Russland verschlechterte sich derart, dass es zu einer drastischen Verringerung der Gasimporte aus Russland kam. Infolgedessen wurden weitreichende politische Entscheidungen bezüglich der Gasbeschaffung getroffen. Hinzukommt, dass auf Ebene der EU verschiedene Sanktionspakete verabschiedet wurden, die einen Handel mit Russland, genauer gesagt mit russischen Unternehmen, nahezu verbieten. Es handelt sich damit auch bei den Preisexplosionen infolge des russischen Angriffskriegs nicht lediglich um eine Äquivalenzstörung, die die kleine Geschäftsgrundlage betreffen würde.[1164] Diese wäre betroffen, wenn man die Gasmangellage einzig als Beschaffungshindernis sehen würde. In der Gesamtbetrachtung ist die Gasmangellage mehr als ein einzelnes Beschaffungshindernis, wie es etwa durch eine Krise im Land des Lieferanten oder eine Insolvenz des Herstellers ausgelöst werden kann.[1165] Vielmehr handelt es sich um eine gesamtpolitische

---

[1161] Zu den mittelbaren Auswirkungen der COVID-19-Pandemie auch: *Jung*, JZ 2020, 715 (716); *Finkenauer*, MüKo BGB, § 313 Rn. 328 ff.

[1162] *Jung*, JZ 2020, 715 (716 f.).

[1163] *OLG München*, Urt. v. 17.02.2021 – 32 U 6358/20, Rn. 20, juris; *Jordans/Rösler*, ZIP 2024, 1816 (1817).

[1164] So aber: *Dietzel*, IR 2022, 306 (307).

[1165] Zu den Beispielen: *Brox/Walker*, Schuldrecht AT, § 27 Rn. 4.

und wirtschaftliche Entscheidung. Zunächst wurde von russischer Seite entschieden, kein Gas mehr zu liefern. Darauf erfolgte die Entscheidung der Bundesregierung, kein russisches Erdgas mehr zu beziehen. Aufgrund der Leitungsgebundenheit von Erdgas kann der Lieferant nicht einfach ausgetauscht werden, sondern es muss zunächst einmal überhaupt die notwendige Infrastruktur geschaffen werden. Im Ergebnis ist also auch hier die große Geschäftsgrundlage betroffen.[1166]

(c) Zwischenergebnis

Sowohl in Bezug auf die COVID-19-Pandemie als auch die Auswirkungen des Ukraine-Kriegs sind die Parteien bei Vertragsschluss grundsätzlich davon ausgegangen, dass keine Krise und damit auch keine durch diese ausgelösten extremen Preisschwankungen eintreten werden. Die Parteien werden es meist als selbstverständlich annehmen, dass die Preisstabilität insbesondere nicht durch Kriege, Naturkatastrophen oder Pandemien erschüttert wird.[1167] Lediglich marktübliche Preisschwankungen werden von den Parteien angenommen worden sein.

(2) Außerhalb von Krisen

Bereits die Darstellung zur Funktionsweise des Energiehandels zu Beginn dieser Arbeit hat aufgezeigt, dass es zu Schwankungen des Energiepreises nicht zwingend einer Krise bedarf. Vielmehr unterliegen die Beschaffungspreise des Energieversorgungsunternehmens konstant Schwankungen. Im Rahmen von Dauerschuldverhältnissen ist es aufgrund der längeren Laufzeit nicht unüblich, dass sich das Äquivalenzverhältnis über die Vertragslaufzeit verändert, sodass die Regelungen des § 313 BGB hier nur in Ausnahmefällen Anwendung finden können.[1168] Die Volatilität der Energiepreise wird den Parteien bei Vertragsschluss bewusst sein, sodass es bei längerfristigen Lieferverhältnissen grundsätzlich den Erwartungen der Vertragsparteien entspricht, dass die Beschaffungskosten im Rahmen des üblichen

---

[1166] So wohl auch: *Mann/Waschkowsiki*, BB 2022, 1283 (1286); kritisch zur Einordung in die große oder kleine Geschäftsgrundlage: *Eick*, Vertragsrisiken von gesellschaftlicher Tragweite, 203 f.

[1167] *Schwarze*, Recht der Leistungsstörungen, § 6 Rn. 4, 11.

[1168] *Böttcher*, Erman, § 313 Rn. 2.

Marktgeschehens schwanken. Würde man also als Geschäftsgrundlage ansehen, dass die gemeinsame Vorstellung der Parteien darin liegt, dass das Äquivalenzverhältnis während der Vertragsdauer unverändert bleibt, würde die Realität verkannt werden. Vielmehr kann eine Anwendung der Störung der Geschäftsgrundlage außerhalb von Krisen nur bei außergewöhnlichen Preisschwankungen in Betracht kommen.[1169]

(3) Zwischenergebnis

Im Ergebnis ist also festzuhalten, dass es bei der Bestimmung, ob die Veränderung des Äquivalenzverhältnisses als Teil der Geschäftsgrundlage gilt, maßgeblich auf das Ausmaß und den Grund der Preisschwankungen ankommt. Bei Krisen wird dies grundsätzlich der Fall sein, da hier Umstände hinzutreten, die die Parteien bei Vertragsschluss nicht bedacht haben. Außerhalb von Krisen sind wohl nur besonders außergewöhnliche Preisschwankungen erfasst.

bb) Reales Element

Weiter ist es ausweislich des Wortlauts des § 313 Abs. 1 BGB notwendig, dass sich Teile der Geschäftsgrundlage nachträglich schwerwiegend geändert haben (reales Element). Zur Feststellung des realen Elements kommt es darauf an, ob die Realität von den Vorstellungen und Erwartungen, die Teil der Geschäftsgrundlage geworden sind, abweicht.[1170] Umstände, die schon bei Vertragsschluss vorlagen und den Parteien bekannt waren, sind nicht erfasst.[1171]

Durch die Voraussetzung der schwerwiegenden Veränderung wird bereits am Wortlaut deutlich, dass die Veränderung eine gewisse Erheblichkeitsschwelle überschreiten muss. Diese Erheblichkeitsschwelle ist ein Ausfluss des Grundsatzes *pacta sunt servanda*.[1172] Würde eine Anwendung der Störung der Geschäftsgrundlage bei jeder geringfügigen Änderung oder Abweichung von den Parteivorstellungen in Betracht kommen, wäre die Verlässlichkeit von Verträgen zum Nachteil der Rechtssicherheit bedroht.[1173] Gewöhnliche

---

[1169] Vgl. *Schwarze*, Recht der Leistungsstörungen, § 6 Rn. 11.
[1170] *Schwarze*, Recht der Leistungsstörungen, § 6 Rn. 17.
[1171] *Lorenz*, BeckOK BGB, § 313 Rn. 25.
[1172] *Böttcher*, Ermann, § 313 Rn. 16, 22; *Mann/Waschkowski*, BB 2022, 1283 (1286).
[1173] *Finkenauer*, MüKo BGB, § 313 Rn. 58; *Böttcher*, Ermann, § 313 Rn. 16.

Veränderungen liegen im Risikobereich der betroffenen Partei, da jede Partei prinzipiell die aus dem Vertrag ersichtlichen Risiken selbst tragen muss.[1174]

Die Beurteilung einer schwerwiegenden Veränderung erfolgt nach den Umständen des Einzelfalls und den Auswirkungen auf die vertraglichen Pflichten, insbesondere des Äquivalenzverhältnisses von Leistung und Gegenleistung.[1175] Ein Anpassungsverlangen bei Äquivalenzstörungen soll dann die Erheblichkeitsschwelle überschreiten, wenn das ursprüngliche Äquivalenzverhältnis so stark gestört ist, dass die Grenze des übernommenen Risikos überschritten ist und die Interessen der benachteiligten Partei in der getroffenen Vereinbarung auch nicht mehr annähernd gewahrt werden.[1176] Ein Zurückgreifen auf Richtwerte zur Bestimmung der Erheblichkeitsschwelle kann hier nicht erfolgen, da sie die Umstände des Einzelfalls unberücksichtigt lassen würden.[1177] Bei Dauerschuldverhältnissen muss auch die voraussichtliche Dauer der Änderung betrachtet werden.[1178]

Im Gegensatz zum Rücktrittsrecht gemäß § 323 BGB ist die Störung der Geschäftsgrundlage ein seltenerer Fall, der eine stärkere Begründung erfordert, sodass auch hier ein Rückgriff auf die Grundsätze zu § 323 Abs. 5 S. 2 BGB zur Bestimmung der Erheblichkeit nicht erfolgen kann.[1179]

Zur Bestimmung des realen Elements soll auch hier zwischen Preisschwankungen bedingt durch Krisen und solchen außerhalb von Krisen unterschieden werden.

(1) Krisen

Für eine Anwendung des § 313 BGB ist es zunächst notwendig, dass sich die Geschäftsgrundlage aufgrund der Krise nachträglich geändert hat.

Wie eingangs erwähnt, gibt es zwei Möglichkeiten, wie eine solche Änderung der Umstände im Rahmen einer Krise eintreten kann.[1180] Einerseits können

---

[1174] *BGH*, Urt. v. 30.04.2009 – I ZR 42/07, Rn. 71; *Finkenauer*, MüKo BGB, § 313 Rn. 58.

[1175] *Martens*, BeckOGK BGB (Stand: 01.02.2025), § 313 Rn. 109 f.; *Weiler*, Schuldrecht AT, § 23 Rn. 10.

[1176] *BGH*, Urt. v. 23.05.1980 – V ZR 20/78, Rn. 15, juris; *Stürner*, Prütting/Wegen/Weinreich, § 313 Rn. 31; *Mann/Waschkowski*, BB 2022, 1283 (1286 f.).

[1177] Vgl. *Finkenauer*, MüKo BGB, § 313 Rn. 58.

[1178] *Finkenauer*, MüKo BGB, § 313 Rn. 58.

[1179] *Stefanie Jung*, Dauner-Lieb/Langen, § 313 Rn. 59.

[1180] Hierzu: B.IV.1.

verschiedene Einflüsse durch Nebeneffekte Begleitumstände verändern und dadurch mittelbar eine Veränderung der für den Vertrag maßgeblichen Umstände selbst herbeiführen. Andererseits können sich die Krisen unmittelbar auf diese Umstände auswirken, wenn sie direkten Einfluss auf das Marktgefüge nehmen.

In beiden Fällen handelt es sich um eine Umstandsänderung.

Sollten sich die Umstände ohne Kenntnis der Parteien vor Vertragsschluss geändert haben, kommt eine Anwendung der Störung der Geschäftsgrundlage allenfalls über § 313 Abs. 2 BGB in Betracht.[1181] In Absatz 2 kommt es auf „wesentliche" Umstandsänderungen an, was synonym zu schwerwiegenden Umstandsänderungen zu verstehen ist.[1182]

Fraglich ist jedoch, wie die schwerwiegende Umstandsänderung zu bestimmen ist.

(a) Schwerwiegende Veränderung nach Art. 240 § 7 Abs. 1 EGBGB

Einen Anhaltspunkt für die Bestimmung der schwerwiegenden Umstandsänderung im Rahmen von Energielieferverträgen könnte der ehemalige Art. 240 § 7 Abs. 1 EGBGB bieten.[1183] Mit der Vorschrift hat der Gesetzgeber für Mietverträge über Geschäftsräume im Rahmen der COVID-19-Pandemie eine Vermutungsregelung eingeführt, wonach das Vorliegen einer schwerwiegenden Umstandsveränderung zu vermuten war, wenn die Geschäftsräume infolge staatlicher Maßnahmen zur Bekämpfung der COVID-19-Pandemie für den Betrieb des Mieters nicht oder nur mit erheblicher Einschränkung verwendbar waren.[1184] Mit dieser Norm sollte zum einen klargestellt werden, dass die Regelungen des § 313 BGB grundsätzlich auch in der besonderen Situation der COVID-19-Pandemie anwendbar sind.[1185] Zum anderen sollte die Vermutungsregelung für Rechtsklarheit sorgen, dass in den benannten Fällen generell eine schwerwiegende Veränderung der Umstände vorliegt.[1186] Eine direkte Anwendbarkeit für Energielieferverträge war in Art. 240

1181 *Martens*, BeckOGK BGB (Stand: 01.02.2025), § 313 Rn. 105.

1182 *Martens*, BeckOGK BGB (Stand: 01.02.2025), § 313 Rn. 109, *Finkenauer*, MüKo BGB, § 313 Rn. 58.

1183 Die Regelung ist zum Ablauf des 30.09.2022 außer Kraft getreten.

1184 Hierzu: *Römermann*, NJW 2021, 265 (267).

1185 BT-Drs. 19/25322, 19.

1186 BT-Drs. 19/25322, 19.

§ 7 EGBGB nicht vorgesehen. Aus dieser Klarstellung lässt sich jedoch ableiten, dass der § 313 BGB im Allgemeinen auch für die besondere Situation im Rahmen von Energielieferverträgen Anwendung finden kann. Bezogen auf die konkreten Äquivalenzstörungen bei Energielieferverträgen kommt eine Übertragung der Vermutungsregelung aufgrund der unterschiedlichen Sachverhaltskonstellationen nicht in Betracht. So handelt es sich bei Mietverträgen um Gebrauchsüberlassungsverträge, bei denen die eingeschränkte Verwendbarkeit der Mietsache, im Zweifel sogar prozentual, genau beurteilt werden kann. Energielieferverträgen hingegen sind Kaufverträge über Sachen oder sonstige Gegenstände. Überträgt man das Konzept der eingeschränkten Verwendbarkeit einer Mietsache auf Energielieferverträge, so müsste man analog die eingeschränkte Beschaffbarkeit der Energie berücksichtigen. Die vom Energieversorgungsunternehmen zu beschaffende Energie wird an den Großhandelsmärkten länderübergreifend gehandelt. Eine eingeschränkte Beschaffbarkeit wäre hier kaum messbar. Vielmehr würde sich aufgrund der Angebotsverknappung lediglich die Frage stellen, zu welchem Preis die Energie beschafft wird. Die eingeschränkte Verwendbarkeit der Mietsache aufgrund der COVID-19-Pandemie hatte hingegen grundsätzlich keinen Einfluss auf die Angebotsseite. Die Ausgangssituation zwischen eingeschränkter Verwendbarkeit und eingeschränkter Beschaffbarkeit ist somit nicht vergleichbar. Überdies ist davon auszugehen, dass der Gesetzgeber den Anwendungsbereich der Norm bewusst auf Mietverträge für Gewerbemietverträge begrenzt hat.[1187] Ausnahmevorschriften sind dabei eng auszulegen und grundsätzlich einer Analogie nicht zugänglich.

(b) Vervielfachung des Beschaffungspreises

Weiter könnte die Entwicklung des Beschaffungspreises Hinweise auf eine schwerwiegende Änderung der Umstände geben. Die zu Beginn dieser Arbeit aufgeführten Preisentwicklungen zeigen, dass es im Kontext der COVID-19-Pandemie und des Ukraine-Kriegs zeitweise zu einer Vervielfachung der Beschaffungspreise kam. Vergleicht man dies mit dem vorherigen, kontinuierlichen Preisanstieg im Energiesektor, der als Grundlage für die Preiskalkulationen der Energieversorgungsunternehmen diente, so überstieg die

---

[1187] Hierzu auch: *Pfeiffer*, jurisPK-BGB, § 313 Rn. 47.

krisenbedingte Verteuerung nahezu alle bisherigen Maßstäbe. Die Kostenexplosion im Energiesektor bezog sich primär auf den Beschaffungspreis. Ein explosionsartiger Anstieg war bei den übrigen Preiskomponenten nicht zu beobachten. Beschaffungskosten betreffen grundsätzlich nur die Risikosphäre des Energielieferanten, sodass die Argumentation naheliegt, dass der Energielieferant das Aufwandsrisiko grundsätzlich als Sachleistungsschuldner tragen muss. Dies würde allerdings dazu führen, dass dieser bei derart enormen Preisanstiegen das Risiko nahezu allein zugewiesen bekäme. Dies wäre dahingehend gerecht, dass es den Energielieferanten generell möglich ist, durch Energieeinkäufe am Terminmarkt das Risiko von Preissprüngen zu begrenzen.[1188] Allerdings muss bedacht werden, dass für einen ausgeglichenen Bilanzkreis auch kurzfristige Einkäufe notwendig sein können, die das Energieversorgungsunternehmen nicht vorhersehen kann und daher zwingend Teile der Liefermengen kurzfristig beschafft werden müssen. Die explosionsartige Entwicklung der Beschaffungskosten kann damit eine schwerwiegende Umstandsänderung begründen.

(c) Zwischenergebnis

Innerhalb von Krisen liegt damit zumeist eine schwerwiegende Veränderung vor.[1189] Letztlich muss jedoch auch hier eine Prüfung im Einzelfall erfolgen.

(2) Außerhalb von Krisen

Die Vertragsparteien werden insbesondere im Hinblick auf die durchgängig bestehende Volatilität der Energiepreise im Großhandel mit einem gewissen Maß an Preisschwankungen gerechnet haben. Sofern es zu starken Preisschwankungen außerhalb von Krisen kommt, kann auch hier eine Änderung der Umstände i. S. d. § 313 Abs. 1 BGB vorliegen.

Das Überschreiten der Wesentlichkeitsgrenze kann zumindest bei marktüblichen Preissteigerungen durch Inflation, steigende Löhne oder sonstige im üblichen Maße steigende Kosten ausgeschlossen werden. Insgesamt erscheint eine wesentliche Preisveränderung außerhalb von Krisen unwahrscheinlich.

1188 Vgl. *Eick*, Vertragsrisiken von gesellschaftlicher Tragweite, 209.

1189 Zustimmend in Bezug auf COVID-19-Pandemie: *Böttcher*, Erman, § 313 Rn. 85.

(3) Zwischenergebnis

Das Vorliegen des realen Elements ist bei Krisen oftmals gegeben. Allerdings muss auch hier eine Beurteilung im Einzelfall erfolgen. Außerhalb von Krisen erscheint ein Vorliegen des realen Elements eher selten. In Einzelfällen kann dessen Vorliegen jedoch nicht ausgeschlossen werden. Für wesentliche Änderungen vor Vertragsschluss ohne Kenntnis der Parteien kommt eine Anwendung der Störung der Geschäftsgrundlage allenfalls über § 313 Abs. 2 BGB in Betracht.

cc) Hypothetisches Element

§ 313 Abs. 1 BGB setzt weiter voraus, dass die Parteien den Vertrag nicht oder mit einem anderen Inhalt geschlossen hätten, wenn sie diese Veränderung vorausgesehen hätten (hypothetisches Element). Diese Voraussetzung ist erfüllt, wenn die Kausalität für das Nichteingreifen eines (hypothetischen) anderen Kausalverlaufs, in Gestalt eines anderen Vertragsinhalts oder unterbliebenen Vertragsabschlusses, vorliegt.[1190] Maßgeblich ist deshalb, was redliche Vertragspartner wohl vereinbart hätten, wenn sie die Änderung der Umstände vorhergesehen hätten.[1191] Dabei kann davon ausgegangen werden, dass keine der Parteien einen für sich unwirtschaftlichen Vertrag abschließen wollte.[1192]

(1) Krisen

Zur Beurteilung des Vorliegens des hypothetischen Elements in Krisenzeiten ist deshalb zu klären, was redliche Parteien bei einer Vorhersehung einer Krise vereinbart hätten. Dafür muss auf Grundlage des hypothetischen Parteiwillens ermittelt werden, ob die Parteien den Vertrag bei Vorhersehung der Umstandsänderung nicht oder mit einem anderen Inhalt geschlossen hätten.[1193] Es gilt die Frage zu beantworten, ob sich redliche Vertragsparteien bei einem Bewusstsein für Preisexplosionen in Krisen auf die Aufnahme von Preisanpassungsklauseln in den Energieliefervertrag eingelassen hätten

---

1190 *Pfeiffer*, jurisPK-BGB, § 313 Rn. 63.

1191 *BGH*, Urt. v. 12.01.2022 – XII ZR 8/21, Rn. 52, juris; *Pfeiffer*, jurisPK-BGB, § 313 Rn. 64.

1192 *Schwarze*, Recht der Leistungsstörungen, § 6 Rn. 17.

1193 Vgl. *BGH*, Urt. v. 12.01.2022 – XII ZR 8/21, Rn. 52, juris; im Allgemeinen abstellend auf den hypothetischen Parteiwillen: *Lorenz*, BeckOK BGB, § 313 Rn. 23; *Grüneberg*, Grüneberg, § 313 BGB Rn. 18; *Brömmelmeyer*, Schuldrecht AT, § 13 Rn. 18.

oder ob das Risiko einseitig zulasten des Energieversorgungsunternehmens verteilt worden wäre.[1194]

Bei einem redlichen Letztverbraucher ist grundsätzlich davon auszugehen, dass dieser ein Interesse an einer ausgeglichenen Risikoverteilung hat. Eine einseitige Risikoverteilung würde bei einem rasanten Anstieg der Beschaffungskosten zunächst nur das Energieversorgungsunternehmen betreffen. Die Risikoverteilung zulasten des Energieversorgungsunternehmens wäre jedoch nur rein zufällig. Würden die Beschaffungskosten rasant sinken, würde das Energieversorgungsunternehmen von dieser Risikoverteilung profitieren. Wären Auswirkungen auf die Geschäftsgrundlage ausschließlich vom Letztverbraucher zu tragen, hätte dieser ein Interesse an einer geteilten Risikoverteilung. Angesichts dessen wird angenommen, dass es ausreichen soll, wenn auch nur eine der Vertragsparteien den Vertrag bei Kenntnis der veränderten Umstände nicht oder lediglich mit einem anderen Inhalt abgeschlossen hätte.[1195] In Bezug auf das Energieversorgungsunternehmen ist davon auszugehen, dass dieses den Vertrag bei Kenntnis der Preisexplosionen nur mit einem anderen Inhalt abgeschlossen hätte. Hinzu kommt ein allgemeines Interesse des Letztverbrauchers an einer Versorgungssicherheit mit Energie. Würde man davon ausgehen, dass der Energieversorger das Risiko stets allein tragen müsste und ein redlicher Letztverbraucher sich nicht auf eine Risikoverteilung einlassen würde, bestünde zu Krisenzeiten die stetige Gefahr der Insolvenz von einzelnen Energieversorgern. Dies würde die Versorgungssicherheit insgesamt stark gefährden.

Im Ergebnis ist also davon auszugehen, dass sich redliche Vertragsparteien bei einem Bewusstsein für derartige Preisexplosionen auf eine Risikoteilung im Rahmen des Vertrags eingelassen hätten. Demnach kann das Risiko nicht allein dem Energieversorgungsunternehmen aufgebürdet werden. Redliche Vertragsparteien hätten den Vertrag bei Vorhersehbarkeit einer solchen Krise mit einem anderen Inhalt geschlossen, indem sie etwa eine Preisanpassungsmöglichkeit aufgenommen hätten.

1194 Vgl. *BGH*, Urt. v. 12.01.2022 – XII ZR 8/21, Rn. 52, juris.

1195 *Medicus/Stürner*, Prütting/Wegen/Weinreich, § 313 Rn. 12; *Brömmelmeyer*, Schuldrecht AT, § 13 Rn. 18.

(2) Außerhalb von Krisen

Sofern die Preisschwankungen der Beschaffungskosten im üblichen Rahmen bleiben, hätten die Parteien den Vertrag wohl nicht mit einem anderen Inhalt geschlossen. Allerdings kommt es hier maßgeblich auf die Höhe der Preisschwankungen an, sodass sich das Vorliegen des hypothetischen Elements außerhalb von Krisen nur stark einzelfallabhängig und insbesondere im Zusammenhang mit der Erheblichkeit beurteilen lässt.

(3) Zwischenergebnis

Im Rahmen von Krisen wird das hypothetische Element regelmäßig vorliegen.[1196] Außerhalb von Krisen muss eine genaue Einzelfallbetrachtung erfolgen, wobei das hypothetische Element aufgrund der hohen Hürden selten vorliegen wird.

dd) Normatives Element

Überdies müsste für eine Anwendung des § 313 BGB das sog. normative Element gegeben sein. Bei dem normativen Element kommt es darauf an, ob der Vertragspartei, die sich auf die Störung der Geschäftsgrundlage beruft, das Festhalten am unveränderten Vertrag nicht mehr zugemutet werden kann, § 313 Abs. 1 a. E. BGB. Nach § 313 Abs. 1 BGB sind hierbei alle Umstände des Einzelfalls, insbesondere die vertragliche und gesetzliche Risikoverteilung zu berücksichtigen. Dabei wird das dispositive Gesetzesrecht durch eine individuelle vertragliche Risikoverteilung verdrängt.[1197] Die Beurteilung der Unzumutbarkeit ist eine Wertungsfrage.[1198]

Durch diese Voraussetzung verdeutlicht das Gesetz, dass ein Wegfall der Geschäftsgrundlage nur dann in Betracht kommen soll, wenn ein weiteres Festhalten an den vereinbarten Regelungen für die betroffene Partei zu nicht mehr tragbaren Ergebnissen führt.[1199] Dies betont erneut die starke Stellung der Vertragstreue im deutschen Schuldrecht. Damit müssen zunächst die

---

1196 Zustimmend in Bezug auf COVID-19-Pandemie: *Böttcher*, Erman, § 313 Rn. 85.

1197 *BGH*, Urt. v. 01.06.1979 – V ZR 80/77, Rn. 9, juris.

1198 *Looschelders*, Schuldrecht AT, § 37 Rn. 14.

1199 *BGH*, Urt. v. 11.10.1994 – XI ZR 189/93, Rn. 22, juris; *BGH*, Urt. v. 05.01.1995 – IX ZR 85/94, Rn. 19, juris; *BGH*, Urt. v. 01.02.2012 – VIII ZR 307/10, Rn. 30, juris; *BGH*, Beschl. v. 03.12.2014 – XII ZB 181/13, Rn. 19, juris; *Lorenz*, BeckOK BGB, § 313 Rn. 3; vgl. auch: *Stefanie Jung*, Dauner-Lieb/Langen, § 313 Rn. 63.

Grenzen der vertraglichen und gesetzlichen Risikozuordnung überschritten werden.[1200] Anschließend sollen Abwägungskriterien für die Wertentscheidung evaluiert werden.

(1) Vertragliche Risikoverteilung

Von Unzumutbarkeit kann nicht ausgegangen werden, wenn der veränderte Umstand in den Risikobereich einer Partei fällt.[1201] Daher muss zunächst die vertragliche Risikoverteilung betrachtet werden.[1202] Sind von der Störung der Geschäftsgrundlage Umstände oder Erwartungen betroffen, die aufgrund einer Regelung im Vertrag dem Risikobereich einer Partei zugeordnet sind, scheidet eine Anwendbarkeit des § 313 BGB aus.[1203] Im Zweifel ist die vertragliche Risikoverteilung durch Auslegung zu ermitteln.[1204] Klauseln, die die Risikoverteilung abändern könnten, sind grundsätzlich eng auszulegen.[1205]

Von besonderer Bedeutung sind an dieser Stelle sog. (eingeschränkte)[1206] Preisgarantien. Durch Preisgarantien sichert das Energieversorgungsunternehmen dem Letztverbraucher zu, dass sich der Vertragspreis in einem bestimmten Zeitraum nicht verändert. Diese stellen eine einseitige vertragliche Risikoübernahme zulasten des Energieversorgungsunternehmens dar, sodass eine Vertragsanpassung über die Störung der Geschäftsgrundlage nicht in Betracht kommt.[1207]

[1200] *Fries*, Schulze BGB, § 313 Rn. 16.

[1201] *BGH*, Urt. v. 17.06.1992 – XII ZR 253/90, Rn. 10, juris; *BGH*, Urt. v. 25.02.1993 – VII ZR 24/92, Rn. 54, juris; *BGH*, Urt. v. 23.05.2014 – V ZR 208/12, Rn. 22, juris; *Köhler*, FG BGH 50 Jahre I, 295 (301); *Looschelders*, Schuldrecht AT § 37 Rn. 15.

[1202] *BGH*, Urt. v. 17.06.1992 – XII ZR 253/90, Rn. 10, juris; *BGH*, Urt. v. 25.02.1993 – VII ZR 24/92, Rn. 54, juris; *BGH*, Urt. v. 23.05.2014 – V ZR 208/12, Rn. 22, juris; *Köhler*, FG BGH 50 Jahre I, 295 (301); *Looschelders*, Schuldrecht AT § 37 Rn. 15.

[1203] *BGH*, Urt. v. 21.09.2005 – XII ZR 66/03, Rn. 30, juris; *BGH*, Urt. v. 23.10.2019 – XII ZR 125/18, Rn. 37, juris; *BGH*, Urt. v. 12.01.2022 – XII ZR 8/21, Rn. 49, juris; *OLG München*, Urt. v. 27.04.2017 – U 3922/15 Kart, Rn. 142, juris.

[1204] *BGH*, Urt. v. 12.01.2022 – XII ZR 8/21, Rn. 51, juris.

[1205] *BGH*, Urt. v. 12.01.2022 – XII ZR 8/21, Rn. 51, juris.

[1206] Diese Einschränkung soll sicherstellen, dass Änderungen der Mehrwertsteuer, Strom-/Erdgassteuer oder Änderungen von staatlichen Abgaben und Umlagen an den Letztverbraucher weitergegeben werden können.

[1207] *LG Düsseldorf*, Urt. v. 23.11.2022 – 12 O 247/22, Rn. 55, 56, juris; *Stadler*, Jauernig, § 313 Rn. 15.

Auch bei einer Festpreisvereinbarung wird das Preisrisiko im Regelfall dem Sachleistungsschuldner zugewiesen.[1208] Die Anwendung der Störung der Geschäftsgrundlage ist hier abhängig davon, ob grundsätzliche Marktveränderungen noch vom Umfang der Festpreisvereinbarung gedeckt sind.[1209]

In einem ersten Schritt muss also zunächst eine Auslegung der Preisvereinbarung des Energieliefervertrags erfolgen. Bei der Auslegung sollte dabei beachtet werden, dass die Parteien zumeist nur solche Risiken übernehmen wollten, mit deren Eintritt sie für gewöhnlich nach ihrer Erfahrung gerechnet haben und auch rechnen mussten.[1210] Es sollte also bereits hier im Rahmen der Auslegung das Ausmaß der Äquivalenzstörung und das Bewusstsein der Vertragsparteien für eine solche berücksichtigt werden.

(a) Krisen

Äquivalenzstörungen aufgrund von Krisen treten zumeist für die Vertragsparteien unvorhersehbar ein. Mit den vertraglichen Risikoverteilungen wollen die Parteien grundsätzlich nur die ihnen bekannten und für sie vorhersehbaren Risiken verteilen. Ist der Eintritt einer krisenbedingten Äquivalenzstörung für die Parteien also nicht vorhersehbar und steht außer Verhältnis zu gewöhnlichen Äquivalenzstörungen, kann die Auslegung der Preisregelung ergeben, dass die Äquivalenzstörung nicht mehr von der vertraglichen Risikoverteilung gedeckt ist. Sie kann dann einer Anwendung des § 313 BGB nicht entgegenstehen. Aufgrund der besonderen Bedeutung von Preisgarantien kann dies für diese nicht gelten. Andernfalls würde die besondere Einstandspflicht im Rahmen von Garantien abgeschwächt werden.

(b) Außerhalb von Krisen

Außerhalb von Krisenzeiten befinden sich die Vertragsparteien typischerweise in den Risikobereichen, die sie bewusst durch eine vertragliche Risikoverteilung geregelt haben. Würde auch in solchen Fällen eine Abweichung von

---

[1208] *Grüneberg*, Grüneberg, § 313 BGB Rn. 20; *Schwarze*, Recht der Leistungsstörungen, § 6 Rn. 15.

[1209] *Schwarze*, Recht der Leistungsstörungen, § 6 Rn. 15.

[1210] Vgl. *Stefanie Jung*, Dauner-Lieb/Langen, § 313 Rn. 70; *Stadler*, Jauernig, § 313 Rn. 17; *Martens*, BeckOGK BGB (Stand: 01.02.2025), § 313 Rn. 61; *Finkenauer*, MüKo BGB, § 313 Rn. 61; *Lorenz*, BeckOK BGB, § 313 Rn. 27.

der vereinbarten Risikoverteilung aufgrund einer Störung der Geschäftsgrundlage ermöglicht, liefe dies darauf hinaus, die vertraglich festgelegte Risikoverteilung erheblich zu entwerten.

(2) Gesetzliche Risikoverteilung

Anschließend an die vertragliche Risikoverteilung muss eine Beurteilung der gesetzlichen Risikoverteilung erfolgen. Sowohl auf Strom- als auch auf Erdgaslieferverträge findet das Kaufrecht Anwendung. Die gesetzliche Risikoverteilung muss also nach den für Kaufverträge geltenden Regelungen bestimmt werden.

Nach den allgemeinen gesetzlichen Regelungen in § 243 BGB trägt der Verkäufer bei Gattungsschulden bis zur Konkretisierung das „Beschaffungsrisiko". Dies führt dazu, dass der Verkäufer grundsätzlich alle zur Beschaffung notwendigen Handlungen vornehmen muss, selbst wenn alle seine Vorräte untergehen oder sich verschlechtern,[1211] oder die Leistung für ihn objektiv unmöglich wird, vgl. § 275 Abs. 1 BGB. Indes trägt der Käufer grundsätzlich das Finanzierungs- und Verwendungsrisiko.[1212] Auf Grundlage des Beschaffungsrisikos wird teilweise angenommen, dass Energieversorgungsunternehmen für Festpreisverträge mit 1- bis 2-jähriger Laufzeit entsprechende Mengen selbst vorhalten oder diese durch Termingeschäfte absichern müssen.[1213]

Eine Anwendung der Störung der Geschäftsgrundlage entgegen der gesetzlichen Risikoverteilung kann generell in Betracht kommen, wenn die Umstände, die die Unzumutbarkeit begründen, außerhalb des Einfluss- und Risikobereichs des Energieversorgungsunternehmens liegen.[1214] Ist die eingetretene Umstandsänderung nämlich nicht vorhersehbar, ist die gesetzliche Risikoverteilung rein zufällig.[1215] Dies könnte dazu führen, dass das Festhalten

---

[1211] *Beureskens*, BeckOGK BGB (Stand: 01.02.2025), § 243 Rn. 40; vgl. auch: *Stefanie Jung*, Dauner-Lieb/Langen, § 313 Rn. 72; *Finkenauer*, MüKo BGB, § 313 Rn. 69.

[1212] *Finkenauer*, MüKo BGB, § 313 Rn. 73, *Looschelders*, Schuldrecht AT, § 31 Rn. 15.

[1213] *Böttcher*, Erman, § 313 Rn. 121.

[1214] Vgl. *RG*, Urt. v. 10.12.1920 – VII 318/20 –, RGZ 101, 79 (81); *BGH*, Urt. v. 13.07.2022 – VIII ZR 317/21, Rn. 66, juris; *Mann/Waschkowski*, BB 2022, 1283 (1287); *Fries*, Schulze BGB, § 313 Rn. 16; *Pfeiffer*, jurisPK-BGB, § 313 Rn. 78; *Grüneberg*, Grüneberg, § 313 BGB Rn. 32.

[1215] *Medicus/Petersen*, Bürgerliches Recht, Rn. 165.

an der nach dem Gesetz vorgenommenen Risikoverteilung für eine der Vertragsparteien unzumutbar wird.[1216]

Überdies kann die gesetzliche Risikoverteilung nicht unbegrenzt gelten.[1217] Werden die Grenzen überschritten, kommt eine Anwendung der Störung der Geschäftsgrundlage trotz der gesetzlichen Risikozuweisung in Betracht.[1218] Der Grundsatz *pacta sunt servanda* kann nämlich dann nicht mehr gelten, wenn andernfalls ein untragbares, mit Recht und Gerechtigkeit schlechthin unvereinbares Ergebnis vorliegen würde.[1219]

Auswirkungen von Gemeingefahren, wie Kriege oder Pandemien, sollten grundsätzlich von keiner Partei allein getragen werden müssen.[1220]

(a) Krisen

Krisen sind nicht durch den Einzelnen beherrschbar. Vielmehr liegt der Eintritt von schwerwiegenden Umstandsänderungen nicht im Einflussbereich eines Einzelnen oder der Vertragsparteien. Dies spricht dafür, dass die gesetzliche Risikoverteilung eine Vertragspartei allein mit dem Risiko belasten würde, welches sie weder beeinflussen noch überschauen kann. Ein Beharren auf der gesetzlichen Risikoverteilung würde demnach zu einem mit der Gerechtigkeit nicht zu vereinbarenden Ergebnis führen. Bei Krisen sollte die gesetzliche Risikoverteilung das Vorliegen des normativen Elements deshalb nicht grundsätzlich ausschließen.[1221] Auch hier muss letztlich eine Einzelfallentscheidung getroffen werden.

(b) Außerhalb von Krisen

Außerhalb von Krisen sind kaum Szenarien denkbar, in denen eine schwerwiegende Umstandsänderung außerhalb der Einflusssphären der Vertragsparteien eintritt. Ein mit Recht und Gerechtigkeit unvereinbares Ergebnis

---

1216 Vgl. *Säcker/Schubert*, BB 2020, 2563 (2570).

1217 *Stefanie Jung*, Dauner-Lieb/Langen, § 313 Rn. 70; *Lorenz*, BeckOK BGB, § 313 Rn. 30; *Looschelders*, Schuldrecht AT, § 31 Rn. 16.

1218 *Stefanie Jung*, Dauner-Lieb/Langen, § 313 Rn. 70; *Looschelders*, Schuldrecht AT, § 31 Rn. 16.

1219 *BGH*, Urt. v. 24.11.1995 – V ZR 164/94, Rn. 26, juris; *BGH*, Urt. v. 19.04.2001 – I ZR 283/98, Rn. 68, juris; *Pfeiffer*, jurisPK-BGB, § 313 Rn. 72; *Böttcher*, Erman, § 313 Rn. 27.

1220 *Säcker/Schubert*, BB 2020, 2563 (2569).

1221 In Bezug auf die COVID-19-Pandemie vgl. *Jung*, JZ 2020, 715 (720 f.); *Stadler*, Jauernig, § 313 Rn. 20.

kann damit nur in besonderen Ausnahmefällen vorliegen. Zumeist wird aber die gesetzliche Risikoverteilung anwendbar bleiben, weshalb das Vorliegen des normativen Elements schon hier ausscheidet.

(3) Interessenabwägung

Maßgeblich ist zur Beurteilung des Vorliegens des normativen Elements eine umfassende Interessenabwägung der Interessen beider Vertragsparteien notwendig.[1222]

Teilweise wird angenommen, dass der Wortlaut des § 313 BGB *„soweit einem Teil (…) das Festhalten am unveränderten Vertrag nicht zugemutet werden kann“* nahelege, dass die Unzumutbarkeit nur aus Sicht der benachteiligten Partei zu bestimmen sei.[1223] Dem kann allerdings nicht zugestimmt werden. Vielmehr stellt der Wortlaut nur darauf ab, dass es zwar ausreicht, wenn nur der benachteiligten Partei ein Festhalten am Vertrag nicht mehr zumutbar ist, eine Beschränkung der Bestimmung der Zumutbarkeit lediglich auf die benachteiligte Partei lässt sich dem Wortlaut nicht entnehmen.

Von großer Bedeutung ist die Beurteilung, ob die Umstandsveränderungen bei Vertragsschluss vorhersehbar waren.[1224] Eine Unzumutbarkeit kann nämlich dann nicht angenommen werden, wenn die Parteien sich durch vertragliche Regelungen hätten absichern können.[1225] Schließen die Parteien einen Vertrag unverändert trotz vorhersehbarer schwerwiegender Umstandsänderung ab, muss auch das Risiko getragen werden, dass dieses eintritt.[1226] Für die Beurteilung der Vorhersehbarkeit muss auch der Zeitpunkt des Vertragsschlusses in die Beurteilung einbezogen werden.[1227]

1222 *RG*, Urt. v. 10.12.1920 – VII 318/20 –, RGZ 101, 79 (83); *BGH*, Urt. v. 11.10.1994 – XI ZR 189/93, Rn. 22, juris; *Stefanie Jung*, Dauner-Lieb/Langen, § 313 Rn. 64; *Medicus/Lorenz*, Schuldrecht AT, § 42 Rn. 15.

1223 *Stefanie Jung*, Dauner-Lieb/Langen, § 313 Rn. 64 f.

1224 *Pfeiffer*, jurisPK-BGB, § 313 Rn. 73.

1225 BT-Drs. 14/6040, 175 f.; *Finkenauer*, MüKo BGB, § 313 Rn. 74; *Böttcher*, Erman, § 313 Rn. 24 (m. w. N.); *Weiler*, Schuldrecht AT, § 23 Rn. 12; *Brömmelmeyer*, Schuldrecht AT, § 32 Rn. 12.

1226 *Finkenauer*, MüKo BGB, § 313 Rn. 74.

1227 Vgl. *Rauch*, ER 2022, 183 (185); *Häublein/Müller*, NZM 2020, 481 (487).

Da im Rahmen der Zumutbarkeitsprüfung sämtliche Umstände des Einzelfalls abzuwägen sind,[1228] sollen die in die Interessenabwägung einfließenden Kriterien benannt werden.

Generell müssen im Rahmen der Abwägung aufseiten der Energieversorger die Höhe des Preisanstiegs und deren wirtschaftliche Auswirkung auf den Energieversorger mit den Auswirkungen auf den Letztverbraucher in Einklang gebracht werden. Mögliche Abwägungskriterien sind dabei:

- der Einstandspreis,[1229]
- die restliche Vertragslaufzeit und der Zeitpunkt der nächsten Anpassungsmöglichkeit,[1230]
- ein möglicherweise bereits im Vertragspreis enthaltender Risikoaufschlag,[1231]
- die Umstände des Vertragsschlusses,[1232]
- die Art der Preisabrede (Festpreis oder sogar Preisgarantie),[1233]
- staatliche Hilfen (bspw. Energiepreisbremsen),[1234]
- steigende Preise während der Vertragsverhandlung,[1235]
- sonstige Vorteile, die sich aus der eingetretenen Veränderung ergeben,[1236]
- oder die Frage, ob und inwieweit eine Lagerung der Ware möglich ist.[1237]

Dabei muss beachtet werden, dass Strom derzeit noch kaum in großen Mengen speicherbar ist. Für Erdgas verfügt Deutschland über eine Speicherkapazität von ungefähr 260 Terawattstunden.[1238] Der Erdgasverbrauch

---

[1228] Vgl. *Böttcher*, Erman, § 313 Rn. 104.
[1229] *Harms*, DB 1983, 322 (324).
[1230] *Dietzel*, IR 2022, 306 (309).
[1231] Vgl. *BGH*, Urt. v. 11.11.2010 – III ZR 57/10 Rn. 13, juris (zu § 314 BGB).
[1232] *Lorenz*, BeckOK BGB, § 313 Rn. 30; *Pfeiffer*, jurisPK-BGB, § 313 Rn. 70.
[1233] *Dietzel*, IR 2022, 306 (308 f.).
[1234] *Dietzel*, IR 2022, 306 (309); zur Energiepauschale; vgl. *Häublein/Müller*, NZM 2020, 481 (489).
[1235] Hierzu: *BGH*, Urt. v. 23.01.2013 – VIII ZR 47/12, Rn. 19 ff., juris.
[1236] *BGH*, Urt. v. 11.10.1994 – XI ZR 189/93, Rn. 22, juris.
[1237] Vgl. *Köhler*, FG BGH 50 Jahre I, 295 (303).
[1238] https://de.statista.com/statistik/daten/studie/1312966/umfrage/kapazitaeten-europaeischer-gasspeicher-im-vergleich/ (abgerufen am: 27.05.2025).

in Deutschland lag im Jahr 2022 bei etwa 811,2 Terawattstunden.[1239] Dies verdeutlicht, dass die Erdgasspeicherkapazitäten nicht dafür ausgelegt sind, physisches Erdgas für einen Großteil des Kundenstamms für längere Zeit vorzuhalten, sondern Erdgasspeicher primär die Versorgungssicherheit gewährleisten sollen.

Im Rahmen der Abwägung sollte ferner beachtet werden, dass Dauerschuldverhältnisse häufig von gegensätzlichen Interessen geprägt sind.[1240] Jede Partei versucht dabei, das „Spekulationsmoment" zu ihren Gunsten zu nutzen.[1241] Eine Anwendung bei steigenden oder fallenden Preisen kann somit nur in Ausnahmefällen in Betracht kommen.[1242]

Im Rahmen der Unzumutbarkeit sollte auch die Beschaffungsstrategie des Energieversorgungsunternehmens in den Blick genommen werden. Dabei steht diesem die Art der Beschaffung der Energiemengen zur Lieferung an den Letztverbraucher frei, so kann der Energieversorger die Mengen etwa langfristig am Terminmarkt oder kurzfristig am Spotmarkt erwerben.[1243] Die mengen- und preisbezogenen Risiken sind vom Energieversorger im Rahmen seines Beschaffungsrisikos zu tragen.[1244] Beachtet werden muss, dass trotz der langfristigen Beschaffung am Terminmarkt zum Ausgleich der Bilanzkreise immer wieder kurzfristige Zukäufe am Spotmarkt notwendig sind.

Hingegen kann es nicht darauf ankommen, ob das Festhalten am Vertrag das Energieversorgungsunternehmen in den Bankrott treiben würde, da dies zu einer Ungleichbehandlung zwischen finanziell starken und finanziell schwachen Unternehmen führen würde.[1245]

[1239] Vgl. https://de.statista.com/statistik/daten/studie/41033/umfrage/deutschland-erdgasverbrauch-in-milliarden-kubikmeter/ (abgerufen am 27.05.2025).

[1240] *Böttcher*, Erman BGB, § 313 Rn. 16.

[1241] *RG*, Urt. v. 07.11.1924 – VI 198/24 –, RGZ 109, 146 (149).

[1242] *RG*, Urt. v. 07.11.1924 – VI 198/24 –, RGZ 109, 146 (149); *Böttcher*, Erman BGB, § 313 Rn. 16, 25; vgl. auch: *RG*, Urt. v. 15.03.1918 – III 522/14 –, RGZ 92, 322 (324 f.); *Finkenauer*, MüKo BGB, § 313 Rn. 70; so wohl auch: *Brox/Walker*, Schuldrecht AT, § 27 Rn. 8.

[1243] *Rauch*, ER 2022, 135 (138).

[1244] *BGH*, Urt. v. 23.01.2013 – VIII ZR 80/12, Rn. 41, 44, juris; *Rauch*, ER 2022, 135 (139).

[1245] *Köhler*, FG BGH 50 Jahre I, 295 (303).

(a) Krisen

Die einzelnen Abwägungskriterien lassen sich nicht pauschal beurteilen. Vielmehr muss hier eine für jeden Energieliefervertrag gesonderte Beurteilung erfolgen, da auch nur so die Umstände des Vertragsschlusses in die Beurteilung einbezogen werden können.

Probleme können bei der Beurteilung der Vorhersehbarkeit auftreten. So könnte man als maßgeblichen Beurteilungszeitpunkt auf den Beginn stark schwankender Preise auf den Energiemärkten abstellen oder bereits auf frühere Beurteilungszeitpunkte, wie der Beginn bestimmter politischer Spannungen.

Bezogen auf den Ukraine-Krieg waren derartige Preisexplosionen wohl spätestens mit der russischen Invasion in die Ukraine am 24. Februar 2022 vorhersehbar.[1246] So ist wohl anzunehmen, dass ab Ende Februar 2022 in Bezug auf den Ukraine-Krieg die Frage nicht mehr lautete, ob ein Risiko eintritt, sondern nur noch wann und wie.[1247] Diese Annahme steht dabei auch im Einklang mit der Entwicklung der Börsenpreise für Strom und Erdgas, welche am 26. Februar 2022 die ersten großen Preissprünge aufwiesen.[1248] Eine Anwendung der Störung der Geschäftsgrundlage kommt für ab diesem Zeitpunkt geschlossene Verträge nicht mehr in Betracht. Vielmehr hätten die Parteien diesem Risiko durch eine entsprechende Risikoverteilung im Vertrag begegnen müssen. Denn eine Unzumutbarkeit kann dann nicht angenommen werden, wenn die betroffene Partei die Möglichkeit hatte, ein für sich untragbares und unzumutbares Ergebnis zu vermeiden.[1249] Bezogen auf die Ölkrise in den 70er-Jahren hat der BGH eine Vermeidbarkeit bei einem Ölkaufmann angenommen, der die späteren die Preisentwicklung auslösenden Faktoren gekannt habe und deshalb mit der späteren Preisexplosion

---

[1246] So auch: *Dietzel*, IR 2022, 306 (308).

[1247] *Rauch*, ER 2022, 183 (185).

[1248] Strom: https://www.smard.de/home/marktdaten?marketDataAttributes=%7B%22resolution%22:%22day%22,%22from%22:1643670000000,%22to%22:1648763999999,%22moduleIds%22:%5B8004169%5D,%22selectedCategory%22:null,%22activeChart%22:true,%22style%22:%22color%22,%22categoriesModuleOrder%22:%7B%7D,%22region%22:%22DE%22%7D; Erdgas: https://energy-charts.info/charts/price_average/chart.htm?l=de&c=DE&interval=day&year=2022&legendItems=iw1&day=m02 (jeweils abgerufen am: 27.05.2025).

[1249] *BGH*, Urt. v. 08.02.1978 – VIII ZR 221/76, Rn. 16, juris.

habe rechnen müssen.[1250] Dabei seien dem Verkäufer von Gattungssachen, die dieser zunächst beschaffen muss, besondere Anstrengungen hinsichtlich der Vertragserfüllung zumutbar.[1251]

Problematischer erscheint die Vorhersehbarkeit von Preisexplosionen in Bezug auf die COVID-19-Pandemie. Die erste Infektion in Deutschland wurde am 27. Januar 2020 festgestellt. Größere Preissprünge an den Strom- und Gasbörsen waren erst ab Juni 2021 erkennbar. Im Jahr 2020 lag der Großhandelsstrompreis im Durchschnitt sogar unter dem Jahres 2019. Die Lockdown-Maßnahmen begründeten zunächst einen Nachfragerückgang. Im Kontext der COVID-19-Pandemie führten anders als in Bezug auf den Ukraine-Krieg mehrere Faktoren zu stark schwankenden Großhandelspreisen.[1252] Die meisten Faktoren waren unmittelbar oder mittelbar abhängig von politischen Entscheidungen zur Pandemiebekämpfung. Die Tragweite der Pandemie rückte wohl im März 2020 erstmalig in den gesellschaftlichen Fokus. So wurde in diesem Monat die Absage von Großveranstaltungen empfohlen, bevor am 22. März 2020 der erste Lockdown verhängt wurde.[1253] Spätestens mit der Verhängung des ersten Lockdowns hätte den Vertragsparteien das Ausmaß der COVID-19-Pandemie bewusst werden müssen. Im Kontext der Absage von Großveranstaltungen wurde klar, dass die Pandemie nicht nur gesundheitliche und gesellschaftliche Auswirkungen haben wird, sondern auch wirtschaftliche Auswirkungen. Diese Einschätzung steht auch mit den vom Gesetzgeber gewählten Daten in Art. 240 EGBGB a. F. im Einklang. In dessen § 2 Abs. 1 war etwa ein Kündigungsverbot vom 1. April 2020 bis 30. Juni 2020 für aufgrund der COVID-19-Pandemie ausbleibende Mietzahlungen.[1254]

(b) Außerhalb von Krisen

Die Anwendung der Störung der Geschäftsgrundlage scheitert außerhalb von Krisen meist an der fehlenden Unvorhersehbarkeit. Eine Schwankung

---

[1250] *BGH*, Urt. v. 08.02.1978 – VIII ZR 221/76, Rn. 18, juris.

[1251] *BGH*, Urt. v. 08.02.1978 – VIII ZR 221/76, Rn. 19, juris.

[1252] Hierzu: B.IV.1.

[1253] Zur Chronik der COVID-19-Pandemie: https://www.bundesgesundheitsministerium.de/coronavirus/chronik-coronavirus.html (abgerufen am: 27.05.2025).

[1254] Vgl. auch: *Stefanie Jung*, Dauner-Lieb/Langen, § 313 Rn. 74; *Finkenauer*, MüKo BGB, § 313 Rn. 325; *Grüneberg*, Grüneberg, § 313 Rn. 37a.

der Energiepreise gehört zum allgemeinen Geschäftsrisiko eines Energieversorgungsunternehmens. Zumeist werden die Schwankungen innerhalb des allgemeinen Wirtschaftslebens schon in den Grund- oder Arbeitspreis eingepreist sein. Davon darf der Letztverbraucher auch grundsätzlich ausgehen.[1255] Es ist nicht außerhalb der Lebenserfahrung, dass steigende Lohn- oder Beschaffungskosten oder die reguläre Inflation das Äquivalenzverhältnis beeinflussen können. So ist etwa eine gewisse Inflation Teil des alltäglichen Wirtschaftslebens.[1256] Das normative Element ist hier nicht gegeben.

(4) Zwischenergebnis

Das normative Element wird in Krisenzeiten in der Regel vorliegen, sofern dessen Eintritt für die Vertragsparteien nicht vorhersehbar war. Eine pauschale Antwort verbietet sich allerdings. Abhängig vom Energieliefervertrag und der konkreten Situation muss die Prüfung der Risikoverteilung und Interessenabwägung einzelfallabhängig erfolgen.

Außerhalb von Krisen wird dies aufgrund der Vorhersehbarkeit und des Einpreisens von gewöhnlichen Preisschwankungen häufig nicht der Fall sein.

c) Ergebnis

Im Ergebnis bleibt festzuhalten, dass eine Anwendung der Störung der Geschäftsgrundlage nur in Ausnahmefällen in Betracht kommt. Eine Anpassung des Äquivalenzverhältnisses auf dieser Grundlage unterliegt wohl den strengsten Anforderungen.[1257] Insbesondere bei Preisschwankungen außerhalb von Krisen ist eine Anwendung nahezu ausgeschlossen. Innerhalb von Krisen müssen die Umstände des Einzelfalls genau betrachtet werden. Eine Anpassung des Äquivalenzverhältnisses im Rahmen der Störung der Geschäftsgrundlage nach § 313 BGB kommt hier aber grundsätzlich in Betracht.

2. Anpassung aus vertraglicher Nebenpflicht

Eine Pflicht zur Neuverhandlung des Vertragspreises oder eine Zustimmungspflicht zu einem neuen Vertragspreis könnte aus einer vertraglichen

---

1255 *Schwarze*, Recht der Leistungsstörungen, § 6 Rn. 20.

1256 *Schwarze*, Recht der Leistungsstörungen, § 6 Rn. 18.

1257 So auch: *Säcker*, GS Sonnenschein, 597 (598).

Nebenpflicht aus § 241 Abs. 2 BGB hergeleitet werden.[1258] Die Norm verpflichtet die Parteien von Schuldverhältnissen zur Rücksichtnahme auf Rechte, Rechtsgüter und Interessen der anderen Partei. Würde man aus der Rücksichtnahmepflicht gleichzeitig eine Zustimmungspflicht zu einem angepassten Vertragspreis ableiten, bestünde eine große Gefahr, dass die speziellen hohen Anforderungen des § 313 BGB umgangen würden oder aus einer vertraglichen Nebenpflicht ein Kontrahierungszwang konstruiert würde.[1259] Vielmehr kann sich aus § 241 Abs. 2 BGB allenfalls ein Anspruch auf Aufnahme von Neuverhandlungen ergeben.[1260] Ein Recht zur einseitigen Vertragsanpassung kann damit aus § 241 Abs. 2 BGB nicht abgeleitet werden.

3. Grob unverhältnismäßiger Leistungsaufwand

Das Leistungsverweigerungsrecht des Schuldners nach § 275 Abs. 2 BGB aufgrund eines grob unverhältnismäßigen Leistungsaufwands gewährt ebenfalls kein Recht zur einseitigen Vertragsanpassung. Schon nach dem klaren Wortlaut des § 275 Abs. 2 S. 1 BGB erhält der Schuldner in der Rechtsfolge ein Leistungsverweigerungsrecht und kein Anpassungsrecht. Dieses Leistungsverweigerungsrecht kann der Schuldner als Einrede geltend machen. Ferner steigt bei einer Leistungserschwerung des Energielieferanten gleichzeitig das Erfüllungsinteresse des Gläubigers.[1261] Der Anwendungsbereich des § 275 Abs. 2 BGB ist deshalb bei Preissteigerungen nur in Ausnahmefällen eröffnet.

4. Anpassung nach Treu und Glauben

Ein auf dem Grundsatz von Treu und Glauben (§ 242 BGB) basierender Anpassungsanspruch scheidet schon aufgrund des Lex-specialis-Grundsatzes des deutschen Rechts aus. § 313 BGB ist hier die speziellere Norm.[1262] Eine

---

[1258] Eine Zustimmungspflicht wohl bejahend: *BGH*, Urt. v. 10.12.2014 – VIII ZR 9/14, Rn. 24, juris (mietrechtliche Anpassung der Verteilung der Warmwasserkosten bei Leerstand).

[1259] Vertiefend: *Vom Dahl*, Langfristige Energielieferverträge in Deutschland und den USA, 276 f.

[1260] *Bachmann*, MüKo BGB, § 241 Rn. 109; a. A. wohl: *Toussaint*, jurisPK-BGB, § 242 Rn. 46; *Schulze*, Schulze BGB, § 241 Rn. 4; *Olzen*, Staudinger, § 241 BGB Rn. 158.

[1261] *Ernst*, MüKo BGB, § 275 Rn. 91 ff.

[1262] So auch: BT-Drs. 14/6040, 174; *vom Dahl*, Langfristige Energielieferverträge in Deutschland und den USA, 296 f.

Anwendung des § 242 BGB wäre allenfalls dann geboten, wenn die speziellere Norm den Normzweck nicht hinreichend verwirklicht.[1263] Dies ist beim Verhältnis zwischen § 242 BGB und § 313 BGB nicht der Fall. Sinn und Zweck des § 313 BGB ist die Anpassung von Verträgen bei einer Änderung der Umstände. Auch werden wertende Gesichtspunkte durch das normative Element des § 313 BGB hinreichend berücksichtigt, sodass eine ergänzende Anwendung des § 242 BGB in dieser Hinsicht nicht geboten erscheint. Mithin sprechen systematische Erwägungen gegen eine Anwendung des § 242 BGB. Das Rechtsinstitut der Störung der Geschäftsgrundlage nach § 313 BGB wurde vor der gesetzlichen Normierung aus § 242 BGB abgeleitet.[1264] Würde man nun einer Vertragspartei einen Anpassungsanspruch nach Treu und Glauben zugestehen, würde man dies verkennen und die besonderen Voraussetzungen des § 313 BGB umgehen. Vielmehr handelt es sich bei § 242 eher um eine Generalklausel als eine Anspruchsgrundlage, aus der bestimmte Rechtsfolgen abgeleitet werden können.[1265]

5. Handelsrecht

Im unternehmerischen Rechtsverkehr könnten sich gesetzliche Anpassungsansprüche aus dem Handelsrecht ergeben. In Betracht kommen hier ein Handelsbrauch i. S. d. § 346 HGB oder das gesetzlich nicht normierte Handelsgewohnheitsrecht.

a) Handelsbrauch § 346 HGB

Zunächst soll im Anwendungsbereich des HGB ein möglicher Anpassungsanspruch aus § 346 HGB thematisiert werden. Die Norm schreibt vor, dass unter Kaufleuten in Ansehung der Bedeutung und Wirkung von Handlungen und Unterlassungen auf die im Handelsverkehr geltenden Gewohnheiten und Gebräuche Rücksicht zu nehmen ist. Verkürzt werden diese auch als Handelsbräuche bezeichnet.[1266]

[1263] *Schubert*, MüKo BGB, § 242 Rn. 18.

[1264] *Martens*, BeckOGK BGB (Stand: 01.02.2025), § 313 Rn. 14; *Schubert*, MüKo BGB, § 242 Rn. 15; *Krebs*, Dauner-Lieb/Langen, § 242 Rn. 2.

[1265] *Grüneberg*, Grüneberg, § 242 BGB Rn. 2; *Sutschet*, BeckOK BGB, § 242 Rn. 2; *Krebs*, Dauner-Lieb/Langen, § 242 Rn. 2.

[1266] *Lehmann-Richter*, BeckOK HGB, § 346 Rn. 1.

aa) Anwendungsbereich

Schon dem Wortlaut der Norm nach bezieht sich der Anwendungsbereich der Vorschrift nur auf Kaufleute. Kaufleute i. S. d. HGB sind solche, die ein Handelsgewerbe betreiben, § 1 Abs. 1 HGB. Dabei ergibt sich aus einem Umkehrschluss aus § 1 Abs. 2 HGB, dass ein Handelsgewerbe jeder Gewerbebetrieb ist, der nach Art und Umfang einen in kaufmännischer Weise eingerichteten Geschäftsbetrieb erfordert. Damit kommt eine Anwendung des § 346 HGB nur im kaufmännischen Rechtsverkehr in Betracht.

bb) Anpassungsanspruch aus Handelsbrauch

Bei § 346 HGB handelt es sich um eine mit den §§ 133, 157 BGB verwandte Auslegungsvorschrift, die den Besonderheiten des Handelsverkehrs Geltung verschaffen soll.[1267] Sinn und Zweck des § 346 HGB ist es, dass die besonderen Sitten des Handelsverkehrs bei der Auslegung von Willenserklärungen und Interpretation sonstiger Handlungen und Unterlassungen hinreichend berücksichtigt werden.[1268] Dabei wird der Vorschrift auch zur Ergänzung von Vertragslücken oder bestehenden Verpflichtungen ein gewisser normativer Charakter zugesprochen.[1269] Ein Handelsbrauch soll dann anzunehmen sein, wenn im kaufmännischen Geschäftsverkehr eine verbindliche Regel erkennbar ist, die sich auf eine über einen längeren Zeitraum gleichmäßig, einheitlich und freiwillig praktizierte Übung der beteiligten Verkehrskreise stützt und allgemein anerkannt ist.[1270]

Unter diesen Grundsätzen könnte man annehmen, dass die Auslegung von Energielieferverträgen als Dauerschuldverhältnisse mit stark volatilen

---

[1267] *Lehmann-Richter*, BeckOK HGB, § 346 Rn. 1; *Steimle/Dornieden*, Röhricht/Graf von Westphalen/Haas/Mock/Wöstmann, § 346 Rn. 5.

[1268] *BGH*, Urt. v. 03.12.2992 – III ZR 30/91, Rn. 13, juris; *Lehmann-Richter*, BeckOK HGB, § 346 Rn. 1.

[1269] *BGH*, Urt. v. 28.03.1969 – I ZR 33/67, Rn. 30, juris; *BGH*, Urt. v. 03.12.1992 – III ZR 30/91, Rn. 13, juris.

[1270] *BGH*, Urt. v. 02.05.1984 – VIII ZR 38/83, Rn. 32, juris; *BGH*, Urt. v. 04.07.2017 – XI ZR 562/15, Rn. 67, juris; *Steimle/Dornieden*, Röhricht/Graf von Westphalen/Haas/Mock/Wöstmann, § 346 Rn. 7; *Maultzsch*, MüKo HGB, § 346 Rn. 11 ff.; *Pamp*, Oetker HGB, § 346 Rn. 6.

Preisen ergibt, dass man eine Veränderlichkeit des Preises in die ursprüngliche Preisabrede hineinlesen muss. Dies würde allerdings für einen Auslegungsgrundsatz zu weitreichende Konsequenzen haben. Für die Parteien hätte dies, insbesondere im Hinblick auf die Verlässlichkeit und Stabilität des Preises, großen Einfluss auf die Risikobewertung beim Abschluss von Energielieferverträgen. Ferner würde der Geldleistungsgläubiger durch eine ungeschriebene Anpassungsmöglichkeit übervorteilt werden. Vielmehr ist es gerade im unternehmerischen Rechtsverkehr Usus, dass jede Partei für ihr Geschäft verantwortlich ist und Nachteile, die etwa durch einen undurchdacht abgeschlossenen Vertrag entstehen, grundsätzlich tragen muss. Mithin wäre die Annahme eines solchen Handelsbrauchs vergleichbar mit der verworfenen Lehre der *clausula rebus sic stantibus*. Dabei wurde angenommen, dass jedes Rechtsgeschäft unter dem Vorbehalt steht, dass die Umstände sich im Vergleich zum Zeitpunkt des Vertragsschlusses nicht ändern.[1271] Bei einem Eintreten von Umstandsänderungen sollte eine Anpassung des Vertrags durch eine in den Vertrag hineingelesene Klausel möglich sein.[1272] Die Lehre der *clausula rebus sic stantibus* wurde schon vom historischen Gesetzgeber aus Gründen der Rechtssicherheit nicht in das BGB aufgenommen.[1273]

Ein Anpassungsanspruch aus einem Handelsbrauch nach § 346 HGB ist abzulehnen.

b) Handelsgewohnheitsrecht

Ein Handelsbrauch kann sich nicht nur aus § 346 HGB ergeben. Vielmehr kann sich aus einem Handelsbrauch sog. Handelsgewohnheitsrecht bilden, welches sodann als objektives Recht anwendbar ist.[1274] Da allerdings schon das Vorliegen eines Handelsbrauchs zur Preisanpassung ausscheidet, muss dies erst recht für einen Anpassungsanspruch aus Handelsgewohnheitsrecht gelten.

1271 *Finkenauer*, MüKo BGB, § 313 Rn. 20.

1272 *Finkenauer*, MüKo BGB, § 313 Rn. 20.

1273 Vgl. Mot. I, S. 249; Mot. II, S. 199; hierzu auch: *Säcker*, Freiheit durch Recht, 97 (101).

1274 *Lehmann-Richter*, BeckOK HGB, § 346 Rn. 2; *Pamp*, Oetker HGB, § 346 Rn. 16; *Maultzsch*, MüKo HGB, § 346 Rn. 142.

c) Zwischenergebnis

Handelsrechtlich kommt damit weder ein gesetzlicher Anpassungsanspruch aus einem Handelsbrauch nach § 346 HGB noch aus Handelsgewohnheitsrecht in Betracht.

6. Zwischenergebnis

Zusammenfassend lässt sich festhalten, dass gesetzlich ein einseitiger Anpassungsanspruch aus § 313 BGB in Krisensituationen ergeben kann. Andere einseitige Anpassungsmöglichkeiten nach § 241 Abs. 2 BGB, § 275 Abs. 2 BGB, § 242 BGB oder Handelsrecht bestehen nicht.

G. Besonderheiten in der Grundversorgung und Ersatzversorgung

Abschließend sollen die Preisanpassungsmöglichkeiten in der Grund- und Ersatzversorgung betrachtet werden. Besonderheiten ergeben sich daraus, dass die Bestimmungen der StromGVV und GasGVV aufgrund ihrer Rechtsnormqualität nicht der Inhaltskontrolle nach dem AGB-Recht unterliegen. Dies ist auch mit dem Unionsrecht vereinbar, da die Klausel-Richtlinie (93/13/EWG) gemäß deren Art. 1 Abs. 2 keine Anwendung auf Vertragsklauseln findet, die auf bindenden Rechtsvorschriften beruhen. Die Vorgaben der Elektrizitäts- und Erdgasbinnenmarktrichtlinie müssen jedoch beachtet werden.[1275]

I. Grundversorgung

Kurzfristige Preissteigerungen haben innerhalb der Grundversorgung zumeist weniger drastische Auswirkungen. Grundversorger können die benötigten Energiemengen zumeist bereits langfristig planen und so den Großteil der benötigten Energie langfristig im Voraus einkaufen.[1276] Die Planungssicherheit der Grundversorger ist insofern eingeschränkt, als dass größere Versorger im Sonderkundenbereich ihre Belieferung kurzfristig einstellen können, beispielsweise aufgrund einer Insolvenz. In solchen Fällen muss der Grundversorger mehr Haushaltskunden als ursprünglich

---

[1275] *EuGH*, Urt. v. 23.10.2014 – C-359/11 und C-400/11 (Schulz und Egbringhoff), Rn. 53.
[1276] *BNetzA/BKartA*, Monitoringbericht 2022, 13.

geplant mit Energie versorgen. Unter anderem aus diesem Grund kann es notwendig werden, dass der Grundversorger die Allgemeinen Preise in der Grundversorgung anpasst. Neben der Änderung der Allgemeinen Preise kann eine Preisanpassung mithin bei einer Änderung von staatlich regulierten oder gesetzten Belastungen notwendig werden, auch diese Änderungen sollen in den Blick genommen werden. Schließlich sollen auch bestimmte Anpassungsmodalitäten bei einer Anpassung innerhalb des Abrechnungszeitraums behandelt werden.

1. Änderung der Allgemeinen Preise

In der Grundversorgung ergibt sich das Preisanpassungsrecht zur Änderung der Allgemeinen Preise aus § 5 Abs. 2 StromGVV/GasGVV. Auch, wenn der Wortlaut der Vorschrift kein eindeutiges Preisanpassungsrecht des Grundversorgers erkennen lässt, entspricht es der ganz herrschenden Meinung, dass sich aus § 5 Abs. 2 StromGVV/GasGVV ein solches ergibt.[1277]

a) Leistungsvorbehalt

StromGVV und GasGVV geben dem Grundversorger in § 5 Abs. 2 mit einem einseitigen Leistungsbestimmungsrecht das Recht, die allgemeinen Preise nach billigem Ermessen i. S. d. § 315 Abs. 1 BGB anzupassen.[1278] Dabei handelt es sich um ein gesetzliches Leistungsbestimmungsrecht.[1279] Die Anwendbarkeit des § 315 BGB ergibt sich gesetzlich aus § 17 Abs. 1 S. 3 StromGVV/GasGVV, welcher festlegt, dass § 315 BGB „unberührt" bleibt.[1280]

[1277] *BGH*, Urt. v. 06.04.2016 – VIII ZR 71/10, Rn. 14; *Busche*, Säcker, § 5 StromGVV, Rn. 4; *Büdenbender*, NJW 2017, 299; *Rieble*, Staudinger, § 315 BGB Rn. 331; *Tüngler*, BeckOGK BGB (Stand: 01.03.2025), § 433 Rn. 225.

[1278] *BGH*, EuGH-Vorlage v. 18.05.2011 – VIII ZR 71/10, Rn. 9, juris (zur Vorgängervorschrift in § 4 Abs. 1 und Abs. 2 AVBGasV); *BGH*, EuGH-Vorlage v. 29.06.2011 – VIII ZR 211/10, Rn. 17, juris; *BGH*, Urt. v. 06.04.2016 – VIII ZR 71/10, Rn. 19 ff., juris; *Hempel*, Baur/Salje/Schmidt-Preuß, 114. Kap. Rn. 56; *Büdenbender*, ZIP 2017, 1041 (1042).

[1279] *BGH*, Urt. v. 13.06.2007 – VIII ZR 36/06, Rn. 13 ff., juris; *BGH*, Urt. v. 19.11.2008 – VIII ZR 138/07, Rn. 26, juris; *BGH*, Urt. v. 06.04.2016 – VIII ZR 71/10, Rn. 14, juris; *Fricke*, Die gerichtliche Kontrolle von Entgelten in der Energiewirtschaft, 349, 363; *Hempel*, Baur/Salje/Schmidt-Preuß, 114. Kap. Rn. 54, 117. Kap. Rn. 24; wohl auch: *Büdenbender*, NJW 2007, 2945 (2947).

[1280] *Rieble*, Staudiner, § 315 BGB Rn. 331; *Otto*, Soergel, § 315 BGB Rn. 247.

b) Art der Mitteilung

Änderungen der Allgemeinen Preise und der ergänzenden Bedingungen werden jeweils zu Monatsbeginn erst nach öffentlicher Bekanntgabe wirksam, die mindestens sechs Wochen vor der beabsichtigen Erhöhung erfolgen muss, § 5 Abs. 2 S. 1 StromGVV/GasGVV. Der Grundversorger ist verpflichtet, zu den beabsichtigten Änderungen zeitgleich mit der öffentlichen Bekanntgabe eine briefliche Mitteilung an den Kunden zu versenden und die Änderungen auf seiner Internetseite zu veröffentlichen, § 5 Abs. 2 S. 2 1. Hs. StromGVV/GasGVV. Nach § 5 Abs. 2 S. 1 und S. 2 StromGVV/GasGVV muss der Grundversorger die Änderung der Allgemeinen Preise und der ergänzenden Bedingungen zum einen öffentlich bekannt geben und zum anderen eine briefliche Mitteilung an den Kunden versenden und die Änderungen auf seiner Internetseite veröffentlichen. Bei den Mitteilungsarten muss folglich zwischen der öffentlichen Bekanntgabe und der brieflichen Mitteilung bzw. Veröffentlichung auf der Internetseite unterschieden werden.

aa) Öffentliche Bekanntgabe

Zunächst soll der Blick auf die öffentliche Bekanntgabe gerichtet werden, welche nach § 5 Abs. 2 S. 1 StromGVV/GasGVV Voraussetzung für das Wirksamwerden der Änderung der Allgemeinen Preise und der ergänzenden Bedingungen ist.

(1) Frist der öffentlichen Bekanntgabe

Die öffentliche Bekanntgabe muss mindestens sechs Wochen vor der beabsichtigen Änderung erfolgen, § 5 Abs. 2 S. 1 StromGVV/GasGVV. Dabei verdeutlicht der Wortlaut, dass es sich bei dieser Frist um eine Mindestvorgabe handelt, sodass die öffentliche Bekanntgabe auch mit längerem Vorlauf erfolgen kann. Die Frist von sechs Wochen orientiert sich dabei an § 14 Abs. 3 S. 1 a. F. StromNZV[1281]. Danach war ein neuer Lieferant verpflichtet, dem Betreiber von Elektrizitätsversorgungsnetzen spätestens einen Monat vor dem beabsichtigten Beginn der Lieferung alle Entnahmestellen seiner neuen Kunden und alle hinzukommenden Entnahmestellen seiner bisherigen Kunden, soweit die Entnahmestellen an das Netz des

---

1281 In der Fassung vom 09.05.2012.

Netzbetreibers angeschlossen sind, und den beabsichtigten Beginn der Netznutzung mitzuteilen. Ein Lieferantenwechsel aufgrund einer Anpassung nach § 5 Abs. 2 StromGVV war daher nur möglich, wenn der Kunde eher als einen Monat vor Wirksamwerden der Änderung von dieser erfahren hat.[1282] Nach derzeitiger Rechtslage darf ein Lieferantenwechsel grundsätzlich höchstens drei Wochen dauern, § 20a Abs. 2 S. 1 EnWG. Die lange Ankündigungsfrist von sechs Wochen ist daher grundsätzlich nicht mehr notwendig.[1283] Durch eine längere Ankündigungsfrist wird dem Letztverbraucher jedoch die Möglichkeit verschafft, Vor- und Nachteile eines Lieferantenwechsels gründlich abzuwägen.

(2) Telos der öffentlichen Bekanntgabe

Weiter soll der Sinn und Zweck der öffentlichen Bekanntgabe näher betrachtet werden. Im deutschen Recht ist die öffentliche Bekanntgabe unter anderem auch bei der Bekanntgabe von Verwaltungsakten von Bedeutung. Nach § 41 Abs. 3 VwVfG ist die öffentliche Bekanntgabe eine öffentliche Verlautbarung, welche eine zumindest theoretische Möglichkeit der Kenntnisnahme durch den Betroffenen eröffnet, ohne dass ein Zugang tatsächlich erfolgen muss.[1284] Die öffentliche Bekanntgabe verhilft im Verwaltungsverfahren unter anderem dazu, dass der Verwaltungsakt auch gegenüber denen Wirkung entfaltet, denen der Verwaltungsakt nicht individuell zugestellt wurde.[1285] Überdies entfalten öffentliche Bekanntgaben im Verwaltungsverfahren Wirksamkeit gegenüber solchen Personen, die zum Zeitpunkt der öffentlichen Bekanntgabe noch gar nicht betroffen waren.[1286] Einer vergleichbaren Wirkung bedarf es auch im Rahmen des § 5 Abs. 2 StromGVV/GasGVV. Innerhalb der Grundversorgung werden die Haushaltskunden beliefert, die weder einen Sonderkundenvertrag geschlossen haben noch im Rahmen der Ersatzversorgung versorgt werden.

[1282] BR-Drs. 306/06, 26.

[1283] So auch: *de Wyl/Eder/Hartmann*, N(D)AV-/GVV-Kommentar, Teil 4 § 5 StromGVV/GasGVV Rn. 9.

[1284] *Tiedemann*, BeckOK VwVfG, § 41 Rn. 84; *Baer*, Schoch/Schneider, § 41 VwVfG Rn. 93.

[1285] *Tiedemann*, BeckOK VwVfG, § 41 Rn. 91; *Stelkens*, Stelkens/Bonk/Sachs, § 41 Rn. 135; *Baer*, Schoch/Schneider, § 41 VwVfG Rn. 93.

[1286] *Tiedemann*, BeckOK VwVfG, § 41 Rn. 95; *Stelkens*, Stelkens/Bonk/Sachs, § 41 Rn. 136; *Baer*, Schoch/Schneider, § 41 VwVfG Rn. 94.

Der Grundversorgungsvertrag kommt in der Regel konkludent durch den weiteren Bezug der Energie zustande, § 2 Abs. 2 StromGVV/GasGVV. Die belieferten Haushaltskunden unterliegen einer hohen Fluktuation. Es ist daher nicht auszuschließen, dass dem Grundversorger zum Zeitpunkt der Preisanpassung nicht alle Haushaltskunden bekannt sind, die von ihm innerhalb der Grundversorgung versorgt werden. Eine individuelle Mitteilung an alle wäre für ihn also unmöglich.[1287]

Folglich ist es notwendig, dass die Wirksamkeit allein an die öffentliche Bekanntgabe geknüpft wird. Dies entspricht der Zielsetzung des Gesetzgebers, der es im Sinne der Rechtssicherheit für erforderlich hielt, die Wirksamkeit einer Änderung nicht von einem Zugang eines möglicherweise unbekannten Kunden abhängig zu machen.[1288]

(3) Form der öffentlichen Bekanntgabe

Die öffentliche Bekanntgabe kann beispielsweise in der Tageszeitung erfolgen.[1289] Eine öffentliche Bekanntgabe im Internet auf der Seite des Grundversorgers hingegen sollte nicht möglich sein. Dies ergibt sich systematisch bereits daraus, dass der Gesetzgeber die Veröffentlichung im Internet in § 5 Abs. 2 StromGVV/GasGVV explizit bedacht und diese als einen Zusatz zur öffentlichen Bekanntgabe ausgestaltet hat. Der Unterschied zur Veröffentlichung in der Tageszeitung besteht ferner darin, dass die Tageszeitung verschiedene Informationen enthält. Auf die Internetseite des Grundversorgers würde der Haushaltskunde hingegen nur gelangen, wenn er explizit nach Informationen zur Grundversorgung sucht. Dies würde dem Sinn und Zweck der öffentlichen Bekanntgaben widersprechen. Denkbar wäre hingen der technologieoffene Ansatz, dass die öffentliche Bekanntgabe etwa auf der Internetseite eines regionalen Nachrichtenportals erfolgt. Diese Möglichkeit kann allerdings nur im Zusammenspiel mit der öffentlichen Bekanntgabe in der Tageszeitung erfolgen, da andernfalls insbesondere ältere Menschen von einer Möglichkeit der Kenntnisnahme ausgeschlossen wären.

1287 Vgl. auch: *Busche*, Säcker, § 5 StromGVV Rn. 12.

1288 BR-Drs. 306/06 (Beschluss), 2.

1289 *Schulz-Jander/Twele*, Vertragshandbuch Stromwirtschaft, Kap. 4 Rn. 70.

bb) Briefliche Mitteilung / Veröffentlichung auf der Internetseite

Zeitgleich zur öffentlichen Bekanntgabe muss das Grundversorgungsunternehmen nach § 5 Abs. 2 S. 2 1. Hs. StromGVV/GasGVV eine briefliche Mitteilung an die Kunden versenden und eine Veröffentlichung der Änderungen auf seiner Internetseite vornehmen. Die briefliche Mitteilung muss dabei den betroffenen Kunden persönlich adressieren.[1290]

(1) Die briefliche Mitteilung

Die „briefliche Mitteilung" wurde im Rahmen der Empfehlungen der Ausschüsse in § 5 Abs. 2 S. 2 StromGVV/GasGVV aufgenommen, damit die Mitteilung einer Preiserhöhung den Kunden tatsächlich erreicht, insbesondere, wenn dieser keine Tageszeitung abonniert hat.[1291] Dem Kunden soll eine einfache Kenntnisnahme der anstehenden Änderungen ermöglicht werden.[1292] Ziel dabei ist es auch, dass der Wettbewerb durch das Preisbewusstsein des Kunden angeregt wird.[1293]

Bei der Einführung der Pflicht zur brieflichen Mitteilung gingen der Wirtschaftsausschuss und der Agrarausschuss in ihrer Beschlussempfehlung davon aus, dass auch Mailing-Aktionen von der brieflichen Mitteilung umfasst sind.[1294] Damit ist der Wortlaut der Vorschrift an dieser Stelle sehr missverständlich, da der allgemeine Sprachgebrauch bei einer brieflichen Mitteilung einer schriftlichen Mitteilung per Post ausgeht. Richtigerweise müsste der Wortlaut an dieser Stelle also von einer an den Letztverbraucher adressierten Mitteilung ausgehen. Dies steht auch im Einklang mit Art. 10 Abs. 4 S. 2 der RL EU 2019/944 und Art. 11 Abs. 4 RL (EU) 2024/1788, welche zwar eine „direkte" Unterrichtung des Kunden voraussetzen, zu dieser Voraussetzung aber keine weiteren Spezifikationen treffen.[1295] Dabei kann die Pflicht zur brieflichen

---

[1290] *de Wyl/Eder/Hartmann*, N(D)AV-/GVV-Kommentar, Teil 4 § 5 StromGVV/GasGVV Rn. 18.

[1291] BR-Drs. 306/1/06, 2, 8.

[1292] *BGH*, Urt. v. 28.10.2015 – VIII ZR 13/12, Rn. 53, juris; *BGH*, Urt. v. 28.10.2015 – VIII ZR 158/11, Rn. 51, juris; *BGH*, Urt. v. 09.12.2015 – VIII ZR 208/12, Rn. 22, juris.

[1293] BR-Drs. 306/1/06, 2, 8.

[1294] BR-Drs. 306/1/06, 2, 8.

[1295] Vgl. *Busche*, Säcker, § 5 StromGVV Rn. 13.

Mitteilung nur gegenüber solchen Kunden gelten, die dem Grundversorger zu diesem Zeitpunkt tatsächlich schon bekannt sind.[1296]

(2) Veröffentlichung auf der Internetseite

Fraglich ist, welche Anforderungen an die Veröffentlichung auf der Internetseite des Grundversorgers zu stellen sind. Der § 5 Abs. 2 StromGVV/ GasGVV enthält keine besonderen Vorgaben an das Layout. Nach § 36 Abs. 1 S. 1 und S. 3 EnWG müssen Grundversorger unter anderem die Allgemeinen Preise einfach auffindbar auf ihrer Internetseite veröffentlichen und unmissverständlich verdeutlichen, dass es sich um die Preise der Belieferung in der Grundversorgung handelt. Für die Preisänderungen kann nichts Anderes gelten, sodass auch die Veröffentlichung der Änderungen einfach auffindbar sein und unmissverständlich verdeutlichen muss, dass es sich um eine Mitteilung zur Änderung der Preise in der Grundversorgung handelt.

Eine einfache Auffindbarkeit kann etwa durch eine eigene Registerkarte in der Hauptnavigation der Internetseite gewährleistet werden.

(3) Pflicht bei Kostensenkung

Unterschiedlich beurteilt wird, ob die briefliche Mitteilung und die Veröffentlichung auf der Internetseite auch bei Kostensenkungen erfolgen müssen. Teilweise wird nämlich angenommen, dass bei Kostensenkungen aufgrund des Schutzzwecks der Norm auf eine briefliche Mitteilung an den Letztverbraucher verzichtet werden könne.[1297] Der Wortlaut des § 5 Abs. 2 S. 2 StromGVV/ GasGVV legt hingegen das Verständnis nahe, dass die Mitteilungs- und Veröffentlichungspflicht bei Kostenerhöhungen und bei Kostensenkungen greift. Anknüpfungspunkt der Pflicht ist nämlich lediglich eine „Änderung".[1298] Auch das Preisbewusstsein des Kunden würde nur einseitig sensibilisiert werden, wenn eine Pflicht nur bei Kostenerhöhungen entsteht. Im Ergebnis

---

[1296] *Busche*, Säcker, § 5 StromGVV Rn. 13.

[1297] *Hartmann*, Thebobald/Kühling, § 5 StromGVV Rn. 15.

[1298] *BGH*, Urt. v. 06.06.2018 – VIII ZR 247/17, Rn. 51, juris; *de Wyl/Eder/Hartmann*, N(D) AV-/GVV-Kommentar, Teil 4 § 5 StromGVV/GasGVV Rn. 19.

muss eine briefliche Mitteilung und Veröffentlichung auf der Internetseite sowohl bei Kostenerhöhungen als auch bei Kostensenkungen erfolgen.[1299]

(4) Mitteilung und Veröffentlichung als Vertragspflicht

Anders als die öffentliche Bekanntgabe in § 5 Abs. 2 S. 1 StromGVV/GasGVV werden die briefliche Mitteilung und die Veröffentlichung auf der Internetseite in Abs. 2 S. 2 nicht an die Wirksamkeit geknüpft, sondern lediglich als vertragliche Verpflichtung ausgestaltet.[1300] Daraus folgt, dass eine fehlende briefliche Mitteilung die Wirksamkeit der Preisänderung nicht berührt, jedoch eine vertragliche Pflichtverletzung darstellt.[1301] Ein möglicher Schaden könnte darin liegen, dass der Kunde bei Kenntnis der Änderungen womöglich von seinem Sonderkündigungsrecht Gebrauch gemacht und dann die Möglichkeit gehabt hätte, sich günstiger von einem anderen Lieferanten mit Energie versorgen zu lassen.[1302] In Bezug auf die Veröffentlichung auf der Internetseite erscheint ein Schadenersatzanspruch bei einer Pflichtverletzung eher unwahrscheinlich. Dabei wird dem beweisbelasteten Kunden insbesondere der Beweis kaum gelingen, dass sein Schaden auf der fehlenden Veröffentlichung auf der Internetseite des Energieversorgungsunternehmens beruht. Hauptinformationsquelle für eine Wechselentscheidung des Haushaltskunden wird die briefliche Mitteilung sein und nicht die Veröffentlichung auf der Internetseite.

(5) Zeitpunkt der Veröffentlichung

Nach § 5 Abs. 2 S. 2 1. Hs. StromGVV/GasGVV sollen die Versendung der brieflichen Mitteilung und die Veröffentlichung auf der Internetseite zeitgleich mit der öffentlichen Bekanntgabe erfolgen. Zeitgleich bedeutet nicht direkt am selben Tag, sodass dem Grundversorgungsunternehmen ein

---

[1299] *BGH*, Urt. v. 06.06.2018 – VIII ZR 247/17, Rn. 51, juris; *Schulz-Jander/Twele*, Vertragshandbuch Stromwirtschaft, Kap. 4 Rn. 78.

[1300] *Hartmann*, Thebobald/Kühling, § 5 StromGVV Rn. 16; *de Wyl/Eder/Hartmann*, N(D)AV-/GVV-Kommentar, Teil 4 § 5 StromGVV/GasGVV Rn. 16; vgl. auch: *BGH*, Urt. v. 28.10.2015 – VIII ZR 13/12, Rn. 53, juris; *BGH*, Urt. v. 28.10.2015 – VIII ZR 158/11, Rn. 51, juris; *BGH*, Urt. v. 09.12.2015 – VIII ZR 208/12, Rn. 22, juris; *Tüngler*, BeckOGK BGB (Stand: 01.03.2025), § 433 Rn. 232.

[1301] *Hartmann*, Thebobald/Kühling, § 5 StromGVV Rn. 16.

[1302] *Hartmann*, Thebobald/Kühling, § 5 StromGVV Rn. 16.

gewisser Spielraum eröffnet wird. Dies ergibt sich in der Gesetzgebungshistorie daraus, dass im ursprünglichen Entwurf noch ausdrücklich vorgesehen war, dass die Veröffentlichung auf der Internetseite am Tag der öffentlichen Bekanntmachung erfolgen muss.[1303] Dieses wurde dann im Laufe des Gesetzgebungsprozesses auf eine zeitgleiche Übersendung und Veröffentlichung abgeändert.[1304] Eine Begründung zu dieser Abänderung des Wortlauts ist in den Gesetzgebungsmaterialien nicht ersichtlich. Im Gegensatz zum ursprünglichen Wortlaut deckt der finale Wortlaut der Vorschrift auch einen gewissen zeitlichen Spielraum ab. Teilweise wird etwa auf eine zeitliche Nähe zur Veröffentlichung abgestellt.[1305] Mithin sprechen auch Effizienzgründe für einen gewissen Spielraum bei der Mitteilungspflicht, etwa wenn zeitnah ohnehin der Rechnungsversand erfolgen soll.[1306]

c) Informationspflicht

§ 5 Abs. 2 S. 2 2. Hs. StromGVV/GasGVV trifft weiter Vorgaben zum Inhalt der brieflichen Mitteilung und der Veröffentlichung im Internet. Für die öffentliche Bekanntgabe gelten die inhaltlichen Vorgaben nicht.[1307] Dies ergibt sich bereits aus der systematischen Stellung in § 5 Abs. 2 1. und 2 Hs. StromGVV/GasGVV.

aa) Briefliche Mitteilung und Veröffentlichung im Internet

In der brieflichen Mitteilung und der Veröffentlichung auf der Internetseite muss der Grundversorger Umfang, Anlass und Voraussetzungen der Änderungen sowie den Hinweis auf die Rechte des Kunden nach Absatz 3 und die Angaben nach § 2 Abs. 3 S. 1 Nr. 5 und S. 3 StromGVV bzw. § 2 Abs. 3 S. 1 Nr. 7 GasGVV in übersichtlicher Form angegeben, § 5 Abs. 2 S. 2 2. Hs. StromGVV/GasGVV. Bei dem Hinweis auf Absatz 3 handelt es sich um den Hinweis auf das Sonderkündigungsrecht des Letztverbrauchers bei

---

[1303] BR-Drs. 306/1/06, 4.

[1304] BR-Drs. 306/1/06 (Beschluss), 4.

[1305] de *Wyl/Eder/Hartmann*, N(D)AV-/GVV-Kommentar, Teil 4 § 5 StromGVV/GasGVV Rn. 16.

[1306] *Hartmann*, Thebobald/Kühling, § 5 StromGVV Rn. 17; *Busche*, Säcker, § 5 StromGVV Rn. 21.

[1307] Vgl. *Busche*, Säcker, § 5 StromGVV Rn. 13; de *Wyl/Eder/Hartmann*, N(D)AV-/GVV-Kommentar, Teil 4 § 5 StromGVV/GasGVV Rn. 21.

einer Änderung der Allgemeinen Preise oder ergänzenden Bedingungen, § 5 Abs. 3 StromGVV/GasGVV.

Im Unterschied zu Preisanpassungsklauseln in AGB im Rahmen von Sonderkundenverträgen ist die Informationspflicht nicht Teil der Wirksamkeitskontrolle, sondern ist erst im Hinblick auf die Abwicklungstransparenz bei der Ausübung des Preisanpassungsrechts relevant.[1308]

(1) Inhalt

Inhaltlich müssen die briefliche Mitteilung und die Veröffentlichung im Internet Umfang, Anlass und die Voraussetzungen der Änderungen sowie der Hinweis auf die Rechte des Kunden nach Absatz 3 und die Angaben nach § 2 Abs. 3 S: 1 Nr. 5 und S. 3 StromGVV bzw. § 2 Abs. 3 S. 1 Nr. 7 GasGVV enthalten, § 5 Abs. 2 S. 2 2. Hs. StromGVV/GasGVV.

Voraussetzung der Änderung i. S. d. § 5 Abs. 2 S. 2 2. Hs. StromGVV/GasGVV ist die Rechtsgrundlage der Preisanpassung.[1309] Jede Mitteilung der Preisanpassung innerhalb der Grundversorgung muss folglich auf die §§ 5, 5a StromGVV/GasGVV Bezug nehmen.[1310]

Für Preisanpassungen bildet eine veränderte Kostensituation den Anlass.[1311]

Die Aufklärung über die Rechte nach § 5 Abs. 3 StromGVV/GasGVV bezieht sich auf das Sonderkündigungsrecht, welches dem Kunden zusteht, wenn der Grundversorger die Allgemeinen Preise oder ergänzenden Bedingungen ändert.

Bei den Angaben nach § 2 Abs. 3 S. 1 Nr. 5 und S. 3 StromGVV bzw. § 2 Abs. 3 S. 1 Nr. 7 GasGVV handelt es sich um die in den Netto-Endpreis einfließenden kalkulatorischen Preisbestandteile, die der Energieversorger nicht beeinflussen kann, zzgl. der Umsatzsteuer.[1312]

1308 *Uffmann*, NJW 2015, 1215 (1216); vgl. *EuGH*, Urt. v. 23.10.2014, C-359/11 (Schulz und Egbringhoff), Rn. 47 ff., juris.

1309 BR-Drs. 402/14, 24.

1310 *de Wyl/Eder/Hartmann*, N(D)AV-/GVV-Kommentar, Teil 4 § 5 StromGVV/GasGVV Rn. 27.

1311 *de Wyl/Eder/Hartmann*, N(D)AV-/GVV-Kommentar, Teil 4 § 5 StromGVV/GasGVV Rn. 24.

1312 BR-Drs. 402/14, 1.

(2) Kostentransparenz

Auch bei der Preiserhöhung im Rahmen der Grundversorgung dient das Ausweisen der einzelnen Bestandteile einer besseren Nachvollziehbarkeit der Anpassung durch den Kunden, sodass diesem bei einer Preiserhöhung der tatsächliche Vergleich der geänderten Preisbestandteile ermöglicht wird.[1313] Die auszuweisenden Preisbestandteile sind bereits bei Vertragsschluss nach § 2 Abs. 3 S. 1 Nr. 5 und S. 3 StromGVV bzw. § 2 Abs. 3 Nr. 7 GasGVV einzeln auszuweisen. Dem Haushaltskunden wird so eine einfache, nachvollziehbare und transparente Betrachtung der Preisänderungen ermöglicht.[1314] Für eine derartige Kostentransparenz ist es notwendig, dass sich dem Kunden aus der Mitteilung erschließt, welche einzelnen Bestandteile sich in welcher Höhe verändert haben.[1315] Deshalb soll dem Kunden nach dem Willen des Gesetzgebers bei einer Preisanpassung der tatsächliche Vergleich der geänderten Preisbestandteile ermöglicht werden.[1316] So kann der Kunde durch das Ausweisen einzelner Preisbestandteile die Anpassung dieser nachvollziehen und die Neukalkulationen des Allgemeinen Preises verstehen.[1317] Dadurch kann das Verständnis von Preisanpassungen verbessert werden und zu größerer Akzeptanz dieser führen. Aus diesem Grund müssen die jeweiligen Preisbestandteile in tabellarischer Form gegenübergestellt werden.[1318]

Damit der durchschnittliche Letztverbraucher die Darstellung aus seiner Laiensphäre auch tatsächlich nachvollziehen kann, ist es notwendig, dass der Grundversorger für die Preisbestandteile dieselben Bezeichnungen, wie das Gesetz verwendet.[1319] Dies gilt nicht nur für die sich verändernden Preisbestandteile, sondern für sämtliche Preisbestandteile, da andernfalls das gesetzgeberische Ziel, der größtmöglichen Kostentransparenz, nicht erreicht werden könnte.[1320] Die Angabe der Kalkulationsbestandteile im Rahmen einer Preisänderung sollen dem Kunden ermöglichen, dass diesem nicht nur zu Beginn der Grundversorgung (§ 36 Abs. 1 EnWG i. V. m. § 2 Abs. 3 StromGVV/

1313 BR-Drs. 401/1/14, 1.
1314 BR-Drs. 401/1/14, 2.
1315 *BGH*, Urt. v. 06.06.2018 – VIII ZR 247/17, Rn. 47, juris.
1316 BR-Drs. 401/1/14, 1.
1317 BR-Drs. 402/14, 2.
1318 BR-Drs. 401/1/14, 2.
1319 *BGH*, Urt. v. 06.06.2018 – VIII ZR 247/17, Rn. 49, juris.
1320 *BGH*, Urt. v. 06.06.2018 – VIII ZR 247/17, Rn. 71 f., juris.

GasGVV) diese Bestandteile transparent offengelegt werden, sondern auch bei Änderungen.[1321]

bb) Öffentliche Bekanntgabe

Die für die Wirksamkeit der Preisanpassung erforderliche öffentliche Bekanntgabe erfordert dabei dem Wortlaut nach nicht, dass die jeweiligen Preisbestandteile gegenübergestellt werden. Es ist vielmehr ausreichend, dass der neue Brutto-Strompreis veröffentlicht wird.[1322]

2. Umfang der Anpassung der Allgemeine Preise

Da es sich, wie bereits festgestellt, auch hier um ein einseitiges Leistungsbestimmungsrecht i. S. d. § 315 BGB handelt, bildet das billige Ermessen i. S. d. § 315 Abs. 1 BGB den Anpassungsmaßstab. Auch hier sind die Preisanpassungen durch die Billigkeit begrenzt, vgl. § 315 Abs. 3 S. 1 BGB. Zur Bestimmung des Billigkeitsmaßstabs und zur Notwendigkeit eines Widerspruchs des Letztverbrauchers wird auf die Ausführungen zur Leistungsvorbehaltsklausel verwiesen.[1323]

Der Energieversorger darf auch hier Kostensteigerungen nur insoweit weitergeben, wie sie in anderen Bereichen nicht durch Kostensenkungen ausgeglichen werden.[1324] Das billige Ermessen ist auch im Rahmen der Grundversorgung nicht eingehalten, wenn der Grundversorger keine Preiserhöhungen vornimmt, die über die Weitergaben von gestiegenen (Bezugs-)Kosten hinausgehen und die Steigerung des Gewinns ermöglichen.[1325]

3. Kündigungsrecht

Nach § 5 Abs. 3 S. 1 StromGVV/GasGVV hat der Kunde bei einer Änderung der Allgemeinen Preise oder ergänzenden Bedingungen das Recht zur außerordentlichen Kündigung zum Zeitpunkt des Wirksamwerdens der

---

[1321] Vgl. BR-Drs. 402/14, 1 f.

[1322] *Eder/Rumpf*, IR 2015, 270 (271); vgl. *de Wyl/Eder/Hartmann*, N(D)AV-/GVV-Kommentar, Teil 4 § 5 StromGVV/GasGVV Rn. 11.

[1323] Zum Maßstab der Billigkeit: F.I.4.a).cc).(a); zum Widerspruch gegen die Billigkeit: F.I.4.a).cc).(b).

[1324] *BGH*, Urt. v. 06.04.2016 – VIII ZR 71/10, Rn. 12, juris.

[1325] *Busche*, Säcker, § 5 StromGVV Rn. 10; *Züngler*, BeckOGK BGB, § 433 Rn. 233; vgl. auch: BGH, Urt. v. 28.10.2015 – VIII ZR 158/11, Rn. 85, juris; BGH, Urt. v. 09.11.2016 – VIII ZR 246/15 Rn. 20, juris.

Änderungen. Dabei werden Änderungen nicht wirksam, wenn der Kunde bei der Kündigung des Vertrags mit dem Grundversorger die Einleitung eines Wechsels des Versorgers durch entsprechenden Vertragsschluss innerhalb eines Monats nach Zugang der Kündigung nachweist, § 5 Abs. 3 S. 2 StromGVV/GasGVV. Im Unterschied zu dem Sonderkündigungsrecht nach § 41 Abs. 5 S. 4 EnWG bei Sonderkundenverträgen reicht hier eine bloße Kündigung des Vertrags nicht aus. Dies ist darauf zurückzuführen, dass es sich bei der Grundversorgung um die „letzte Stufe" der Versorgung handelt und die Ersatzversorgung nur eine „Auffangversorgung" darstellt, sodass der Anschluss des Letztverbrauchers bei einer Kündigung gesperrt werden müsste. Würde eine Sperrung des Anschlusses sodann nicht rechtzeitig oder aus etwaigen Gründen überhaupt nicht erfolgen, stünden Energieversorger und Letztverbraucher vor erheblichen Rückabwicklungsproblematiken. Demzufolge ist es notwendig, dass der Letztverbraucher nach § 5 Abs. 3 S. 2 StromGVV/GasGVV zuzüglich zur Kündigung auch einen Wechsel des Versorgers nachweist. Der Wortlaut des § 5 Abs. 3 S. 2 StromGVV/GasGVV ist bezüglich der Frist für den Nachweis hier so zu verstehen, dass der Letztverbraucher einen Monat nach Zugang der Kündigung Zeit hat, den rechtzeitigen Lieferantenwechsel nachzuweisen.[1326] Entsprechend der Regelung zur ordentlichen Kündigung in § 20 Abs. 2 StromGVV/GasGVV muss die Kündigung in Textform (vgl. § 126 BGB) erfolgen und ist vom Grundversorger unverzüglich nach Eingang zu bestätigen.

Auch wenn man davon ausgehen könnte, dass das Kündigungsrecht wegen der geringeren Schutzbedürftigkeit des Kunden nur bei Preiserhöhungen entsteht, muss dies auch bei Kostensenkungen entstehen. Dies ergibt sich zum einen daraus, dass der Wortlaut des § 5 Abs. 3 S. 1 StromGVV/GasGVV nur an eine „Änderung der Allgemeinen Preise" anknüpft. Zum anderen existiert im Rahmen der Grundversorgung keine Ausnahmeregelung wie der § 41 Abs. 6 EnWG bei der Versorgung von Sonderkunden.

4. Änderung staatlich gesetzter oder regulierter Belastungen

§ 5a Abs. 1 StromGVV/GasGVV regelt die kalkulatorische Neuermittlung bei der Änderung staatlicher Belastungen nach § 2 Abs. 3 S. 1 Nr. 5 StromGVV bzw. § 2 Abs. 3 S. 1 Nr. 7 GasGVV. § 5a Abs. 1 S. 1 StromGVV/GasGVV

[1326] *Hartmann*, Theobald/Kühling, § 5 StromGVV Rn. 35.

berechtigt dabei den Grundversorger, jederzeit bei einer Änderung der genannten staatlichen Belastungen, die in die Kalkulation der Allgemeinen Preise eingeflossen sind, eine Neuermittlung vorzunehmen und die Änderung in das Ergebnis der Kalkulation einfließen zu lassen. Dabei kann das Recht zur Neukalkulation „jederzeit“, also auch zeitlich versetzt, ausgeübt werden, womit der Gesetzgeber eine vermehrte unterjährige Anpassung vermeiden wollte.[1327]

Spiegelbildlich enthält § 5a Abs. 1 S. 2 StromGVV/GasGVV die Verpflichtung zur unverzüglichen Weitergabe bei einem Absinken der genannten Belastungen. Innerhalb der StromGVV gilt eine Ausnahme für die Weitergabe der Belastungen nach § 2 Abs. 3 S. 1 Nr. 5 d) StromGVV. Im Unterschied zu § 5a Abs. 1 S. 1 StromGVV/GasGVV steht der Anpassungszeitpunkt hier also nicht im Ermessen des Grundversorgers, sondern die Weitergabe der Senkung muss unverzüglich erfolgen.[1328]

Dies gilt allerdings nicht für Senkungen nach § 2 Abs. 3 Nr. 5 d) StromGVV. Da dieser neben verbrauchsunabhängigen auch verbrauchsabhängige Bestandteile erfasst, ist die Veränderung hier nicht sofort für den Grundversorger erkennbar.[1329] Diese Systematik der Berechtigung zur Weitergabe von Erhöhungen und gleichzeitiger Verpflichtung zur Weitergabe von Kostensenkungen ist bereits aus der Beurteilung der unangemessenen Benachteiligung im Rahmen von Preisanpassungsklauseln in AGB bekannt.

Dabei entsteht die Verpflichtung zur Weitergabe von Kostensenkungen nach der StromGVV in dem Zeitraum vom 15. Oktober bis 31. Dezember eines Jahres erst, wenn alle von Satz 1 erfassten Belastungen für das Folgejahr feststehen, § 5a Abs. 1 S. 3 StromGVV.[1330] Damit sollen mehrfache unterjährige Preisänderungen vermieden werden.[1331] Der Gesetzgeber knüpft mit dem 15. Oktober an die Veröffentlichungspflicht der Netzbetreiber für

---

[1327] BR-Drs. 402/14, 25.
[1328] BR-Drs. 402/14, 25; *Hartmann*, Theobald/Kühling, § 12 StromGVV Rn. 10; *Busche*, Säcker, § 12 StromGVV Rn. 12.
[1329] BR-Drs. 402/14, 25 f.
[1330] Diese Vorschrift hat kein Äquivalent in der GasGVV.
[1331] BR-Drs. 402/14, 26.

Netzentgelte für das Folgejahr aus § 20 Abs. 1 S. 1 EnWG an und geht dabei davon aus, dass zu diesem Zeitpunkt grundsätzlich auch die Belastungen nach § 2 Abs. 3 S. 1 Nr. 5 StromGVV vorliegen.[1332] Da Netzbetreiber nach § 20 Abs. 1 S. 2 EnWG allerdings auch vorläufige Netzentgelte veröffentlichen können, welche sich noch ändern können, greift die Verpflichtung erst, wenn die Belastungen für das Folgejahr feststehen.[1333]

Die Regelung des § 5a knüpft an den § 5 an und stellt klar, dass auch die Änderung der kalkulatorischen Belastungen zu einer Anpassung der Allgemeinen Preise führen kann.[1334] Ein eigenes Recht zur Anpassung des Preises ergibt sich aus § 5a Abs. 1 StromGVV/GasGVV nicht, sondern auch hier bildet allein § 5 Abs. 2 StromGVV/GasGVV die Grundlage, vgl. § 5a Abs. 2 StromGVV/GasGVV.[1335]

5. Anpassungsmodalitäten

§ 12 Abs. 2 S. 1 StromGVV/GasGVV legt für die Grundversorgung fest, dass, sofern sich die verbrauchsabhängigen Preise innerhalb eines Abrechnungszeitraums ändern, der für die Preise neue maßgebliche Verbrauch zeitanteilig berechnet werden muss; jahreszeitliche Verbrauchsschwankungen sind auf der Grundlage der für Haushaltskunden maßgeblichen Erfahrungswerte zu berücksichtigen. Durch diese Regelung soll erreicht werden, dass der Kunde nicht durch eine reine zeitanteilige Betrachtung benachteiligt wird, sondern insbesondere auch die jahreszeitabhängigen Schwankungen bei geänderten Preisen berücksichtigt werden.[1336] So kann ein Interessenausgleich zwischen dem Haushaltskunden und dem Grundversorger geschaffen werden.[1337] Entsprechendes soll auch bei einer Änderung des Umsatzsteuersatzes und erlösabhängiger Abgabensätze gelten, § 12 Abs. 2 S. 2 StromGVV/GasGVV.

1332 BR-Drs. 402/14, 26.

1333 BR-Drs. 402/14, 26.

1334 BR-Drs. 402/14, 24.

1335 *Busche*, Säcker, § 5a StromGVV Rn. 1.

1336 *Hartmann*, Theobald/Kühling, § 12 StromGVV Rn. 10; *Busche*, Säcker, § 12 StromGVV Rn. 12.

1337 *Busche*, Säcker, § 12 StromGVV Rn. 12.

II. Ersatzversorgung

Die Preisanpassung in der Ersatzversorgung ist in § 38 Abs. 3 EnWG geregelt. Danach ist der Grundversorger unter Beachtung der gesetzlichen Bestimmungen berechtigt, die Allgemeinen Preise der Ersatzversorgung jeweils zum ersten und 15. Tag eines Kalendermonats neu zu ermitteln und ohne Einhaltung einer Frist anzupassen, § 38 Abs. 3 S. 1 EnWG. Die Begrenzung auf zwei Anpassungstermine pro Monat dient hier der Transparenz und Nachvollziehbarkeit für Kunden und Aufsichtsbehörden.[1338]

1. Veröffentlichungspflicht

Die Änderung der Allgemeinen Preise wird nach Veröffentlichung auf der Internetseite des Grundversorgers wirksam, § 38 Abs. 3 S. 2 EnWG. An dieser Stelle ist die Veröffentlichung im Internet, im Gegensatz zur Grundversorgung, Wirksamkeitserfordernis. Die Veröffentlichung auf der Internetseite muss je nach Anpassungstermin zum ersten oder fünfzehnten Tag eines Kalendermonats erfolgen.[1339] Erfolgt die Veröffentlichung verspätet, wird die Preisänderung erst zum nächsten Anpassungstermin wirksam.[1340]

Nach der Gesetzesbegründung muss diese Veröffentlichung im Internet transparent erfolgen.[1341] Das Gesetz selbst enthält keine weiteren Vorgaben zur Art und Weise der Veröffentlichung auf der Internetseite. Wie bei der Grundversorgung kann von einer transparenten Veröffentlichung nur ausgegangen werden, wenn der Letztverbraucher die Preise für die Ersatzversorgung einfach auf der Seite des Grundversorgers finden kann.

Es stellt sich die Frage, ob wie in der Grundversorgung, auch in der Ersatzversorgung eine detaillierte Aufschlüsselung der Preisbestandteile erforderlich ist oder es genügt, lediglich den alten und neuen Brutto-Strom- bzw. Brutto-Erdgaspreis zu veröffentlichen. Bei der Ersatzversorgung handelt es sich dem Wesen nach um eine befristete Art der Belieferung, sodass der Letztverbraucher ohnehin angehalten ist, zeitnah einen Liefervertrag mit einem Energieversorgungsunternehmen abzuschließen. Eine Kostentransparenz bei Preisänderung wie bei der Grundversorgung ist hier nicht notwendig.

[1338] BT-Drs. 20/1599, 59.
[1339] *Rasbach*, Kment, § 38 Rn. 14.
[1340] *Schnurre*, BeckOK EnWG, § 38 Rn. 20.
[1341] BT-Drs. 20/1599, 19.

Verlangt der Grundversorger bei der Belieferung von Haushaltskunden in der Grundversorgung andere Preise als in der Ersatzversorgung, ist er verpflichtet, die Beschaffungskosten gesondert auszuweisen, § 38 Abs. 2 S. 2 EnWG. Diese Verpflichtung wäre obsolet, wenn er nach § 38 Abs. 3 S. 2 EnWG ohnehin schon zu einer Aufschlüsselung des Ersatzversorgungspreises verpflichtet wäre. Im Ergebnis ist es also ausreichend, wenn der alte und neue Brutto-Preis veröffentlicht werden, etwa wie bei der öffentlichen Bekanntgabe im Rahmen der Grundversorgung.

Der Grundversorger muss die Allgemeinen Preise der Ersatzversorgung der mindestens letzten sechs Monate auf seiner Internetseite vorhalten, § 38 Abs. 3 S. 3 EnWG. Dadurch wird dem Letztverbraucher eine bessere Nachvollziehbarkeit der Preisgestaltung in der Ersatzversorgung ermöglicht.[1342] Hierbei handelt es sich allerdings nicht um eine Wirksamkeitsvoraussetzung der Änderung der Allgemeinen Preise, sondern wohl nur um eine Pflicht aus dem gesetzlichen Schuldverhältnis.

2. Kein Gleichlauf der Preise bei Haushaltskunden mehr

Ein Gleichlauf der Preise in der Grund- und Ersatzversorgung für Haushaltskunden ist im Gesetz nicht mehr vorgeschrieben. Dies ergibt sich für Haushaltskunden aus § 38 Abs. 2 S. 1 und S. 2 EnWG. Historisch kann ferner die Streichung des § 38 Abs. 1 S. 3 EnWG a. F.[1343] herangezogen werden, welcher zumindest im Bereich der Versorgung von Haushaltskunden eine Gleichpreisigkeit in Grund- und Ersatzversorgung vorsah.[1344] Die Streichung des § 38 Abs. 1 S. 3 EnWG a. F. soll dem Umstand Rechnung tragen, dass der Grundversorger die Mengen für die Ersatzversorgung zumeist kurzfristig teuer an der Börse beschaffen muss.[1345] Sofern der Grundversorger für Haushaltskunden in der Ersatzversorgung höhere Preise ausweist als in der Grundversorgung, muss dies nach § 38 Abs. 2 S. 2 und 3 EnWG sachlich gerechtfertigt sein.[1346] Der Grundversorger muss bei unterschiedlichen Preisen

---

[1342] *Rasbach*, Kment, § 38 Rn. 14.

[1343] In der Fassung vom 28.07.2022.

[1344] Gesetz zur Änderung des Energiewirtschaftsrechts im Zusammenhang mit dem Klimaschutz-Sofortprogramm und zu Anpassungen im Recht der Endkundenbelieferung vom 19.07.2022 (BGBl. I 2022 S. 1214).

[1345] BT-Drs. 20/1599, 58.

[1346] Siehe auch: BT-Drs. 20/1599, 59.

die bei der Ermittlung der Allgemeinen Preise der Ersatzversorgung für Haushaltskunden berücksichtigten Beschaffungskosten gesondert ausweisen, § 38 Abs. 2 S. 2 EnWG. Ein gesondertes Ausweisen soll die Transparenz gegenüber dem Kunden erhöhen.[1347]

Die Beschaffungskosten in der Ersatzversorgung dürfen kalkulatorisch nicht höher angesetzt werden, als sie für den Grundversorger bei einer kurzfristigen Beschaffung der benötigten Energiemengen über Börsenprodukte anfallen würden, § 38 Abs. 2 S. 3 EnWG. Der Grundversorger darf damit etwa keine Risikoaufschläge auf den Preis erheben.[1348] Eine andere Art der Beschaffung bleibt dem Versorger weiterhin möglich, die Kosten dürfen aber kalkulatorisch nicht höher angesetzt werden als der Preis der kurzfristigen Beschaffung an der Börse.[1349] Die Anknüpfung an kurzfristige Börsenprodukte soll die Preistransparenz erhöhen und zu einer Vorhersehbarkeit der Höhe der Preise in der Ersatzversorgung beitragen.[1350]

Nach Ansicht des Gesetzgebers werden solche Börsenprodukte als Maßstab heranzuziehen sein, die eine auf einen Monat bezogene Kalkulation ermöglichen, da sich die Ersatzversorgungspreise kurzfristig zum Beginn des Monats ändern können.[1351] Hierbei verkennt der Gesetzgeber in der Gesetzesbegründung allerdings, dass eine Neuermittlung des Preises nach § 38 Abs. 3 S. 1 EnWG auch zum 15. eines Monats möglich ist. Als kurzfristige Börsenprodukte gelten wohl solche Produkte, die an den Spotmärkten gehandelt werden.[1352]

Mangels entgegenstehender Regelung kann bei den Ersatzversorgungstarifen zwischen Haushaltskunden und Nicht-Haushaltskunden unterschieden werden.[1353]

3. Umfang der Anpassung der Allgemeinen Preise

Zum Umfang der Anpassung der Allgemeinen Preise kommt entweder eine Anpassung im Rahmen des billigen Ermessens nach § 315 Abs. 1 BGB oder eine Anpassung nach freiem Ermessen in Betracht.

[1347] BT-Drs. 20/1599, 59.
[1348] *Schnurre*, BeckOK EnWG, § 38 Rn. 18.
[1349] BT-Drs. 20/1599, 59.
[1350] BT-Drs. 20/1599, 59.
[1351] BT-Drs. 20/1599, 59.
[1352] So wohl auch: *Rasbach*, Kment, § 38 Rn. 13.
[1353] So auch: *Rasbach*, Kment, § 38 Rn. 13.

Für eine Pflicht zur Bestimmung nach billigem Ermessen müsste der § 315 BGB zunächst auf gesetzliche Schuldverhältnisse anwendbar sein. Nach seiner systematischen Stellung in Abschnitt 3 des BGB ist die Vorschrift nur auf vertragliche Schuldverhältnisse anwendbar. Dies kann jedoch dahingestellt bleiben, da aufgrund einer planwidrigen Regelungslücke und vergleichbarer Interessenlage jedenfalls eine analoge Anwendung des § 315 BGB in Betracht kommt.[1354]

Für eine Ausübung nach freiem Ermessen spricht die Annahme einer geringen Schutzwürdigkeit des Letztverbrauchers. So steht es ihm frei, die Ersatzversorgung ohne Einhaltung einer Frist zu verlassen. Aufgrund der sofortigen Wechselmöglichkeit steht dem auch nicht entgegen, dass der Letztverbraucher zumeist unverschuldet in die Ersatzversorgung rutscht und daher der Preissetzungsmacht des Grundversorgers ausgesetzt ist.

Für eine Leistungsbestimmung nach billigem Ermessen spricht, dass § 3 Abs. 1 1. Hs. StromGVV/GasGVV unter anderem auch eine entsprechende Anwendung des § 17 Abs. 1 S. 3 StromGVV/GasGVV in der Ersatzversorgung vorsieht, welcher im Bereich der Grundversorgung als Argument für eine Anwendung des § 315 BGB herangezogen wird. Folglich könnte man davon ausgehen, dass dies auch im Rahmen der Ersatzversorgung der Fall sein soll.

§ 38 Abs. 2 S. 3 EnWG enthält eine Sonderregelung für die Preisgestaltung für Haushaltskunden in der Ersatzversorgung. Aus dieser Sonderregelung könnte sich die Notwendigkeit einer differenzierten Betrachtung des Anpassungsmaßstabs für Haushaltskunden und sonstige Letztverbraucher ergeben.

a) Haushaltskunden

Im Bereich der Ersatzversorgung von Haushaltskunden ist der Grundversorger nach § 38 Abs. 2 S. 3 EnWG in der kalkulatorischen Ansetzung der Beschaffungskosten durch die Spotmarktpreise an der Börse begrenzt, sofern die Allgemeinen Preise in der Ersatzversorgung die in der Grundversorgung übersteigen. Aufgrund dieser Begrenzung des Grundversorgers in der Preisgestaltung könnte man davon ausgehen, dass das Ermessen des Grundversorgers derart begrenzt ist, dass der Anwendungsbereich des § 315 BGB

[1354] Ausführlicher zu dieser Frage: *Fricke*, Die gerichtliche Kontrolle von Entgelten in der Energiewirtschaft, 437 ff.

nicht eröffnet ist.[1355] Der Anwendungsbereich des § 315 BGB wäre etwa nicht eröffnet, wenn die Berechnungsfaktoren für eine Änderung des Preises im Vorfeld derart bestimmt sind, dass dem Grundversorger kein Ermessenspielraum mehr verbleibt.[1356] § 38 Abs. 2 S. 3 EnWG legt eine Höchstgrenze für die Beschaffungskosten als einzelner Preisbestandteil fest. Innerhalb dieser Höchstgrenze steht dem Grundversorger ein Ermessensspielraum zu. Der Anwendungsbereich des § 315 BGB wäre damit grundsätzlich eröffnet.

Die Höchstgrenze verdeutlicht, dass der Gesetzgeber, insbesondere im Bereich der Versorgung von Haushaltskunden, eine willkürliche Preisanpassung in der Ersatzversorgung verhindern möchte. Aus diesem Grund und aufgrund der Zweifelsregelung des § 315 Abs. 1 BGB ist davon auszugehen, dass der § 315 BGB auch im Rahmen der Ersatzversorgung zumindest analoge Anwendung finden muss. Der Grundversorger soll die Preisanpassung zum Schutz des Haushaltskunden nicht nach freiem Ermessen vornehmen können.

In § 38 Abs. 1 S. 3 EnWG a. F.[1357] war festgelegt, dass für Haushaltskunden die Preise in der Ersatzversorgung die Preise in der Grundversorgung nicht übersteigen dürfen. Hier ließ sich mit guten Gründen vertreten, dass das Bestimmungsrecht bereits dann ordnungsgemäß ausgeübt wurde, wenn die Preise für die Ersatzversorgung, der der Grundversorgung entsprachen oder diese unterschritten.[1358] Allerdings fand in diesen Fällen ohnehin eine mittelbare Billigkeitskontrolle statt, da die Preisanpassung in der Grundversorgung nach § 5 Abs. 2 StromGVV/GasGVV der Billigkeitskontrolle unterliegt. Dies spricht weiter für eine Anwendung der Billigkeitskontrolle.

Der Grundversorger muss die Bestimmung der Preisanpassung in der Ersatzversorgung von Haushaltskunden nach billigem Ermessen i. S. d. § 315 Abs. 1 BGB treffen.

[1355] Vgl. *BGH*, Urt. v. 25.11.2015 – VIII ZR 360/14, Rn. 22, juris; *Rieble*, Staudinger, § 315 BGB Rn. 145; *Gehrlein*, BeckOK BGB, § 315 Rn. 4; *Grüneberg*, Grüneberg, § 307 BGB Rn. 5.

[1356] Vgl. *BGH*, Urt. v. 11.10.2006 – VIII ZR 270/05, Rn. 19, juris; *BGH*, Urt. v. 25.11.2015 – VIII ZR 360/14, Rn. 21, juris; *Gehrlein*, BeckOK BGB, § 315 Rn. 4.

[1357] In der Fassung vom 28.07.2022.

[1358] Zum Bestimmungsrecht nach der alten Rechtslage vertiefend: *Fricke*, Die gerichtliche Kontrolle von Entgelten in der Energiewirtschaft, 439.

b) Nicht-Haushaltskunden

Bei der Ersatzversorgung von Nicht-Haushaltskunden hat der Gesetzgeber auf eine dem § 38 Abs. 2 S. 3 EnWG entsprechende Beschränkung verzichtet. Auch, wenn der Wortlaut des § 38 Abs. 2 S. 3 EnWG den Anwendungsbereich nicht ausdrücklich auf Haushaltskunden beschränkt, ergibt sich dies aus der Systematik des Absatzes, da Absatz 2 Satz 3 ein Teil der sachlichen Rechtfertigung aus Absatz 2 Satz 1 für höhere Preise bei Haushaltskunden in der Ersatzversorgung als in der Grundversorgung ist. Zudem war der Preis der Ersatzversorgung bei Nicht-Haushaltskunden nie auf die Höhe der Preise in der Grundversorgung begrenzt. Dies spricht dafür, dass der Gesetzgeber von einer geringeren Schutzwürdigkeit von Nicht-Haushaltskunden ausgeht.

Für die Preisbestimmung in der Ersatzversorgung von Nicht-Haushaltskunden ist allein § 38 Abs. 3 EnWG maßgeblich. Ein Bestimmungsmaßstab wird in der Vorschrift nicht festgelegt. Nach der Gesetzesbegründung soll in der Ersatzversorgung ein Anreiz für den Letztverbraucher geschaffen werden, zeitnah einen Vertrag mit einem Versorger abzuschließen.[1359] Aus diesem Anreiz wird teilweise geschlossen, dass die Bestimmung nach freiem Ermessen getroffen werden könne.[1360] Ferner sei der Ersatzversorger in seiner Preisgestaltung ohnehin diszipliniert, da ihm das Ersatzversorgungsverhältnis die Möglichkeit zur Neukundengewinnung geben würde.[1361] Ein zusätzlicher Anreiz zum Verlassen der Ersatzversorgung ist für den Nicht-Haushaltskunden jedoch nicht notwendig. Der Energiebezug in der Ersatzversorgung stellt wohl die teuerste aller Bezugsmöglichkeiten dar. Hinzu kommen die zeitliche Begrenzung und die ständige Möglichkeit der Preisanpassung. Dadurch entsteht für einen unternehmerischen Letztverbraucher ein kaum kalkulierbares wirtschaftliches Risiko.

Damit ist im Ergebnis anzunehmen, dass auch bei Nicht-Haushaltskunden die Bestimmung der Preisanpassung nach billigem Ermessen i. S. d. § 315 Abs. 1 BGB getroffen werden muss.

[1359] BR-Drs. 613/1/04, 32; BT-Drs. 15/4068, 7.

[1360] *Fricke*, die gerichtliche Kontrolle von Entgelten in der Energiewirtschaft, 440; zu den Gesetzgebungsmaterialien: BR-Drs. 613/1/04, 32; BT-Drs. 15/4068, 7.

[1361] *Fricke*, die gerichtliche Kontrolle von Entgelten in der Energiewirtschaft, 440 f.

c) Zwischenergebnis

Die Preisanpassung in der Ersatzversorgung muss sowohl bei der Belieferung von Haushaltskunden als auch von Nicht-Haushaltskunden nach billigem Ermessen i. S. d. § 315 Abs. 1 BGB getroffen werden. Sofern man eine direkte Anwendung des § 315 BGB bei gesetzlichen Schuldverhältnissen ablehnt, erscheint zumindest eine analoge Anwendung geboten.

4. Kein Sonderkündigungsrecht

Ein Sonderkündigungsrecht entsteht bei der Preisanpassung in der Ersatzversorgung nicht. Der ersatzversorgte Letztverbraucher hat auch außerhalb von Preisanpassungen eine jederzeitige Wechselmöglichkeit, vgl. § 38 Abs. 4 S. 1 EnWG. Es besteht keine Schutzwürdigkeit.

III. Zwischenergebnis

In der Grund- und Ersatzversorgung bestehen gesetzliche Preisanpassungsrechte für den Grundversorger. In der Grundversorgung ergibt sich dies aus § 5 Abs. 2 StromGVV/GasGVV und in der Ersatzversorgung aus § 38 Abs. 3 EnWG. Diese Vorschriften enthalten, ähnlich wie § 41 Abs. 5 EnWG, Mitteilungspflichten für den Grundversorger. Anpassungsmaßstab bildet auch hier (analog) § 315 Abs. 1 BGB.

H. Fazit

Diese Arbeit hat gezeigt, dass Preisanpassungsklauseln in Sonderkundenverträgen ein unverzichtbares Element zur einseitigen Preisanpassung innerhalb und außerhalb von Krisen darstellen. Diese bieten einerseits für das Energieversorgungsunternehmen die beste Möglichkeit, gestiegene Preise an den Letztverbraucher weiterzugeben. Andererseits kann auch der Letztverbraucher profitieren, da er auf der Grundlage von transparenten Klauseln etwaige Preiserhöhungen vorhersehen kann und diese damit für ihn ein kalkulierbares Risiko darstellen. Weiter wird er vor möglichen hohen Risikoaufschlägen bei Vertragsschluss geschützt. Der Klauselverwender steht bei der Erstellung von rechtssicheren Klauseln allerdings vor großen Herausforderungen, die insbesondere die §§ 307 ff. BGB mit sich bringen. Einfacher erscheint die Preisanpassung bei Kunden in der Grund- und Ersatzversorgung, denn hier besteht für das Energieversorgungsunternehmen nicht die Gefahr der Unwirksamkeit einer Klausel nach den §§ 307 ff. BGB. Ferner werden durch § 5 Abs. 2 StromGVV/GasGVV klarere Leitlinien vorgegeben. Sollte mangels entsprechender Klausel eine vertragliche Anpassung nicht in Betracht kommen, bleibt zumeist lediglich die Möglichkeit der Anpassung über das Rechtsinstitut der Störung der Geschäftsgrundlage nach § 313 Abs. 1 BGB. Hier ist eine Anwendung außerhalb von Krisen nahezu ausgeschlossen. Auch innerhalb von Krisen ist das Vorliegen der Tatbestandsvoraussetzungen stark vom Einzelfall abhängig.

Abschließend sollen die wichtigsten Ergebnisse überblicksartig in Thesen zusammengefasst werden.

1) Das Unbundling in der leitungsgebundenen Versorgung mit Elektrizität und Erdgas war elementar für den heute bestehenden Wettbewerb für den Handel mit diesen Energieträgern.[1362]
2) Strom wird am Spotmarkt zu einem in einer Einheitspreisauktion gebildeten Market-Clearing-Price vermarktet. Dieser Preis ergibt sich aus der Schnittstelle der aggregierten Angebotskurve und der aggregierten Nachfragekurve. Der Kraftwerkseinsatz erfolgt dann nach dem Prinzip der Merit-Order. Dadurch wird der Market-Clearing-Price durch das sog. Grenzkraftwerk bestimmt. Die Preisbildung am Spotmarkt für Strom hat aufgrund der Preiserwartung auch Auswirkungen auf den Terminmarkt und den außerbörslichen Handel.[1363]
3) Der deutsche Gasmarkt ist aufgrund des großen Importanteils stark abhängig von anderen Ländern. Auch im Gashandel hat der Börsenpreis einen erheblichen Einfluss auf die außerbörsliche Preisbildung. Auf dem Gasmarkt findet keine Einheitspreisauktion statt. Ein maßgeblicher Faktor zur Preisbildung ist hier etwa der Wärmemarkt, da es sich um den wichtigsten Absatzmarkt für Erdgas handelt.[1364]
4) Strom- und Erdgaspreise setzen sich für Letztverbraucher aus einem vom Lieferanten beeinflussbaren Anteil des Strompreises (Energiebeschaffung, Vertrieb und Marge) und einem nicht beeinflussbaren Bestandteil (Abgaben und Steuern) zusammen.[1365]
5) Energiepreise sind stark volatil. Größere Preisschwankungen treten nicht nur in Abhängigkeit von Krisen, sondern auch krisenunabhängig auf. Dabei können Krisen die Energiepreise mittelbar oder unmittelbar beeinflussen.[1366]
6) Energielieferverträge über Elektrizität sind als Dauerschuldverhältnis und absolutes Fixgeschäft einzuordnende Kaufverträge über sonstige Gegenstände, § 433 BGB i. V. m. § 453 Abs. 1 S. 1 2. Alt. BGB.[1367]

1362 Hierzu: B.
1363 Hierzu: B.I.
1364 Hierzu: B.II.
1365 Hierzu: B.III.1 (Strom) und B.III.2 (Erdgas).
1366 Hierzu: B.IV.
1367 Hierzu: C.II.1 und C.III.

7) Energielieferverträge über Erdgas sind als Dauerschuldverhältnis und absolutes Fixgeschäft einzuordnende Kaufverträge nach § 433 BGB.[1368]
8) Letztverbraucher können im Rahmen der Grundversorgung, Ersatzversorgung und außerhalb der Grundversorgung (Sondervertragskunden) mit Elektrizität und Erdgas beliefert werden.[1369]
9) Für eine einseitige Preisanpassung ist eine Durchbrechung des Grundsatzes *pacta sunt servanda* notwendig. Eine einseitige Preisanpassung ist deshalb nur möglich, wenn das Gesetz eine solche Möglichkeit vorsieht oder die Vertragsparteien ein entsprechendes Gestaltungsrecht, etwa durch Preisanpassungsklauseln, vertraglich vereinbart haben.[1370]
10) Preisanpassungsklauseln müssen die Anforderungen des Preisklauselgesetzes einhalten.[1371]
11) Eine Unterrichtung des Letztverbrauchers i. S. d. § 41 Abs. 5 EnWG muss derart gestaltet sein, dass der Letztverbraucher klar erkennen kann, dass es sich um eine Information zur Preisanpassung handelt. Bei längeren Unterrichtungen sind deshalb etwa Hervorhebungen notwendig. In der Unterrichtung müssen alle Kostenbestandteile des alten und des neuen Preises gegenübergestellt werden, damit dem Letztverbraucher ein Marktvergleich ermöglicht wird.[1372]
12) Das Sonderkündigungsrecht nach § 41 Abs. 5 S. 4 EnWG entsteht nicht, wenn die Preisanpassung automatisiert und ohne einen Willensentschluss des Energieversorgungsunternehmens erfolgt. Hierbei mangelt es nämlich an der Voraussetzung des „Ausübens“ des Rechts zur Preisanpassung. Bei Leistungsvorbehaltsklauseln entsteht immer ein Sonderkündigungsrecht. Das Sonderkündigungsrecht entsteht auch, wenn die Änderungen hoheitlicher Belastungen, die nicht unter § 41 Abs. 6 EnWG fallen, weitergegeben werden.[1373]
13) Bestimmen Preisanpassungsklauseln in AGB auch einen variablen Ausgangspreis, handelt es sich um Preishauptabreden, die nicht der

[1368] Hierzu: C.II.2 und C.III.
[1369] Hierzu: D.
[1370] Hierzu: E.III f.
[1371] Hierzu: F.I.2.a).
[1372] Hierzu: F.I.2.b).
[1373] Hierzu: F.I.2.b).ee).

Inhaltskontrolle der §§ 307 ff. BGB unterliegen. Die vom BGH vertretene Doppelfunktion zur Annahme einer Preisnebenabrede ist abzulehnen. Dies gilt auch, wenn der Vertrag einen variablen Ausgangspreis ausweist, für den Letztverbraucher jedoch erkennbar ist, dass dieser variabel ist.[1374]

14) Prüfungsmaßstab, ob Preisanpassungen den Klauselgegner entgegen dem Gebot von Treu und Glauben unangemessen benachteiligen, bildet primär § 307 Abs. 1 S. 1, Abs. 3 BGB.[1375]

15) Damit die Preisanpassungsklausel der Inhaltskontrolle nach § 307 Abs. 1 S. 1 BGB standhält, ist ein berechtigtes Interesse des Klauselverwenders notwendig. Bei Preisanpassungsklauseln besteht das berechtigte Interesse grundsätzlich in dem Erhalt des Äquivalenzverhältnisses. Dies macht es notwendig, dass die Klausel sicherstellt, dass die Preisanpassung auf die tatsächliche Kostensteigerung begrenzt ist. Weiter müssen Kostensenkungen und Kostensteigerungen nach dem Gebot der Reziprozität spiegelbildlich weitergegeben werden. Zuvor muss eine Saldierung stattfinden. Dabei dürfen Kostensteigerungen aufgrund schlechten Wirtschaftens des Energieversorgungsunternehmens nicht an den Letztverbraucher weitergegeben werden.[1376]

16) Um die Anforderungen an die Transparenz nach § 307 Abs. 1 S. 1 und S. 2 BGB einzuhalten, muss die Klausel für den durchschnittlichen Vertragspartner klar und durchschaubar gestaltet sein. Dazu zählt, dass die Rechtslage eindeutig dargestellt wird und in der Anwendung Beurteilungsspielräume vermieden werden. Damit Letztverbraucher den Umfang der Änderungen nachvollziehen können, sollten Energieversorgungsunternehmen auf öffentlich zugängliche Variablen zurückgreifen. Werden betriebsinterne Parameter verwendet, sind diese dem Letztverbraucher offenzulegen. Zum Schutz des Betriebs- und Geschäftsgeheimnisses ist es dabei nicht notwendig, dass das Energieversorgungsunternehmen seine interne Kalkulation offenlegt.[1377]

17) Das billige Ermessen i. S. d. § 315 Abs. 1 BGB, welches der Klauselverwender im Rahmen von Leistungsvorbehaltsklauseln erhält, ist durch

---

[1374] Hierzu: F.I.3.c).bb).(5) und F.I.3.c).bb).(6).

[1375] Hierzu: F.I.3.c).cc).(3).

[1376] Hierzu: F.I.3.c).cc).(3).(b).

[1377] Hierzu: F.I.3.c).dd).

die Billigkeit i. S. d. § 315 Abs. 3 S. 1 BGB begrenzt. Die Billigkeit muss dabei kostenbezogen im Einzelfall und nicht nach der Marktüblichkeit beurteilt werden.[1378]

18) Widerspricht der Letztverbraucher der Preisanpassung nicht rechtzeitig, kann er die Billigkeit i. S. d. § 315 Abs. 3 S. 2 nicht in einem unbegrenzten Zeitraum überprüfen lassen. Anknüpfungspunkt für die Rechtzeitigkeit ist die Begleichung der Endabrechnung. Dabei kommt es auf den individuellen Abrechnungszeitraum des Lieferverhältnisses an. Eine gerichtliche Überprüfung der Billigkeit nach § 315 Abs. 3 S. 2 BGB kann der Letztverbraucher nur bis zur Begleichung der Endabrechnung anstreben.[1379]
19) Bei Spannungsklauseln liegt eine Vergleichbarkeit der in ein Verhältnis zueinander gesetzten Güter oder Leistungen im Rahmen von Energielieferverträgen vor, wenn als Referenzgut ein Substitutionsenergieträger des vertraglich vereinbarten Energieträgers gewählt wird.[1380]
20) Auch im Bereich der leitungsgebundenen Versorgung mit Erdgas von Verbrauchern besteht ein schutzwürdiges Interesse an der Verwendung von Spannungsklauseln, sodass diese Letztverbraucher als Verbraucher nicht generell i. S. d. § 307 Abs. 1 S. 1 BGB benachteiligt. Dies gilt auch, sofern man die Ansicht des BGH vertritt, dass für die Prognose einer ähnlichen Entwicklung zwischen dem Marktpreis des vertraglich vereinbarten Gutes und dem Referenzgut ein Wettbewerb notwendig sei. Der Marktpreis für leitungsgebundenes Erdgas wird wettbewerblich ermittelt.[1381]
21) Bei der Anwendung von Wirtschaftsklauseln ist eine erhebliche Veränderung der Verhältnisse notwendig. Die Volatilität der Energiepreise auf den Energiemärkten und der stetige Wandel des Marktgeschehens verhindern es, dass für die Erheblichkeit feste Grenzen definiert werden können. Zur Gewährleistung der Rechtssicherheit sollten die Vertragsparteien deshalb im Vertrag eine Erheblichkeitsschwelle definieren.[1382]

[1378] Hierzu: F.I.4.a).cc).(2).(a).
[1379] Hierzu: F.I.4.a).cc).(2).(b).
[1380] Hierzu: F.I.4.c).aa).
[1381] Hierzu: F.I.4.c).bb).
[1382] Hierzu: F.I.4.e).bb).(3).

22) Bezogen auf den Umfang der Preisanpassung auf der Grundlage von Wirtschaftsklauseln muss die Erheblichkeitsschwelle in Abzug gebracht werden. Der nicht berücksichtigungsfähige Teil fällt in den Risikobereich des Energieversorgungsunternehmens.[1383]
23) Die ergänzende Vertragsauslegung nach §§ 133, 157 BGB gibt nicht die Möglichkeit einer Preisanpassung. Zudem ist auch die vom BGH auf die ergänzende Vertragsauslegung gestützte *Dreijahreslösung* als Rückforderungsausschluss abzulehnen.[1384]
24) Die Störung der Geschäftsgrundlage nach § 313 BGB gibt auch im Rahmen von Energielieferverträgen eine Möglichkeit zur Preisanpassung. Dabei wird die Anwendung nicht durch § 24 Abs. 1 EnSiG ausgeschlossen. Die Anwendung aufgrund einer Verschiebung des Äquivalenzverhältnisses kommt allerdings nur in eng begrenzten Ausnahmefällen in Betracht. Die Tatbestandsvoraussetzungen werden deshalb zumeist nur bei krisenabhängigen Preisexplosionen vorliegen.[1385]
25) Die §§ 241, Abs. 1 BGB, 275 Abs. 2 BGB, 242 BGB, 346 HGB oder das Handelsgewohnheitsrecht bilden keine Rechtsgrundlage für eine einseitige Preisanpassung.[1386]
26) Die Preisanpassung in der Ersatzversorgung muss nach billigem Ermessen i. S. d. § 315 Abs. 1 erfolgen und darf nicht nach freiem Ermessen getroffen werden.[1387]

[1383] Hierzu: F.I.4.e).bb).(5).
[1384] Hierzu: F.III.
[1385] Hierzu: F.IV.1.
[1386] Hierzu: F.IV.2 ff.
[1387] Hierzu: G.II.3.

Literaturverzeichnis

Bartsch, Michael / Salje, Peter / Röhling, Andreas / Scholz, Ulrich (Hrsg.)	Stromwirtschaft, 2. Aufl., Köln 2008 Zitiert: *Bearbeiter*, Bartsch/Salje/Röhling/Scholz, Fundstelle
Baur, Jürgen F.	Wirtschaftsklauseln, in: Festschrift für Ernst Steindorff zum 70. Geburtstag, Jürgen F. Baur, Klaus J. Hopt, K. Peter Mailänder (Hrsg.), S. 509–518
Baur, Jürgen F.	Vertragliche Anpassungsregelungen, 1. Aufl., Heidelberg 1983
Baur, Jürgen F.	Preisänderungsklauseln, Vertragsanpassungsklauseln und Höhere-Gewalt-Klauseln in langfristigen Lieferverträgen über Energie, in: ZIP 1985, S. 905–915
Baur, Jürgen F. / Salje, Peter / Schmidt-Preuß, Matthias (Hrsg.)	Regulierung in der Energiewirtschaft, 2. Aufl., Köln 2016 Zitiert: *Bearbeiter*, Baur/Salje/Schmidt-Preuß, Fundstelle
Bausch, Stephan	Anmerkung zu BGH, Urt. v. 25.10.2016 – XI ZR 9/15, in: NJW 2017, S. 1018–1022
Bayer, Walter	Bereicherungsausgleich bei Zahlungen auf Grund unwirksamer Preisanpassungsklausel in Energielieferverträgen?, in: RdE 2010, S. 1–6

Beck'scher Online-Großkommentar	Zum Bürgerlichen Gesetzesbuch, Markus Artz, Bettina Brückner, Martina Benecke, u. a. (Hrsg.), Stand 01.11.2024, München 2024 Zitiert: *Bearbeiter*, BeckOGK BGB (Bearbeitungsstand), Fundstelle
Beck'scher Online-Großkommentar	Zum Preisklauselgesetz, Christoph Reymann (Hrsg.), Stand 15.03.2025, München 2024 Zitiert: *Bearbeiter*, BeckOGK PreisklG, Fundstelle
Beck'scher Online-Kommentar	Zum Energiewirtschaftsgesetz, Lukas Assmann, Max Pfeiffer (Hrsg.), 14. Edit., München 2025 Zitiert: *Bearbeiter*, BeckOK EnWG, Fundstelle
Beck'scher Online-Kommentar	Zum Energiesicherungsrecht, Stephan Gerstner, Jörg Gundel (Hrsg.), 8. Edit., München 2025 Zitiert: *Bearbeiter*, BeckOK EnSiG, Fundstelle
Beck'scher Online-Kommentar	Zum Handelsgesetzbuch, Martin Häublein, Roland Hoffmann-Theinert, Jens Poll (Hrsg.), 45. Edit., München 2025 Zitiert: *Bearbeiter*, BeckOK HGB, Fundstelle
Beck'scher Online-Kommentar	Zum Verwaltungsverfahrensgesetz, Johann Bader, Michael Ronellenfitsch (Hrsg.), 67. Edit., München 2025 Zitiert: *Bearbeiter*, BeckOK VwVfG, Fundstelle
Beck'scher Online-Kommentar	Zum Bürgerlichen Gesetzbuch, Wolfgang Hau, Roman Poseck (Hrsg.), 73. Edit., München 2025 Zitiert: *Bearbeiter*, BeckOK BGB, Fundstelle
Beck'scher Online-Kommentar	Zum Gesetz gegen den unlauteren Wettbewerb, Jörg Fritzsche, Reiner Münker, Christoph Stollwerck (Hrsg.), 28. Edit., München 2025 Zitiert: *Bearbeiter*, BeckOK UWG, Fundstelle
Beck'scher Online-Kommentar	Zum Mietrecht, Klaus Schach, Michael Schultz, Peter Schüller (Hrsg.), 40. Edit., München 2025 Zitiert: *Bearbeiter*, BeckOK Mietrecht, Fundstelle
Bilda, Klaus	Anmerkung zu BGH, Urt. v. 30.09.1970 – V ZR 39/70, in: NJW 1971, S. 372
Borges, Georg	Aktuelle Entwicklungen in der AGB-Kontrolle von Preisänderungsklauseln, in: AGB im Wirtschaftsverkehr: Herausforderung und Hürde, Michael Abels, Manfred Lieb (Hrsg.), S. 83–102, 1. Aufl., Baden-Baden 2011

Bork, Reinhard	Anmerkung zu BGH, Urt. v. 18.10.2005 – KZR 36/04, in: JZ 13/2006, S. 682–685
Bötticher, Eduard	Bestandsschutz und Vertragsinhaltsschutz im Lichte der Änderungskündigung, in: Festschrift für Erich Molitor zum 75. Geburtstag, Herausgegeben im Auftrag der Mitarbeiter von Hans Carl Nipperdey, S. 123–141
Bourwieg, Karsten / Hellermann, Johannes / Hermes, Georg (Hrsg.)	Kommentar zum Energiewirtschaftsgesetz, 4. Aufl., München 2023 Zitiert: *Bearbeiter*, Bourwieg/Hellermann/Hermes, Fundstelle
Brömmelmeyer, Christoph	Schuldrecht Allgemeiner Teil, 2. Aufl., Baden-Baden 2022
Brox, Hans / Walker, Wolf-Dietrich	Allgemeiner Teil des BGB, 47. Aufl., München 2023
Brox, Hans / Walker, Wolf-Dietrich	Allgemeines Schuldrecht, 49. Aufl., München 2025
Büdenbender, Ulrich	Die neue Rechtsprechung des BGH zu Preisanpassungsklauseln in Energielieferungsverträgen, in: NJW 2009, S. 3125–3132
Büdenbender, Ulrich	Die Rechtsprechung des Bundesgerichtshofs zu Preisanpassungen in der Elektrizitäts- und Gaswirtschaft, in: ZIP 2017, S. 1041–1052
Büdenbender, Ulrich	Die Bedeutung von Wirtschaftsklauseln in Energielieferungsverträgen für den Preiswettbewerb, in: Festschrift zum 65. Geburtstag von Professor Dr. Jürgen Baur, Ulrich Büdenbender, Gunther Kühne (Hrsg.), S. 425–439, 1. Aufl., Baden-Baden 2002
Büdenbender, Ulrich	Die Bedeutung der Preismissbrauchskontrolle nach § 315 BGB in der Energiewirtschaft, in: NJW 2007, S. 2945–2951
Büdenbender, Ulrich	Die Abgrenzung der Grundversorgungs-(Tarifversorgungs-)verträge von Sonderverträgen über die Lieferung von Elektrizität und Gas, in: RdE 2011, S. 201–211

Büdenbender, Ulrich	Neugestaltung von Preisanpassungsklauseln in Energielieferungsverträgen über Elektrizität und Gas, in: NJW 2013, S. 3601–3607
Büdenbender, Ulrich	Die Weitergabe politischer Mehrbelastungen an endverbrauchende Kunden, in: et 5/2001, S. 298–322
Büdenbender, Ulrich / Gromm, Marcel	Wirksamkeit von Preisanpassungsklauseln in Fernwärmelieferungsverträgen, in: BB 2011, S. 2883–2893
Bulla, Simon	Grundversorgung und Sondervertragskunden, in: N&R 2012, S. 24–30
Büttner, Wolf / Däuper, Olaf	Weitere typische Klauseln in Gaslieferverträgen – Teil 3, in: ZNER 2003, S. 205–211
Bydlinski, Peter	Der Sachbegriff im elektronischen Zeitalter: zeitlos oder anpassungsbedürftig?, in: AcP 198 (1998), S. 287–328
Dahl, Antonia vom	Langfristige Energielieferverträge in Deutschland und den USA, 1. Aufl., Baden-Baden 2023
Dauner-Lieb, Barbara / Langen, Werner (Hrsg.)	Kommentar zum Schuldrecht – Band 2: §§ 241–853 BGB, 4. Aufl., Baden-Baden 2021 Zitiert: *Bearbeiter*, Dauner-Lieb/Langen, Fundstelle
de Wyl, Christian / Eder, Jost / Hartmann, Thies Christian	PraxisKommentar Netzanschluss- und Grundversorgungsverordnungen, 2. Aufl., Berlin 2016
Dietzel, Alexander	Preisanpassung nach § 313 BGB in Energielieferverträgen mit Haushaltskunden bei Festpreisvereinbarung oder Preisgarantie?, in: IR 2022, S. 306–310
Dreher, Meinhard	Die richterliche Billigkeitsprüfung gemäß § 315 BGB bei einseitigen Preiserhöhungen aufgrund von Preisanpassungsklauseln in der Energiewirtschaft, in: ZNER 2007, S. 103–114
Ebbinghaus, Jens / Schroeder, Moritz	Die Ölpreisbindung in Gaslieferverträgen zwischen Unternehmen, in: RdE 2012, S. 228–233

Eder, Jost / Reiter, Anne	Die Zulässigkeit separierter Preisanpassungsklauseln in Energielieferverträgen, in: EnWZ 2020, S. 9–12
Eder, Jost / Rumpf, Julius	Preisklarheit, quo vadis? Zur Umsetzung der neuen Vorgaben zur Preisdarstellung und für Preisanpassungen in der Grundversorgung in der Praxis (Teil 2), in: IR 2015, S. 270–277
Eder, Jost / Rumpf, Julius	Separierte Energiepreissysteme, in: EnWZ 2015, S. 105–109
Eick, Thorben	Vertragsrisiken von gesellschaftlicher Tragweite, 1. Aufl., Baden-Baden 2022
Erdmann, Georg / Zweifel, Peter	Energieökonomik: Theorie und Anwendungen, 2. Aufl., Berlin 2010
Erman	Kommentar zum Bürgerlichen Gesetzbuch, Harm Peter Westermann, Barbara Grunewald, Georg Maier-Reimer (Hrsg.) – Band 1: §§ 1–597 BGB, 17. Aufl., Köln 2023 Zitiert: *Bearbeiter*, Erman BGB, Fundstelle
Fricke, Martin	Quomodo pacta sunt servanda?, in: VersR 2000, S. 257
Fricke, Norman	Spannungsklauseln in Erdgas-Verbraucherverträgen, in: EnWZ 2015, S. 435–441
Fricke, Norman	Die gerichtliche Kontrolle von Entgelten der Energiewirtschaft, 1. Aufl., Baden-Baden 2015
Georgopoulos, Nikolaos	Die zivilrechtliche Zuordnung elektrischer Energie, 1. Aufl., Baden-Baden 2023
Grabitz, Eberhard (Begr.)	Das Recht der Europäischen Union – Band I: EUV; AEUV, 84. EL., München 2025 Zitiert: *Bearbeiter*, Grabitz/Hilf/Nettesheim, Fundstelle
Grabow, Normann	Anmerkung zu BGH, Urt. v. 14.05.2014 – VIII ZR 114/13, in: EnWZ 2014, S. 413–420
Graul, Eva	Zum Tier als Sache iS des StGB, in: JuS 2000, S. 215–220
Grün, Anselm / Ostendorf, Patrick	Unwirksamkeit einer Vielzahl von Preisanpassungsklauseln auch in Energieversorgungsverträgen mit Industriekunden?, in: BB 2014, S. 259–265

Grüneberg, Christian	Kommentar zum Bürgerlichen Gesetzbuch, 84. Aufl., München 2025 Zitiert: *Bearbeiter*, Grüneberg, Fundstelle
Grunewald, Barbara	Bürgerliches Recht, 9. Aufl., München 2018
Harms, Wolfgang	Zur Anwendung von Revisionsklauseln in langfristigen Energielieferverträgen, in: DB 1983, S. 322–329
Hau, Wolfgang Jakob	Vertragsanpassung und Anpassungsvertrag, 1. Aufl.; Tübingen 2003
Häublein, Martin / Müller, Maximilian	Wer trägt das Pandemierisiko in der Geschäftsraummiete?, in: NZM 2020, S. 481–492
Heinlein, Björn	Anmerkung zu AG Grevenbroich, Urt. v. 09.11.2005 – 9 C 163/05, in: RdE 2006, S. 62–63
Hempel, Dietmar / Franke, Peter (Hrsg.)	Recht der Energie und Wasserversorgung, Aktualisierungslieferung Nr. 164/März 2025, Köln 2025 Zitiert: *Bearbeiter*, Hempel/Franke, Fundstelle
Herresthal, Carsten	Unionsrechtskonformität der ergänzenden Vertragsauslegung bei unwirksamen AGB-Klauseln, in: NJW 2021, S. 589–592
Herrmann, Ulrich / Lasch, Thomas	AGB-Recht für Unternehmen auf dem Prüfstand, in: DRiZ 2018, S. 218–221
Heßler, Pascal / Specht, Tillmann	Zur AGB-rechtlichen Unwirksamkeit ölpreisindizierter Preisgleitklauseln nach den Urteilen des Bundesgerichtshofs vom 24.03.2010, in: ZNER 2010, S. 219–223
Hilber, Marc	Preisanpassungsklauseln im unternehmerischen Verkehr – Rechtliche Grenzen und Möglichkeiten, in: BB 2011, S. 2691–2699
Hilber, Marc	Die Gestaltung von Preisanpassungsklauseln in der Zwangsjacke des AGB-Rechts, in: AGB im Wirtschaftsverkehr: Herausforderung und Hürde, Michael Abels, Manfred Lieb (Hrsg.), S. 103–123, 1. Aufl., Baden-Baden 2011

Hoch, Holger / Haucap, Justus (Hrsg.)	Praxishandbuch Energiekartellrecht, 2. Aufl., Berlin 2023 Zitiert: *Bearbeiter*, Hoch/Haucap, Fundstelle
Höppner, Thomas	Zeitliche Grenzen für die Rückforderung überhöhter Infrastrukturentgelte, in: N&R 2010, S. 2–8
Horn, Norbert	Vertragsbindung unter veränderten Umständen – Zur Wirksamkeit von Anpassungsregelungen in langfristigen Verträgen, in: NJW 1985, S. 1118–11125
Immenga, Ulrich / Mestmäcker, Ernst-Joachim (Begr.)	Kommentar zum Wettbewerbsrecht – Band 2: GWB, 7. Aufl., München 2024 Zitiert: *Bearbeiter*, Immenga/Mestmäcker, Fundstelle
Jahn, Ronny	Ergänzende Vertragsauslegung bei Unwirksamkeit einer Preisänderungsklausel in einem Fernwärmelieferungsvertrag, in: VuR 2021, S. 272–275
Jauernig	Kommentar zum Bürgerlichen Gesetzbuch, Rolf Stürner (Hrsg.), 19. Aufl., München 2023 Zitiert: *Bearbeiter*, Jauernig, Fundstelle
Jordans, Roman / Rösler, Patrick	Wegfall der Geschäftsgrundlage: Allheilmittel zur Vertrags- oder Preisanpassung?, in: ZIP 2024, S. 1816–1824
Jung, Stefanie	Systemkrisen und das Institut der Störung der (großen) Geschäftsgrundlage, in: JZ 2020, S. 715–724
Juris PraxisKommentar	Zum Bürgerlichen Gesetzbuch, Maximilian Herberger, Michael Martinek, Helmut, Rüßmann, Stephan Weth, Markus Würdinger (Gesamthrsg.) – Band 1: Allgemeiner Teil, 10. Aufl., Saarbrücken 2023 – Band 2: Schuldrecht, 10. Aufl., Saarbrücken 2023 Zitiert: *Bearbeiter*, jurisPK-BGB, Fundstelle
Kalle, Ansgar / Borgards, Falk / Schubert, Sven	§ 313 BGB als Korrektiv in Krisenzeiten – Eine didaktische Aufbereitung anhand aktueller Rechtsprechung, in: JA 2024, S. 8–14

Kamanabrou, Sudabeh	Vertragliche Anpassungsklauseln, 1. Aufl., München 2004
Kessel, Christian / Schwedler, Christian	Preisanpassungsklauseln in AGB und ihre Bewertung durch die Rechtsprechung, in: BB 2010, S. 585–590
Kment, Martin	Kommentar zum Energiewirtschaftsgesetz, 3. Aufl., Baden-Baden 2023 Zitiert: *Bearbeiter*, Kment, Fundstelle
Köhler, Helmut	Die Lehre von der Geschäftsgrundlage als Lehre von der Risikobefreiung, in: 50 Jahre Bundesgerichtshof, 1: Bürgerliches Recht: Festgabe aus der Wissenschaft, Claus-Wilhelm Canaris (Hrsg.), S. 295–327, München 2000
Kolbe, Sebastian	Schweigen auf einseitige Preiserhöhungen, in: BB 2010, S. 2322–2327
Kreße, Bernhard	Salvatorische Erhaltungsklausel führt zu Umkehr der Vermutung des § 139 BGB, in: NJ 2010, S. 339–341
Kühne, Gunther	Aktuelle Rechtsfragen zur Entgeltkontrolle, in: Veröffentlichungen des Instituts für Energierecht an der Universität zu Köln, Ulrich Ehricke (Hrsg), Band 139, Baden-Baden 2007
Kühne, Gunther	Rechtsfolgen unwirksamer Preisanpassungsklauseln in Energielieferungsverträgen, in: NJW 2015, S. 2546–2548
Kuhnt, Dietmar	Preisgestaltung in Lieferverträgen, in: et 6/1990, S. 446–453
Kunth, Bernd	Die Anpassung von Preisen in langfristigen Lieferverträgen, in: BB 1978, S. 178–181
Kunth, Bernd / Tüngler, Stefan	Preisanpassungsklauseln in Gaslieferungsverträgen und AGB-Recht, in: RdE 2006, S. 257–263
Kunth, Bernd / Tüngler, Stefan	Die gerichtliche Kontrolle von Gaspreisen, in: NJW 2005, S. 1313–1315
Lange, Knut Werner	Preisanpassungsklauseln in Energieversorgungsverträgen – was bleibt von der Preissetzungsfreiheit im unternehmerischen Bereich noch übrig?, in: RdE 2015, S. 105–110

Lettl, Tobias — Die Anpassung von Verträgen des Privatrechts, in: JuS 2001, S. 347–353

Leuschner, Lars (Hrsg.) — AGB-Recht im unternehmerischen Rechtsverkehr, 1. Aufl., München 2021
Zitiert: *Bearbeiter*, Leuschner AGB-Recht, Fundstelle

Lindacher, Walter F. / Pfeiffer, Thomas (Hrsg.) — Kommentar zum AGB-Recht, 7. Aufl., München 2020
Zitiert: *Bearbeiter*, Wolf/Lindacher/Pfeiffer, Fundstelle

Lindner, Thomas — Die juristische Bestimmung des Marktpreises für Strom, 1. Aufl., Baden-Baden 2011

Looschelders, Dirk — Der Wille des Verbrauchers als Grenze für die Ersetzung missbräuchlicher Klauseln durch dispositives Recht, in: ZIP 2022, S. 2222–2225

Looschelders, Dirk — Sanierungsinstrument „Vertragsbeendigung“, in: ZIP 2021, S. 2461–2470

Looschelders, Dirk — Schuldrecht Allgemeiner Teil, 22. Aufl., München 2024

Löschel, Andreas / Rübbelke, Dirk / Pfaffenberger, Wolfgang / Ströbele, Wolfgang / Heuterkes, Michael — Energiewirtschaft – Einführung in Theorie und Politik, 4. Aufl., Berlin 2020

Ludwigs, Markus — Gewährleistung der Energieversorgungssicherheit in Krisenzeiten, in: NVwZ 2022, S. 1086–1093

Mann, Marius / Waschkowski, Boris — Vertragsstörungen in Krisenzeiten, in: BB 2022, S. 1283–1293

Markert, Kurt — Das Schicksal von Preisänderungsklauseln im Strom- und Gasbereich nach dem RWE-Urteil des EuGH und die Rechtsfolgen unwirksamer Klauseln, in: ZNER 2013, S. 257–258

Markert, Kurt — Unwirksamkeit einer formularmäßig vereinbarten Preisänderungsklausel, in: ZMR 2014, S. 191–195

Markert, Kurt — Grundversorgungs- bzw. Tarifkundenvertrag, Preisanpassung, ergänzende Vertragsauslegung, in: ZMR 2016, S. 581–585

Markert, Kurt	Preisanpassung in der Energieversorgung von Sonderkunden – die Dreijahreslösung des BGH auf dem Prüfstand des BVerfG, in: ZMR 2023, S. 681–686
Markert, Kurt	Anmerkung zu BGH, Urt. v. 13.06.2007 – VIII ZR 36/06, in: RdE 2007, S. 258–267
Markert, Kurt	Sonderzivilrecht für Energieversorger contra legem? – Kritische Anmerkungen zur neueren Rechtsprechung des VIII. Zivilsenats des BGH bei der Anwendung der §§ 307, 315 BGB auf Strom- und Gaspreise, in: Festschrift für Franz Jürgen Säcker zum 70. Geburtstag, Detlev Joost, Hartmut Oetker, Marian Paschke (Hrsg.), S. 845–864
Markert, Kurt / Hempel, Dietmar	Zur unbeanstandeten Hinnahme von Jahresabrechnungen durch Gaskunden, in: RdE 2010, S. 104–112
Martinek, Michael / Semler, Franz-Jörg / Flohr, Eckhard (Hrsg.)	Handbuch des Vertriebsrechts, 5. Aufl., München 2025 Zitiert: *Bearbeiter*, Martinek/Semler/Flohr, Fundstelle
Medicus, Dieter / Lorenz, Stephan	Schuldrecht I Allgemeiner Teil, 22. Aufl., München 2021
Medicus, Dieter / Petersen, Jens	Bürgerliches Recht, 29. Aufl., München 2023
Mogwitz, Oliver / Wagner, Alexander	Die gerichtliche Überprüfung von Energiepreisen, in: RdE 2008, S. 118–125
Monopolkommission	Sondergutachten 49, Strom und Gas 2007: Wettbewerbsdefizite und zögerliche Regulierung, 1. Aufl., Baden-Baden 2008
Mühe, Simone / Clausen, Johanna	Anmerkung zu LG Köln, Urt. v. 27.07.2016 – 26 O 505/15, in: IR 2016, S. 255–256
Münchener Kommentar	Zum Handelsgesetzbuch, Ingo Drescher, Holger Fleischer, Karsten Schmidt (Hrsg.) – Band 5: §§ 343–406 HGB, 6. Aufl., München 2025 Zitiert: *Bearbeiter*, MüKo HGB, Fundstelle

Münchener Kommentar	Zum Bürgerlichen Gesetzbuch, Franz Jürgen Säcker, Roland Rixecker, Hartmut Oetker, Bettina Limperg (Hrsg.) – Band 1: §§ 1–240 BGB, 10. Aufl., München 2025 – Band 2: §§ 241–310 BGB, 9. Aufl., München 2022 – Band 3: §§ 311–432 BGB, 9. Aufl., München 2022 Zitiert: *Bearbeiter*, MüKo BGB, Fundstelle
Münchener Kommentar	Zum Strafgesetzbuch, Volker Erb, Jürgen Schäfer (Hrsg.) – Band 4: §§ 185–262, 4. Aufl., München 2021 Zitiert: *Bearbeiter*, MüKo StGB, Fundstelle
Müsgens, Felix	Ökonomische Besonderheiten des Energiemarktes, in: EnWZ 2017, S. 243–247
Ockenfels, Axel	Strombörse und Marktmacht, et 5/2007, S. 44–58
Oetker, Hartmut (Hrsg.)	Kommentar zum Handelsgesetzbuch, 8. Aufl., München 2024 Zitiert: *Bearbeiter*, Oetker HGB, Fundstelle
Omlor, Sebastian	Geldprivatrecht, 1. Aufl., Tübingen 2014
Pauls, Christoph G / Zenker, Wolfgang	Grenzen der Privatautonomie, in: JuS 2001, S. 1–9
Piekenbrock, Andreas	Das Zeitregime von § 315 BGB am Beispiel der Elektrizitätsnutzung, in: ZIP 2010, S. 1925–1933
Piekenbrock, Andreas	Die Kontrolle von Entgeltklauseln in Darlehensverträgen – eine Fortsetzungsgeschichte, in: ZBB 2017, S. 325–334
Pooschke, Sebastian	Anmerkung zu BGH, Urt. v. 23.01.2013 – VIII ZR 47/12, in: EnWZ 2013, S. 310–315
Pritzsche, Kai Uwe / Vacha, Vivien (Hrsg.)	Energierecht, 2. Aufl., München 2024 Zitiert: *Bearbeiter*, Pritzsche/Vacha, Fundstelle
Prütting, Hanns / Wegen, Gerhard / Weinreich, Gerd (Hrsg.)	Kommentar zum Bürgerlichen Gesetzbuch, 19. Aufl., München 2024 Zitiert: *Bearbeiter*, Prütting/Wegen/Weinreich, Fundstelle
Rauch, Karsten	Der gewerbliche Energieliefervertrag – Teil 1, in: ER 2022, S. 135–141

Rauch, Karsten	Der gewerbliche Energieliefervertrag – Teil 2, in: ER 2022, S. 183–188
Reinholz, Hans	Die rechtliche Einordnung des Energielieferungsvertrages, in: RdE 1999, S. 65–74
Röhricht, Volker (Begr.)	Kommentar zum Handelsgesetzbuch, 6. Aufl., Köln 2023 Zitiert: *Bearbeiter*, Röhricht/Graf von Westphalen/Haas/Mock/Wöstmann, Fundstelle
Rohrßen, Benedikt	Anmerkung zu OLG Jena, Urt. v. 22.04.2020 – 2 U 287/18, in: ZVertriebsR, S. 26–36
Römermann, Volker	Mietrechtliche „Blitzgesetzgebung" in Pandemiezeiten, in: NJW 2021, S. 265–269
Säcker, Franz Jürgen	Anpassungsklauseln in langfristigen Verträgen und Störung der Geschäftsgrundlage, in: Freiheit durch Recht, 1. Aufl., S. 97–118, Baden-Baden 2016
Säcker, Franz Jürgen	Zum Verhältnis von § 315 BGB zu §§ 19 GWB, 29 RegE GWB – Konsequenzen aus den Entscheidungen des Achten Senates des Bundesgerichtshofes vom 28.03 und 13.06.2007, in: ZNER 2007, S. 114–116
Säcker, Franz Jürgen	Anpassungsklauseln in langfristigen Verträgen und Störung der Geschäftsgrundlage, in: Gedächtnisschrift für Jürgen Sonnenschein, Joachim Jickeli, Peter Kreutz, Dieter Reuter (Hrsg.), S. 597–615
Säcker, Franz Jürgen (Hrsg.)	Berliner Kommentar zum Energierecht – Band 1: Energiewirtschaftsrecht; Energieplanungsrecht; Energiesicherungsgesetz, 4. Aufl., Frankfurt 2019 – Band 3: Europäische und deutsche Rechtsverordnungen zum Energierecht, 4. Aufl., Frankfurt 2018 Zitiert: *Bearbeiter*, Säcker, Fundstelle
Säcker, Franz Jürgen / Mengering, Kim	Rechtsfolgen unwirksamer Preisanpassungsklauseln in Endkundenverträgen über Strom und Gas, in: BB 2013, S. 1859–1870

Säcker, Franz Jürgen / Schubert, Claudia	Leistungsstörungen bei langfristigen Nutzungsverträgen durch hoheitliche Erfüllungshindernisse, in: BB 2020, S. 2563–2570
Säcker, Franz Jürgen / Werder von, Victoria	Gaspreisanpassung in der Krise, in: NundR 2022, S. 274–279
Salje, Peter	Nationale und internationale Vertragspraxis bei Anpassungsklauseln, in: NZG 1998, S. 161–167
Schellberg, Margret / Riemer, Konrad	Das Energiewirtschaftsrecht im Jahr 2021, in: NundR 2022, S. 66–77
Schneider, Jens-Peter / Theobald, Christian (Hrsg.)	Recht der Energiewirtschaft, 5. Aufl., München 2021 Zitiert: *Bearbeiter*, Schneider/Theobald, Fundstelle
Schoch, Friedrich / Schneider, Jens-Peter (Hrsg.)	Kommentar zum Verwaltungsrecht – Band III: VwVfG, 6. EL., München 2024 Zitiert: *Bearbeiter*, Schoch/Schneider, Fundstelle
Scholz, Ulrich / Tüngler, Stefan	Dauerschuldverhältnisse im Energiesektor in der Krise – Möglichkeiten und Grenzen flexibler Reaktion auf veränderte Umstände, in: EnWZ 2020, S. 201–209
Schöne, Thomas (Hrsg.)	Vertragshandbuch Stromwirtschaft, 2. Aufl., Frankfurt am Main 2014 Zitiert: *Bearbeiter*, Vertragshandbuch Stromwirtschaft, Fundstelle
Schulze, Reiner (Schriftleitung)	Nomos Handkommentar zum Bürgerlichen Gesetzbuch, 12. Aufl., Baden-Baden 2024 Zitiert: *Bearbeiter*, Schulze BGB, Fundstelle
Schulz-Gardyan, Olaf	Zur Wirksamkeit von im unternehmerischen Geschäftsverkehr verwendeten Preisanpassungsklauseln mit Ölpreisbindung, Anmerkung zu BGH, Urt. v. 14.05.2014 – VIII ZR 114/13, in: RdE 2014, S. 430–440
Schulz-Gardyan, Olaf	Anmerkung zu BGH, Urt. v. 24.03.2010 – VIII ZR 304/08, in: RdE 2010, S. 215–223
Schwarze, Roland	Das Recht der Leistungsstörungen, 3. Aufl., Berlin 2021

Schwintowski, Hans-Peter / Scholz, Frank / Schuler, Andreas (Hrsg.)	Handbuch Energiehandel, 5. Aufl., Berlin 2021 Zitiert: *Bearbeiter*, Handbuch Energiehandel, Fundstelle
Soergel, Hans-Theodor (Begr.)	Kommentar zum Bürgerlichen Gesetzbuch – Band 1: §§ 1–103 BGB, 14. Aufl., Stuttgart 2025 – Band 4: §§ 305–310 BGB, 13. Aufl., Stuttgart 2019 – Band 5/1b: §§ 312–312k BGB, 314–319 BGB, 13. Aufl., Stuttgart 2022 Zitiert: *Bearbeiter*, Soergel, Fundstelle
Starke, Christian Paul	Die Auswirkungen des EuGH-Urteils vom 23.10.2014 auf die Preisanpassungsklauseln in der deutschen Grundversorgung mit Strom und Gas, in: DVBl 2015, S. 746–751
Starke, Christian Paul	Die Preisanpassungsklauseln in Energielieferverträgen, 1. Aufl., Saarbrücken 2016
Staudinger, Julius von (Begr.)	Kommentar zum Bürgerlichen Gesetzbuch – Buch 1: §§ 90–124; 130–133 BGB, Neubearbeitung 2021, Köln 2022 – Buch 1: §§ 139–163 BGB, Neubearbeitung, Köln 2025 – Buch 2: §§ 241–243 BGB, Neubearbeitung 2024, Köln 2024 – Buch 2: §§ 244–248 PrKG, Neubearbeitung 2024, Köln 2024 – Buch 2: §§ 305–310 UKlaG, Neubearbeitung 2022, Köln 2022 – Buch 2: §§ 311, 311a–c, Neubearbeitung 2023, Köln 2023 – Buch 2: §§ 315–326, Neubearbeitung 2020, Köln 2020 – Eckpfeiler des Zivilrechts: 9. Aufl., Köln 2024 Zitiert: *Bearbeiter*, Staudinger, Fundstelle
Stelkens, Paul / Bonk, Heinz Joachim / Leonhardt, Klaus (Begr.)	Kommentar zum Verwaltungsverfahrensgesetz, 10. Aufl., München 2023 Zitiert: *Bearbeiter*, Stelkens/Bonk/Sachs, Fundstelle

Stief, Marco	Preisanpassungsklauseln bei Verträgen zwischen Unternehmen, in: BB 2022, S. 2443–2447
Stoffels, Markus	AGB-Recht, 5. Aufl., München 2024
Stöhr, Alexander	Die Vertragsbindung, in: AcP 214 (2014), S. 425–458
Strohe, Dirk	Energiepreiskontrolle durch den BGH nach § 315 BGB, in NZM 2007, S. 871–874
Strohe, Dirk	Grundversorgung, Ersatzversorgung und Sonderkundenversorgung, in: et 9/2006, S. 62–67
Stuhlmacher, Gerd / Stappert, Holger / Schoon, Heike / Jansen, Guido (Hrsg.)	Grundriss zum Energierecht, 2. Aufl., Offenbach 2015 Zitiert: *Bearbeiter*, Stuhlmacher/Stappert/Schoon/Jansen, Fundstelle
Theobald, Christian / Kühling, Jürgen	Kommentar zum Energierecht, 126. EL., München 2024 Zitiert: *Bearbeiter*, Theobald/Kühling, Fundstelle
Theobald, Christian / Nill-Theobald, Christiane	Grundzüge des Energiewirtschaftsrechts, 3. Aufl., München 2013
Thole, Kristin / Schlesinger, Antonia	Erhöhung des Strom- und Gaspreises nach § 313 BGB während des Zeitraums der Preisfixierung, in: IR 2023, S. 180–182
Thomas, Stefan	Preisfreiheit im Recht der Allgemeinen Geschäftsbedingungen, in: AcP 209 (2009), S. 84–129
Tonner, Klaus / Willingmann, Armin / Tamm, Marina	Kommentar zum Vertragsrecht, 1. Aufl., München 2010 Zitiert: *Bearbeiter*, Tonner/Willingmann/Tamm, Fundstelle
Tüngler, Stefan	Die Zuordnung von vertragslosen Entnahmestellen, in: EnWZ 2022, S. 404–410
Uffmann, Katharina	Informationspflichten und ergänzende Auslegung bei Preisanpassung in Energielieferverträgen, in: NJW 2015, S. 1215–1218
Uffmann, Katharina	Vertragsgerechtigkeit als Leitbild der Inhaltskontrolle, in: NJW 2012, S. 225–2230

Ulmer, Peter / Brandner, Hans Erich / Hensen, Horst-Diether (Hrsg.)	Kommentar zum AGB-Recht, 13. Aufl., Köln 2022 Zitiert: *Bearbeiter*, Ulmer/Brandner/Hensen, Fundstelle
Warg, Florian	Der Grundversorger zwischen Wettbewerb und Gemeinwohl, 1. Aufl., Baden-Baden 2019
Weiler, Frank	Schuldrecht Allgemeiner Teil, 7. Aufl., Baden-Baden 2024
Weller, Marc-Phillipe	Die Vertragstreue, 1. Aufl., Tübingen 2009
Weller, Marc-Phillipe / Lieberknecht, Markus / Habrich, Victor	Virulente Leistungsstörungen – Auswirkungen der Corona-Krise auf die Vertragsdurchführung, in: NJW 2020, S. 1017–1022
Wendehorst, Christiane / Westphalen, Friedrich Graf von	Auswirkungen neuer EuGH-Urteile auf § 306 II BGB – mehr neue Vorlagefragen als Antworten, in: EuZW 2021, S. 229–238
Wessling, Hendrik / Stopfer, Kevin	Rechtliche Anforderungen an Preisänderungsklauseln für Fernwärmelieferverträge nach der AVBFernwärmeV, in: EnWZ 2022, S. 353–356
Westphalen, Friedrich Graf von	Das faktische Ende von Preisanpassungsklauseln, in: MDR 2008, S. 424–429
Westphalen, Friedrich Graf von	Preisanpassungsklauseln in Energielieferungsverträgen mit Normsonderkunden, in: ZIP 2008, S. 669–675
Westphalen, Friedrich Graf von	Preisänderungsklauseln gegenüber Verbrauchern – grenzenlose Aporie in der Praxis?, in: Festschrift für Harm Peter Westermann zum 70. Geburtstag, Lutz Aderhold, Barbara Grunewald, Dietgard Klingberg, Walter G. Paefgen (Hrsg.), S. 707–730, Köln 2008
Westphalen, Friedrich Graf von	„Zeitenwende“ im Verbraucherschutz., in: IWRZ 2023, S. 9–17
Westphalen, Friedrich Graf von	Trennlinie zwischen AGB-Klauseln im Verbraucherrecht und im unternehmerischen Bereich, in: BB 2017, S. 2051–2058

Westphalen, Friedrich Graf von / Thüsing, Gregor, Pamp, Rüdiger (Hrsg.)	Vertragsrecht und AGB-Klauselwerke, Stand März 2024, München 2024 Zitiert: *Bearbeiter*, Graf von Westphalen/Thüsing/Pamp, Fundstelle
Westphalen, Friedrich Graf von,	Das unionsrechtliche Ende der „Drei-Jahres-Lösung" bei unwirksamen Preisanpassungsklauseln in Energielieferverträgen, in: ZIP 2021, S. 1885–1894
Wielsch, Dan	Die Kontrolle von Energiepreisen zwischen BGB und GWB, in JZ 2/2008, S. 68–73
Zabel, Lorenz	Anmerkung zu BGH, Urt. v. 24.03.2010 – VIII ZR 178/08, in: BB 2010, S. 1365–1370
Zander, Wolfgang / Riedel, Martin / Kraus, Michael (Hrsg.)	Praxishandbuch Energiebeschaffung, 1. Aufl., Köln 2001 Zitiert: *Bearbeiter*, Zander/Riedel/Kraus, Fundstelle
Zenke, Ines / Wollschläger, Stefan / Eder, Jost	Preise und Preisgestaltung in der Energiewirtschaft, 1. Aufl., Berlin 2015 Zitiert: *Bearbeiter*, Preise und Preisgestaltung in der Energiewirtschaft, Fundstelle
Zenke, Ines / Wollschläger, Stefan / Eder, Jost (Hrsg.)	Energiepreise, 2. Aufl., Berlin 2021 Zitiert: *Bearbeiter*, Zenke/Wollschläger/Eder, Fundstelle
Zimmerlin, Wilhelm	Hoher Schutz für Energieverbraucher oder hoher Schutz für Energieversorger: EU-Verbraucherrecht versus Rechtsprechung des 8. Zivilsenats des BGH, in: ZNER 2013, S. 252–255